Objectif CRPE

Admissibilité

Écrit

Concours de recrutement de professeurs des écoles

Annales Français

Laurence Allain-Le Forestier

Cécile Avezard-Roger

Claude Beucher-Marsal

Véronique Bourhis

hachette
ÉDUCATION

Les corrigés proposés ont été rédigés par :
– **Laurence Allain-Le Forestier**, professeur de Lettres à l'ÉSPÉ-Université de Bretagne Occidentale.
– **Cécile Avezard-Roger**, maitre de conférences à l'ESPE-ComUE Lille Nord de France.
– **Claude Beucher-Marsal**, maitre de conférences à l'ÉSPÉ-Université de Bretagne Occidentale.
– **Véronique Bourhis**, maitre de conférences en Sciences du langage à l'ÉSPÉ de Versailles-Université de Cergy-Pontoise.

L'ouvrage est coordonné par Véronique Bourhis

PAPIER À BASE DE FIBRES CERTIFIÉES

hachette s'engage pour l'environnement en réduisant l'empreinte carbone de ses livres. Celle de cet exemplaire est de :
970 g éq. CO_2
Rendez-vous sur www.hachette-durable.fr

Réalisation : Médiamax/Les Paoïstes
Couverture : Nicolas Piroux

www.parascolaire.hachette-education.com
ISBN 978-2-01-709319-0

Sommaire

Le français au CRPE

L'arrêté du 19 avril 2013 fixe les modalités d'organisation du concours externe, du second concours interne et du troisième concours de recrutement de professeurs des écoles.

Les sujets des épreuves écrites d'admissibilité des concours cités ont pour référence les programmes de l'école primaire[1].

Les épreuves de chaque concours sont notées de 0 à 20. Toute note égale à 0 à l'une des épreuves des concours prévus à l'article 1er du présent arrêté est éliminatoire.

Les épreuves écrites des candidats sont rendues anonymes avant d'être soumises à une double correction. À l'issue de la correction des épreuves d'admissibilité, le jury fixe, après délibération, la liste des candidats admis à subir les épreuves d'admission. L'anonymat des épreuves n'est levé qu'après la délibération du jury. À l'issue des épreuves d'admission et après délibération, le jury, en fonction du nombre total de points que les candidats ont obtenu à l'ensemble des deux séries d'épreuves et dans la limite des places mises au concours, fixe par ordre de mérite la liste des candidats sur la liste principale et établit, dans le même ordre, une liste complémentaire.

▶ L'épreuve de français du concours externe de recrutement de professeurs des écoles

L'épreuve de français est l'une des deux épreuves d'admissibilité.

Les épreuves d'admissibilité

Le cadre de référence des épreuves est celui des programmes pour l'école primaire. Les connaissances attendues des candidats sont celles que nécessite un enseignement maîtrisé de ces programmes. Le niveau attendu correspond à celui exigé par la maîtrise des programmes de collège.

1. Les horaires et les programmes d'enseignement de l'école primaire sont fixés par arrêtés.
Le *Bulletin officiel* spécial n° 2 du 26 mars 2015 est consacré au programme de l'école maternelle. Celui-ci est entré en vigueur à la rentrée 2015.
Le *Bulletin officiel* spécial n° 11 du 26 novembre 2015 indique les programmes d'enseignement de l'école élémentaire et du collège. Ils sont en vigueur depuis la rentrée 2016.
L'arrêté du 17 juillet 2018 paru au *Bulletin officiel* n° 30 du 26 juillet 2018 modifie et remplace les sous-parties « Français » et « Mathématiques » des programmes de novembre 2015 consacrésaux cycles 2, 3 et 4. Ces modifications entrent en vigueur à la rentrée 2018.

Les épreuves d'admissibilité portent sur le français et les mathématiques.

Certaines questions portent sur le programme et le contexte de l'école primaire et nécessitent une connaissance approfondie des cycles d'enseignement de l'école primaire, des éléments du socle commun de connaissances, de compétences et de culture et des contextes de l'école maternelle et de l'école élémentaire.

L'épreuve écrite de français

Durée de l'épreuve : quatre heures.

L'épreuve vise à évaluer la maîtrise de la langue française des candidats (correction syntaxique, morphologique et lexicale, niveau de langue et clarté d'expression) ainsi que leurs connaissances sur la langue ; elle doit aussi évaluer leur capacité à comprendre et à analyser des textes (dégager des problématiques, construire et développer une argumentation) ainsi que leur capacité à apprécier les intérêts et les limites didactiques de pratiques d'enseignement du français.

L'épreuve comporte trois parties :

Première partie : La production d'une réponse, construite et rédigée, à une question portant sur un ou plusieurs textes littéraires ou documentaires.

Deuxième partie : Une partie portant sur la connaissance de la langue (grammaire, orthographe, lexique et système phonologique) ; le candidat peut avoir à répondre à des questions de façon argumentée, à une série de questions portant sur des connaissances ponctuelles, à procéder à des analyses d'erreurs-types dans des productions d'élèves, en formulant des hypothèses sur leurs origines.

Troisième partie : Une analyse d'un dossier composé d'un ou plusieurs supports d'enseignement du français, choisis dans le cadre des programmes de l'école primaire, qu'ils soient destinés aux élèves ou aux enseignants (manuels scolaires, documents à caractère pédagogique), et de productions d'élèves de tous types, permettant d'apprécier la capacité du candidat à maîtriser les notions présentes dans les situations d'enseignement.

L'épreuve est notée sur **40** points :

11 pour la première partie,

11 pour la deuxième,

13 pour la troisième.

5 points permettent d'évaluer la correction syntaxique et la qualité écrite de la production du candidat.

Une note globale égale ou inférieure à 10 est éliminatoire.

SUJET N° 1

Sujet de la session 2015 du groupement académique 1 : académies d'Amiens, Caen, Lille, Nancy-Metz, Reims, Rennes, La Réunion, Rouen, Strasbourg, Paris, Créteil, Versailles.

Sujet

Première partie : Question relative aux textes proposés

Dans ce corpus, vous analyserez comment les auteurs invitent à une réflexion sur la place du sport dans la société et dans la construction de l'individu.

Texte 1 : Georges DUHAMEL, *Scènes de la vie future*, Éditions Mercure, Paris, 1930

Et puis, qu'est-ce que c'est que ce sport où vingt-cinq gaillards s'essoufflent, pendant que quarante mille bougres, immobiles, attrapent des rhumes, fument la cigarette et ne donnent d'exercices qu'à leurs cordes vocales ?

Je ne dédaigne pas l'exercice corporel : je l'aime, je le recommande, je le souhaite souvent, au fond d'une retraite trop studieuse. Mais cette comédie du sport avec laquelle on berne et fascine toute la jeunesse du monde, j'avoue qu'elle me semble assez bouffonne.

Le sport devrait être, avant tout, une chose personnelle, discrète, ou même un jeu de libres compagnons, une occasion de rivalités familières et surtout un plaisir, un amusement, un thème de gaieté, de récréation.

Le sport est devenu la plus avantageuse des entreprises de spectacle. Il est devenu la plus étonnante école de vanité. L'habitude, allègrement acquise, d'accomplir les moindres actes du jeu devant une nombreuse assistance a développé, dans une jeunesse mal défendue contre les chimères, tous les défauts que l'on reprochait naguère encore aux plus arrogants des cabotins. Il s'est fait un bien étrange déplacement de la curiosité populaire. Quel ténor d'opérette, quel romancier pour gens du monde ou du demi-monde, quel virtuose de l'éloquence politique peut se vanter, aujourd'hui, d'être aussi copieusement adulé, célébré, caricaturé que les chevaliers du « ring », du stade ou de la piste... ? Je parle de tous ces enfants que l'on disait avec juste raison des amateurs parce qu'ils aimaient quelque chose, et que l'on voit se transformer bien vite en sportsmen de métier, vaniteux, cupides, qui cessent d'aimer leur plaisir dès qu'il devient un gagne-pain.

L'ambition, sans doute noble en soi, de briller au premier rang pousse un grand nombre de jeunes hommes à réclamer de leurs corps des efforts auxquels ce corps paraît peu propre. Le sport n'est plus, pour beaucoup, un harmonieux amusement, c'est une besogne harassante. Dès que les compétitions perdent leur gracieux caractère de jeux purs, elles sont empoisonnées par des considérations de gain ou de haines nationales. Elles deviennent brutales, dangereuses ; elles ressemblent à des attentats plutôt qu'à des divertissements.

Texte 2 : Philippe DELERM, *La tranchée d'Arenberg et autres voluptés sportives*, Éditions du Panama, Paris, 2007, pp. 137-138

ZÁTOPEK À L'ÉTUDE

À l'étude, les soirs d'hiver, au cours moyen deuxième année. Après la longue récré de quatre heures et demie, nous revenions dans la salle de classe. Ce n'était plus pareil.

Nous étions moins nombreux, dehors la nuit venait. Je faisais mes exercices de trains et de baignoires, j'apprenais mes leçons, noblesse, clergé, tiers état, étamine et pistil. À son bureau, l'instituteur – mon père – corrigeait nos cahiers. Plus besoin de faire de la discipline. Une bonne volonté un peu sommeilleuse et engourdie gagnait les pupitres. Vers six heures moins le quart, moins dix, j'avais fini.

Nous avions deux livres de lecture. On leur donnait le nom de leur auteur. Renaud pour l'un, Duru pour l'autre. Lire, pour demain, Duru p. 232... Il y avait des textes qu'on n'étudierait jamais en classe, parce que leur sujet n'intéressait guère M. Delerm.

Est-ce cela qui donnait tant de prix à l'évocation du 5 000 mètres d'Helsinki, aux Jeux de 1952 ? Duru. J'ai oublié la page, 155 ? Mais j'ai gardé des phrases par cœur. « Mimoun suit, Mimoun remonte... ». La course – je crois qu'il s'agissait d'un extrait de *La Quinzième Olympiade* de B. Cacérès – était évoquée avec un envoûtant lyrisme. La chute de l'Anglais Chataway à l'entrée de la dernière ligne droite en constituait le sommet tragique. Une photo en noir et blanc, brouillée par la mauvaise qualité de sa reproduction neigeuse, illustrait ce moment précis. Sortie du dernier virage. L'implacable Zátopek lancé vers la victoire avec son masque de souffrance, Mimoun, puis l'Allemand Schade, et, couché contre la lice, le malheureux Chataway.

Je l'ai faite cent fois, la course d'Helsinki, dans la tiédeur des soirs d'étude, juste avant six heures. Le sport, c'était ce qu'on n'expliquerait pas en classe, et devenait du coup si désirable. Un monde pour moi seul. Des mythes à enfourcher, à amplifier au creux de soi. Des silhouettes en noir et blanc, des phrases. La gloire et la tristesse. Toute la vie devant pour aimer ça.

Texte 3 : Gustave THIBON, *L'Équilibre et l'Harmonie*, Éditions Fayard, Paris, 1976

La résonance mondiale des jeux Olympiques (gros titres dans les journaux, émissions télévisées, etc.) montre l'importance démesurée qu'ont prise les spectacles sportifs dans la mentalité contemporaine. La littérature, l'art, la science et jusqu'à la politique pâlissent devant les exploits des « dieux du stade ».

Je ne méconnais pas la valeur humaine du sport. Sa pratique exige de solides vertus de l'esprit : maîtrise de soi, rigueur, discipline, loyauté. La compétition sportive est une école de vérité : la toise, le chronomètre, le poids du disque ou de l'haltère éliminent d'avance toute possibilité de fraude et toute solution de facilité. Aussi, une faible marge de contingence mise à part (indisposition passagère ou influence du climat), la victoire y va-t-elle infailliblement au meilleur, ce qui est loin d'être le cas dans les autres compétitions sociales, par exemple dans la bataille électorale ou dans la course à l'argent et aux honneurs. Un homme politique peut faire illusion sur ses mérites ; un sportif est immédiatement sanctionné par les résultats de son effort. Ici, le vrai et le vérifiable ne font qu'un... cela dit, je vois dans cet engouement exagéré pour le sport le signe d'une dangereuse régression vers le matérialisme – et un matérialisme rêvé plutôt que vécu.

[...]

Je disais que le sport exclut la fraude. Ce n'est plus tout à fait vrai. La fièvre malsaine du record dicte souvent l'emploi d'artifices malhonnêtes. Est-il besoin d'évoquer les scandales du « doping » ? Et nous avons appris la disqualification de deux championnes olympiques à qui, pour augmenter le tonus musculaire, on avait injecté des hormones mâles. Tout cela procède d'une barbarie technologique qui sacrifie les deux fins normales du sport (la santé du corps et la beauté des gestes) à l'obsession de la performance.

Mais il y a pire. C'est précisément à une époque où les hommes, esclaves des facilités dues à la technique, n'avaient jamais tant souffert du manque d'exercice physique qu'on voit se développer cet enthousiasme délirant pour les manifestations sportives. Des gens qui ont perdu le goût et presque la faculté de marcher ou qu'une panne d'ascenseur suffit à mettre de mauvaise humeur se pâment devant l'exploit d'un coureur à pied. Des gamins qui ne circulent qu'en pétrolette font leur idole d'un champion cycliste. Il faut voir là un phénomène de transposition un peu analogue à celui qu'on observe dans l'érotisme : les fanatiques du sport-spectacle cherchent dans les images et les récits du sport-exercice une compensation illusoire à leur impuissance effective. C'est la solution de facilité dans toute sa platitude. Admirer l'exception dispense de suivre la règle ; on rêve de performances magiques et de records pulvérisés sans bouger le petit doigt ; l'effervescence cérébrale compense la paresse musculaire... le sport est une religion qui a trop de croyants et pas assez de pratiquants. Remettons-le à sa place, c'est-à-dire donnons-lui un peu moins d'importance dans notre imagination et un peu plus de réalité dans notre vie quotidienne.

Texte 4 : *Les valeurs du sport, si elles existent sont entre les mains de nos enfants !*, article en ligne du Monde.fr, rubrique « Sport et citoyenneté », daté du 28 mars 2011, 17 h 03

Cette vision que le sport véhiculerait, en soi, des valeurs qui lui sont propres remonte aux origines mêmes du sport et repose sur une idéologie de type consensuelle, celle d'une activité isolée des influences du milieu dans lequel elle se déroule et porteuse d'un message humaniste, dont l'Olympisme coubertinien est l'exemple le plus parlant. Ce faisant, le sport serait un vecteur efficace d'éducation et d'éveil à la citoyenneté, un outil à fort impact social.

À cette vision humaniste s'oppose une doctrine plus critique, qui voit le sport comme un miroir de la société, et donc des valeurs dominantes de son époque. Aujourd'hui, la compétition, la recherche de la performance, l'individualisme, les objectifs économiques ou politiques caractériseraient mieux le sport, en particulier le sport professionnel.

Alors, où placer le curseur ? La pluralité des valeurs attachées au sport, selon l'angle où l'on se place, est le signe de leur relativité et de leur possible instrumentalisation. Le sport est un domaine d'étude particulièrement intéressant à une époque où la société semble en perte de repères et où elle s'interroge sur les valeurs qu'elle souhaite voir prévaloir dans le futur. Celles et ceux qui définissent ces valeurs du sport ont un pouvoir énorme.

C'est pourquoi on ne peut le laisser entre les mains des seuls leaders d'opinion et qu'il convient que chaque sportif, chaque amoureux du sport participe au débat et puisse définir et réaliser les valeurs auxquelles il croit. Cela implique de mener une véritable réflexion sur ce sujet afin de mesurer la portée sociale du sport et bâtir ainsi une politique sportive fidèle à la représentation qu'ont les citoyens de cette activité humaine.

Ces réflexions nous amènent tout de même à prendre quelques positions.

1

La première est que le sport n'a pas de valeurs spécifiques mais qu'il peut venir en renfort ou en substitution aux valeurs que l'on devrait retrouver dans l'école, la famille, l'entreprise, la religion... Cela induit à considérer les politiques actuelles d'intégration et d'éducation par le sport, en particulier l'identification de bonnes pratiques et la redistribution de subsides par certains organismes, comme partiellement infondées et parfois inefficaces.

La seconde est incontestablement le constat que les valeurs proclamées ne sont pas toujours respectées et qu'elles donnent lieu parfois à de profondes dérives : discours et attitudes belliqueuses, corruption, dopage, nationalisme, inégalité entre les genres... L'éducation à la citoyenneté par le sport se fonde ainsi parfois sur des valeurs qui sont les mêmes que celles qui entraînent une certaine forme d'exclusion (lorsqu'elles sont liées, par exemple, à la performance).

L'enseignement du sport en particulier à l'école prend alors toute sa place. Rêvons d'une société où les éducateurs et professeurs d'EPS transmettent à nos enfants les outils pour être des adultes responsables et respectueux, des citoyens engagés. Remettons les valeurs du sport au cœur de l'innocence morale de nos enfants.

Enfin, incitons les médias à garder un niveau d'exigence envers le sport et sa signification profonde. Ils courent sinon le risque de ne devenir qu'un simple intermédiaire dans cette nouvelle ère, où la commercialisation mondiale du sport semble être la règle.

Cela pourrait peut-être permettre à nos enfants de garder du recul face à leurs idoles (une minorité de sportifs, la plus médiatisée) souvent symbole d'inculture, d'absence de conscience civique et d'éducation.

Deuxième partie : Connaissance de la langue

1. Vous identifierez les différentes propositions de la phrase suivante, extraite du texte 1, et vous en donnerez les natures et les fonctions :

« Je parle de tous ces enfants que l'on disait avec juste raison des amateurs parce qu'ils aimaient quelque chose, et que l'on voit se transformer bien vite en sportsmen de métier, vaniteux, cupides, qui cessent d'aimer leur plaisir dès qu'il devient un gagne-pain. »

2. Dans les phrases suivantes, relevez les erreurs orthographiques, corrigez-les et argumentez votre proposition :

« Delphine et moi, son amie, sommes allé nous promener en forét. Nos parents semblaient inquiet de nous voir partir seul. Nous sommes rentré fort tard, complètement trempé. Les provisions que nous avions emporté y sont passé. »

3. Donnez la classe grammaticale des deux occurrences de « leur » dans la phrase suivante :

« On <u>leur</u> donnait le nom de <u>leur</u> auteur. »

4. Donnez le sens des mots suivants, extraits du quatrième paragraphe du texte 1 :

« arrogant » « vaniteux » « cupide » « adulés »

Troisième partie : Analyse de supports d'enseignement

Cet écrit d'élève est extrait du livret d'évaluation nationale CM2 de janvier 2011. Le texte a été dicté.

Exercice 7 Elève B

Dictée

Pour le passage du tour de france, au
débu de l'étè, la foule se rasemble aubor
des route. les motard de la polic passe
dabord., Ils enpèche le plublic de traver
sé. Puis, derrier, les voiture plubisiter arive
an difusen des musiques bruent. ensuit,
sur des motos puissante, les organisateur
anonse la river du peloton. Soudain,
les coureurs surgise sous les crie et les
braveau des spectateur ravis. Quand
ils sont partie, ont peut circule librem-
ent.

Transcription : [Pour le passage du tour de france, au débu de l'étè, la foule se rasemble aubor des route. les motard de la polic passe dabord., Ils enpéche le plublic de traversé. Puis, derrier, les voiture plubisiter arive an difusen des musiques bruent. Ensuit, sur des motos puissante, les organisateur anonse la river du peloton. Soudain, les coureurs surgire sous les crie et les braveau des spectateur ravis. Quand ils sont partie, ont peut circule librem-ent.]

Vous répondrez aux questions suivantes :

1) Relevez et classez les erreurs contenues dans le texte de cet élève.

2) En fonction de cette analyse, vous choisirez deux types d'erreurs qui vous semblent devoir être traitées prioritairement. Quelles réponses pédagogiques adaptées mettriez-vous en place ?

3) Outre l'exercice de dictée, quels autres types d'activités peut-on programmer dans une classe pour améliorer les compétences orthographiques des élèves ?

Corrigé

Question relative aux textes proposés (11 pts)

Dans ce corpus, vous analyserez comment les auteurs invitent à une réflexion sur la place du sport dans la société et dans la construction de l'individu.

Si le sport reste une activité personnelle qui peut faire rêver plus d'un enfant, il est également compris comme une représentation publique mettant en jeu autant les spectateurs que les acteurs sportifs. Le dossier proposé impose une nécessaire réflexion sur la place du sport dans la société et dans la construction de l'individu. G. Duhamel, dans son ouvrage, *Scènes de la vie future*, paru en 1930, dénonce une comédie : celle du sport, que l'ambition personnelle dénature. P. Delerm, quant à lui, livre, dans *La tranchée d'Arenberg et autres voluptés sportives*, en 2007, ses souvenirs d'enfant qui s'évade, par le rêve, dans une course sportive. Les deux derniers textes, respectivement de G. Thibon, dans *L'Équilibre et l'Harmonie* (1976) et un article en ligne du *Monde* (28 mars 2011) revendiquent, chacun, un retour aux valeurs premières du sport.

Le sport, initialement, défend des valeurs humaines, mais tend à être dévoyé voire corrompu. Il est ainsi temps de revenir aux vraies valeurs qui doivent être développées.

Le sport prône des valeurs initiales. Tout d'abord, il est porteur d'un « message humaniste », comme l'article du *Monde* le démontre. Dès son origine, les joutes sportives, représentées par les Jeux Olympiques de Coubertin, traduisent l'activité physique comme vecteur d'éducation et « d'éveil à la citoyenneté ».

En effet, la pratique du sport est une activité personnelle et harmonieuse qui, pour G. Duhamel, doit participer au développement de l'individu. Ce qu'illustre parfaitement P. Delerm : les valeurs du sport apparaissent à travers les attitudes des sportifs dans la course d'Helsinki. Les hommes présentés tels des héros, sont vus comme des hommes ambitieux, courageux, persévérants qui vont au-delà de leurs limites sans ignorer le goût de l'effort, tel « L'implacable Zátopek lancé vers la victoire avec son masque de souffrance. » Le dépassement de soi apparaît alors comme une valeur que le narrateur n'oubliera pas.

G. Thibon, reconnaît également les valeurs humaines développées par le sport dont « la pratique exige de solides vertus de l'esprit ».

Cependant, l'ambition démesurée de certains, la vanité et l'appât du gain vont tout bouleverser, reléguant les valeurs prônées initialement au dernier rang, mettant clairement en avant une réalisation individuelle. « Le sport est devenu la plus avantageuse des entreprises de spectacle. Il est devenu la plus étonnante école de vanité » dénonce G. Duhamel, qui écrit à l'époque de la montée du nazisme où l'exercice physique devient une manifestation de supériorité ; l'auteur condamne cette entreprise de spectacle là où devrait régner le plaisir de l'activité. Le sport devient alors une arme à double tranchant qui développe l'individu mais le pervertit également : les sportifs sont des « sportmen » qui préfèrent le goût du gain, du spectacle et du narcissisme.

G. Thibon partage cette opinion : le sport devient une activité malhonnête à cause de l'appât du gain et n'hésite pas à parler d'entreprise frauduleuse. Le sport est corrompu par le dopage, on assiste à une perte de loyauté, de respect pour soi, pour l'autre et pour le public. Tous les auteurs dénoncent, à part P. Delerm, jeune narrateur tombé sous le charme, le sport comme spectacle consommé par des gens en perte de valeur. Ces sportifs deviennent des modèles sans vertu, dans une société en perte de sens, modèles d'une jeunesse qui a soif d'idéal... Des amateurs passionnés par le plaisir du jeu, tels que G. Duhamel les décrit, se transforment en « sportmen de métier, vaniteux, cupides, qui cessent d'aimer leur plaisir dès qu'il [le sport] devient un gagne-pain ».

Il est temps alors de revenir aux valeurs véritables du sport.

Pour être efficace, la pratique du sport doit se faire sous certaines conditions. Le plaisir, le goût de l'effort doivent être affirmés. C'est ainsi que G. Duhamel revendique la nécessité de repenser la relation : « Le sport devrait être, avant tout, une chose personnelle, discrète, ou même un jeu de libres compagnons, une occasion de rivalités familières et surtout un plaisir, un amusement, un thème de gaieté, de récréation. »

Effectivement, le sport sert tout autant le corps physique que l'esprit. Il peut être compris comme une philosophie de vie dont G. Thibon énonce les préceptes : « Sa pratique [celle du sport] exige de solides vertus de l'esprit : maîtrise de soi, rigueur, discipline, loyauté. La compétition sportive est une école de vérité. »

C'est ainsi que le rédacteur de l'article du *Monde* met à l'honneur le rôle de l'école qui doit rendre sa fonction première à l'activité sportive, et dont la mission est de mettre « les valeurs du sport au cœur de l'innocence morale de nos enfants » afin d'en faire « des adultes responsables et respectueux, des citoyens engagés » exempts de toute forme d'idolâtrie. G. Thibon, définit de la même façon un programme d'éducation de soi, réclamant un retour aux vraies valeurs du sport, fondé sur une pratique raisonnable et raisonnée : un peu moins d'importance dans l'imagination et un peu plus de réalité dans la vie quotidienne.

Si chaque auteur reconnaît au sport, des valeurs essentielles dans la construction de l'individu et d'une société, ils mettent, pour la majorité d'entre eux, en garde contre toute forme de vanité issue de ces mises en scène, parfois malhonnêtes, et invitent les amateurs sportifs à plus de réalité et de plaisir, abandonnant toute quête narcissique qui mène à une forme de vacuité.

Connaissance de la langue (11 pts)

1. Vous identifierez les différentes propositions de la phrase suivante, extraite du texte 1, et vous en donnerez les natures et les fonctions :

« **Je parle de tous ces enfants** *que l'on disait avec juste raison des amateurs* <u>parce qu'ils aimaient quelque chose</u>, *et que l'on voit* <u>*se transformer bien vite en sportsmen de métier, vaniteux, cupides*</u>, *qui cessent d'aimer leur plaisir* <u>dès qu'il devient un gagne-pain</u>. »

Cette phrase comprend trois propositions subordonnées relatives dont chacune est constituée de deux propositions, l'autre proposition étant intégrée à la relative.

Proposition	Nature	Fonction
Je parle de tous ces enfants	Proposition principale	
que l'on disait avec juste raison des amateurs parce qu'ils aimaient quelque chose	Proposition subordonnée relative	Épithète du nom « *enfants* »/ complément de l'antécédent « *enfants* »

CORRIGÉ

Proposition	Nature	Fonction
parce qu'ils aimaient quelque chose	Proposition subordonnée conjonctive (causale)	Complément circonstanciel de cause
et que l'on voit se transformer bien vite en sportsmen de métier,	Proposition subordonnée relative (coordonnée à la première proposition relative par la conjonction de coordination « *et* »)	Épithète du nom « *enfants* »/ complément de l'antécédent « *enfants* »
se transformer bien vite en sportsmen de métier	Proposition subordonnée infinitive	COD du verbe « *voit* »
qui cessent d'aimer leur plaisir dès qu'il devient un gagne-pain	Proposition subordonnée relative	Épithète du nom « *sportsmen de métier* »/complément de l'antécédent « *sportsmen de métier* »
dès qu'il devient un gagne-pain.	Proposition subordonnée conjonctive (temporelle)	Complément circonstanciel de temps

2. Dans les phrases suivantes, relevez les erreurs orthographiques, corrigez-les et argumentez votre proposition :

« Delphine et moi, son amie, sommes allé nous promener en forét. Nos parents semblaient inquiet de nous voir partir seul. Nous sommes rentré fort tard, complètement trempé. Les provisions que nous avions emporté y sont passé. »

Les erreurs relevées dans l'ordre du texte.

allé → *allées*

forét → *forêt*

inquiet → *inquiets*

seul → *seules*

rentré → *rentrées*

trempé → *trempées*

emporté → *emportées*

passé → *passées*

Nous pouvons regrouper les erreurs par type.

• Participe passé

– Employé avec l'auxiliaire « *être* » : s'accorde en genre et en nombre avec son sujet :

allé → *allées* (le sujet est « *Delphine et moi* », « *moi* » est un pronom personnel féminin si l'on tient compte de la terminaison du nom « *mon amie* »).

rentré → *rentrées* (le sujet « *nous* » reprise pronominale de « *Delphine et moi* »).

passé → *passées* (le sujet est « *provisions* », féminin pluriel).

trempé → *trempées* (il s'agit d'un attribut du sujet, qui est « *nous* », reprise pronominale de « *Delphine et moi* »).

– Employé avec l'auxiliaire « *avoir* », s'accorde en genre et en nombre avec le COD si celui-ci est placé devant le verbe :
emporté → *emportées* : s'accorde avec le COD placé devant « *que* » qui renvoie à « *provisions* », féminin pluriel.

- Adjectif qualificatif : s'accorde en genre et en nombre avec le nom auquel il se rapporte.

inquiet → *inquiets* : il s'agit d'un attribut du sujet par l'intermédiaire du verbe « *semblaient* », s'accorde avec le nom sujet « *parents* » masculin pluriel.
seul → *seules* : s'accorde avec le pronom « *nous* ».

- Accent (erreur extragraphique)

forét → *forêt* : accent circonflexe (étymologique, il représente la marque du « *s* » qui est tombé, en ancien français).
Remarque : il ne s'agissait pas de commenter les erreurs mais de justifier la bonne orthographe.

3. Donnez la classe grammaticale des deux occurrences de « leur » dans la phrase suivante :
« On leur donnait le nom de leur auteur. »
Les deux occurrences de « leur » sont des homophones homographes.
La première occurrence est un pronom personnel (3e personne du pluriel, genre indéfini) employé comme COI de « donner » (COS exactement).
La deuxième occurrence est un déterminant possessif (pluriel des personnes en relation avec le nom « auteur », genre indéterminé).

4. Donnez le sens des mots suivants, extraits du quatrième paragraphe du texte 1 :
« arrogants » « vaniteux » « cupides » « adulé »
Parmi ces quatre adjectifs, les trois premiers expriment une relation négative, méprisante tandis que le dernier renvoie, au contraire, à une personne particulièrement aimée.
« arrogants » : personnes qui manifestent une insolence méprisante ;
« vaniteux » : personnes orgueilleuses, prétentieuses, suffisantes ;
« cupides » : faisant preuve d'avidité, de convoitise, voire de rapacité ;
« adulé » : encensé, comblé d'éloges, de témoignage d'admiration.

Analyse de supports d'enseignement (13 pts)

L'écrit d'élève proposé est extrait du livret d'évaluation nationale CM2 de janvier 2011, dont texte a été dicté.
Transcription :
Pour le passage du tour de france, au débu de l'étè, la foule se rasemble aubor des route. les motard de la polic passe dabord., Ils enpéche le plublic de traversé. Puis, derrier, les voiture plubisiter arive an difusen des musiques bruent. Ensuit, sur des motos puissante, les organisateur anonse la river du peloton. Soudain, les coureurs surgire sous les crie et les braveau des spectateur ravis. Quand ils sont partie, ont peut circule librement.

1

CORRIGÉ

1) Relevez et classez les erreurs contenues dans le texte de cet élève.
On utilisera la classification de Nina Catach.

Erreurs de segmentation	*aubor* → *au bord* *la river* → *l'arrivée* *dabord* → *d'abord* *librem-ent* → *libre/ment* (segmentation à la syllabe)
Erreurs à dominante idéogrammique	*france* → *France* *les* (motards) → *Les* (oubli de la majuscule) *dabord.,* → *d'abord.* (erreur de segmentation + ajout d'une virgule)
Erreurs à dominante phonogrammique n'altérant pas la valeur phonique	*enpéche* → *empêche* *arive* → *arrive* *an* → *en* *difusen* → *diffusant* *anonse* → *annonce* *plubisiter* → *publicité* *braveau* → *(les) bravos*
Erreurs à dominante phonogrammique altérant la valeur phonique	*étè* → *été* *rasemble* → *rassemble* *polic* → *police* *plublic* → *publi* *enpéche* → *empêche* *derrier* → *derrière* *ensuit* → *ensuite* *plubisiter* → *publicité* *bruent* → *bruyantes* *enpéche* → *empêche* *circule* → *circuler*
Erreurs à dominante morphogrammique : morphogrammes lexicaux	*Début* → *début*
Erreurs à dominante morphogrammique : morphogrammes grammaticaux	**Erreurs d'accord dans le groupe nominal :** absence de désinence du pluriel sur le nom ou l'adjectif *route* → *routes* *motard* → *motards* *voiture plubisiter* → *voitures publicitaires* (des musiques) *bruent* → *bruyantes* *puissante* → (des motos) *puissantes* *organisateur* → *organisateurs* *crie* → *cris* *braveau* → *bravos* *spectateur* → *spectateurs* **Erreurs d'accord sujet-verbe :** *passe* → *passent* *empèche* → *empêchent* *arrive* → *arrivent* *anonse* → *annoncent* **Erreur de morphologie verbale :** *difusen* → *diffusant* (méconnaissance de la graphie du gérondif) *surgire* → *surgissent* **Confusion participe passé/infinitif :** *traversé* → *traverser* **Absence d'accord du part passé avec l'auxiliaire être :** *sont parti* → *sont partis*
Erreur à dominante logogrammique	*ont* → *on* (pronom personnel)

Remarque : on aurait pu également introduire dans la catégorie des logogrammes : an/en *et dans la catégorie des morphogrammes grammaticaux* circule/circuler. *Vous devez donc faire un choix.*
On aurait pu également ne pas choisir la classification de Catach mais un classement différent, fondé sur les erreurs d'ordre lexical et d'ordre syntaxique par exemple.

2) En fonction de cette analyse, vous choisirez deux types d'erreurs qui vous semblent devoir être traitées prioritairement. Quelles réponses pédagogiques adaptées mettriez-vous en place ?

• Dans cette production d'élève, le plus grand nombre d'erreurs porte sur les accords dans le groupe nominal et sur les accords sujet-verbe. En cela, cet écrit est représentatif des erreurs majoritaires des élèves à l'école primaire, comme au collège.
Il conviendra donc de programmer des séquences basées sur un travail d'ordre syntaxique sur la maîtrise des règles d'accord dans la phrase, avec une identification des classes de mots et de leur fonction : déterminants + noms au pluriel (+ adjectifs au pluriel) et accord en nombre sujet-verbe. Cette compétence est à maîtriser à la fin du CM2.

• La seconde priorité est d'ordre lexical.

On constate qu'un certain nombre d'erreurs porte sur la segmentation de mots. Par exemple : « *la river* » montre que cet élève n'a pas acquis le mot « *arrivée* » dans son lexique mental orthographique et qu'il n'identifie pas certains mots relativement usuels au CM2. Il conviendrait donc de bâtir un programme individuel de lecture pour cet élève, avec un travail systématique sur le lexique.

Il s'agira également de revoir la question de l'élision de l'article singulier « *le/la* » devant une voyelle.
Dans le même cadre, il semble nécessaire de systématiser l'acquisition d'un certain nombre de mots courants (*d'abord, derrière, police, été*) et de travailler sur la dérivation et les familles de mots (*début*).

3) Outre l'exercice de dictée, quels autres types d'activités peut-on programmer dans une classe pour améliorer les compétences orthographiques des élèves ?

Enseigner l'orthographe aujourd'hui, c'est à la fois permettre aux élèves d'apprendre des connaissances en étude de la langue, mais c'est aussi amener les élèves à mobiliser ces connaissances dans leurs écrits.
On peut discuter l'utilité de l'exercice de dictée : la dictée traditionnelle étant une évaluation de l'orthographe, d'autres types de dictées sont plus utiles pour améliorer les compétences orthographiques des élèves.
Afin d'améliorer les compétences des élèves, il s'agit de leur proposer des activités porteuses de sens car elles engagent chacun intellectuellement : par exemple, l'enseignant peut laisser une marge d'initiative à l'élève, introduire des intrus dans un texte, mettre un piège, lancer un défi...
Un autre aspect est que toutes les activités métacognitives sont déterminantes pour un apprentissage durable : les échanges sur les procédures, l'utilisation future des connaissances sont essentiels pour l'acquisition puis le transfert ultérieur des connaissances.

Votre réponse pourra comprendre tout exercice issu du tableau suivant qui reprend les trois catégories proposées par Catherine Brissaud & Danièle Cogis dans *Comment enseigner l'orthographe aujourd'hui* (Hatier, 2011).

		Objectif	Le travail/Les étapes	Modalités/Moyens
Observation de formes normées Apprendre le fonctionnement de l'orthographe	**1. le chantier d'étude**	Appréhender une loi de fonctionnement de l'orthographe (lexicale ou grammaticale)	Classement d'un corpus Confrontation des critères utilisés pour ces classements Synthèse Consolidation Évaluation	Des exercices de types différents : Exercices de décision Exercices de production Exercices fabriqués par les élèves
	2. La phrase donnée du jour	Justifier l'orthographe des mots/ outiller les élèves d'un métalangage	L'enseignant propose une phrase normée Les élèves disent tout ce qu'ils savent pour expliquer l'orthographe des mots	De manière collective (tableau) ou individuelle (cahier de brouillon)
	3. Le remue-méninge orthographique	Un entrainement quotidien pour faire de l'orthographe un objet de préoccupation	Des activités courtes et fréquentes pendant une certaine période	Exercices de collecte (chasse aux mots) Exercices de classements collectifs Exercices d'exploration d'un mot, etc.
Dispositifs à partir d'erreurs d'élèves : Clarifier ce que les élèves ont appris	**1. La dictée sans faute** – La dictée sans erreurs OU – La dictée zéro faute	Satisfaire les attentes sociales Apprendre des stratégies	1 × toutes les 3 semaines Lire le texte Dicter phrase par phrase. En cas de doute, les élèves soulignent les mots Recherche collective de solutions aux problèmes rencontrés et signalés par les élèves	
	2. L'atelier de négociation graphique	Expliciter les raisonnements qui ont permis de choisir les graphies	Dicter un court texte à 5-6 élèves (écrire gros !) Afficher les textes Discussion Idem pour tous les élèves par groupes/ateliers Confrontation générale et nouvelle synthèse	
	3. La phrase dictée du jour	Faire émerger les représentations des élèves par la confrontation et les faire évoluer.	Une phrase dictée à l'ensemble des élèves Au TN, celle d'un élève Collecte de toutes les graphies d'un mot Idem pour chaque mot de la phrase Discussion/argumentation Récapitulation et copie de la phrase dans un cahier	
	4. La dictée par ordinateur	Travailler en autonomie sur un texte aux difficultés adaptées	Travail en autonomie à l'ordinateur Un logiciel, différents textes de littérature de jeunesse Des types d'aides sous forme codées	

▶▶▶

▶▶▶

		Objectif	Le travail/Les étapes	Modalités/Moyens
Révision : Écrire des textes plus longs, avec le moins d'erreurs possibles	**1. La production écrite à contraintes**	Mobiliser les savoirs orthographiques existants pendant l'écriture. Articuler de manière effective EDL et production écrite Développer la vigilance orthographique	Par binôme, écrire un texte à partir d'une séquence de mots. Ex. : *Marche dans la forêt / marches dans la forêt / marchent dans la forêt* Quelques élèves lisent leur production Les textes sont affichés. Observation de l'effet des différentes marques graphiques pour une même chaine sonore, discussion	
	2. La révision orthographique	Amener les élèves à prendre en charge la révision orthographique de leurs écrits	Construction d'une grille typologique des erreurs Les élèves doivent proposer un classement d'erreurs (dans un texte) préalablement soulignées Confrontation des différents classements et mise au point d'une typologie Une ou deux fois dans l'année, actualiser le classement en fonction des nouveaux savoirs	

SUJET N° 2

2

Sujet de la session 2015 du groupement académique 2 : académies d'Aix-Marseille, Besançon, Bordeaux, Clermont-Ferrand, Corse, Dijon, Grenoble, Limoges, Lyon, Montpellier, Nantes, Nice, Orléans-Tours, Poitiers, Toulouse.

Sujet

Première partie : Question relative aux textes proposés

Quels regards les auteurs des textes du corpus portent-ils sur l'éducation des filles ?

Texte 1 : Fénelon, *Traité de l'éducation des filles* (1689), Éditions Klincksieck, Paris, 1994, pp. 37-38

CHAPITRE PREMIER.

De l'importance de l'éducation des filles.

Rien n'est plus négligé que l'éducation des filles. La coutume et le caprice des mères y décident souvent de tout : on suppose qu'on doit donner à ce sexe peu d'instruction. L'éducation des garçons passe pour une des principales affaires par rapport au bien public ; et quoiqu'on n'y fasse guère moins de fautes que dans celle des filles, du moins on est persuadé qu'il faut beaucoup de lumières pour y réussir. Les plus habiles gens se sont appliqués à donner des règles dans cette matière. Combien voit-on de maîtres et de collèges ! combien de dépenses pour des impressions de livres, pour des recherches de sciences, pour des méthodes d'apprendre les langues, pour le choix des professeurs ! Tous ces grands préparatifs ont souvent plus d'apparence que de solidité ; mais enfin ils marquent la haute idée qu'on a de l'éducation des garçons. Pour les filles, dit-on, il ne faut pas qu'elles soient savantes, la curiosité les rend vaines et précieuses ; il suffit qu'elles sachent gouverner un jour leurs ménages, et obéir à leurs maris sans raisonner. On ne manque pas de se servir de l'expérience qu'on a de beaucoup de femmes que la science a rendues ridicules : après quoi on se croit en droit d'abandonner aveuglément les filles à la conduite des mères ignorantes et indiscrètes.

Il est vrai qu'il faut craindre de faire des savantes ridicules. Les femmes ont d'ordinaire l'esprit encore plus faible et plus curieux que les hommes ; aussi n'est-il point à propos de les engager dans des études dont elles pourraient s'entêter. Elles ne doivent ni gouverner l'État, ni faire la guerre, ni entrer dans le ministère des choses sacrées ; ainsi elles peuvent se passer de certaines connaissances étendues, qui appartiennent à la politique, à l'art militaire, à la jurisprudence, à la philosophie et à la théologie. La plupart même des arts mécaniques ne leur conviennent pas : elles sont faites pour des exercices modérés. Leur corps aussi bien que leur esprit est moins fort et moins robuste que celui des hommes ; en revanche, la nature leur a donné en partage l'industrie, la propreté et l'économie, pour les occuper tranquillement dans leurs maisons.

Mais que s'ensuit-il de la faiblesse naturelle des femmes ? Plus elles sont faibles, plus il est important de les fortifier. N'ont-elles pas des devoirs à remplir, mais des devoirs qui sont les fondements de toute la vie humaine ? Ne sont-ce pas les femmes qui ruinent ou qui soutiennent les maisons, qui règlent tout le détail des choses domestiques, et qui, par conséquent, décident de ce qui touche de plus près à tout le genre humain ? Par là, elles ont la principale part aux bonnes ou aux mauvaises mœurs de presque tout le monde. Une femme judicieuse, appliquée, et pleine de religion, est l'âme de toute une grande maison ; elle y met l'ordre pour les biens temporels et pour le salut. Les hommes mêmes, qui ont toute l'autorité en public, ne peuvent par leurs délibérations établir aucun bien effectif, si les femmes ne leur aident à l'exécuter.

Texte 2 : Jean-Jacques Rousseau, *Émile ou de l'Éducation* (1762), Livre V, Gallimard, Bibliothèque de la Pléiade, Paris, 1969, pp. 700-702 (orthographe modernisée)

Les femmes, de leur côté, ne cessent de crier que nous les élevons pour être vaines et coquettes, que nous les amusons sans cesse à des puérilités pour rester plus facilement les maîtres ; elles s'en prennent à nous des défauts que nous leur reprochons. Quelle folie ! Et depuis quand sont-ce les hommes qui se mêlent de l'éducation des filles ? Qui est-ce qui empêche les mères de les élever comme il leur plaît ? Elles n'ont point de collège : grand malheur ! Eh ! Plût à Dieu qu'il n'y en eût point pour les garçons ! ils seraient plus sensément et plus honnêtement élevés ! Force-t-on vos filles à perdre leur temps en niaiseries ? Leur fait-on malgré elles passer la moitié de leur vie à leur toilette, à votre exemple ? Vous empêche-t-on de les instruire et faire instruire à votre gré ? Est-ce notre faute si elles nous plaisent quand elles sont belles, si leurs minauderies nous séduisent, si l'art qu'elles apprennent de vous nous attire et nous flatte, si nous aimons à les voir mises avec goût, si nous leur laissons affiler à loisir les armes dont elles nous subjuguent ? Eh ! Prenez le parti de les élever comme les hommes, ils y consentiront de bon cœur. Plus elles voudront leur ressembler, moins elles gouverneront, et c'est alors que nous serons vraiment les maîtres.

Toutes les facultés communes aux deux sexes ne leur sont pas également partagées ; mais prises en tout, elles se compensent. La femme vaut mieux comme femme et moins comme homme ; partout où elle fait valoir ses droits, elle a l'avantage ; partout où elle veut usurper les nôtres, elle reste au-dessous de nous. On ne peut répondre à cette vérité générale que par des exceptions ; constante façon d'argumenter des galants partisans du beau sexe.

Cultiver dans les femmes les qualités de l'homme, et négliger celles qui leur sont propres, c'est donc visiblement travailler à leur préjudice. Les rusées le voient trop bien pour en être les dupes ; en tâchant d'usurper nos avantages, elles n'abandonnent pas les leurs ; mais il arrive de là que, ne pouvant bien ménager les uns et les autres parce qu'elles sont incompatibles, elles restent au-dessous de leur portée sans se mettre à la nôtre et perdent la moitié de leur prix. Croyez-moi, mère judicieuse, ne faites point de votre fille un honnête homme, comme pour donner un démenti à la nature ; faites-en une honnête femme, et soyez sûre qu'elle en vaudra mieux pour elle et pour nous.

S'ensuit-il qu'elle doive être élevée dans l'ignorance de toute chose, et bornée aux seules fonctions du ménage ? L'homme fera-t-il sa servante de sa compagne ? Se privera-t-il auprès d'elle du plus grand charme de la société ? Pour mieux l'asservir l'empêchera-t-il de rien sentir, de rien connaître ? En fera-t-il un véritable automate ? Non, sans doute ; ainsi ne l'a pas dit la nature, qui donne aux femmes un esprit agréable et si délié ; au contraire, elle veut qu'elles pensent, qu'elles jugent, qu'elles aiment, qu'elles connaissent, qu'elles cultivent leur esprit comme leur figure ; ce sont les armes qu'elle leur donne pour suppléer à la force qui leur manque et pour diriger la nôtre.

Elles doivent apprendre beaucoup de choses, mais seulement celles qu'il leur convient de savoir.

Texte 3 : Émile Zola, *Pot-Bouille* (1882), chap. IV, Garnier-Flammarion, Paris, 1969, pp. 97-99

Octave Mouret, le héros de ce roman, discute avec monsieur et madame Vuillaume, les parents de sa voisine Marie.

– Vous n'avez pas d'enfant, monsieur ? Ça viendra... Ah ! c'est une responsabilité, surtout pour une mère !

Moi, quand cette petite-là est née, j'avais quarante-neuf ans, monsieur, un âge où l'on sait heureusement se conduire. Un garçon encore pousse tout seul, mais une fille ! Et j'ai la consolation d'avoir fait mon devoir, oh ! oui !

Alors, par phrases brèves, elle dit son plan d'éducation. L'honnêteté d'abord. Pas de jeux dans l'escalier ; la petite toujours chez elle, et gardée de près, car les gamines ne pensent qu'au mal. Les portes fermées, les fenêtres closes, jamais de courants d'air, qui apportent les vilaines choses de la rue. Dehors, ne point lâcher la main de l'enfant, l'habituer à tenir les yeux baissés, pour éviter les mauvais spectacles. En fait de religion, pas d'abus, ce qu'il en faut comme frein moral. Puis, quand elle a grandi, prendre des maîtresses, ne pas la mettre dans les pensionnats, où les innocentes se corrompent ; et encore assister aux leçons, veiller à ce qu'elle doit ignorer, cacher les journaux bien entendu, et fermer la bibliothèque.

– Une demoiselle en sait toujours de trop, déclara la vieille dame en terminant.

Pendant que sa mère parlait, Marie, les yeux vagues, regardait dans le vide. Elle revoyait le petit logement cloîtré, ces pièces étroites de la rue Durantin, où il ne lui était pas permis de s'accouder à la fenêtre. C'était une enfance prolongée, toutes sortes de défenses qu'elle ne comprenait pas, des lignes que sa mère raturait à l'encre sur leur journal de mode, et dont les barres noires la faisaient rougir, des leçons expurgées qui embarrassaient ses maîtresses elles-mêmes, lorsqu'elle les questionnait. Enfance très douce d'ailleurs, croissance molle et tiède de serre chaude, rêve éveillé où les mots de la langue et les faits de chaque jour se déformaient en significations niaises. Et, à cette heure encore, les regards perdus, pleine de ces souvenirs, elle avait aux lèvres le rire d'une enfant, restée ignorante dans le mariage.

– Vous me croirez si vous voulez, monsieur, dit M. Vuillaume, mais ma fille n'avait pas encore lu un seul roman, à dix-huit ans passés... N'est-ce pas, Marie ?

– Oui, papa.

– J'ai, continua-t-il, un George Sand très bien relié, et malgré les craintes de sa mère, je me suis décidé à lui permettre, quelques mois avant son mariage, la lecture d'André, une œuvre sans danger, toute d'imagination, et qui élève l'âme... Moi, je suis pour une éducation libérale. La littérature a certainement des droits... Cette lecture lui produisit un effet extraordinaire, monsieur. Elle pleurait la nuit, en dormant : preuve qu'il n'y a rien de tel qu'une imagination pure pour comprendre le génie.

– C'est si beau ! murmura la jeune femme, dont les yeux brillèrent.

Mais Pichon ayant exposé cette théorie : pas de romans avant le mariage, tous les romans après le mariage, madame Vuillaume hocha la tête. Elle ne lisait jamais, et s'en trouvait bien. Alors, Marie parla doucement de sa solitude.

– Mon Dieu ! je prends quelquefois un livre. D'ailleurs, c'est Jules qui choisit pour moi au cabinet du passage Choiseul... Si je touchais du piano encore !

Octave, depuis longtemps, sentait le besoin de placer une phrase.

– Comment ! madame, s'écria-t-il, vous ne touchez pas du piano !

Il y eut une gêne. Les parents parlèrent d'une suite de circonstances malheureuses, ne voulant pas avouer qu'ils avaient reculé devant les frais. Du reste, madame Vuillaume affirmait que

Marie chantait juste de naissance ; quand cette dernière était jeune, elle savait toutes sortes de romances très jolies, il lui suffisait d'entendre les airs une seule fois pour les retenir ; et la mère rappela cette chanson sur l'Espagne, l'histoire d'une captive regrettant son bien-aimé, que l'enfant disait avec une expression à arracher des larmes aux cœurs les plus durs. Mais Marie restait désolée. Elle laissa échapper ce cri, en étendant la main vers la chambre voisine, où sa petite dormait :

– Ah ! je jure bien que Lilitte saura le piano, quand je devrais faire les plus grands sacrifices !

– Songe d'abord à l'élever comme nous t'avons élevée toi-même, dit sévèrement, madame Vuillaume. Certes, je n'attaque pas la musique, elle développe les sentiments. Mais, avant tout, veille sur ta fille, écarte d'elle le mauvais air, tâche qu'elle garde son ignorance…

Texte 4 : Annie Ernaux, *Le vrai lieu*, Entretiens avec Michelle Porte (2014), Gallimard, Paris, 2014, pp. 55-56

Je ne suis pas une femme qui écrit, je suis quelqu'un qui écrit

Longtemps je me suis demandé ce que signifiait une identité de femme. Parce que je n'ai pas ce sentiment-là en écrivant. Parce que d'y être renvoyée est une source de souffrance, de révolte surtout. Les femmes y sont renvoyées, toujours, à leur identité de femme, pour justifier le maintien inavoué de la suprématie masculine. Même si être une femme dans les années 2000 n'est pas être une femme dans les années 1950, perdure cette domination, y compris dans les sphères culturelles.

La révolution des femmes n'a pas eu lieu. Elle est toujours à faire.

Mon premier modèle en matière de féminisme a été ma mère. Dans sa manière de m'élever, par sa façon à elle d'être dans le monde, d'être une volonté, de ne pas se laisser imposer quoi que ce soit par qui que ce soit. Jamais elle ne m'a demandé d'aider aux tâches ménagères, absolument jamais.

Pas davantage de servir au commerce. Tout juste ai-je dû faire mon lit à partir de 15, 16 ans ! Tout mon temps était pour l'étude, le jeu, la lecture. J'avais le droit de lire à n'importe quel moment, autant que je voulais. Les matinées où je n'avais pas d'école, je restais au lit jusqu'à midi avec un livre. Je me souviens de m'être vantée de ce privilège en classe, la maîtresse m'a regardée avec une horrible sévérité. Sans doute il y avait là pour elle quelque chose d'anormal, de malsain, le lit et la lecture…

J'ai découvert Simone de Beauvoir à 18 ans. D'abord les *Mémoires d'une jeune fille rangée* qui ne m'ont pas spécialement touchée. Il s'agissait d'une enfance dans un milieu privilégié tellement différente de la mienne qu'il n'y a pas eu de rencontre. Puis Le deuxième sexe, une véritable révélation. Mais je n'ai pas fait le lien, à ce moment-là, entre l'éducation atypique que j'avais reçue et ce que Beauvoir écrivait, c'est-à-dire que j'ai laissé de côté, pas examiné l'éducation que j'avais reçue. J'ai plongé dans quelque chose d'immense, d'inconnu jusque-là, l'histoire des femmes, de la condition des femmes. C'est seulement dans les années 1970, avec l'émergence du mouvement féministe, que je prendrai conscience réellement de la nature si peu traditionnelle de mon éducation et que j'en serai reconnaissante à ma mère.

Deuxième partie : Connaissance de la langue

2

1) Dans le texte de Fénelon, précisez la nature des mots suivants en gras :

« Tous **ces** grands préparatifs ont souvent plus d'apparence que de solidité ; mais enfin ils marquent la haute idée **qu'**on a de l'éducation des garçons. Pour les filles, dit-**on**, il ne faut pas qu'elles soient savantes, **la** curiosité **les** rend vaines et **précieuses** ; il suffit qu'elles sachent gouverner un jour **leurs** ménages, et obéir à leurs maris **sans** raisonner. »

2) Donnez la fonction des pronoms signalés en gras dans la citation suivante :

« Elle revoyait le petit logement cloîtré, ces pièces étroites de la rue Durantin, **où** il ne **lui** était pas permis de s'accouder à la fenêtre. C'était une enfance prolongée, toutes sortes de défenses qu'elle ne comprenait pas, des lignes **que** sa mère raturait à l'encre sur leur journal de mode, et **dont** les barres noires la faisaient rougir, des leçons expurgées **qui** embarrassaient ses maîtresses elles-mêmes, lorsqu'elle **les** questionnait. »

3) Réécrivez cette production d'élève en corrigeant les erreurs dont vous proposerez un classement :

Tous se temps passé a travailler porterat ces fruit ; les erreurs que le professeur a relevé son de moins en moins nombreuse. Quelque soit les difficultées, il et possible de progressé. Les entrainements fréquant ont aidés tous le monde.

4) Vous ferez l'analyse morphologique des mots « éducation » et « puérilités » (texte de Rousseau). Quel sens prend le mot « puérilités » au début de ce texte ?

Troisième partie : Analyse de supports d'enseignement

À partir d'une analyse critique des documents ci-après, utilisés dans une classe de CM1, vous répondrez aux questions suivantes :

1) Quelle pourrait être la compétence spécifique visée par une séance qui utiliserait ces deux supports d'enseignement ?

2) Dans le document 1, identifiez le rôle pédagogique de la question « *Quels sont les mots du texte qui t'ont permis de répondre ?* ».

3) Dans une séance visant la compétence identifiée dans la question 1, comment utiliseriez-vous ces documents ? Comment les articuleriez-vous ? Vos choix seront justifiés dans votre réponse.

4) Document 2 :

a. Pour quelles raisons ce texte peut-il susciter un débat interprétatif ?

b. À la question « Où se trouve Félicien ? », quelle trace écrite finale proposeriez-vous à vos élèves ?

Document 1

Ateliers CM1, fiche élève

Exercice 1

Voilà que survint une saison comme on n'en avait jamais connue de semblable. Un froid tel que les ours eux-mêmes claquaient des dents sous leur épaisse fourrure. Une neige qui couvrait jusqu'au dernier brin d'herbe, au point qu'il n'y avait plus rien à manger.

À quelle saison se déroule l'histoire ?

Quels sont les mots du texte qui t'ont permis de répondre ?

Exercice 2

Dans l'atelier du menuisier, ils sont tous rangés en rang d'oignons sur le mur du fond. L'ouvrier les choisit judicieusement suivant l'objet qu'il a à façonner... Il y a des coupants, des tranchants, des pointus...

De quoi s'agit-il ?

Quels sont les mots du texte qui t'ont permis de répondre ?

Exercice 3

Mes parents veulent renouveler notre équipement. L'unité centrale ne coûte que 699 euros, mais il faut rajouter un écran à 270 euros et un logiciel à 149 euros. Quel est le prix du renouvellement ?

Qu'achètent mes parents ?

Quels sont les mots du texte qui t'ont permis de répondre ?

Exercice 4

Au son des trompettes, les chevaliers entrent dans la lice. Protégés par le heaume et l'armure, maniant l'épée ou la lance, ils doivent désarçonner leurs adversaires pour faire triompher leurs couleurs.

À quelle époque historique se déroule cette scène ?

Quels sont les mots du texte qui t'ont permis de répondre ?

Exercice 5

Les instincts bâtisseurs de Lebrac se révélèrent :

– Il faudra, dit-il, ramasser dès ce soir tous les morceaux de planches qu'on trouvera, les vieux clous, les bouts de fer...

– On fera aussi une cheminée, disait Tintin.

– Des lits de mousse et de feuilles, ajoutait Camus.

– Surtout n'oubliez pas d'apporter des provisions. On reprendra demain.

Louis Pergaud, *La guerre des boutons*

Que préparent les enfants ?

Quels sont les mots du texte qui t'ont permis de répondre ?

Document 2

Bernard Friot, *Nouvelles histoires pressées,* « Un martien », Éditions Milan, Toulouse (2007)

Planète Mars, neuf heures du soir.

Cher papa, chère maman,

Eh oui. Me voici sur la planète Mars. J'espère que vous vous êtes bien inquiétés depuis ce matin et que vous m'avez cherché partout. D'ailleurs, je vous ai observés grâce à mes satellites espions et j'ai bien vu que vous faisiez une drôle de tête cet après-midi. Même que papa a dit : « Ce n'est pas possible, il a dû lui arriver quelque chose ! » (Comme vous le voyez, mes micros longue distance sont ultra puissants). Eh bien, j'ai un peu honte de le dire, mais je le dis quand même, parce que c'est la vérité : je suis rudement content que vous vous fassiez du souci. C'est de votre faute, après tout. Si vous ne m'aviez pas interdit d'aller au cinéma avec François, je ne serais pas parti. J'en ai marre d'être traité comme un gamin. D'accord, je n'aurais pas dû vous traiter de vieux sadiques.

Mais maman m'a bien traité de gros mollasson, alors on est quitte.

Ne me demandez pas comment je suis arrivé ici. C'est un secret et j'ai juré de ne pas le dire. En tout cas, je me plais bien sur Mars. Les gens ne sont peut-être pas très agréables à regarder, mais ils sont super sympas. Personne ne fait de réflexion quand vous avez le malheur d'avoir un 9 en géographie.

Vous voyez à qui je fais allusion...

Il y a quand même des choses un peu bizarres. Je ne parle pas des scarabées que les Martiens grignotent à l'apéritif. Sur Terre aussi, il y a des trucs impossibles à manger. Les choux de Bruxelles, par exemple ou le gras de jambon. Non, le plus tordu, c'est la façon dont on fait les bébés. Il suffit qu'un garçon ou une fille se regardent dans les yeux, et hop ils deviennent papa-maman.

J'ai déjà une demi-douzaine d'enfants. Je crois que je vais mettre des lunettes de soleil.

C'est plus prudent. J'ai encore des tas de choses à vous raconter, mais je préfère m'arrêter là. Portez-vous bien et à bientôt, j'espère.

PS : Vous seriez gentils de m'envoyer deux sandwiches au saucisson, un yaourt à la fraise et une bouteille de jus de raisin. Et dites-moi si vous êtes encore fâchés.

PPS : Vous n'avez qu'à laisser le colis et la lettre devant la porte du grenier. Ne vous inquiétez pas, ça arrivera.

Félicien

Corrigé

Question relative aux textes proposés (11 pts)

Dans chaque société, les questions d'éducation sont toujours d'actualité et cristallisent les tensions puisqu'elles reflètent l'engagement des hommes à former les adultes de demain. Le récent débat en France sur la « théorie des genres » en est une illustration, qui a passionné l'opinion et exacerbé les points de vue.

Comment penser l'éducation des filles ? Tel est le questionnement des auteurs en présence, qui chacun porte un regard singulier sur la question, dans le corpus proposé qui est présenté de manière chronologique.

Fénelon dans un extrait de *Traité de l'éducation des filles*, édité en 1689 (Éditions Klincksieck, Paris, 1994) et Jean-Jacques Rousseau dans un passage de *Émile ou de l'Éducation*, écrit en 1762 (Livre V, Gallimard, Bibliothèque de la Pléiade, Paris, 1969) ne contestent pas la nécessité d'éduquer les filles et exposent à presqu'un siècle d'intervalle les objectifs de cette éducation. Émile Zola, dans le chapitre IV de *Pot-Bouille* paru en 1882 (chap. IV, Garnier-Flammarion, Paris, 1969) et Annie Ernaux dans un livre-entretien avec Michelle Porte en 2014, *Le vrai lieu*, Entretiens Gallimard, montrent tous deux l'évolution du rôle de la mère dans cette éducation, passant de celle qui assujettit sa fille à la domination maritale à celle qui va œuvrer pour sa liberté.

Malgré sa spécificité, l'éducation des filles est nécessaire et passe notamment par le rôle éducateur de la figure maternelle.

Tous les textes développent l'idée d'une éducation sexuée, qu'on l'approuve ou non. Fénelon présente l'opinion de la société en utilisant le pronom « on » : « pour les filles, dit-on, il ne faut pas qu'elles soient savantes... on se croit en droit d'abandonner aveuglément les filles... » Selon l'auteur, il est essentiel de dispenser aux filles une éducation qui leur permettra d'exercer leur rôle auprès des hommes. À sa suite, Rousseau précise qu'il ne faut pas « cultiver chez la femme les qualités de l'homme », ce qui exclut, comme le précise Fénelon, les connaissances propres à la politique, à l'art de la guerre, au droit, à la philosophie et à la théologie. Pour ces deux auteurs, le contenu de l'éducation ne doit pas viser à rapprocher les femmes des hommes. Fénelon met en garde contre des femmes savantes qui se couvrent de ridicule, rejoignant sur ce point les théories de la société de son époque. J.-J. Rousseau explique que la femme ne doit pas « usurper » les droits des hommes : leur enseigner des domaines qui développent des qualités masculines, c'est leur porter préjudice et les placer alors dans une condition inférieure à celle des hommes. Ce discours trouve un écho relatif chez A. Ernaux lorsqu'elle constate que maintenir la femme dans une identité de femme justifie le « maintien inavoué de la suprématie masculine ».

Pour Fénelon, il convient de parfaire l'éducation des filles dans les domaines dont la nature les a pourvues : « l'industrie, la propreté et l'économie », domaines pragmatiques directement liés à la gestion pratique du foyer. J.-J. Rousseau, quelques décennies plus tard, leur accorde un enseignement plus intellectuel et préconise que les femmes apprennent à penser et à juger, qu'elles se cultivent. Il n'est pas question, pour lui, qu'elles soient élevées uniquement dans le but de pourvoir au bien-être de leur foyer. Cependant elles doivent allier le charme et un certain esprit, ce qui pour l'auteur demeure malgré tout typiquement féminin.

Seuls Zola et A. Ernaux posent la question de l'émancipation, qui ne peut passer que par la culture dont le principal vecteur est le livre : la mère d'A. Ernaux la laisse tout lire, à tout moment et autant qu'elle le souhaite, ce qui s'oppose à l'éducation de Marie, dont le père choisit le premier livre et dont le mari continue de choisir pour elle les ouvrages.
A. Ernaux va, à travers la lecture de Simone de Beauvoir, prendre conscience de la chance qui a été la sienne de pouvoir jouir de cette éducation. Il est à noter que Marie, au XIXe, n'a pas encore lu un seul roman à l'âge où l'auteure du *Vrai lieu* découvre Simone de Beauvoir. Et encore, c'est son père qui lui permet la lecture d'*André* de George Sand, estimant que la « littérature a des droits ».

Tous les auteurs s'accordent sur la nécessité d'éduquer les filles, qu'ils s'expriment en leur nom propre, comme Fénelon à la fin du XVIIe siècle, J.-J. Rousseau au milieu XVIIIe siècle et A. Ernaux, par ailleurs seule auteure de sexe féminin de ce dossier, au début XXIe siècle, ou par la voix de leurs personnages, comme Zola dans *Pot-Bouille* à la fin du XIXe.
S'il n'est pas question de priver les filles d'éducation, il n'en demeure pas moins que cette éducation s'inscrit dans un système de valeurs que porte la société de l'époque. Fénelon explique que l'éducation vise à rendre les femmes plus fortes, d'autant qu'elles sont « naturellement faibles » et J.-J. Rousseau note qu'il s'agit de former une « honnête femme ». Fénelon le rejoint lorsqu'il précise que c'est la femme qui influence les bonnes et mauvaises mœurs de la société. Dans le roman de Zola, le personnage de Mme Vuillaume se montre sans appel : le but de l'éducation est de préserver « l'innocence de la femme » en « écartant d'elle le mauvais air », lectures y compris. Dans ces trois conceptions, l'éducation des filles se démarque de celle des garçons. En opposition, A. Ernaux ne se revendique pas en tant que femme mais en tant qu'être humain, et pour elle et contrairement aux auteurs qui précèdent, les finalités de l'éducation ne sont plus sexuées, on peut les assigner à tout jeune individu.
Cette éducation bien ciblée permet alors aux femmes éduquées de remplir la fonction qui leur semble dévolue : Fénelon et J.-J. Rousseau s'accordent sur l'influence qu'une femme éduquée peut exercer sur un homme. Fénelon reconnaît que la femme a des devoirs qui « sont le fondement de toute la vie humaine » même s'il écarte la possibilité qu'elle puisse avoir des responsabilités gouvernementales, militaires ou en lien avec la religion. Pour lui, l'enjeu de l'éducation des filles est d'amener la femme à remplir ses devoirs qui se situent dans le domaine circonscrit du foyer : une femme bien éduquée, « judicieuse, appliquée, pleine de religion » est « l'âme » de sa maison mais surtout, elle aide son mari à exercer son autorité publique. J.-J. Rousseau le rejoint en développant l'idée selon laquelle l'éducation permet à la femme de prendre en charge les problèmes de l'enfant et de l'homme qu'il sera : elle doit « diriger » la force des hommes. Pour les deux auteurs, la femme éduquée est capable d'accomplir ces tâches alors que celle sans éducation peut ruiner les familles, gâter les enfants et rendre le mariage malheureux. Ce point de vue s'oppose implicitement à celui du personnage de Zola, madame Vuillaume, qui a élevé sa fille dans l'innocence. Devenue adulte, celle-ci a encore « aux lèvres le rire d'une enfant, restée ignorante dans le mariage ».
Si l'éducation des femmes se répercute sur les hommes, tous les textes mentionnent que l'un des enjeux les plus importants de l'éducation des femmes est d'élever leurs enfants. Cette question amène alors les auteurs à s'interroger sur l'influence de la mère dans l'éducation de leur fille.

Les quatre textes accordent une place essentielle à la mère comme éducatrice. Alors que Fénelon et Rousseau ne jugent pas performante l'éducation donnée dans un cadre institutionnel, ils se montrent tout aussi réservés sur l'attitude de certaines mères, remettant en cause leur capacité à éduquer leur fille comme il se doit : si l'on critique l'éducation des filles il faut adresser les reproches à leurs mères qui en sont responsables, dit Rousseau. Des années plus tôt, Fénelon soulignait déjà que c'étaient les mères qui décidaient de ce qui relevait de l'éducation des filles, la plupart des mères étant pour lui « ignorantes et indiscrètes ». Ce modèle de mère éducatrice autoritaire et parfois peu judicieuse dans ses choix éducatifs est illustré par Mme Vuillaume qui s'enorgueillit de l'éducation qu'elle a donnée à sa fille en énonçant un « plan d'éducation » dont le principal objectif est de maintenir cette dernière dans une profonde ignorance. Ce n'est pas l'idée de Rousseau ni celle de Fénelon qui critique « l'abandon » de l'éducation des filles aux mères. On note par ailleurs chez Zola le désir d'émancipation de Marie, pur produit de l'éducation de sa mère, qui semble vouloir pour sa fille une éducation qui lui épargne la souffrance qu'elle-même a connue.

A. Ernaux, plus d'un siècle plus tard, témoigne de cette évolution en mentionnant la totale liberté que lui laissait sa mère, son « premier modèle de féminisme » afin qu'elle puisse prendre tout son temps pour « l'étude, le jeu, la lecture », sans faire de différence de genre. Et l'auteure ajoute que cette conception éducative était note peu commune avant les années 1970.

Ces quatre textes montrent donc le rôle central de la mère dont l'influence a évolué au fil de presque quatre siècles.

Ce dossier témoigne d'une évolution diachronique de la conception de l'éducation des filles dans notre pays. S'il montre que celle-ci est le fruit et le reflet des idéologies de la société qui la produit, il nous invite à nous interroger sur la place des femmes dans notre société et à penser la manière dont l'École participe à cette éducation. Car bien que l'éducation, longtemps réservée à l'Église, soit devenue un enjeu républicain à la fin du XIXe siècle avec les lois Ferry, il s'agit de prendre en compte le fait que la République, qui prône pourtant l'égalité jusque dans sa devise, a longtemps laissé les femmes dans une situation de subordination à l'égard des hommes.

Connaissance de la langue (11 pts)

1) Dans le texte de Fénelon, précisez la nature des mots suivants en gras

Tous **ces** grands préparatifs ont souvent plus d'apparence que de solidité. Mais enfin ils marquent la haute idée **qu'**on a de l'éducation des garçons. Pour les filles, dit-**on**, il ne faut pas qu'elles soient savantes, **la** curiosité **les** rend vaines et **précieuses**. Il suffit qu'elles sachent gouverner un jour **leurs** ménages et obéir à leurs maris **sans** raisonner.

ces	déterminant démonstratif pluriel
qu(e)	pronom relatif, mis pour le GN « *haute idée* »
on	pronom personnel indéfini
la	déterminant : article défini féminin singulier
les	pronom personnel pluriel (remplace le GN « *les filles* »)
précieuses	adjectif qualificatif
leurs	déterminant possessif pluriel
sans	préposition

2) Donnez la fonction des pronoms signalés en gras dans la citation suivante

« Elle revoyait le petit logement cloitré, ces pièces étroites de la rue Durantin, **où** il ne **lui** était pas permis de s'accouder à la fenêtre. C'était une enfance prolongée, toutes sortes de défense **qu'**elle ne comprenait pas, des lignes que sa mère raturait à l'encre sur leur journal de mode et **dont** les barres noires la faisaient rougir, des leçons expurgées **qui** embarrassaient ses maitresses elles-mêmes lorsqu'elle **les** questionnait. »

où	complément circonstanciel de lieu de la proposition subordonnée relative : « *où il ne lui était pas permis de s'accouder à la fenêtre* ».
lui	complément d'objet indirect du verbe « *était permis* »
qu(e)	complément d'objet direct du verbe « *comprenait* »
dont	Complément du nom « *les barres noires* »
qui	sujet du verbe « *embarrassaient* »
les	complément d'objet direct du verbe « *questionnait* »

3) Réécrivez cette production d'élève en corrigeant les erreurs dont vous proposerez un classement

Tous se temps passé **a** travailler **porterat ces fruit** : les erreurs que le professeur a **relevé son** de moins en moins **nombreuse**. **Quelque soit** les **difficultées**, il **et** possible de **progressé**. Les entrainements **fréquant** ont **aidés tous** le monde.

- Réécriture normée du texte

Tout ce temps passé à travailler portera ses fruits : les erreurs que le professeur a relevées sont de moins en moins nombreuses. Quelles que soient les difficultés, il est possible de progresser. Les entrainements fréquents ont aidé tout le monde.

- Classement des erreurs

Considérant le français comme un plurisystème, nous utiliserons la typologie de N. Catach simplifiée :

Erreurs à dominante phonogrammique n'altérant pas la valeur phonique	• *difficultées* pour *difficultés* • *fréquant* pour *fréquents* (confusion avec la terminaison du participe présent possible)
Erreurs à dominante morphogrammique grammaticale	**Erreurs de désinence verbale :** – *porterat* : erreur de désinence verbale, 3e pers sing futur → *portera* – *soit* : absence de marque du pluriel, 3e pers. → *soient* – *progressé* (participe passé) pour *progresser* (infinitif) **Erreurs d'accord dans le groupe verbal :** – *relevé* : absence d'accord du participe passé avec le COD placé devant le verbe (auxiliaire *avoir*) → *relevées* – *ont aidés* : erreur d'accord du participe passé avec l'auxiliaire *avoir* → *ont aidé*

▶▶▶

	Erreurs d'accord dans le groupe nominal : – *fruit* : absence de la désinence du pluriel : *fruits* – *nombreuse* : absence de marque du pluriel → *nombreuses* – *fréquant* : erreur morphogrammique grammaticale (absence de la désinence du pluriel de l'adjectif) → *fréquents* – *tous* pour *tout* (le monde) marque du pluriel erronée.
Erreurs à dominante logogrammique grammaticale	– *tous* (déterminant) pour *tout* (adverbe) – *se* (pronom personnel) pour *ce* (déterminant démonstratif) – *a* (verbe avoir 3e pers. sing.) pour *à* (préposition) – *ces* (déterminant démonstratif) pour *ses* (déterminant possessif) – *son* (déterminant possessif) pour *sont* : verbe *être* ; 3e pers. plur. – *quelque soit* (pronom indéfini + verbe *être* au subjonctif) pour *quelles que soient* (déterminant indéfini + pronom relatif + verbe *être* au subjonctif avec les désinences du pluriel – *les difficultés*) – *et* (conjonction de coordination) pour *est* (verbe être au présent)

Remarque : on ne relèvera pas « entraînement », dont la graphie est celle de l'orthographe rectifiée (1990), une orthographe préconisée dans les programmes à paraître.

4) Vous ferez l'analyse morphologique des mots éducation et puérilités.
Quel sens prend le mot *puérilités* au début de ce texte ?

a) analyse morphologique

Éducation : 2 morphèmes → base : *éduc* (> préfixe *ex* = *hors de* + *ducere* = *conduire*) + suffixe nominal « *tion* ».

Puérilités : 4 morphèmes → du latin « *puer* » = *enfant* + suffixe adjectival « *il* » + suffixe nominal « *ité* » + « *s* » morphème grammatical du nombre.

b) analyse sémantique :

Dans le texte de Rousseau, le mot « puérilités » n'est pas pris dans son acception première, son sens dénoté = caractère propre à l'enfant.

Il est connoté péjorativement et prend le sens de futilité, de choses sans importance. Ici, le mot « puérilité » est appliqué aux femmes : les hommes occuperaient les femmes à des « puérilités », à des sujets légers, ayant peu d'intérêt, pour mieux exercer leur domination et les maintenir dans une certaine soumission, comme on pourrait le faire avec des enfants dont on est responsable.

Analyse de supports d'enseignement (13 pts)

À partir d'une analyse critique des documents ci-après, utilisés dans une classe de CM1, vous répondrez aux questions suivantes :

1) Quelle pourrait être la compétence spécifique visée par une séance qui utiliserait ces deux supports d'enseignement ?

Le premier document propose par une série d'exercices brefs un entraînement à faire des inférences : il s'agit de repérer l'implicite dans de courts textes. Selon les différents exercices, les inférences peuvent être textuelles (inférence logique) – la réponse se trouve dans le texte mais n'est

pas explicite –, ou contextuelles – la réponse est implicite et se trouve dans l'univers de connaissance de l'élève (inférence pragmatique).
Le second support est une nouvelle de Bernard Friot qui suppose une lecture littéraire et éventuellement un débat interprétatif : où se trouve Félicien ? Sur la planète Mars ou ailleurs ? Quels indices nous permettent de le penser ? (Il faudra les justifier.) Car l'histoire ne dit pas tout…
Ces deux documents relèvent de la compréhension en lecture. Comprendre un texte est complexe et se traduit par l'exécution possible d'un ensemble de tâches : reformuler, résumer, inférer, interpréter, questionner, contrôler… qui nécessitent l'utilisation de stratégies : prise d'indices, utilisation de connaissances antérieures, association d'informations…
Parmi ces compétences, le premier document vise à un enseignement explicite de la compréhension concernant les inférences. Le second document permet le transfert de cette stratégie dans une œuvre intégrale, une nouvelle, ce qui doit permettre aux élèves d'interpréter le texte.
La compétence spécifique visée par une séance qui utiliserait ces deux supports d'enseignement est celle de la compréhension de l'implicite d'un texte : il s'agit d'amener l'élève à découvrir la notion d'inférence et à en maîtriser les principales.
Les élèves de CM1 doivent être capables de repérer des informations explicites en vue d'inférer des informations nouvelles.

2) Dans le document 1, identifiez le rôle pédagogique de la question : « Quels sont les mots du texte qui t'ont permis de répondre ? »

Dans un texte, tout n'est pas dit : les inférences sont des opérations cognitives qui vont conduire le lecteur à rendre explicite l'implicite.
La question posée pointe la tâche de l'élève : **repérer des mots** qui est nécessaire à l'acquisition de la stratégie de compréhension : **inférer pour comprendre l'implicite**. La question invite l'élève à repérer des indices lexicaux qui vont lui permettre de faire des associations d'idées afin de « remplir les blancs du texte » (U. Eco) et de pouvoir formuler l'implicite.
Au plan pédagogique, cette question, réitérée après chaque courte lecture, amène l'élève à identifier systématiquement la tâche qu'il est train d'effectuer afin d'élaborer une stratégie qui lui permet de repérer les informations tues.
Il s'agit d'une activité métacognitive : la question posée oblige l'élève à avoir une attitude méta sur la manière dont il utilise certains éléments du texte pour comprendre. Il devient alors capable de se représenter l'acte d'inférer comme partie intégrante du travail du lecteur. Il comprend que certaines questions même très simples ne peuvent trouver de réponses qu'en combinant des éléments distants du texte ou en faisant appel à leurs connaissances extérieures au texte. La répétition favorise la systématisation de la stratégie.

3) Dans une séance visant la compétence identifiée dans la question 1, comment utiliseriez-vous ces documents ? Comment les articuleriez-vous ? Vos choix seront justifiés dans votre réponse.

La lecture littéraire est une lecture interprétative et nécessite des compétences en compréhension. Un enseignement explicite de la compréhension est donc nécessaire pour permettre à tous les élèves (i) de connaître différentes stratégies, (ii) de les transférer puis de les automatiser lors de la lecture de texte.
Dans cette perspective, le document 1 (travail en atelier) peut être utilisé comme un temps d'entraînement systématique dont la pratique régulière permettra de développer la compétence ciblée. L'atelier devra être conçu comme un lieu d'échanges, de réflexion et de confrontation des idées où l'erreur aura un caractère formatif et devra être une étape dans l'acquisition de la connaissance.

Dans ce premier temps, la démarche est centrée sur les prises de conscience favorisant le contrôle de l'activité de lecture. Le processus est rendu transparent pour les élèves et ils acquièrent la maîtrise de la stratégie.
La séance pourra débuter par la lecture à haute voix de l'exercice 1 par le maître, puis demander aux élèves de quoi parle le texte. Le mot « hiver » n'apparaissant pas, l'enseignant demandera aux élèves de citer les indices lexicaux qui les ont amenés à cette conclusion. Il procède de la même façon avec l'exercice 3 qui permet – à l'instar du 1 – de montrer que l'emploi d'un terme générique (saison/équipement) n'apporte pas la réponse attendue et qu'il faut à l'aide de ses connaissances déduire l'information.
Il peut ensuite distribuer les exercices 2 (substituts nominaux, interprétation des pronoms personnels), 4 et 5 (inférences contextuelles) que les élèves peuvent faire seuls ou en binôme.
Une correction collective permettra de verbaliser la stratégie.
Au-delà de cette séance d'entraînement systématique, on pourra proposer dans un deuxième temps la lecture du texte intégral (document 2) afin d'effectuer le transfert de la compétence travaillée. La lecture du texte permettra aux élèves d'utiliser la stratégie enseignée précédemment dans une perspective intégrative, la compréhension étant un processus complexe qui implique des mises en relation à différents niveaux.
Ainsi l'objectif sera d'amener les élèves à raisonner sur ce que le texte dit, sur ce que le lecteur a le droit – et sur ce qu'il n'a pas le droit – de dire. Les élèves comprendront combien la compétence inférentielle est essentielle au sens d'un texte, particulièrement pour en saisir, ici, la tonalité humoristique.
La question ouverte « où est Félicien ? » pourra donner lieu à un débat interprétatif : l'enseignant ne valide pas les interprétations des élèves, c'est le texte qui apporte la réponse. Il peut demander aux élèves de noter les mots ou passages du texte qui permettent de répondre à la question. Un retour collectif au texte permettra de valider ou non les interprétations.
L'étude de ce texte montre aux élèves comment, en partant d'une intuition globale, il est nécessaire de s'appuyer sur une information explicite pour construire une interprétation autorisée par le texte.
Ainsi l'ensemble de la séquence aura pour objectif de faire prendre conscience aux élèves que la compréhension nécessite un travail intellectuel, que ce travail s'enseigne et qu'il s'apprend. Les activités décontextualisées du document 1 prennent tout leur sens avec le document 2 en montrant aux élèves que pour accéder à la compréhension fine d'un texte et en retirer tout le plaisir il est nécessaire de mettre en place des stratégies qui participent à la formation d'un lecteur expert.

4) Document 2 :

a. Pour quelles raisons ce texte peut-il susciter un débat interprétatif ?

Le débat interprétatif est un dispositif d'enseignement qui permet d'apprendre à comprendre les textes à travers une posture de questionnement. Ses objectifs sont la construction d'une attitude réfléchie, d'une attention globale au texte, le développement de stratégies pertinentes de compréhension et d'interprétation. Il conduit les élèves à émettre des hypothèses, à formuler des arguments, à écouter ceux des autres élèves et à fournir des contre arguments, ceci en justifiant leur position par des éléments du texte lui-même.
Le texte « Un Martien », extrait des *Nouvelles histoires pressées* de Bernard Friot, se présente sous la forme d'une lettre que Félicien envoie à ses parents pour leur annoncer qu'il séjourne sur Mars où la vie est plus douce. Félicien justifie son départ en mentionnant les différends qu'il a eus avec ses parents. Il ne manque pas de décrire les mœurs originales des martiens. Enfin, il

achève sa lettre par deux post-scriptum où il demande à ce que de la nourriture soit laissée devant la porte du grenier. Le texte, bref et drôle, met en place un univers de référence connu des jeunes lecteurs.

C'est un texte « résistant » (Tauveron, 2000) car son sens n'est pas immédiat : dès le titre, le lecteur est induit en erreur. C'est aussi un texte « réticent » car il ne permet qu'une interprétation. Si les élèves ne s'appuient que sur les mots du texte, ils penseront que Félicien est sur Mars : « Planète Mars », « me voici sur la planète Mars ». Le texte nécessite une forme de vigilance puisqu'il faut le lire en entier pour en saisir toute la subtilité et en comprendre la chute : c'est à la fin, dans les deux post-scriptum qu'il faut effectuer des inférences ; le nouveau lieu qui apparaît, le grenier, permet de valider les hypothèses de lecture que fait le lecteur expert.

Ce texte peut donc susciter un débat interprétatif dont la consigne est : « Où est Félicien ? Justifie ton point de vue à l'aide les mots du texte », on pourra s'intéresser à la tonalité du texte « trouves-tu ce texte drôle ? »

Le fait de réfléchir ensemble, d'argumenter, de justifier ses choix par les mots du texte permettra d'arriver à une compréhension homogène, la seule possible. Sous le guidage de l'enseignant, les élèves passent par des phases qui vont permettre à chacun de mobiliser ce qu'il connaît, ce qu'il croit, les rapprochements qu'il effectue.

Le débat mis en place mène d'abord à penser qu'un même texte peut être interprété de multiples façons, puis, le retour au texte sera nécessaire pour légitimer ou non ce que chacun dit et faire le constat de la seule interprétation possible.

b. À la question « Où se trouve Félicien ? », quelle trace écrite finale proposeriez-vous à vos élèves ?

- Du point de vue de l'institutionnalisation des connaissances :

Après le débat interprétatif, il serait judicieux de demander aux élèves de produire une trace écrite personnelle, un écrit intermédiaire, en répondant à nouveau à la question initialement posée, et en justifiant sa réponse par les arguments évoqués dans le débat.

Félicien se trouve ....

Les mots du texte qui le prouvent sont : ....

La trace finale écrite sera un écrit de travail élaboré collectivement, trace du parcours collectif de lecture et qui fera référence, du type suivant :

Félicien se trouve dans le grenier

Les mots du texte qui le prouvent sont les deux post scriptum :

– *Vous seriez gentils de m'envoyer deux sandwiches au saucisson, un yaourt à la fraise et une bouteille de jus de raisin* montre que Félicien a faim ;

Et dites-moi si vous êtes encore fâchés montre qu'il a envie de voir ses parents ;

– *Vous n'avez qu'à laisser le colis et la lettre devant la porte du grenier. Ne vous inquiétez pas, ça arrivera* montre qu'il est caché dans le grenier.

Pour mieux comprendre mon texte de lecture, je cherche à voir (à me représenter) ce qui n'est pas dit dans le texte, mais que les mots du texte suggèrent.

- Du point de vue de la production d'écrit :

Une suite à ce constat peut être la rédaction par chaque élève de la réponse des parents sous forme d'une lettre adressée à leur fils. Les élèves devront sélectionner les arguments qui leur permettront de rentrer dans le jeu de Félicien tout en lui montrant qu'ils ne sont pas dupes de la réalité.

SUJET N° 3

Sujet de la session 2015 du groupement académique 3 : académies de Guadeloupe, Guyane, Martinique.

Sujet

Première partie : Question relative aux textes proposés

Dans le corpus, vous analyserez le regard que les auteurs portent sur les fables.

Texte 1 : La Fontaine, *Fables* (VIII, 4) (1668-1694), Éditions du Seuil, L'Intégrale, 1965, pp. 128-129

« Le pouvoir des fables »

Dans Athène autrefois, peuple vain et léger,
Un Orateur, voyant sa patrie en danger,
Courut à la Tribune ; et d'un art tyrannique,
Voulant forcer les cœurs dans une république,
Il parla fortement sur le commun salut.
On ne l'écoutait pas. L'Orateur recourut
À ces figures violentes
Qui savent exciter les âmes les plus lentes :
Il fit parler les morts, tonna, dit ce qu'il put.
Le vent emporta tout, personne ne s'émut ;
L'animal aux têtes frivoles,
Étant fait à ces traits, ne daignait l'écouter ;
Tous regardaient ailleurs ; il en vit s'arrêter
À des combats d'enfants, et point à ses paroles.
Que fit le harangueur ? Il prit un autre tour.
« Cérès[1], commença-t-il, faisait voyage un jour
Avec l'Anguille et l'Hirondelle ;
Un fleuve les arrête ; et l'Anguille en nageant,
Comme l'Hirondelle en volant,
Le traversa bientôt. » L'assemblée à l'instant
Cria tout d'une voix : « Et Cérès, que fit-elle ?
Ce qu'elle fit ? Un prompt courroux
L'anima d'abord contre vous.
Quoi ! De contes d'enfants son peuple s'embarrasse !
Et du péril qui le menace
Lui seul entre les Grecs il néglige l'effet

1. Cérès : déesse romaine des Moissons

Que ne demandez-vous ce que Philippe[1] fait ? »
À ce reproche l'assemblée,
Par l'apologue réveillée,
Se donne entière à l'Orateur :
Un trait de fable en eut l'honneur.

Nous sommes tous d'Athène en ce point ; et moi-même,
Au moment que je fais cette moralité,
Si Peau d'âne m'était conté,
J'y prendrais un plaisir extrême.
Le monde est vieux, dit-on, je le crois ; cependant
Il le faut amuser encor comme un enfant.

Texte 2 : Jean Anouilh : « Le vieux loup », *Fables* (1962), Gallimard, Folio, 1973, pp. 101-102

Le vieux loup qui avait lu les « Lettres de mon Moulin »
Renonça à manger la chèvre de Monsieur Seguin.

Qui dira un jour, d'aventure,
Les noirs méfaits de la littérature
Qui traite des bons sentiments ?
C'est elle qu'on devrait interdire aux enfants.
Je préfère qu'ils lisent Sade.
Par chance, s'ils ont le goût du bien,
Ils le trouveront maussade :
Cela ne leur fera rien.
À un monde faussé, prurit[2] de vieilles filles
Et de dames bas-bleu,
Vous les laissez rêver ; croire que les guenilles
Recouvrent des cœurs vertueux ;
Que le riche est méchant et le bienfait rentable ;
Alors que riche et gueux
Sont à la même table
Avec les mêmes dents,
Vous le savez pourtant, hypocrites parents.

1. Philippe : Philippe II, roi de Macédoine, 382-336 avant J.-C.
2. Prurit : terme médical signifiant démangeaison.

Dieu, d'un doigt négligent, dessine sur le sable
Une histoire qui ment.
Il faut apprendre à vos petits
Que l'amour n'est qu'un vase
Qu'on vide et qu'on remplit ;
Et qu'il est consolant
Que les bienfaits perdus
Retournent à la vase
D'où ils étaient venus.

Quand les vieux loups se font sensibles aux palabres,
C'est seulement leur estomac qui se délabre.

Texte 3 : Rousseau, *Émile ou de l'éducation* (1762), Livre IV, Gallimard, Bibliothèque de la Pléiade, 1969, pp. 541-542 (orthographe modernisée)

Rien n'est si vain, si mal entendu, que la morale par laquelle on termine la plupart des fables ; comme si cette morale n'était pas ou ne devait pas être étendue dans la fable même, de manière à la rendre sensible au lecteur ! Pourquoi donc, en ajoutant cette morale à la fin, lui ôter le plaisir de la trouver de son chef ? Le talent d'instruire est de faire que le disciple se plaise à l'instruction. Or, pour qu'il s'y plaise, il ne faut pas que son esprit reste tellement passif à tout ce que vous lui dites, qu'il n'ait absolument rien à faire pour vous entendre. Il faut que l'amour-propre du maître laisse toujours quelque prise au sien ; il faut qu'il se puisse dire : Je conçois, je pénètre, j'agis, je m'instruis. Une des choses qui rendent ennuyeux le Pantalon[1] de la comédie italienne, est le soin qu'il prend d'interpréter au parterre des platises[2] qu'on n'entend déjà que trop. Je ne veux point qu'un gouverneur soit Pantalon, encore moins un auteur. Il faut toujours se faire entendre ; mais il ne faut pas toujours tout dire : celui qui dit tout dit peu de choses, car à la fin on ne l'écoute plus. Que signifient ces quatre vers que
La Fontaine ajoute à la fable de la grenouille qui s'enfle ? A-t-il peur qu'on ne l'ait pas compris ? A-t-il besoin, ce grand peintre, d'écrire les noms au-dessous des objets qu'il peint ?
Loin de généraliser par là sa morale, il la particularise, il la restreint en quelque sorte aux exemples cités, et empêche qu'on ne l'applique à d'autres. Je voudrais qu'avant de mettre les fables de cet auteur inimitable entre les mains d'un jeune homme, on en retranchât toutes ces conclusions par lesquelles il prend la peine d'expliquer ce qu'il vient de dire aussi clairement qu'agréablement. Si votre élève n'entend la fable qu'à l'aide de l'explication, soyez sûr qu'il ne l'entendra pas même ainsi.

1. Pantalon : personnage du théâtre italien ; il est le type du vieillard de comédie.
2. Platises : platitudes.

Texte 4 : Jean-Claude Carrière, *Le Cercle des menteurs, contes philosophiques du monde entier*, (1998), Préface, éditions Plon, 1999, pp. 13-14-15

3

Mais quelles histoires, quels contes choisir ? Comment, dans l'océan, repérer, préférer quelques gouttes ? Obligatoirement, même à regret parfois, il faut trier, il faut éliminer. (…)

J'ai également éliminé – sauf dans une douzaine de cas – les histoires brèves qui me semblaient tendre à une moralité, à une recommandation de prudence ordinaire, et en tout premier lieu les fables, composées dans un but précis, pour tirer une conclusion, donner un conseil, pour exprimer une petite idée de convenance ou de bon sens. Malgré leur succès planétaire – du Panchatrata[1] à La Fontaine –, ces fables me paraissent fermer au lieu d'ouvrir.
Je ne les aime pas souvent. Elles m'ennuient, ne me surprennent pas. La vie qu'elles offrent est étroite.
La moralité m'en apparaît toujours factice, discutable et de toute manière inutile. La sagesse des nations est prudemment contradictoire. On y trouve tout et le contraire de tout, *Pierre qui roule n'amasse pas mousse* et *Les voyages forment la jeunesse*, ou bien *La fortune appartient à celui qui se lève tôt* et *La fortune vient en dormant*. Tous les proverbes sont des gants. Ils se retournent. Et même les anti-proverbes, qui se laissent prendre au piège qu'ils tendent. *Vérité en-deçà des Pyrénées, erreur au-delà*. C'est une grande vérité que Pascal nous a dite là. Mais pour quel côté des Pyrénées ?

Deuxième partie : Connaissance de la langue

1. Dans cet extrait de la fable de Jean Anouilh, identifiez les verbes conjugués et indiquez leur temps, leur mode et la personne à laquelle ils sont conjugués.

Le vieux loup qui avait lu les « Lettres de mon Moulin »
Renonça à manger la chèvre de Monsieur Seguin.

Qui dira un jour, d'aventure,
Les noirs méfaits de la littérature
Qui traite des bons sentiments ?
C'est elle qu'on devrait interdire aux enfants.
Je préfère qu'ils lisent Sade.

2. Réécrivez la phrase extraite du texte de Jean-Claude Carrière : « C'est une grande vérité que Pascal nous a dite là. », en mettant le mot « vérité » au pluriel.
Justifiez l'orthographe de « là ».

1. Panchatrata ou Panchatantra : recueil de fables indiennes du IIIe siècle avant notre ère.

3. Dans l'extrait suivant de la fable de Jean Anouilh, relevez les différentes propositions, donnez leur nature et leur fonction :

Il faut apprendre à vos petits
Que l'amour n'est qu'un vase
Qu'on vide et qu'on remplit ;

4. En vous fondant sur les règles de la versification, indiquez le nombre de syllabes dans chacun des vers suivants :

On ne l'écoutait pas. L'Orateur recourut
À ces figures violentes
Qui savent exciter les âmes les plus lentes :

5. a. Donnez un synonyme du verbe entendre dans cet extrait du texte de Jean-Jacques Rousseau : « Si votre élève n'entend la fable qu'à l'aide de l'explication, soyez sûr qu'il ne l'entendra pas même ainsi. »
b. Expliquez les expressions « figures violentes » (texte 1, v. 7) et « de son chef » (texte 3, ligne 4).
c. Donnez deux autres sens possibles des mots « figure » et « chef ».

Troisième partie : Analyse de supports d'enseignement

Le rappel de récit en moyenne section de maternelle, à partir de l'album de Pierre Belvès, *Roule galette*.

Cet album de 23 pages relate les mésaventures d'une galette qui, après avoir été cuite et mise à refroidir sur le rebord de la fenêtre, s'ennuie et se met à rouler sur le chemin. Elle rencontre successivement divers animaux (un lapin, un loup gris, un ours et un renard) qui tentent de la dévorer.

À chaque rencontre, les mêmes paroles sont échangées : « Galette, galette, je vais te manger », s'écrient les animaux. Alors, elle leur chante une chanson : « Je suis la galette, la galette, je suis faite avec le blé ramassé dans le grenier. On m'a mise à refroidir, mais j'ai mieux aimé courir ! Attrape-moi si tu peux ! »

Elle se sauve très vite à chaque fois et échappe à son prédateur, sauf au renard, à la fin, qui, prétendant être sourd pour l'entendre chanter de plus près, l'attrape et la mange.

L'histoire a été lue à deux reprises aux élèves et l'activité de rappel de récit s'effectue lors d'entretiens individuels.

Questions :

À partir des trois retranscriptions d'entretiens, présentées ci-dessous, vous répondrez aux questions suivantes :

1. Le choix de l'album *Roule galette* est-il pertinent pour une activité de rappel de récit ? Pour quelles raisons ?

2. Quelles compétences l'enseignante peut-elle évaluer chez les élèves, à l'occasion de cet exercice ?

3. Quelles sont les fonctions de la parole magistrale lors des trois entretiens ?

4. Vous analyserez les trois récits de Ninon, Élodée et Florent, en soulignant les réussites et les difficultés éventuelles de chacun des élèves.

Transcriptions des récits produits par les trois élèves

Récit de Ninon

ADULTE : – Tu me racontes l'histoire de Roule galette ?

NINON : – Il y a le vieux et la vieille, eh ben le vieux il dit « J'aimerais bien manger une galette ». La vieille elle va chercher du blé au grenier et après elle fait de la galette. Et après elle prend un rouleau et elle roule la pâte. Et après elle descend du grenier. Et après elle dit… « voilà la galette » et après elle met la galette sur la fenêtre parce que la galette est trop chaude et elle commence à s'ennuyer et après elle roule.

A : – Oui c'est très bien. Et ensuite ?

N : – Après elle rencontre le lapin qui dit « galette galette je vais te manger ». Et la galette elle chante une chanson et elle dit « Attrape-moi si tu peux » et après le lapin il arrive pas encore à manger la galette. Et après il rencontre le loup et le loup il peut pas l'attraper. Et puis l'ours n'arrive pas non plus. Et après la galette elle roule plus vite. Et après il rencontre un renard très malin. Il dit à la galette « Comme tu es ronde, comme tu es blonde ! ». Le renard est vilain parce que il s'approche tout près de la galette et la galette elle s'approche un peu et puis il la mange.

Récit d'Élodie

ADULTE : – Tu me racontes l'histoire de Roule galette ?

ÉLODIE : – Je ne me souviens plus…

A : – Mais si, tu vas t'en souvenir. Je vais te montrer la première image, regarde, qu'est-ce que tu vois ?

É : – Il dit « Je voudrais une galette »

A : – Tu parles de qui quand tu dis « il » ?

É : – C'est le grand-père…

A : – Et ensuite, que se passe-t-il dans l'histoire ?

É : – Et ensuite elle dit qu'ils ont besoin de la farine,

A : – Qui est-ce qui dit ça ?

É : – La grand-mère…

A : – Alors elle prend de la farine ?

E : – Non ils en ont pas, ils vont dans le grenier, ils cherchent et ils ont des grains…

A : – Oui et après ?

É : – Et après ils font la galette, et après elle la met à refroidir et après elle roule…

A : – Oui et alors ?

É : – Et alors la galette elle rencontre le lapin. Il dit « galette, galette, je vais te manger ». Il n'arrive pas à la manger. Et après c'est le loup et il arrive non plus pas à l'attraper. Et après l'ours et il arrive encore pas à la manger. Et après c'est le renard...

A : – Et avec le renard, il se passe quoi ?

É : – Il arrive à la manger.

Récit de Florent

Adulte : – Tu me racontes l'histoire de Roule galette ?

Florent : – Il y a le lapin, après il rencontre le loup, euh, la galette rencontre le loup. Il va dans la rivière et il saute. Le lapin il pouvait pas sauter parce qu'il a peur de la rivière.

A : – Et tu te souviens comment on l'a fabriquée la galette ?

F : – Avec des grains de blé, après on la met dans le four et ensuite on l'a mis par la fenêtre pour qu'elle refroidisse et elle a roulé roulé... Et après elle a vu le renard et le renard l'a mangée.

Corrigé

Question relative aux textes proposés (11 pts)

Dans le corpus, vous analyserez le regard que les auteurs portent sur les fables.

La lecture de fables s'inscrit dans une dimension patrimoniale dont celle de l'œuvre de Jean de La Fontaine en est un parfait exemple. Le corpus proposé traduit cette dimension intergénérationnelle puisque il est précisément constitué de deux fables : une de La Fontaine, « le Pouvoir des fables », tiré du recueil éponyme (1668-1694), où l'auteur fait l'éloge du genre, l'autre, plus moderne, de Jean Anouilh : « Le vieux loup » (1962) qui, sous les traits d'un personnage célèbre tel que le loup, critique le caractère mièvre de cette littérature pour enfants. De la même manière J.-J. Rousseau, dans l'*Émile ou l'éducation* (1762), conteste l'intérêt de la morale présente dans les fables, ce que partage, Jean-Claude Carrière dans l'extrait donné, issu du *Cercle des menteurs, contes philosophiques du monde entier* paru en 1998.
Quel regard ces auteurs portent-ils sur les fables ?
Si le genre présente un caractère double par sa visée, entre divertissement et distraction, il apparaît nettement comme un genre contesté.

Les fables se présentent comme des textes complexes qui offrent à leurs lecteurs, plaisir du récit et instruction.
Le divertissement né du récit est un des aspects mis en avant par La Fontaine. Dans « le Pouvoir des fables », l'auteur prend la parole dans sa moralité, défendant ainsi le rôle du récit et le plaisir que l'on en reçoit : « Il le [le monde] faut amuser encor comme un enfant. » Ce plaisir se perpétue dans la littérature et particulièrement le genre des fables, genre incontestablement reconnu puisqu'il traverse les siècles. Le texte de Jean Anouilh, issu d'un recueil de fables, utilise ainsi la forme versifiée, en mettant en scène un loup, personnage archétypal des fables et contes d'antan. Jean-Jacques Rousseau et Jean-Claude Carrière font également, à deux siècles d'intervalle, référence au pouvoir de ces récits, qui peut naître de la connivence et du jeu sur l'intertextualité.
Indéniablement, la fable est reconnue pour sa visée didactique : elle instruit. Jean-Claude Carrière reconnaît ce rôle dont l'intention d'enseignement est première : les fables sont « composées dans un but précis, pour tirer une conclusion, donner un conseil ». Les auteurs sont unanimes quant au « talent d'instruire » qui compose le genre. La Fontaine démontre l'utilité du récit pour convaincre. Dans « le Pouvoir des fables », le récit fait par l'« Orateur [...] voyant sa patrie en danger » est un détour pour obtenir l'attention de ses concitoyens, forme de séduction utilisée par l'Orateur afin de faire réagir le peuple des Athéniens contre Philippe de Macédoine. Les enfants semblent être des destinataires de choix pour cet enseignement, Jean Anouilh met ainsi les parents en garde, reconnaissant malgré tout, l'intention du genre, qu'il juge néfaste à l'éducation des enfants, les pervertissant, en quelques sortes, puisqu'il n'hésite pas à parler « de noirs méfaits ». Tout comme J.-J. Rousseau, qui, reconnaissant les valeurs du célèbre fabuliste, destine ses écrits aux jeunes-hommes à qui l'on enseigne.

Pourtant, la fable ne séduit pas totalement, elle présente des défauts dont la moralité n'est pas le moindre.
Les auteurs contemporains J. Anouilh et J.-C. Carrière définissent le genre comme une mièvre littérature composée de faux sentiments dont l'efficacité reste à démontrer. Utilisant la forme versifiée de la fable pour mieux la condamner, J. Anouilh démontre dans ses vers introducteurs et

conclusifs son inefficacité voire sa perversité. Ce n'est pas tant le genre qu'il récuse que son contenu qu'il dénonce rempli de « bons sentiments » mettant en scène « un monde faussé » ; il n'hésite pas à condamner les éducateurs que sont les « hypocrites parents » qui enseignent ainsi aux jeunes lecteurs, un monde qui n'existe pas, qui raconte « une histoire qui ment ». J.-C. Carrière, moins virulent, y voit aussi un genre ennuyeux, peu enclin à faire rêver. Dans la multitude des textes à privilégier, il s'interroge sur le choix à faire, se refusant à préférer les fables : « Elles m'[J.-C. Carrière] ennuient, ne me surprennent pas. La vie qu'elles offrent est étroite ».
Mais assurément, ce qui déplaît et nuit au caractère du genre est sa morale. J.-J. Rousseau et J-C. Carrière en sont les fervents accusateurs. Le premier y trouvant là un obstacle à la réflexion du lecteur, la rendant passive. En effet, pour lui, la morale est trop explicite et nuit à la bonne intelligence du destinataire qui se doit de la trouver, seul. Cette observation est partagée par l'auteur du *Cercle des menteurs*, qui y voit un appendice conclusif inutile dont la sagesse reste à prouver. Il récuse, ainsi, sa portée universelle : la morale ne sert qu'à celui qui l'utilise, tout comme la sagesse que l'on peut tirer des proverbes dont l'auteur se méfie : « Tous les proverbes sont des gants. Ils se retournent ». S'apparentant à la figure de l'arroseur arrosé, il démontre l'inutilité de l'aphorisme en citant une sentence de Pascal, contemporain de La Fontaine, qui peut s'entendre dans un sens comme dans un autre.

Le genre littéraire des fables est soumis à la critique. Tous les auteurs reconnaissent le pouvoir de la fable comme récit, tel celui des contes, dont l'intention est également instructive. Néanmoins, cette forme brève, si elle plaît, peut présenter des traits mièvres dont la morale peut passer pour un ajout inefficace à la lecture, amenuisant ainsi sa portée.

Connaissance de la langue (11 pts)

1. Dans cet extrait de la fable de Jean Anouilh, identifiez les verbes conjugués et indiquez leur temps, leur mode et la personne à laquelle ils sont conjugués.

Le vieux loup qui <u>avait lu</u> les « Lettres de mon Moulin »
<u>Renonça</u> à manger la chèvre de Monsieur Seguin.
Qui <u>dira</u> un jour, d'aventure,
Les noirs méfaits de la littérature
Qui <u>traite</u> des bons sentiments ?
C'est elle qu'on <u>devrait</u> interdire aux enfants.
Je <u>préfère</u> qu'ils <u>lisent</u> Sade.

- **Indicatif**

Temps composés :

Plus-que-parfait : « *avait lu* » : 3e personne du singulier.

Temps simples :

Passé-simple : « *renonça* », 3e personne du singulier.

Futur : « *dira* », 3e personne du singulier.

Présent : « *traite* », « *est* » 3e personne du singulier ; « *préfère* » 1re personne du singulier.

Conditionnel présent : « *devrait* », 3e personne du singulier. Le conditionnel n'est pas considéré comme un mode. C'est un futur dans le passé.

• **Subjonctif**

Présent : « *lisent* », 3e personne du pluriel.

2. Réécrivez la phrase extraite du texte de Jean-Claude Carrière : « C'est une grande vérité que Pascal nous a dite là. », en mettant le mot « vérité » au pluriel. Justifiez l'orthographe de « là ».

« Ce sont des (de) grandes vérités que Pascal nous a dites là. »

Commentaires :

• Accord dans le groupe nominal

L'adjectif épithète « *grande* » et le nom « *vérité* » prennent un « *s* », marque du pluriel de la plupart des adjectifs et noms. Le déterminant « *une* », article indéfini, prend la marque du pluriel « *des* » ou « *de* », article indéfini qui gomme le genre au pluriel.

• Accord dans le groupe verbal

Le présentatif « *c'est* » composé d'un pronom démonstratif « *c* » élidé et du verbe « *être* » 3e personne singulier, passe au pluriel « *ce* » pour s'associer au verbe « *sont* », présentatif pluriel.

Le participe passé « *dite* » passe au pluriel « *dites* » avec l'ajout du « *s* » par accord du COD « *que* », pronom relatif qui remplace « *vérités* ». Le participe passé conjugué avec le verbe « *avoir* » s'accorde avec le COD lorsque celui-ci est placé devant (ce qui est le cas ici).

• **Orthographe de « *là* »** : adverbe de circonstance, d'origine latine (*illac*), « *là* » est un déictique qui renvoie à la situation d'énonciation. Il est invariable comme tous les adverbes.

3. Dans l'extrait suivant de la fable de Jean Anouilh, relevez les différentes propositions, donnez leur nature et leur fonction :

Il faut apprendre à vos petits

Que l'amour n'est qu'un vase

Qu'on vide et **qu'on remplit** ;

Quatre propositions constituent cet extrait.

	Nature	Fonction
Il faut apprendre à vos petits	Proposition principale	
Que l'amour n'est qu'un vase	Proposition subordonnée conjonctive complétive	COD de « *apprendre* »
Qu'on vide	Proposition subordonnée relative	Épithète du nom « *vase* »
qu'on remplit	Coordonnée à la 1re relative par la conjonction de coordination « et » Proposition subordonnée relative	Épithète du nom « *vase* »

4. En vous fondant sur les règles de la versification, indiquez le nombre de syllabes dans chacun des vers suivants :

On ne l'écoutait pas. L'Orateur recourut : 12 syllabes (alexandrin marqué à la césure) ;

À ces figures violentes : 8 syllabes (octosyllabe) ;

Qui savent exciter les âmes les plus lentes : 12 syllabes (alexandrin marqué à la césure).

5. a. Donnez un synonyme du verbe entendre dans cet extrait du texte de Jean-Jacques Rousseau : « Si votre élève n'entend la fable qu'à l'aide de l'explication, soyez sûr qu'il ne l'entendra pas même ainsi. »

Le verbe « entendre » signifie dans la phrase de Rousseau « comprendre ». (du latin « *intendere* » : tendre vers. Ce sens « comprendre » est le sens dominant jusqu'au XVIIIe siècle (date d'écriture du texte de J.-J. Rousseau). Ainsi le synonyme que l'on propose est le suivant : « Si votre élève ne *comprend* la fable qu'à l'aide de l'explication, soyez sûr qu'il ne la *comprendra* pas même ainsi. »

b. Expliquez les expressions « figures violentes » (texte 1, v. 7) et « de son chef » (texte 3, ligne 4).

- « figures violentes » : le terme « figures » renvoie dans la fable de La Fontaine aux « figures de rhétorique » ou « figures de style » employées par l'Orateur. Ce dernier use en effet de « figures violentes », telles que la prosopopée (art de faire parler les morts) pour frapper les esprits et inciter ses concitoyens à la guerre.
- « de son chef » : le terme « chef » renvoie dans le texte de Rousseau à la notion de « personne, d'autorité ». L'origine du mot « chef », *caput*, désigne la tête. Dans cette phrase, « de son chef » signifie « de sa propre initiative », son emploi est figuré, il renvoie à « ce qui gouverne ».

c. Donnez deux autres sens possibles des mots « figure » et « chef ».

Nous proposons deux autres sens employés, chacun dans une phrase.

- « figure »

L'idée de forme peut être reprise dans différents contextes : « L'élève reconnaît les différentes figures géométriques : carré, rectangle, cercle. »

Employé au singulier, « figure » peut signifier « visage » au sens propre comme dans la phrase « L'enfant se lave la figure », ou au sens figuré : « faire bonne figure » est une locution imagée voulant dire « accepter ».

- « chef »

L'idée de commandement employé dans divers contextes (politique, familial, vie professionnelle) peut être reprise : « Monsieur Durand est le chef du service commercial ».

L'idée, également d'un élément principal dans un contexte juridique « le chef d'accusation ».

Analyse de supports d'enseignement (13 pts)

Questions :

À partir des trois retranscriptions d'entretiens, présentées ci-dessous, vous répondrez aux questions suivantes :

1. Le choix de l'album *Roule galette* est-il pertinent pour une activité de rappel de récit ? Pour quelles raisons ?

L'objectif de l'enseignant est de faire parler les élèves dans une situation de langage d'évocation. Il s'agit d'une situation de rappel de récit qui a pour objectif de faire dire à l'enfant avec ses mots

3 CORRIGÉ

à lui ce qu'il a compris d'une histoire lue par l'enseignant. C'est une activité langagière qui permet de travailler la compréhension en langage écrit.

En plus de la compréhension, l'activité langagière orale est sollicitée : il ne s'agit pas de rappeler fidèlement l'information du texte source mais de dire en s'appuyant sur ce dernier. Il y a toujours reformulation, réorganisation et restructuration des éléments dont la sélection révèle la manière de comprendre.

Le choix de l'album *Roule Galette* est ainsi pertinent car l'album, qui est un conte de randonnée, présente des déplacements, donc des lieux différents, des rencontres de personnages différents. Il présente surtout une structure répétitive. À chaque rencontre, les mêmes paroles sont échangées : « Galette, galette, je vais te manger », s'écrient les animaux. Alors, la galette leur chante une chanson : « Je suis la galette, la galette, je suis faite avec le blé ramassé dans le grenier. On m'a mise à refroidir, mais j'ai mieux aimé courir ! Attrape-moi si tu peux ! ». La structure répétitive favorise la mémorisation et les acquisitions langagières.

2. Quelles compétences l'enseignante peut-elle évaluer chez les élèves, à l'occasion de cet exercice ?

L'enseignante, par cette activité de rappel du récit *Roule Galette*, peut évaluer les compétences suivantes :
- produire un oral compréhensible ;
- désigner correctement les protagonistes concernés, (les animaux rencontrés) ;
- marquer les liens entre les faits (ici chronologiques, poursuite de la fuite de la galette) ;
- restituer les enchaînements logiques (suite de rencontres) ;
- situer les objets ou les scènes (nommer les différents lieux) ;
- comprendre la chute de l'histoire (la ruse du renard).

3. Quelles sont les fonctions de la parole magistrale lors des trois entretiens ?

La première fonction de la parole de l'enseignante lors des entretiens est d'inciter à la prise de parole en demandant aux élèves de raconter. Cette première parole, pour chaque entretien, fixe l'objectif : « Tu me racontes l'histoire de Roule galette ? ». Par ailleurs, elle permet d'instaurer un climat de confiance par l'emploi du pronom « me », « tu me racontes ».

D'autres fonctions sont à l'œuvre :

La parole magistrale **valide** le discours : « oui, c'est très bien ».

Elle **relance** l'activité : « et ensuite que se passe-t-il ? » (Ninon) « oui et après ? » (Élodée) « et tu te souviens… » (Florent et Élodée).

Elle **questionne** pour permettre la construction du récit et surtout la construction des enchaînements : « Oui et après ? Oui et alors ? ». Elle demande des **explications**, **justifications** des propos de élèves « Tu parles de qui ? » (Élodée, en particulier sur l'emploi des pronoms ».

Le rôle de l'enseignante est donc essentiel.

4. Vous analyserez les trois récits de Ninon, Élodée et Florent, en soulignant les réussites et les difficultés éventuelles de chacun des élèves.

	NINON	ÉLODIE	FLORENT
Réussites	– Respect des enchaînements chronologiques. – Sait présenter la situation initiale. – Repérage des protagonistes de l'histoire (les deux petits vieux, le lapin, le loup, l'ours et le renard). – Mémorisation des formules répétitives « Galette, galette, je vais te manger », « Attrape-moi si tu peux ». – Compréhension de la chute (le renard mange la galette). – Compréhension de l'intention du renard « le renard est vilain… il la mange ».	– Avec l'aide de l'enseignant, arrive à reconstituer la trame narrative. – Repérage des protagonistes de l'histoire (le grand-père, la grand-mère, le lapin, le loup, l'ours et le renard). – Mémorisation d'une structure répétitive « galette, galette, je vais te manger ». – Compréhension de la structure narrative de randonnée (succession des rencontres des animaux jusqu'à la fin où le renard mange la galette). – Bon enchaînement des actions des protagonistes lors de sa dernière intervention.	– Avec l'aide de l'enseignant, est capable de reconstituer la situation initiale en enchaînant les actions (emploi de « après »).
Difficultés	– Confusion dans l'emploi du pronom « elle » pour désigner les protagonistes : la Grand-mère ou la galette, et « il » pour désigner la galette en fin de discours. – La compréhension de la ruse n'est pas réalisée (quel procédé il a utilisé).	– Emploi des pronoms maladroit et confus (« il » et « elle » pour les protagonistes). – L'utilisation de la ruse par le renard n'est pas comprise (quel procédé il a utilisé).	– Ne respecte pas l'ordre narratif (commence par la succession des rencontres). – Invente des actions (la rivière, on suppose qu'il fait allusion à l'illustration, mais l'histoire ne parle pas de lapin qui a peur…) et n'est plus alors dans le langage d'évocation.

▶▶▶

	NINON	ÉLODIE	FLORENT
			– Tous les protagonistes ne sont pas présents (absence de l'ours). – N'a pas mémorisé les structures répétitives. – Emploi du « on » générique qui ne représente personne.
	Ninon fait un rappel tout à fait correct en respectant la structure narrative, les protagonistes et les enchaînements d'actions. Elle se remémore toutes les structures répétitives (la parole de la galette, celle des animaux et celle du renard). Elle utilise à bon escient les pronoms désignant les personnages, emploie le lexique du récit.	Élodée fait également un rappel correct, se souvient de quelques structures répétitives mais a besoin d'être guidée fortement pour la situation initiale. La fin du récit est mieux maîtrisée. Compréhension globale du récit. L'emploi des pronoms désignant les personnages est instable.	Florent est davantage en difficulté, il ne respecte pas l'ordre narratif, il commence par la fin (on peut penser que sa mémoire est plus proche ou que l'action l'a davantage marqué). Il n'est pas que dans le rappel de récit puisqu'il invente une partie de l'histoire. L'emploi des pronoms désignant les personnes n'est pas acquis.

SUJET N° 4

Sujet de la session 2016 du groupement académique 1 : Académies d'Amiens, Caen, Lille, Nancy-Metz, Reims, Rennes, La Réunion, Rouen, Strasbourg, Paris, Créteil, Versailles.

Sujet

Première partie : Question relative aux textes proposés

Selon les textes du corpus, qu'est-ce que la fraternité et comment la faire vivre ?

Texte 1 : Bruno MATTÉI, *Penser la fraternité*, conférence du 10 novembre 2004 à l'université de Lille

La fraternité, à tout le moins, dérange et agace. Mais qu'est-ce qui dérange tellement : en premier lieu, le caractère vague, qu'on décèle dans la notion. L'auteur d'un Dictionnaire politique de la fin du 19e siècle déclare dans l'article fraternité : « Quand on prononce le mot de liberté, on sait ce que cela veut dire, de même quand on parle d'égalité ce mot à une signification claire. Il n'en va pas ainsi lorsqu'il s'agit de fraternité. Ici tout est vague et indéfini ». Et il ajoute : « Comment faire régner la fraternité parmi les hommes ? Comment la traduire en institution et en loi ? On est ici évidemment en face d'un problème d'un ordre tout moral, d'un idéal qui résiste à prendre corps ». Ces phrases sont révélatrices d'un état d'esprit de la pensée républicaine dont nous sommes largement les héritiers, et qui conduira la république à reléguer la fraternité loin de l'espace public pour en faire une affaire privée, une affaire de conscience et donc de morale individuelle.

On mesure par là le chemin parcouru, mais en sens inverse, si l'on veut bien se souvenir que la question de la fraternité avait fait l'objet d'un intérêt tout particulier de la part d'un certain nombre de penseurs, et d'hommes politiques, depuis la révolution française jusqu'à la révolution de 1848, où la fraternité était finalement parvenue à s'imposer dans la devise républicaine.

Texte 2 : Victor HUGO, *Les Misérables*, 1862, Garnier-Flammarion, tome 2, p. 413

Le jardin de la rue Plumet

Il y avait un banc de pierre dans un coin, une ou deux statues moisies, quelques treillages décloués par le temps pourrissant sur le mur ; du reste plus d'allées, ni de gazon ; du chiendent partout. Le jardinage était parti, et la nature était revenue. Les mauvaises herbes abondaient ; aventure admirable pour un pauvre coin de terre. La fête des giroflées y était splendide. Rien dans ce jardin ne contrariait l'effort sacré des choses vers la vie ; la croissance vénérable était là chez elle. Les arbres s'étaient baissés vers les ronces, les ronces étaient montées vers les arbres, la plante avait grimpé, la branche avait fléchi, ce qui rampe sur la terre avait été trouver ce qui s'épanouit dans l'air, ce qui flotte au vent s'était penché vers ce qui traîne dans la mousse ; troncs, rameaux, feuilles, fibres, touffes, vrilles, sarments, épines s'étaient mêlés, traversés, mariés, confondus ; la végétation, dans un embrassement étroit et profond, avait célébré et accompli là, sous l'œil satisfait du créateur, en cet enclos de trois cents pieds carrés, le saint mystère de sa fraternité, symbole de la fraternité humaine. Ce jardin n'était plus un jardin, c'était une broussaille colossale, c'est-à-dire quelque chose qui est impénétrable comme une forêt, peuplé comme une ville, frissonnant comme un nid, sombre comme une cathédrale, odorant comme un bouquet, solitaire comme une tombe, vivant comme une foule.

Texte 3 : René CHAR, Fragment 128, *Feuillets d'Hypnos*, 1943-1944, Gallimard, pp. 118, 119

Dans Feuillets d'Hypnos, *le poète René Char, revient sur quelques épisodes marquants de son expérience de résistant.*

Le boulanger n'avait pas encore dégrafé les rideaux de fer de sa boutique que déjà le village était assiégé, bâillonné, hypnotisé, mis dans l'impossibilité de bouger. Deux compagnies de S.S. et un détachement de miliciens le tenaient sous la gueule de leurs mitrailleuses et de leurs mortiers. Alors commença l'épreuve.

Les habitants furent jetés hors des maisons et sommés de se rassembler sur la place centrale. Les clés sur les portes. Un vieux, dur d'oreille, qui ne tenait pas compte assez vite de l'ordre, vit les quatre murs et le toit de sa grange voler en morceaux sous l'effet d'une bombe. Depuis quatre heures j'étais éveillé. Marcelle était venue à mon volet me chuchoter l'alerte. J'avais reconnu immédiatement l'inutilité d'essayer de franchir le cordon de surveillance et de gagner la campagne. Je changeai rapidement de logis. La maison inhabitée où je me réfugiai autorisait, à toute extrémité, une résistance armée efficace. Je pouvais suivre de la fenêtre, derrière les rideaux jaunis, les allées et venues nerveuses des occupants. Pas un des miens n'était présent au village. Cette pensée me rassura. À quelques kilomètres de là, ils suivraient mes consignes et resteraient tapis. Des coups me parvenaient, ponctués d'injures. Les S.S. avaient surpris un jeune maçon qui revenait de relever des collets. Sa frayeur le désigna à leurs tortures. Une voix se penchait hurlante sur le corps tuméfié :

« Où est-il ? Conduis-nous », suivie de silence. Et coups de pied et coups de crosse de pleuvoir. Une rage insensée s'empara de moi, chassa mon angoisse. Mes mains communiquaient à mon arme leur sueur crispée, exaltaient sa puissance contenue. Je calculais que le malheureux se tairait encore cinq minutes, puis, fatalement, il parlerait. J'eus honte de souhaiter sa mort avant cette échéance. Alors apparut jaillissant de chaque rue la marée des femmes, des enfants, des vieillards, se rendant au lieu de rassemblement, suivant un plan concerté. Ils se hâtaient sans hâte, ruisselant littéralement sur les S.S., les paralysant « en toute bonne foi ». Le maçon fut laissé pour mort. Furieuse, la patrouille se fraya un chemin à travers la foule et porta ses pas plus loin. Avec une prudence infinie, maintenant des yeux anxieux et bons regardaient dans ma direction, passaient comme un jet de lampe sur ma fenêtre. Je me découvris à moitié et un sourire se détacha de ma pâleur. Je tenais à ces êtres par mille fils confiants dont pas un ne devait se rompre.

J'ai aimé farouchement mes semblables cette journée-là, bien au-delà du sacrifice.

Texte 4 : Bernard CHAMBAZ, *Petite philosophie du vélo*, 2014, Champs essais, Flammarion, pp. 108-110

Depuis la fin de l'été 1992, tous les deux ans, je passe une petite semaine à traverser les Alpes en compagnie d'une dizaine de compères qui sont à la fois des copains de fortune et d'infortune, des camarades puisque nous partageons la même chambre et une espèce de fraternité, des amis si je m'en tiens à la vieille sentence grecque rappelée par Vernant : entre amis tout est commun. L'amitié est aussi ce qui nous rend semblables et égaux, malgré les différences entre nous, plus ou moins grands et petits, gros et maigres, rapides et lents, jeunes et vieux. En fait, nous avons la même route à suivre, les mêmes cols à monter et à descendre, les vivres à partager – et il faudrait ajouter la différence entre le gourmand et le frugal –, nous avons à peu près le même nombre de coups de pédale à donner et les mêmes données climatiques à affronter. Somme toute, le même lot quotidien nous échoit, « et plus que tout, c'est la ressemblance de ceux qui sont semblables en vertu ». C'est le point de vue d'Aristote, et si l'on entend par vertu l'effort que nous faisons pour persévérer dans notre être, c'est bien vu.

L'égalité n'empêche pas une forme de rivalité ou d'émulation qui ne vise ni au mérite ni à la gloire, mais au plaisir et au jeu. Les cyclos savent ce que représente une demi-roue voire un pneu d'avance sur l'ami qui roule à votre côté. Sans vouloir en diminuer le prix, cette amitié est de l'ordre de l'accointance – ou des accointances, dirait Montaigne, au pluriel. Ce qui nous réunit, c'est d'abord le vélo, mais le lien va bien au-delà. Si l'on parle du temps qui passe et du temps qu'il fait, on se comprend plutôt bien sans forcément se parler, et la chose n'est pas sans intérêt quand la pente s'accentue. Notre amitié se renforce d'année en année, en l'occurrence de deux ans en deux. Elle a donc un caractère cyclique. Elle tient à un gros paquetage en commun de souvenirs, d'expériences, et de valeurs dans le sens où ça vaut le coup de se crever la patate.

Ce n'est ni la ressemblance ni la différence qui fonde l'amitié. Ce n'est pas forcément le don, plutôt le partage, autant social que moral, une forme de dialogue qui se noue avec une acuité particulière sur la route. Quant à la fraternité, elle en est la pointe extrême, et elle prend un accent bouleversant dans *La Légende des cycles* de Jean-Noël Blanc.

Texte 5 : Abdennour BIDAR, *Plaidoyer pour la fraternité*, 2015, Albin Michel, pp. 67- 69

Cela vaut aussi bien pour les athées que pour les croyants, aussi bien pour les juifs, les chrétiens, que les musulmans, aussi bien pour les français « de souche » que les immigrés de fraîche ou longue date. Chacun va devoir choisir entre la fraternité universelle ou le repli sur soi, la grande famille humaine ou le repli identitaire. Soit je continue de dire « c'est mon frère », « c'est ma sœur » en parlant exclusivement de ceux qui ont la même origine, la même croyance ou le même compte en banque que moi, et je rate la marche de ce qui est en train de se passer maintenant en France. Soit je suis capable de mettre mes propres pas dans le sens de l'histoire, et je marche alors avec tous ceux qui veulent aujourd'hui s'engager pour faire exister concrètement, réellement, quotidiennement, la fraternité la plus large. Du côté de tous ceux qui ont compris que la fraternité universelle est la valeur qui a le plus de valeur.

La fraternité est restée pendant trop longtemps la grande oubliée de notre devise républicaine. Or, elle en est le cœur secret : sans elle, la liberté et l'égalité sont un idéal vide, parce que si je ne perçois pas l'autre comme mon frère, que m'importe en réalité son droit à la liberté, et en quel sens abstrait serait-il mon égal ?

Des trois sœurs, c'est elle qui a le plus de génie ! Voilà pourquoi il faut renverser l'ordre de notre devise, la faire passer en premier : « Fraternité, liberté, égalité. » Car elle seule peut empêcher efficacement la liberté de basculer dans l'individualisme. Elle seule peut empêcher efficacement l'égalité de basculer dans l'affrontement entre ceux qui estiment avoir les mêmes droits. Si l'on ne veut pas que s'installe la guerre des libertés et le conflit des égaux, il faut nécessairement qu'ils aient appris d'abord à se considérer comme frères. Il faut qu'ils aient été éduqués à se soucier de la liberté et de l'égalité de l'autre, et de ce souci pour autrui, seul un frère est pleinement capable. Sans expérience de proximité, sans relation d'estime, sans cette amitié sociale dont Aristote déjà faisait la clé de la justice dans la Cité, le maintien de notre liberté et notre égalité ne pourront compter que sur les lois et la police, jamais sur nos cœurs.

4

Deuxième partie : Connaissance de la langue

1. Dans ce passage du texte de Victor Hugo, vous relèverez et classerez selon leur temps les verbes conjugués ; vous justifierez l'emploi de ces temps dans le texte.

« Il y avait un banc de pierre dans un coin, une ou deux statues moisies, quelques treillages décloués par le temps pourrissant sur le mur ; du reste plus d'allées, ni de gazon ; du chiendent partout. Le jardinage était parti, et la nature était revenue. Les mauvaises herbes abondaient ; aventure admirable pour un pauvre coin de terre. La fête des giroflées y était splendide. Rien dans ce jardin ne contrariait l'effort sacré des choses vers la vie ; la croissance vénérable était là chez elle. Les arbres s'étaient baissés vers les ronces, les ronces étaient montées vers les arbres, la plante avait grimpé, la branche avait fléchi, ce qui rampe sur la terre avait été trouver ce qui s'épanouit dans l'air, ce qui flotte au vent s'était penché vers ce qui traîne dans la mousse. »

2. Dans la phrase suivante, extraite du texte de Victor Hugo, vous identifierez les éléments constitutifs de la construction verbale soulignée :
« ce qui rampe sur la terre avait été trouver ce qui s'épanouit dans l'air… »

3. Dans ce passage du texte de René Char :
a. Vous relèverez les différentes désignations des villageois dans ce passage.

« Alors apparut jaillissant de chaque rue la marée des femmes, des enfants, des vieillards, se rendant au lieu de rassemblement, suivant un plan concerté. Ils se hâtaient sans hâte, ruisselant littéralement sur les S.S., les paralysant "en toute bonne foi". Le maçon fut laissé pour mort. Furieuse, la patrouille se fraya un chemin à travers la foule et porta ses pas plus loin. Avec une prudence infinie, maintenant des yeux anxieux et bons regardaient dans ma direction, passaient comme un jet de lampe sur ma fenêtre. Je me découvris à moitié et un sourire se détacha de ma pâleur. Je tenais à ces êtres par mille fils confiants dont pas un ne devait se rompre.

J'ai aimé farouchement mes semblables cette journée-là, bien au-delà du sacrifice. »

b. Que nous apprennent ces différentes désignations quant au regard que porte le narrateur sur ces villageois ?

4. Dans le texte de René Char (Texte 3), vous analyserez la construction de la phrase « Les clés sur les portes. » et commenterez l'effet produit par ce choix.

5. Dans le texte de René Char (Texte 3) :

– dans la phrase « À quelques kilomètres de là, ils suivraient mes consignes et resteraient tapis. **», vous expliquerez le sens du mot « tapis » et en proposerez deux synonymes.**

– dans la phrase « J'eus honte de souhaiter sa mort avant cette échéance **», vous analyserez la formation du mot « échéance » et en donnerez la signification.**

Troisième partie : Analyse de supports d'enseignement

Le corpus regroupe trois documents : la retranscription d'une séance de langage en petite section de maternelle, l'extrait d'un album de *Petit Ours Brun* et un extrait des documents ressources pour la mise en œuvre du programme de l'école maternelle (2015).

À partir d'une analyse de ces documents, vous répondrez aux questions suivantes :

1. Dans le document 1, quelles sont les compétences visées ?

2. Quels objectifs d'apprentissage l'enseignante poursuit-elle ?

3. À quel moment de la journée et de l'année placeriez-vous cette séance ?

4. Quelles sont les fonctions de la parole magistrale dans cette séance ?

5. À quelles modalités d'apprentissage mises en avant dans le programme 2015 cette séance renvoie-t-elle ?

6. Dans le prolongement de ce temps d'échange, proposez, en les décrivant brièvement, deux utilisations que vous feriez de l'album (document 2).

Document 1

Retranscription d'échanges oraux entre une enseignante et un petit groupe d'élèves de Petite Section. Ces échanges ont lieu dans le coin « poupées et nurserie » de la classe.

[...]

L'enseignante : Oh, regardez, le bébé a fini sa sieste. Il se réveille. Nous allons l'emmener se promener au parc. Que faut-il faire pour préparer le bébé ?

Louison : Poussette !

L'enseignante : Oui, nous allons prendre la poussette. Mais d'abord, regardez, le bébé est presque tout nu. Qu'est-ce qu'il faut faire avant ?

Un enfant : Habiller, habiller !

Un autre enfant : Bébé pantalon.

Léna : Bonnet.

L'enseignante : Oui, il faut habiller le bébé. Vous avez raison. Vous vous souvenez du livre *Je m'habille et je te croque* où le loup met ses vêtements ? Nous allons faire pareil avec le bébé. Sania, quel vêtement vas-tu mettre au bébé ?

Sania : ... La veste !

L'enseignante : Oui, tu lui enfiles la veste comme ça il n'aura pas froid.

Amine : Moi, j'mets le pantalon !

L'enseignante : Très bien Amine, je vais t'aider à mettre le pantalon car c'est difficile : on met d'abord une jambe puis l'autre. Comme ça. [...] Arthur, est-ce qu'on peut sortir le bébé maintenant ? Est-ce qu'il ne manque rien ?

Arthur : Les chaussures.

L'enseignante : Oui, tu vas mettre les chaussures mais d'abord tu enfiles les chaussettes et après tu mets les chaussures. [...] Oui, c'est très bien comme ça.

Léna : Moi, veux... bonnet.

L'enseignante : Oui, tu as raison Léna. Il fait bien froid dehors donc il faut lui mettre son bonnet sur la tête. Là, c'est fait. Est-ce que le bébé a besoin d'autre chose ?

Louison : Non, non, moi poussette.

Julie : Les gants pour le bébé.

L'enseignante : Mais oui, on a oublié les gants. Merci Julie ! Et maintenant, Louison, tu peux asseoir le bébé dans la poussette. Voilà, nous sommes prêts pour la promenade.

Document 2

Marie Aubinais et Danièle Bour, « Petit Ours Brun s'habille tout seul », *7 histoires de la journée de Petit Ours Brun*, Bayard jeunesse, 2014.

L'album n'est pas reproduit dans son intégralité.

Petit Ours Brun
est encore en pyjama.
Mais tous ses habits
sont là.

Petit Ours Brun
met son maillot en premier.
Mais d'abord, il regarde
où est l'étiquette.

Petit Ours Brun va mettre son short. Mais d'abord, il écoute une chanson.	
Petit Ours Brun est d'accord pour s'habiller, mais il veut le faire tout seul !	
Petit Ours Brun sait enfiler sa chemise. Mais pour la boutonner, c'est plus difficile.	

Document 3

Ministère de l'Éducation nationale, de l'Enseignement supérieur et de la Recherche

Ressources maternelle – Mobiliser le langage dans toutes ses dimensions – Partie I.4

L'oral – Organiser la classe pour favoriser les interactions langagières

http://eduscol.education.fr/ressources-maternelle

Jeux d'imitations

La superficie des classes oblige à bien penser l'agencement du mobilier pour y varier les « coins » potentiellement si riches d'un point de vue langagier. Ainsi un seul espace consacré aux jeux d'imitations se révèle tout à fait suffisant. Les propositions de jeux d'imitation (cuisine, poupées, voitures, marchande, déguisement...) peuvent y tourner sur l'année et sur le cycle. On peut prévoir 2 à 3 rotations sur l'année.

L'organisation de ces espaces doit rendre leur fonction clairement identifiable : cuisine, voitures, faire les courses, poupées, déguisement... Le rangement du matériel est prévu et organisé (photos pour les petits). Il fait l'objet d'un apprentissage en début d'année.

Le matériel de chaque espace est modifié régulièrement pour y relancer les échanges entre les enfants. Toutefois, l'excès de matériel surtout en début d'année peut conduire à de la manipulation sans interactions (par exemple : la prolifération des fruits et légumes plastiques dans le coin-cuisine n'induit pas d'échanges, mais plutôt des comportements de possession...).

Ainsi ces coins s'enrichissent au fil de l'année des activités et des projets de la classe.

- **Le coin-cuisine :** le matériel, les écrits et l'affichage réalisés lors de l'élaboration d'une recette se retrouvent dans le coin-cuisine. Les enfants ont, alors, tout le plaisir de reprendre les conduites langagières travaillées avec l'enseignant pour les intégrer dans leur jeu et nourrir ainsi leurs échanges. Si cet espace très proche du quotidien des enfants a toute son utilité en petite section, il peut être moins présent, voire absent en grande section.

- **Le coin-poupées :** veiller au nombre suffisant de poupées et d'accessoires (brosses, biberons, couverture ...) pour que chaque enfant puisse s'engager dans une activité. Lors de l'installation de l'activité, limiter le matériel disponible. Exemple : ne pas donner toute la garde-robe et bien la choisir ; en effet, habiller et déshabiller une poupée est difficile en petite section. Ce sont les projets de la classe, comme le travail autour d'albums traitant du bain du bébé, de la maladie, de l'habillage et du déshabillage... qui vont conduire à proposer le matériel du bain, la trousse de docteur ou les vêtements dans ce coin.

Les enfants peuvent alors revivre avec un ou deux de leurs pairs les scénarios et les échanges langagiers qui y sont associés.

Corrigé

Question relative aux textes proposés (11 pts)

Selon les textes du corpus, qu'est-ce que la fraternité et comment la faire vivre ?

La notion de « fraternité » extraite de la devise de la République est un concept fondateur de la démocratie qui a beaucoup évolué au cours des siècles. Bruno Mattéi, dans un extrait d'une conférence donnée en 2004 à l'Université de Lille, pose le problème de sa définition. Victor Hugo, poète et romancier du XIXe siècle, par le biais de la métaphore du jardin, met en évidence, dans l'extrait des *Misérables* (1862), la dimension religieuse de la fraternité alors que René Char, autre poète, résistant de la Seconde Guerre mondiale, traduit dans un style sobre la force de l'action qui illustre le concept, à travers son témoignage de résistant (*Feuillets d'Hypnos*, fragment 128, 1942-1944). Enfin, des textes plus contemporains de Bernard Chambaz (*Petite philosophie du vélo*, 2014) et Abdennour Bidar (*Plaidoyer pour la fraternité*, 2015) présentent respectivement la fraternité comme une conquête nécessaire qui doit dépasser la sphère communautaire pour s'inscrire dans une dimension universelle.

Le corpus composé de textes de genres et d'époques différents permet de s'interroger sur la définition de la fraternité et sur la façon de la faire vivre.

Avant de présenter l'évolution nécessaire de l'individuel vers le collectif, nous chercherons à définir le concept de fraternité pour, enfin, affirmer le partage de cette valeur.

La fraternité reste une notion difficile à délimiter. René Char et Bernard Chambaz la rapprochent de celle d'amitié et de solidarité. Lorsque la foule encercle la troupe de S.S., les empêchant de poursuivre leurs méfaits, R. Char se sent en confiance : pas un ne le trahit. B. Chambaz explique comment le partage des efforts permet de poursuivre la route et de se dépasser : « L'amitié est ce qui nous rend semblables et égaux ».

La fraternité s'exprime comme un foisonnement de la vie dans les mots de V. Hugo, la nature exaltée, « symbole de la fraternité humaine », s'épanouit permettant le rapprochement de ce qui est sur Terre et de ce qui est au ciel. Le jardin où Jean Valjean et Cosette ont trouvé refuge devient métaphore de ce symbole : la diversité des plantes, leur croissance permettant à cet espace un renouveau presque mystique. V. Hugo met en scène de façon quasi religieuse l'épanouissement de cette fraternité, que l'on découvre à travers le champ lexical de la religion : « créateur », « saint mystère », « cathédrale ».

R. Char y voit, également, une mise en actes. Devant le danger imminent et important, la foule grandit et ose, telle la « marée », faire face. La métaphore des flots dont la puissance déferle sur les occupants s'impose : « jaillissant », « marée », « ruisselant ». La réaction solidaire des « femmes, enfants, vieillards » entraine un sourire d'amitié chez le résistant qui craignait peu de temps avant d'être dénoncé.

La fraternité exige le passage d'une posture individuelle à une posture collective. B. Mattéi et A. Bidar parlent de sphère publique qui s'oppose à celle individuelle. L'individu doit dans une dimension collective dépasser son appartenance à une communauté pour « faire exister concrètement, réellement, quotidiennement, la fraternité la plus large », défend A. Bidar. Mattéi renchérit en mettant en garde contre les comportements qui éloignent « la fraternité loin de l'espace public ». La difficulté réside dans cette double appartenance : la nécessité d'une reconnaissance identitaire et celle d'une fraternité universelle, explique A. Bidar, afin de « suivre la marche de l'histoire ».

La fraternité ne peut oublier les deux noms qui la précèdent dans la devise républicaine : égalité et liberté. Cet effort nécessaire et défini par A. Bidar s'exprime à travers l'expérience relatée par B. Chambaz : l'effort rassemble, les contraires se conjuguent dans le lien partagé.
Il s'agit pour les auteurs de tendre vers un idéal à la fois collectif et spirituel, tel l'idéal collectif des cyclistes de B. Chambaz, qui, par la volonté partagée, se dépassent dans l'effort. La pente à gravir devient métaphore de l'ascension pour conquérir cette fraternité. Chez V. Hugo, l'idéal fraternel se rapproche du divin : le jardin s'apparente au paradis, il devient lieu d'amour et de liberté dans lequel, toutefois, reste une part de mystère et d'ombre. Le lyrisme de l'auteur sert la cause de cet idéal : « Ce jardin n'était plus un jardin, c'était une broussaille colossale [...] sombre comme une cathédrale, odorant comme un bouquet, solitaire comme une tombe, vivant comme une foule. »

Enfin, la fraternité est une valeur indispensable à partager. A. Bedar démontre, dans son plaidoyer écrit au lendemain des attentats de *Charlie*, la nécessité d'éduquer « à se soucier de la liberté et de l'égalité de l'autre ». Il est nécessaire de vivre des expériences dans des contextes où la fraternité se révèle, ce que R. Char exprime dans son témoignage : craignant pour sa vie, il se révèle rempli d'amour pour ces êtres qui se sont unis à lui, dans leurs actes : « J'ai aimé farouchement mes semblables cette journée-là » écrit-il.
Si cette valeur peut se révéler à travers de tristes contextes, elle s'apprend. A. Bidar et B. Mattéi qui s'interrogent sur la mise en œuvre de la fraternité et posent la question de la législation défendent cette position. Tous deux s'accordent à définir un idéal politique qui tendrait vers plus de démocratie. Si la fraternité a pu être l'objet de réflexion de penseurs des siècles derniers jusqu'à s'inscrire dans la devise républicaine, B. Mattei invite à ne pas l'oublier pour tenter de sauver ce qui fonde les principes républicains.

À travers l'ensemble des textes, les auteurs montrent donc que la fraternité, définie entre partage et conscience collective, est un engagement qui passe par une prise de conscience liée aux expériences communes et aux expériences de proximité de chacun. L'école se doit d'amener les élèves à mieux comprendre ce concept, qui désigne autant les liens de solidarité et d'amitié entre deux êtres que l'idéal humaniste porté par la devise républicaine qui a pour fondement le respect de la personne humaine et l'exercice d'obligations morales envers autrui.

Connaissance de la langue (11 pts)

1. Dans ce passage du texte de Victor Hugo, vous relèverez et classerez selon leur temps les verbes conjugués ; vous justifierez l'emploi de ces temps dans le texte.

« Il y **avait** un banc de pierre dans un coin, une ou deux statues moisies, quelques treillages décloués par le temps pourrissant sur le mur ; du reste plus d'allées, ni de gazon ; du chiendent partout. Le jardinage **était parti**, et la nature **était revenue**. Les mauvaises herbes **abondaient** ; aventure admirable pour un pauvre coin de terre. La fête des giroflées y **était** splendide. Rien dans ce jardin ne **contrariait** l'effort sacré des choses vers la vie ; la croissance vénérable **était** là chez elle. Les arbres **s'étaient baissés** vers les ronces, les ronces **étaient montées** vers les vers les arbres, la plante **avait grimpé**, la branche **avait fléchi**, ce qui **rampe** sur la terre **avait été** trouver ce qui **s'épanouit** dans l'air, ce qui **flotte** au vent **s'était penché** vers ce qui **traîne** dans la mousse. »

L'extrait proposé est une description. Trois valeurs temporelles sont relevées et justifiées dans le tableau suivant :

Occurences	Temps	Valeur d'emploi
avait, abondaient, était (2), *contrariait*	Imparfait de l'indicatif	Imparfait de description : l'imparfait, temps du passé, s'oppose au passé simple du récit. C'est le temps de l'arrière-plan par opposition au temps du 1er plan.
était parti, était revenue, s'étaient baissés, étaient montées, avait grimpé, avait fléchi, avait été, s'était penché	Plus-que-parfait de l'indicatif	Antériorité dans le passé à valeur accomplie.
rampe, s'épanouit, flotte, traine	Présent de l'indicatif	Présent de vérité générale qui s'immisce dans les imparfaits créant une impression de permanence.

2. Dans la phrase suivante, extraite du texte de Victor Hugo, vous identifierez les éléments constitutifs de la construction verbale soulignée : « ce qui rampe sur la terre avait été trouver ce qui s'épanouit dans l'air, ... »

– *avait été* : troisième personne du singulier du plus-que-parfait de l'indicatif du verbe *être*.
– *trouver* : infinitif du verbe, support ici de la périphrase verbale : *trouver ce qui s'épanouit dans l'air, ce qui flotte au vent s'était penché vers ce qui traîne dans la mousse.*

3. Dans ce passage du texte de René Char :

a. Vous relèverez les différentes désignations des villageois dans ce passage.

« Alors apparut jaillissant de chaque rue la marée des femmes, des enfants, des vieillards, se rendant au lieu de rassemblement, suivant un plan concerté. Ils se hâtaient sans hâte, ruisselant littéralement sur les S.S., les paralysant « en toute bonne foi ». Le maçon fut laissé pour mort. Furieuse, la patrouille se fraya un chemin à travers la foule et porta ses pas plus loin. Avec une prudence infinie, maintenant des yeux anxieux et bons regardaient dans ma direction, passaient comme un jet de lampe sur ma fenêtre. Je me découvris à moitié et un sourire se détacha de ma pâleur. Je tenais à ces êtres par mille fils confiants dont pas un ne devait se rompre.

J'ai aimé farouchement mes semblables cette journée-là, bien au-delà du sacrifice. »

(Il est possible de relever également les pronoms réfléchis qui renvoient aux personnages.)

b. Que nous apprennent ces différentes désignations quant au regard que porte le narrateur sur ces villageois ?

Ces désignations anaphoriques reprennent le groupe nominal initial « *la marée des femmes, des enfants, des vieillards* » et donnent des personnages l'idée d'un ensemble uni et anonyme composé d'individus indistincts, elles traduisent l'humanité et la proximité qui s'installent avec le narrateur.

« *Ils* » est une reprise pronominale anaphorique alors que les autres substituts sont nominaux et traduisent des variations.

« *se* » = pronom anaphorique réfléchi.

« *la foule* », « *les êtres* » : renvoient aux villageois anonymes, soudainement et secrètement ligués.

« *des yeux anxieux et bons* » est une figure de style, c'est un emploi métonymique qui, dans un rapport de la partie au tout, renvoie au premier groupe nominal et insiste sur l'importance du regard, traduisant la nature profonde des alliés qu'ils sont devenus.

« *mes semblables* » : comme une gradation au bout de laquelle le narrateur tisse des liens avec les villageois, concluant un processus de reconnaissance.

4. Dans le texte de René Char (texte 3), vous analyserez la construction de la phrase « Les clés sur les portes. » et commenterez l'effet produit par ce choix.

Il s'agit d'une phrase non verbale que le cotexte permet d'interpréter : « *Les habitants furent jetés hors des maisons et sommés de se rassembler sur la place centrale.* ***Les clés sur les portes****. Un vieux, dur d'oreille, qui ne tenait pas compte assez vite de l'ordre, vit les quatre murs et le toit de sa grange voler en morceaux sous l'effet d'une bombe.* »

L'absence de verbe conjugué traduit une forme de discours indirect libre, qui serait prononcé par les miliciens à l'adresse des villageois. Cela traduit également un sentiment d'urgence, la précipitation des villageois à quitter leur domicile.

5. Dans le texte de René Char (texte 3) :

– dans la phrase « *À quelques kilomètres de là, ils suivraient mes consignes et resteraient tapis.* », **vous expliquerez le sens du mot *« tapis »* et en proposerez deux synonymes.**

Associé au verbe d'état « *resteraient* », le mot « *tapis* » en fonction d'attribut du sujet « *ils* » traduit les sens de « *cachés* » et « *blottis* », exprimant une attente sur la défensive.

– dans la phrase « *J'eus honte de souhaiter sa mort avant cette échéance* », **vous analyserez la formation du mot *« échéance »* et en donnerez la signification.**

Échéance est formé par dérivation d'un :

- radical *-choir* qui renvoie à l'idée de chute ;
- un préfixe *é-* issu du latin *ex* (qui veut dire hors de) ;
- un suffixe *-ance* qui sert à créer un substantif.

Le mot *échéance* signifie le moment où le maçon va finir par parler, au terme d'un délai évalué à cinq minutes par le narrateur.

Analyse de supports d'enseignement (13 pts)

À partir d'une analyse de ces documents, vous répondrez aux questions suivantes :

1. Dans le document 1, quelles sont les compétences visées ?

Les compétences visées par cette activité relèvent du domaine « Mobiliser le langage dans toutes ses dimensions ». Elles s'organisent selon deux axes :

– Oser entrer en communication : « L'enfant apprend à entrer en communication avec autrui et à faire des efforts pour que les autres comprennent ce qu'il veut dire. » En Petite Section, classe dans laquelle se déroule la séance, c'est l'adulte qui reste l'interlocuteur privilégié. Les élèves sont dans une situation de langage, ils sont amenés à parler sur ce qu'ils font. Le coin « poupée-nurserie » est un jeu d'imitation, en même temps que les élèves manipulent, ils parlent.

– Comprendre et apprendre : « les discours que tient l'enseignant sont des moyens de comprendre et d'apprendre pour les enfants. » Les enfants comprennent grâce à l'activité chargée d'affectivité qui est proposée dans la séance. Lorsqu'ils proposent des vêtements à mettre à la poupée, ils doivent tenir compte des réponses précédentes, doivent « comprendre » l'ordre de l'habillage. Les élèves sont encore dans un échange duel, leur interlocuteur reste toujours l'enseignant mais leurs interventions s'inscrivent dans une écoute et compréhensions des autres.

2. Quels objectifs d'apprentissage l'enseignante poursuit-elle ?

L'enseignante poursuit deux objectifs principaux :

– développer la prise de parole des élèves dans un petit groupe.

– amener les élèves à utiliser un lexique lié à la vie courante : dans la situation proposée, c'est celui des vêtements. (*cf.* Programmes, doc. 3 « Ce sont les projets de la classe, comme le travail autour d'albums traitant du bain du bébé, de la maladie, de l'habillage et du déshabillage… qui vont conduire à proposer le matériel du bain, la trousse de docteur ou les vêtements dans ce coin. Les enfants peuvent alors revivre avec un ou deux de leurs pairs les scénarios et les échanges langagiers qui y sont associés. »)

La situation présente une conduite langagière descriptive, les questions posées par l'enseignante engagent des réponses courtes, des mots : « quel vêtement vas-tu mettre au bébé ? »

Les objectifs de l'enseignante permettent de développement les compétences langagières des élèves, axées essentiellement sur le lexique. Les réponses attendues portent sur la désignation des objets plus que sur la capacité pour ces élèves de PS à construire des phrases.

Si les questions de l'enseignante restent un modèle syntaxique pour l'élève, « les discours que tient l'enseignant sont des moyens de comprendre et d'apprendre pour les enfants », la situation proposée privilégie l'acquisition lexicale et moins les compétences syntaxiques.

3. À quel moment de la journée et de l'année placeriez-vous cette séance ?

Le document 3 présente des activités mises en place dans le coin-poupées dans lequel il y a un « nombre suffisant de poupées et d'accessoires pour que chaque enfant puisse s'engager dans une activité. », ce qui permettra à chacun d'habiller et de déshabiller une poupée. Ce coin peut donc être fréquenté à l'accueil le matin suivi d'une activité orale. Ce peut être aussi l'occasion de faire un lien, avec les élèves, dans les moments d'habillage et de déshabillage. Le développement du langage par l'utilisation du lexique adapté se fait donc en situation. L'acquisition et développement de la chronologie est en jeu également, l'élève doit « comprendre » l'ordre à respecter dans l'habillage, ce que permet le langage en situation qui fait manipuler l'élève en même temps qu'il parle.

On peut penser, à la lecture de la retranscription orale, que la séance se déroule en hiver.

L'acquisition lexicale peut se faire tout au long de l'année en proposant d'autres vêtements selon le moment de l'année.

4. Quelles sont les fonctions de la parole magistrale dans cette séance ?

Les prises de parole de l'enseignante sont conformes aux demandes du programme de l'école maternelle qui expliquent qu'il est nécessaire de créer des « conditions bienveillantes et sécurisantes pour tous les enfants ». La parole magistrale a une fonction d'étayage (Bruner) par :

- – l'enrôlement dans la tâche : l'enseignante présente une situation ludique en début d'activité (l. 1) ;
- – la simplification de la tâche et la précision des objectifs : l'enseignante demande ce qu'il faut faire pour préparer le bébé, puis explique qu'il faut l'habiller (l. 4, l. 9) ;
- – le maintien de l'information : l'enseignante apporte un soutien pendant la tâche, elle encourage systématiquement les élèves et valide leur parole (l. 17, l. 23, occurrences de « oui », « c'est très bien ») ;

– la prise en compte des erreurs de façon positive (l. 3) : lorsque Louison dit « poussette », l'enseignante, après avoir validé, explique qu'il s'agit de parler d'autre chose.

C'est bien l'enseignante qui organise la conduite langagière puisque les élèves n'échangent pas entre eux. Son rôle est d'accompagner la progression du langage en situation, dans les activités quotidiennes, mais aussi à travers un enseignement explicite.

5. À quelles modalités d'apprentissage mises en avant dans le programme 2015 cette séance renvoie-t-elle ?

Le programme 2015 (document 3) explique que l'école maternelle est « une école qui organise des modalités spécifiques d'apprentissage » et qu'avec les petits, l'observation et l'imitation sont importantes : la mise en place du coin-poupées les favorisera.

Les interactions langagières mises en place ici sont uniquement entre un élève et l'enseignante, mais l'activité permet tout de même de développer l'écoute et la compréhension nécessaires à tout échange, puisque aucun élève ne dit un mot déjà donné par un autre.

Deux modalités indiquées par le programme sont présentes ici :

– **apprendre en jouant** avec l'installation du coin-poupées : cela permet aux élèves de « construire des fictions et de développer leur imaginaire ». Dans la mesure où les élèves vont habiller les poupées du coin-poupées, cet apprentissage ludique sera lié à des manipulations. Ils parlent en faisant.

– **apprendre en s'exerçant** : « les apprentissages des jeunes enfants s'inscrivent dans un temps long et leurs progrès sont rarement linéaires. Ils nécessitent souvent un temps d'appropriation qui peut passer soit par la reprise de processus connus, soit par de nouvelles situations » ; la mise en lien de l'activité d'orale présentée et du jeu au coin-poupées permet ces reprises.

6. Dans le prolongement de ce temps d'échange, proposez, en les décrivant brièvement, deux utilisations que vous feriez de l'album (document 2).

Une progressivité peut être proposée par le choix de textes de plus en plus longs (*cf.* Programmes : « le choix de textes de plus en plus longs et éloignés de l'oral »). Les livres de la série « Petit ours brun » sont adaptés au niveau de classe d'élèves de Petite Section : situation familière, lexique simple de la vie courante, phrases au présent, structures répétitives, animal/doudou proche de l'enfant. Les élèves construisent peu à peu l'idée de script, qui est un format d'action, essentiel à la construction du jeune enfant (Bruner). L'album peut être utilisé en prolongement de l'activité décrite.

Voici quelques utilisations possibles :

– Lecture de l'album en montrant les illustrations.

– Utilisation selon Boisseau (album écho) où les élèves commentent les illustrations en faisant le lien avec ce qu'ils ont fait dans l'atelier coin-poupées (conduites descriptives et narratives).

– Repérer les différents vêtements et coller les dessins découpés sur une figurine (acquisition lexicale).

– Développement de la chronologie : les élèves repèrent les différents moments de l'habillage.

– Apprendre à expliciter l'implicite : apprendre au jeune enfant à « remplir les blancs du texte » (Eco) : que se passe-t-il entre la première est la deuxième image ? => pour s'habiller, Petit Ours Brun a enlevé son pyjama.

– Constituer un réseau d'albums autour du thème de l'habillage.

SUJET N° 5

Sujet de la session 2016 du groupement académique 2 : académies d'Aix-Marseille, Besançon, Bordeaux, Clermont-Ferrand, Corse, Dijon, Grenoble, Limoges, Lyon, Montpellier, Nantes, Nice, Orléans-Tours, Poitiers, Toulouse.

Sujet

Première partie : Question relative aux textes proposés

Quels regards les auteurs de ce corpus portent-ils sur l'institution muséale ?

Texte 1 : Émile ZOLA, *L'Assommoir*, 1877, Garnier-Flammarion, pp. 101-103

[L'héroïne Gervaise vient de se marier avec Coupeau. À la suite de la cérémonie, et comme le temps est maussade, la compagnie se réfugie au Louvre où le musée dévoile ses curiosités.]

La nudité sévère de l'escalier les rendit graves. Un huissier superbe, en gilet rouge, la livrée galonnée d'or, qui semblait les attendre sur le palier, redoubla leur émotion. Ce fut avec un grand respect, marchant le plus doucement possible, qu'ils entrèrent dans la galerie française.

Alors, sans s'arrêter, les yeux emplis de l'or des cadres, ils suivirent l'enfilade des petits salons, regardant passer les images, trop nombreuses pour être bien vues. Il aurait fallu une heure devant chacune, si l'on avait voulu comprendre. Que de tableaux, sacredié ! Ça ne finissait pas. Il devait y en avoir pour de l'argent. Puis, au bout, M. Madinier les arrêta brusquement devant le *Radeau de la Méduse* ; et il leur expliqua le sujet. Tous, saisis, immobiles, se taisaient.

Quand on se remit à marcher, Boche résuma le sentiment général : c'était tapé. [...]

Puis, la noce se lança dans la longue galerie où sont les écoles italiennes et flamandes. Encore des tableaux, toujours des tableaux, des saints, des hommes et des femmes avec des figures qu'on ne comprenait pas, des paysages tout noirs, des bêtes devenues jaunes, une débandade de gens et de choses dont le violent tapage de couleurs commençait à leur causer un gros mal de tête. M. Madinier ne parlait plus, menait lentement le cortège, qui le suivait en ordre, tous les cous tordus et les yeux en l'air. [...] Des siècles d'art passaient devant leur ignorance ahurie, la sécheresse fine des primitifs, les splendeurs des Vénitiens, la vie grasse et belle de lumière des Hollandais. Mais ce qui les intéressait le plus, c'étaient encore les copistes, avec leurs chevalets installés parmi le monde, peignant sans gêne ; une vieille dame, montée sur une grande échelle, promenant un pinceau à badigeon dans le ciel tendre d'une immense toile, les frappa d'une façon particulière. Peu à peu, pourtant, le bruit avait dû se répandre qu'une noce visitait le Louvre ; des peintres accouraient, la bouche fendue d'un rire ; des curieux s'asseyaient à l'avance sur des banquettes, pour assister commodément au défilé ; tandis que les gardiens, les lèvres pincées, retenaient des mots d'esprit. Et la noce, déjà lasse, perdant de son respect, traînait ses souliers à clous, tapait ses talons sur les parquets sonores, avec le piétinement d'un troupeau débandé, lâché au milieu de la propreté nue et recueillie des salles.

Texte 2 : Jean-Michel RIBES, *Musée haut, musée bas*, 2004, Actes Sud, pp. 160-161

[À l'issue d'une succession de scènes plus burlesques les unes que les autres, le personnel et les visiteurs d'un très grand musée finissent par vivre l'apocalypse de l'art.]

À bout de souffle arrivent les uns après les autres des employés du musée, les vêtements maculés de terre ou déchirés ils se précipitent, désemparés, sur le conservateur.

5

EMPLOYÉ 1 : Monsieur, toutes les statues phéniciennes sont couvertes de champignons et d'algues…

EMPLOYÉ 2 (*en larmes*) : Monsieur Mosk, les trois salles de la Renaissance vénitienne sont envahies de rhododendrons, de pétunias, de grosses fleurs de toutes les couleurs, il y a aussi des arbres qui passent dans les parquets, et du maïs, du maïs partout !

EMPLOYÉ 3 : Monsieur, des abeilles, des mouches, des papillons sont entrés au premier, des milliers d'insectes s'agglutinent sur les Velasquez et les mangent.

EMPLOYÉ 4 (*deux tableaux craquelés entre les mains*) : Monsieur, ce sont des Chardin et des Fantin-Latour, ils n'ont pas tenu, l'air est trop pur.

MONSIEUR MOSK (*accablé*) : Les cons, ils ont bouché le trou d'ozone !… Le Louvre ? Est-ce qu'on a joint le Louvre ?

LA SECRÉTAIRE : Il ne répond plus.

MONSIEUR MOSK : Et la Tate Gallery ? Et le Prado ? Et le Guggenheim ? Et les Offices ?

LA SECRÉTAIRE : Silence total. On a juste reçu un dernier mail de la pinacothèque de Munich, l'intégralité de leur collection a été saccagée par mille deux cents chèvres.

MONSIEUR MOSK : Les Dürer ? Il n'y en a plus ?

LA SECRÉTAIRE : Non monsieur.

Un employé en loques, une grenouille dans la main, arrive en se traînant.

MONSIEUR MOSK : La Chine ?

EMPLOYÉ 5 : Les vases Ming, les chevaux Tang, et les statuettes Wang ont tous été détruits par des lézards, des tritons et des grenouilles.

Il écrase celle qu'il a dans la main. L'orage redouble, le vent devient tornade, les murs du musée vibrent.

EMPLOYÉ 4 : Monsieur Mosk, qu'est-ce qu'on fait ?

MONSIEUR MOSK : Est-ce qu'il reste du béton, du plastique, de la résine pour se battre ?

Un employé blessé, le bras bandé, soutenu par Martine l'infirmière, traverse la salle.

MARTINE : Tout le XXe siècle s'est écroulé, il a voulu sauver un Picabia, il s'est cassé le bras !

Coup de tonnerre. Le mur du musée se fend, une branche d'arbre apparaît, puis une seconde. Mosk, ivre de rage, lance ses troupes dans la résistance.

MONSIEUR MOSK : Ah non ! Ne reculez pas ! On ne va pas céder, battez-vous avec ce qui reste, l'art d'aujourd'hui, prenez les Pollock, les Tinguely, les Calder, les Beuys, les Koons, les Graouste, les Cortot, les Tapiès, les Alechinsky, tapez, tapez, nous ne retournerons pas dans les cavernes ! Sauvons la planète que nous avons inventée ! À bas la nature, vive l'art !

Texte 3 : Jean CLAIR, *L'hiver de la culture*, 2011, Flammarion

[Jean Clair, de son véritable nom Gérard Régnier, est un conservateur général du patrimoine. Après Malaise dans les musées en 2007, il publie en 2011 un pamphlet dans lequel il s'en prend aux musées, à l'art contemporain, à ses marchands et ses collectionneurs.]

Les musées ne ressemblent plus à rien. La silhouette du nouveau musée d'Art contemporain de Metz rappelle à la fois les Buffalo Grill qu'on voit le long des autoroutes, un chapeau chinois et la maison des Schtroumpfs. Dans l'élévation d'un nouveau musée, on retrouvera souvent, *in nuce*[1], dans son mélange de modernité fade et d'emprunts hasardeux, le kitsch qu'on verra envahir l'architecture des mégalopoles, de Las Vegas à Dubaï.

5

Construire un musée pose à l'architecte un problème insoluble. À quoi sert un musée ? D'un temple on savait la destination. D'une école aussi (encore un peu, à vrai dire). D'un aéroport, assurément. D'un stade, absolument, et même on en redemande, par dizaines, en tout lieu. Mais d'une collection d'objets arrachés à leur lieu d'origine et disposés dans l'oubli de leur fonction ?

[...]

Ennui sans fin de ces musées. Absurdité de ces tableaux alignés, par époques ou par lieux, les uns contre les autres, que personne à peu près ne sait plus lire, dont on ne sait pas pour la plupart déchiffrer le sens, moins encore trouver en eux une réponse à la souffrance et à la mort. Morosité des sculptures qui n'offrent plus, comme autrefois la statue d'un dieu ou d'un saint, la promesse d'une intercession. Dérision des formules et prétention des audaces esthétiques. Entrepôts des civilisations mortes. À quoi bon tant d'efforts, tant de science, tant d'ingéniosité pour les montrer ? Et puis désormais, la question, obsédante : pour qui et pour quoi ?

Les foules qui se pressent en ces lieux, faites de gens solitaires qu'aucune croyance commune, ni religieuse, ni sociale, ni politique, ne réunit plus guère, ont trouvé dans le culte de l'art leur dernière aventure collective. C'est pour cela qu'on les voit visiter l'un après l'autre les grands musées comme elles allaient autrefois au temple ou au Vel' d'Hiv[2]. Elles ne s'y déplacent qu'en groupes et s'y photographient réciproquement comme pour étouffer, par l'uniformité de leur comportement et l'identité de leurs réactions, le soupçon qui les effleure parfois que, là non plus, il n'y a rien à attendre.

[...]

Roger Caillois[3] se souvenait qu'au musée de Séoul, dans les années 1970, il voyait les visiteurs s'incliner et déposer leurs offrandes - monnaie, billets ou fruits - devant des bouddhas qui pourtant étaient là exclusivement à titre d'œuvres d'art. « J'ai réfléchi, ajoute-t-il, qu'il était douteux que je surprenne jamais au Louvre, voire au Prado, fût-ce une dévote en train de se signer ou de se recueillir devant un Christ en croix, ce qu'elle n'eût pas manqué de faire en rase campagne devant un calvaire ou même un reposoir. »

Dans les musées d'aujourd'hui, les gens ne prient pas en effet devant les œuvres d'art qui sont pourtant, dans leur immense majorité, des œuvres religieuses, ils les photographient, ils parlent fort, ils ricanent parfois. Les lieux qui les conservent sont aussi désormais victimes de vandalisme et de vols, commis à une fréquence de plus en plus haute.

---

1. Littéralement « dans la noix » : signifie « en résumé ».
2. Vélodrome d'hiver, enceinte sportive populaire.
3. Sociologue et critique français du XXᵉ siècle.

Texte 4 : Dominique de FONT-RÉAULX, « De l'émerveillement au musée », extrait de *Mythes fondateurs, d'Hercule à Dark Vador*, sous la direction de Dominique de Font-Réaulx et de Frédérique Leseur, 2015, coédition Le Seuil/musée du Louvre éditions

5

[Dominique de Font-Réaulx est conservatrice en chef au Musée du Louvre et directrice du musée national Eugène-Delacroix. Elle présente ici le projet « La Petite Galerie », qui permet aux visiteurs de débuter leur visite au sein du Musée du Louvre par la rencontre avec une cinquantaine d'œuvres d'art issues de périodes et de civilisations variées, mais réunies autour d'un même thème.]

Un dictionnaire courant de la langue française donne, dans une de ses éditions récentes, la définition suivante du verbe « s'émerveiller » : « éprouver un étonnement agréable devant quelque chose d'inattendu qu'on juge merveilleux ». Telle quelle, elle paraît constituer un programme idoine pour la Petite Galerie, nouvelles salles dédiées à l'éducation artistique au Louvre. Conjuguer agrément et surprise semble en effet la condition essentielle de la mise en œuvre d'un apprentissage au sein d'un lieu qui, s'il a été fondé pour contribuer à l'éducation artistique, n'est pas un établissement éducatif. Cela offre ainsi au musée quelques libertés et lui permet de placer au cœur de ses missions celle de susciter, avant tout, plaisir et étonnement [...].

La Petite Galerie s'inscrit ainsi pleinement au sein du Louvre. Tout musée est par nature et intention un lieu d'émerveillement. Le Louvre, fondé en 1792 comme musée de la Nation, a placé au cœur de ses premières missions l'éducation artistique et la délectation esthétique. Déployées aujourd'hui sur plus de 75 000 m², présentant des milliers d'œuvres, de l'invention de l'écriture au milieu du XIXe siècle, ses galeries offrent autant de surprises, autant de révélations. Plus grand musée du monde, il se déploie comme une encyclopédie, dont chaque vitrine, chaque mur serait une entrée. Installé dans l'ancien palais des rois de France, reconstruit à l'initiative de Napoléon III au Second Empire, il offre du monument tous les charmes du dédale, mais contraint à une succession d'ailes sans lien les unes avec les autres, aux culs-de-sac, à des retours obligés. Le Louvre a gardé du palais les décors, et l'on trouve ainsi des antiquités grecques dans la salle de bal d'Henri II, des antiquités romaines dans les appartements d'Anne d'Autriche, des antiquités égyptiennes sous les plafonds commandés par Charles X aux jeunes artistes de son temps. Il est un magnifique terrain d'aventures, il déploie plusieurs mondes à explorer, comme autant de galaxies.

[Il s'agit] de rappeler combien le musée est un lieu d'épanouissement et de découvertes, un lieu ouvert sur l'histoire ancienne du monde comme sur ses questionnements contemporains. Un lieu privilégié pour revenir à soi, dans un double mouvement de plaisir et d'apprentissage, comme l'a écrit récemment Claude Calame : « La jouissance que l'on éprouve face aux représentations s'explique en effet par le fait qu'elles sont un moyen d'apprentissage et de (re) connaissance. »

Deuxième partie : Connaissance de la langue

1. « La nudité sévère de l'escalier les rendit graves. » (texte 1)

a. Identifiez précisément la nature et la fonction des mots soulignés.

b. Justifiez l'orthographe de « nudité ».

2. Indiquez la nature de « qu' » dans les deux phrases ci-dessous (texte 1).

– « *Encore des tableaux, toujours des tableaux, des saints, des hommes et des femmes avec des figures* ***qu'****on ne comprenait pas* »

– « *Peu à peu, pourtant, le bruit avait dû se répandre* ***qu'****une noce visitait le Louvre* »

3. Lisez les phrases suivantes :

1. Monsieur, des abeilles, des mouches, des papillons sont entrés au premier.

2. Le bruit avait dû se répandre qu'une noce visitait le Louvre.

3. Les chevalets y étaient installés.

4. Monsieur, toute la Haute-Égypte est couverte de champignons et d'algues.

5. Tout le xxe siècle s'est écroulé.

a. Parmi les phrases ci-dessus, identifiez les verbes à la voix passive et donnez leur équivalent à la voix active.

b. Identifiez la forme (mode, temps, personne, voix) de tous les verbes en précisant leur infinitif.

4. Vous ferez l'analyse morphologique du mot « civilisation » (texte 3).

Troisième partie : Analyse de supports d'enseignement

À partir de la séance proposée par un enseignant à une classe de CM1 (documents 1 et 2, dont un extrait de l'album *Un bleu si bleu*, de Jean-François Dumont, éditions Père Castor-Flammarion, 2003), vous répondrez aux questions suivantes :

1. Analysez les objectifs et les compétences formulés par l'enseignant pour cette séance.

2. Quelles remarques pouvez-vous faire sur la démarche pédagogique proposée ?

3. En prenant appui sur l'extrait, quelles autres modalités d'exploitation du texte pourriez-vous envisager ?

4. Le travail interdisciplinaire proposé vous paraît-il pertinent ? Quels prolongements proposeriez-vous ?

5

Document 1

Séance n° 4 : Littérature	
Objectifs	– Aider les élèves à dépasser le sens premier et percevoir les indices du merveilleux. – Aider les élèves à reconnaître et décrire des œuvres visuelles.
Compétences	– Prélever des éléments de réponse dans un texte. – Rendre compte de sa lecture et exprimer ses réactions.
Déroulement	1 – Lecture de la quatrième de couverture et de l'extrait par l'enseignant : le maître lit sans que les élèves aient le texte ; il leur a demandé de fermer les yeux. 2 – Réponse individuelle et par écrit aux questions (fiche photocopiée à compléter). Réponses attendues : 1 : dans un musée 2 : parce que dans un musée, il y a des tableaux 3 : parce que l'histoire est fictionnelle et merveilleuse ; les codes de la réalité ne fonctionnent pas. 3 – Correction collective au tableau. Le maître écrit les réponses au tableau et les élèves les recopient dans leur classeur. 4 – Prolongement : travail interdisciplinaire en lien avec les arts visuels.

La quatrième de couverture de cet album précise : « Un petit garçon dans une grande ville grise. Un rêve étrange et merveilleux, celui d'une couleur, un bleu. Un bleu profond et lumineux à la fois, qui n'existe pas dans les boîtes de peintures. Alors, armé d'un carnet et d'un pinceau, le petit garçon part à la recherche de la couleur de son rêve. Un bleu si bleu qu'il est bien difficile à retrouver… »

Document 2

Prénom :

Date :

Séance :

Un bleu si bleu

Le petit garçon prit son carnet et son pinceau, dévala l'escalier de son immeuble, et sauta dans le bus de la ligne 7, qui le déposa devant le musée. Dans le grand bâtiment, il s'approcha d'un tableau où une dame souriait en le regardant. Il trempa son pinceau dans le bleu de sa robe, et fit une petite tache sur la page de son carnet. Mais ce n'était toujours pas son bleu. Un peu plus loin, il trempa son pinceau dans un coin de ciel, au-dessus d'un paysage de montagne, puis dans l'écharpe d'un gros bonhomme coiffé d'une couronne, et s'assit, découragé. Aucun de ces bleus n'était le bleu de ses rêves.

Intrigué par ce petit garçon qui lui semblait si abattu, le gardien du musée vient s'asseoir à côté de lui.

– Que cherches-tu donc dans ces tableaux, pour y tremper le bout de ton pinceau ?

– Je cherche le bleu de mes rêves, un bleu doux et fort à la fois, un bleu si bleu qu'il donne envie de s'y blottir.

Le gardien réfléchit en se grattant le menton.

– Je n'ai pas beaucoup voyagé, j'ai passé ma vie dans ce musée. Mais en écoutant les visiteurs, on apprend beaucoup de choses. Un jour, j'ai entendu parler du bleu de la mer, profond et lumineux à la fois. Ça pourrait être le bleu que tu cherches.

Répondre aux questions

– Où se retrouve le petit garçon ?

– Pourquoi le texte parle-t-il de tableaux ?

– Selon vous, comment le petit garçon réussit-il à faire une tache sur son petit carnet ?

5

5 CORRIGÉ

Corrigé

Question relative aux textes proposés (11 pts)

Quels regards les auteurs de ce corpus portent-ils sur l'institution muséale ?

Le musée est un lieu de culture pour des publics de plus en plus variés, mais ils sont aussi des objets de polémiques où les subjectivités s'affrontent au sujet du choix des œuvres exposées, de considérations économiques, lesquelles ne sont pas nécessairement en harmonie avec l'idéal artistique...

Le corpus est constitué de quatre textes, présentés dans leur succession chronologique. Le plus ancien est un passage romanesque de Zola, écrivain naturaliste, contemporain des impressionnistes, ses amis. Il s'agit du passage de son roman *L'Assommoir* (publié en 1877) quand Gervaise et Coupeau, ouvrier zingueur, viennent d'être unis par le mariage. Ils improvisent une visite découverte du musée du Louvre avec leurs invités afin d'échapper au mauvais temps en attendant le repas des noces. Zola décrit cette visite en pensant à ses amis impressionnistes qui ont été refusés par la peinture académique de l'époque du Second Empire et qui ne figurent encore dans aucun musée. Le deuxième texte, publié en 2004, est un extrait de la fin de la pièce de théâtre, *Musée haut, musée bas,* du metteur en scène Jean-Michel Ribes. Il montre avec dérision le combat qui oppose nature et culture. La scène donne à voir une sorte d'apocalypse de l'art dans tous les grands musées du monde. D'une autre façon, le polémiste Jean Clair, à travers un passage de *L'hiver de la culture* (2011), donne à lire une diatribe faisant la critique des musées d'aujourd'hui, de leur politique, de leurs choix esthétiques, de leur architecture et même de la démocratisation des publics, de plus en plus populaires, qui viennent regarder des œuvres profanées en les profanant eux-mêmes. Enfin, le dernier texte du corpus, le plus récent, de Dominique de Font-Réaulx, conservatrice en chef du musée du Louvre, a pour titre « De l'émerveillement au musée », pages tirées de *Mythes fondateurs, d'Hercule à Dark Vador* (2015). Cet écrit est en relation avec une exposition à la Petite Galerie du Louvre, destinée à faire connaître les mythes fondateurs antiques et modernes, notamment à de jeunes publics. L'ensemble de ces pages défend des idées complémentaires ou contrastées sur l'institution muséale, de telle sorte que l'on peut se demander quels regards les auteurs de ce corpus portent sur les musées.

Nous montrerons d'abord l'idée que le bâtiment du musée lui-même est un écrin pour les œuvres : les œuvres sont censées être mises en valeur par l'endroit où elles figurent et par les autres œuvres qu'elles côtoient... Dans une deuxième partie, nous verrons que cet écrin est destiné à attirer un vaste public, informé ou favorisé, mais que les musées sont de plus en plus ouverts à des tranches de population moins favorisées ; or les publics, quels qu'ils soient, ont des relations contrastées envers ce qui est donné à admirer, des réactions pouvant aller de l'incompréhension à l'émerveillement : il apparaît, que les musées sont des catalyseurs des cultures du monde, en même temps que des lieux symboliques et parfois non dénués d'exclusion.

Le cadre où les œuvres sont exposées est comme l'écrin pour un bijou, mais comme l'écrin recèle quantité d'œuvres d'art, leur mise en lumière n'est pas sans être problématique. La description de Zola souligne par antithèse le contraste entre la sobriété de l'escalier permettant d'accéder au premier étage de la galerie française et le faste des étages où les dorures sont présentes dans l'habit rouge de chaque huissier mais aussi au niveau du cadre doré des tableaux. Ce faste des anciennes salles de bal ou des appartements d'Anne d'Autriche est digne d'un palais Royal, souligne Dominique de Font-Réaulx. Cette sobriété de l'escalier dans *L'Assommoir* est assimilée à une « nudité sévère ». Le musée est marqué par de vastes dimensions, comme celle de la longue galerie menant aux écoles italiennes et flamandes chez Zola... Aujourd'hui le musée du Louvre, précise le chapitre « De l'émerveillement au musée » de la conservatrice en chef D. de Font-Réaulx, s'étend sur plus de 75 000 m^2, ce qui en fait le plus grand musée du monde par son étendue. Mais sa destination première qui était le Palais des Rois de France, repensé en musée d'État en 1792 par Napoléon III, lui a conservé une complexité labyrinthique de demeure royale dont les ailes donnent à voir des œuvres qui obligent les visiteurs à des retours en arrière... et à voir cohabiter des œuvres dans une succession difficile à appréhender et parfois sans lien. La scène allégorique de Jean-Michel Ribes, à la fin de Musée haut, musée bas, souligne comme les musées écrins, constructions artificielles protégeant les visiteurs du naturel, sont peu à peu cernés par les espaces verts.

Jean Clair s'attaque de façon très explicite à l'architecture moderne tape-à-l'œil des musées : « Les musées ne ressemblent plus à rien » et le Centre Pompidou de Metz se voit comparé de façon dépréciative et prosaïque à un restaurant « Buffalo Grill qu'on voit le long des autoroutes », à un chapeau chinois ou à la maison des Schtroumpfs, rien de noble ni d'élégant, au contraire, il s'agit plutôt d'une forme kitsch, fade, aux influences architecturales contestables. Les architectes du monde entier sont embarrassés quand il s'agit de construire un musée tant on a perdu de vue à quoi ils servent. Ce sont pour lui, des bâtiments modernes sans attrait, et « les parquets sonores » du musée du Louvre au temps du Second Empire que Zola dépeint a laissé place à des matériaux nourrissant à la fois l'art et le musée lui-même, selon J.-M. Ribes : le béton, le plastique, la résine... Les vieux musées évoluent et le Louvre dédie désormais les nouvelles salles de la Petite Galerie à l'éducation artistique, comme l'explique Dominique de Font-Réaulx.

Un des reproches principaux qui est adressé aux musées dans ces textes est leur caractère hétéroclite : Gervaise dans L'Assommoir passe avec ses invités dans la galerie des peintres français aux innombrables tableaux représentant à leur yeux une valeur colossale, puis ils traversent la galerie des écoles italiennes et flamandes ; cet amoncellement de tableaux finit par donner un effet de saturation physique à l'ensemble des invités de la noce. Jean Clair évoque à ce titre « l'absurdité des tableaux alignés par époques ou par lieux, les uns contre les autres ». Le texte de Jean-Michel Ribes se plaît aussi à énumérer et accumuler d'une réplique à l'autre les courants artistiques et les antonomases (des Chardins, des Fantin-Latour », « Les Dürer », « un Picabia », « les Pollock, les Tinguely, les Calder, les Beuys, les Koons, les Graoustes, les Cortot, les Tapiès, les Alechinsky ») désignant les œuvres des peintres présents dans les musées, d'époques très anciennes aux plus récentes, et les noms des grands musées internationaux (Le Louvre, la Tate Gallery, le Prado, le Guggenheim, les Offices, la pinacothèque de Munich) où les œuvres sont rassemblées ou au contraire disséminées. Dominique de Font-Réaulx y voit plutôt une entreprise louable d'encyclopédie artistique dont les murs seraient l'équivalent d'une entrée dans un ouvrage documentaire qui parcourrait l'intégralité du monde artistique. Ainsi, le Louvre recueille des milliers d'œuvres.

Néanmoins, en voulant donner à voir à travers le monde des œuvres à l'origine souvent religieuses et sacrées, les musées les profanent, regrette Jean Clair, d'abord parce qu'ils sont arrachés à leur peuple et à leur terre d'origine, mais aussi parce que leur valeur religieuse est perdue de vue et n'est plus ressentie, les statues de dieux ni celles de saints ni même les Christs en croix ne reçoivent plus de prières à partir du moment où elles sont exposées dans les musées.

Les réactions du public venant regarder les œuvres sont parfois en décalage avec les conceptions des conservateurs des musées ou celles des spécialistes des arts. Ainsi pour la conservatrice en chef du Musée du Louvre, Dominique de Font-Réaulx, le musée a pour fonction de susciter un émerveillement, du plaisir, de l'étonnement, une « délectation esthétique ». Jean-Michel Ribes décrit le combat, un peu désespéré, de quelques passionnés pour sauver des vicissitudes du temps et de la nature des œuvres artistiques mises pourtant à l'abri dans les musées.

Le danger qui guette les œuvres d'art, c'est l'incompréhension du public populaire : passé le moment de la surprise des fastes du décor, le public, à l'image des invités de Gervaise et Coupeau, peuvent se sentir dépassés par l'abondance des œuvres qui les submerge, ce qui peut faire passer les visiteurs d'une attitude respectueuse, à une lassitude, voire « un ennui sans fin », selon Jean Clair, à une forme d'irrespect presque animale qui permet à Zola de comparer les visiteurs à « un troupeau débandé » ou, comble de l'irrespect selon Jean Clair, à des vandales ou des voleurs. La nature et les animaux ne respectent pas l'art, nous fait comprendre le texte de Jean-Michel Ribes. L'incompréhension des chefs d'œuvre de l'humanité vient aussi de la méconnaissance des mouvements historiques anciens qui méritent une véritable éducation, selon Dominique de Font-Réaulx, et une méconnaissance du religieux. L'histoire et la religion constituent deux éléments indissociables qui accompagnent la création d'une œuvre selon l'ouvrage *L'hiver de la culture* (2011). Les musées doivent donc remplir leur fonction d'éducation et de transmission pour Dominique de Font-Réaulx.

Le musée est par conséquent paradoxalement tout à la fois un catalyseur et un diffuseur des cultures du monde, en même temps qu'il les démembre en les déracinant et qu'il les désacralise. Il juxtapose, contraint par l'espace en dépit de la taille parfois gigantesque d'un musée comme celui du Louvre, des œuvres qui ne devraient pas nécessairement être proches. Mais pour Zola, il laisse entendre que les musées sont des lieux d'exclusion pour ceux qui s'y réfugient sans avoir la culture de comprendre les œuvres. Pourtant l'art parle de nous-mêmes et le tableau *Le Radeau de la Méduse* a une valeur prédictive : sans le savoir, Gervaise contemple, en état de recueillement (« Tous, saisis, immobiles, se taisaient »), l'annonce de son destin tragique : elle, si gourmande, mourra affamée, et personne ne la verra mourir sous le réduit de son escalier, son corps sera retrouvé par l'odeur de ses chairs pourrissantes... L'art peut générer un grand désenchantement, Jean Clair va même jusqu'à affirmer que personne à peu près ne sait plus lire les tableaux. Les musées sont devenus pour Jean Clair un simple divertissement depuis la vague de démocratisation dont ils font l'objet, mais le contre-pied de cela est que le musée ne permet plus de lire la fonction première des œuvres qu'ils exposent : leur religiosité très souvent constitue la raison pour laquelle ils ont été créés.

Les musées sont donc des espaces polémiques où les politiques nationales ont des effets de nuisance derrière les bonnes intentions de démocratisation, selon Jean Clair. À l'inverse, Dominique de Font-Réaulx défend l'idée d'une éducation à l'objet d'art dès l'école. Sans l'art, l'homme serait plongé dans une lutte contre la nature qui deviendrait envahissante, il perdrait ce qui fait sa civilisation et son histoire, nous dit en substance Jean-Michel Ribes.

L'art nous parle de nous-mêmes ou des autres hommes, de l'histoire de la civilisation, qu'elle soit religieuse, ou au contraire moderne et reposant sur la société de consommation. L'art n'est pas toujours magnificence, il est aussi banalité du quotidien et des produits de consommation pouvant être transcendés par un artiste tel que Jeff Koons, comme le rappelle indirectement monsieur Mosk... Le musée fait des choix d'exposition ou s'inscrit dans un cadre architectural pouvant prêter à polémique.

Connaissance de la langue (11 pts)

1. « La nudité sévère de l'escalier les rendit graves. » (texte 1)

a. Identifiez précisément la nature et la fonction des mots soulignés.

– *sévère* : adjectif qualificatif, épithète liée au nom « *nudité* ».

– *les* : pronom personnel, (« *les* » remplace l'ensemble des invités de la noce de Gervaise et Coupeau), complément d'objet direct du verbe « *rendre* ».

– *graves* : adjectif qualificatif, attribut du complément d'objet direct « *les* ».

b. Justifiez l'orthographe de « *nudité* ».

« *La nudité* » est un nom féminin se terminant par « *-té* ». « *Nudité* » obéit à la règle orthographique suivante : les noms féminins en *-té* ou *-tié* s'écrivent généralement *é* à la fin, sauf les noms exprimant le contenu d'une chose (« *la brouettée* » pour le contenu d'une brouette, « *la fourchetée* » pour le contenu d'une fourchette, etc.) et les six noms suivants : *la dictée, la portée, la jetée, la montée, la pâtée, la butée*...

2. Indiquez la nature de « *qu'* » dans les deux phrases ci-dessous (texte 1).

– « *Encore des tableaux, toujours des tableaux, des saints, des hommes et des femmes avec des figures* ***qu'****on ne comprenait pas* » : pronom relatif élidé (= « *que l'on ne comprenait pas* »). (« *que* » pronom relatif remplace « *des figures* »).

– « *Peu à peu, pourtant, le bruit avait dû se répandre* ***qu'****une noce visitait le Louvre* » : conjonction de subordination (cette conjonction ne remplace aucun mot mais introduit une proposition subordonnée conjonctive).

3. Lisez les phrases suivantes :

1. *Monsieur, des abeilles, des mouches, des papillons sont entrés au premier.*
2. *Le bruit avait dû se répandre qu'une noce visitait le Louvre.*
3. *Les chevalets y étaient installés.*
4. *Monsieur, toute la Haute-Égypte est couverte de champignons et d'algues.*
5. *Tout le xxe siècle s'est écroulé.*

a. Parmi les phrases ci-dessus, identifiez les verbes à la voix passive et donnez leur équivalent à la voix active.

Les sujets des verbes à la voix passive subissent l'action procès. L'action est alors prise en charge par un complément d'agent, exprimé ou sous-entendu. Quand il s'agit de faire une transposition de la voix passive à la voix active, le complément d'agent devient le sujet de la voix active. On enlève alors la préposition qui l'introduit. Le sujet du verbe à la voix passive devient le complément d'objet direct de la voix active. On veille à conserver le même temps lors de cette transposition. En identifiant le temps de l'auxiliaire conjugué à la voix passive, on identifie le temps à employer à la voix active.

Les phrases 3 et 4 sont à la voix passive : 3. « *Les chevalets y étaient installés* » ; 4. « *Monsieur, toute la Haute-Égypte est couverte de champignons et d'algues* ».

La phrase 3 marque un changement d'état par le participe passé « *installés* » qui normalement, à la voix active, serait conjugué à la voix active avec l'auxiliaire *avoir* : « *On y installait les chevaliers* ». Le complément d'agent n'étant pas exprimé dans la phrase de départ à la voix passive, on effectue la transposition avec un agent indéterminé rendu par le pronom indéfini « *on* ». Le verbe à la voix passive est à l'imparfait, on garde donc l'imparfait de la voix active « *installait* ».

La phrase 4 est une forme difficile à identifier en raison de la présence du participe passé « *couverte* » suivi du complément d'agent commençant par « *de* » : « *de champignons et d'algues* ». Ce complément d'agent de la voix passive devient le sujet de la voix active. Le verbe de la phrase de départ est au présent de l'indicatif de la voix active, on emploiera donc le présent de l'indicatif de la voix active à la 3e personne du singulier du verbe « couvrir ». On peut y voir une forme de passif dont la forme active serait : « *Monsieur, les champignons et les algues couvrent toute la Haute-Égypte.* »

La phrase 2 est une phrase problématique dont le verbe principal conjugué est une forme active « *avait dû* » (et non « *était dû* »), mais la phrase contient une forme verbale pronominale de sens passif à l'infinitif. Cette phrase peut être transposée à la voix active : « *On avait dû répandre le bruit qu'une noce visitait Le Louvre* ». Les grammairiens Arrivé, Gadet, Galmiche (1986 : 492) identifient ces formes comme des formes comparables au passif :

« Un certain nombre de formes peuvent être comparées au passif, dont elles ont certains traits :
– les formes pronominales dites "de sens passif" présentent certaines analogies avec le passif (*ce médicament doit se prendre à jeun ; un tel médicament, ça se prend à jeun*) : elles paraphrasent une forme active où le sujet du verbe pronominal apparaît en objet (*on doit prendre ce médicament à jeun*), et elles peuvent aussi être paraphrasées par un passif (*ce médicament doit être pris à jeun*). »
(*La Grammaire d'aujourd'hui*)

La forme passive pour cette phrase serait « *Le bruit s'était sans doute répandu qu'une noce visitait le Louvre* ». Le verbe « *avait dû* » a été rendu ici par le modalisateur « *sans doute* » ou « *probablement* ».

(NB : La phrase 1 est à la voix active et la 5 à la voix pronominale).

b. Identifiez la forme (mode, temps, personne, voix) de tous les verbes en précisant leur infinitif.

1. « *sont entrés* » : passé composé de l'indicatif, voix active, 3e personne du pluriel, verbe « entrer ».

2. « *avait dû* » : plus-que-parfait de l'indicatif, voix active, 3e personne du singulier, verbe « *devoir* », en emploi de semi-auxiliaire.

« *se répandre* » : infinitif présent, verbe « *se répandre* ».

« *visitait* » : imparfait de l'indicatif, voix active, 3e personne du singulier, verbe « *visiter* ».

3. « *étaient installés* » : imparfait de l'indicatif, voix passive, 3e personne du pluriel, verbe « *installer* ».

4. « *est couverte* » : présent de l'indicatif, voix passive, 3e personne du singulier, verbe « *couvrir* ».

5. « *s'est écroulé* » : passé composé de l'indicatif, voix pronominale, 3e personne du singulier, verbe « *s'écrouler* ».

4. Vous ferez l'analyse morphologique du mot « *civilisation* » (texte 3).

Le mot « *civilisation* » est formé par dérivation à partir du radical du verbe « *civiliser* » : *civilis-* suivi du suffixe nominal *-ation*.

Analyse de supports d'enseignement (13 pts)

1. Analysez les objectifs et les compétences formulés par l'enseignant pour cette séance.

Les objectifs sont formulés pour l'enseignant : « Aider les élèves » dans les deux cas. Ce ne sont pas des objectifs formulés pour les élèves qui devraient pour ce faire alors être reformulés. Si on enlève le début de la formulation des deux objectifs qui s'adressent à l'activité d'accompagnement du maître, la suite de la formulation « dépasser le sens premier et percevoir les indices du merveilleux » pourrait s'appliquer à l'activité des élèves, néanmoins la formulation est peu opératoire tant elle reste vague sur les modalités à mettre en œuvre. En effet, cet objectif ne serait pas mesurable pour les élèves qui manqueraient d'éléments concrets pour savoir comment faire pour dépasser le sens premier d'un texte quand il s'agirait d'appliquer cet objectif à un autre texte. Le second objectif, même si on le réduit à l'activité de l'élève en supprimant le début qui concerne également l'activité du maître, est lui-aussi non mesurable quant aux critères permettant de transposer ce savoir-faire à d'autres textes. Rien ne précise dans la fiche comment reconnaître ni comment décrire des œuvres visuelles. Il s'agit donc d'objectifs plus généraux que spécifiques. D'autre part, comment les élèves peuvent-ils tirer un savoir-faire transposable à partir d'un seul texte étudié ? Les programmes 2008 pour le cycle 3, en vigueur au moment de ce concours 2016, présentent les activités de lecture en littérature comme devant favoriser la comparaison des textes : « Les élèves rendent compte de leur lecture, expriment leurs réactions ou leurs points de vue et échangent entre eux sur ces sujets, mettent en relation des textes entre eux (auteurs, thèmes, sentiments exprimés, personnages, évènements, situation spatiale ou temporelle, tonalité comique ou tragique...). Les interprétations diverses sont toujours rapportées aux éléments du texte qui les autorisent ou, au contraire, les rendent impossibles. » (*BO* hors-série n° 3, 2008, page 21). Il est donc en effet important de faire justifier par des justifications d'extraits du texte étudié en quoi une réponse est recevable ou incertaine, voire erronée. C'est une compétence de lecture que les élèves maîtrisent le moins bien à l'entrée en 6e, toutefois la modalité de mise en œuvre qui se limite à un questionnaire ne permet pas d'optimiser ces objectifs et d'atteindre les meilleures stratégies d'apprentissage pour y parvenir, comme on le verra à la question 2. Quant à l'objectif d'« exprimer ses réactions », il apparaît bien dans les programmes, conformément aux théories de la réception et du sujet-lecteur qui affirment l'importance d'accorder toute sa place à la subjectivité du lecteur et à la variété des interprétations possibles pour un texte, mais également la nécessité de faire formuler l'horizon d'attente et le ressenti émotionnel qu'un texte peut susciter... encore faut-il que les élèves aient été accoutumés à employer un vocabulaire spécifique pour exprimer leurs réactions... Or dans cette fiche de préparation, nous n'avons aucune indication sur les pré-requis ou pré-acquis des élèves laissant penser qu'ils peuvent atteindre avec plus ou moins de facilité ces objectifs. Les moyens ou les outils pour parvenir aux compétences visées restent donc particulièrement flous.

2. Quelles remarques pouvez-vous faire sur la démarche pédagogique proposée ?

Amorcer une séance ou séquence de lecture littéraire par la découverte de la quatrième de couverture est une activité classique renvoyant à des usages sociaux. C'est exactement ce que l'on fait dans une librairie ou une bibliothèque avant de décider de prendre un livre pour entamer une lecture. La quatrième de couverture joue la fonction de texte d'accroche et vise à séduire le lecteur en suscitant un horizon d'attente que les élèves pourront préciser. Il s'agit d'une lecture magistrale, choix toujours pertinent dans une lecture découverte, dans la mesure où la qualité de la lecture joue pour beaucoup dans l'envie de lire de façon autonome par la suite. L'écoute est avant tout une écoute auditive puisque le maître demande aux élèves de fermer les yeux. Le maître demande donc aux élèves d'opérer une focalisation de leur gestion mentale reposant sur leurs perceptions auditives passant par la voix du maître. Le fait de fermer les yeux bloque les perceptions du canal visuel recevant le milieu qui est celui de la classe et va permettre, selon les travaux d'Antoine de la Garanderie, de plonger dans un visuel construit, de construire du visuel à partir de l'auditif perçu. Le maître soulage les élèves de l'effort de décodage par sa lecture magistrale afin qu'ils soient moins dans la réflexion consciente, analytique des lettres et des mots du texte, et plus dans la perception et l'émotion du texte dans sa globalité, le ressenti d'une situation, d'un univers. Pour construire un imaginaire personnel, le maître choisit de laisser les élèves libres de construire leur propre représentation de ce qui est écrit sans imposer les images de l'album qui imposent de fait une réalité, celle de l'artiste qui donne à voir le fruit de son propre imaginaire. La lecture est donc mentalement participative, comme un rêve dirigé par la voix du maître. Ce parti pris peut en effet surprendre car il va à l'encontre de la nature du genre étudié, l'album, qui implique un rapport déterminé entre le texte et l'image : soit un rapport de complémentarité, de disjonction ou de redondance, le tout dans une esthétique particulière d'illustration.

Le choix pédagogique de faire répondre à trois questions, l'une sur le lieu où se déroule l'histoire (*où se retrouve le petit garçon ?*), l'autre sur le thème (*pourquoi le texte parle-t-il de tableaux ?*), et la troisième sur ce qui se passe et la conformité de cet événement avec la réalité (*selon vous, comment le petit garçon réussit-il à faire une tache sur son petit carnet ?*), à partir d'un questionnaire ne favorise pas le socioconstructivisme. Les élèves sont cantonnés dans une recherche individuelle d'analyse de la mémorisation du texte entendu, confortée ou pas comme le descriptif le laisse deviner (« sans que les élèves aient le texte ») par la relecture rendue possible par « la fiche photocopiée à compléter ». Si les élèves n'ont de fait à aucun moment le texte devant les yeux, cela ne permet pas d'atteindre l'objectif « Prélever des éléments de réponse dans un texte »... La correction collective au tableau ne semble pas laisser la place au débat entre les élèves. La formulation de l'activité sur la fiche laisse craindre plutôt une recherche rapide de réponses à valider sans véritable exploitation des erreurs : « Le maître écrit les réponses au tableau et les élèves les recopient dans leur classeur. » Le mot « débat », activité qui aurait été possible pour la troisième question, est totalement absent de ce dispositif tel qu'il est décrit. Toutefois, le fait que les élèves n'aient pas accès au texte/image peut favoriser leur réception du ressenti (objectif annoncé).

L'activité de prolongement « travail interdisciplinaire en lien avec les arts visuels » est particulièrement floue, aucune consigne ni technique n'apparaît. On ne sait pas en quoi cette activité va permettre de mieux comprendre le texte merveilleux choisi, comme le questionnaire ne permet pas explicitement de problématiser la notion de merveilleux. La visée générique de la troisième question restera très certainement invisible aux élèves les plus en difficulté ou les moins lecteurs.

Enfin, les réponses attendues dans le corrigé de l'enseignant ne permettent pas d'accéder au sens symbolique de l'album. Le pouvoir de l'imaginaire et son lien avec la créativité n'est pas problématisé et n'apparaît pas dans ce qui serait l'esquisse d'une institutionnalisation permettant de penser que les élèves ont dépassé le sens premier. Le descriptif de la séance ne permet pas de donner une méthode à l'élève pour « exprimer ses réactions ». Certains, ayant déjà le vocabulaire, sauront peut-être le faire, les autres non, en cela ce dispositif ne diminue pas les inégalités au sein de l'école.

3. En prenant appui sur l'extrait, quelles autres modalités d'exploitation du texte pourriez-vous envisager ?

Pour aborder un texte en littérature, s'assurer de sa compréhension de façon individualisée, plusieurs dispositifs, plus interactifs et socioconstructivistes sont possibles en alternative à l'approche par questionnaire qui cantonne l'élève dans une relation solitaire au texte ou à un dialogue avec le maître au moment de la correction.

Le début de la séance 4 commence par une lecture à voix haute, une fiche est distribuée avec trois questions, sur le lieu, le thème et l'action du héros. Les questions sont imposées par le maître et ne correspondent pas nécessairement aux réelles limites de compréhension ou d'interprétation des élèves.

On pourrait préférer une démarche d'Atelier de Questionnement de Texte (A. Bentolila et J. Mesnager). Ce dispositif conduit à travailler par ateliers tournants autour d'un texte. Les élèves sont en groupes de sept à huit élèves maximum. Le texte est lu par le maître à voix haute (cinq minutes), comme cela est mis en œuvre dans le descriptif de séquence, les élèves peuvent ensuite lire le texte par eux-mêmes sur un temps chronométré limité de cinq minutes. Le temps de lecture est annoncé aux élèves et le maître leur demande de mémoriser le maximum de détails importants ou moins importants.

Dans un deuxième temps, le maître anime un débat où les élèves traitent du contenu du texte qu'ils n'ont plus sous les yeux, tentent d'établir un résumé par la mémorisation de ce qu'ils ont entendu et lu silencieusement, sur un quart d'heure. Les échanges sont d'abord informels et les questions larges et ouvertes : « qu'est-ce que le texte nous apprend ? », « de quoi êtes-vous sûrs à propos de ce texte ? ». Les élèves veilleront à mettre en avant les lieux où se déroule l'histoire, ici le musée et le thème : l'art, l'imaginaire, les tableaux et leur rapport au réel. Le maître demande en fonction des réponses proposées à l'ensemble du groupe si les réponses ou les affirmations sont partagées par tous ou mises en doute. Les points obscurs sont mis en avant pour guider la relecture qui suit et « prélever les informations permettant de lever les doutes » pendant encore quinze minutes. Cette seconde lecture visera aussi à aller plus loin que la simple compréhension pour amorcer l'interprétation. C'est au cours de cette deuxième lecture et de la mise en commun qui s'en suit qu'une question comme « selon vous, comment le petit garçon réussit-il à faire une tache sur son petit carnet ? » peut alors être posée et prendre la forme d'une multiplicité de réponses qui pourront être interrogées sur leur caractère d'acceptabilité par rapport au réel ou leur lien avec la plongée dans un monde merveilleux. Comme il convient que les élèves écrivent, le maître demande à la fin de la séance d'écrire un bilan individuel de ce qu'ils ont compris en justifiant leur réponse par des éléments du texte (dix minutes). Ainsi tous les objectifs visés pourront être menés à terme avec un réel accompagnement alternant avec des phases de socioconstructivisme. L'approche de la littérature en sera plus vivante et l'écriture aura aussi la place nécessaire qu'elle doit avoir.

4. Le travail interdisciplinaire proposé vous paraît-il pertinent ? Quels prolongements proposeriez-vous ?

Faute d'éléments suffisamment précis, il est impossible de savoir comment le projet de travail interdisciplinaire en lien avec les arts visuels a permis d'atteindre les objectifs énoncés dans cette séance et en quoi un tel projet pourrait être un prolongement des compétences travaillées dans cette séance : percevoir les indices du merveilleux, reconnaître et décrire des œuvres visuelles, exprimer ses réactions. Des passerelles sont possibles au niveau de ces compétences avec l'histoire des arts comme peuvent nous y inviter les programmes : « Les pratiques artistiques individuelles ou collectives développent le sens esthétique, elles favorisent l'expression, la création réfléchie, la maîtrise du geste et l'acquisition de méthodes de travail et de techniques. Elles sont éclairées, dans le cadre de l'histoire des arts, par une rencontre sensible et raisonnée avec des œuvres considérées dans un cadre chronologique. » (*BO* hors-série n° 3 du 19 juin 2008, p. 24).

Des projets d'écriture sont possibles consistant à produire et illustrer des albums en prolongement de cet ouvrage *Un bleu si bleu*. Le projet pourrait devenir *Un rouge si rouge*, ou *Un Vert si Vert*. *Un Noir si Noir*. En arts visuels, pour cette dernière proposition, des passerelles sont possibles avec des tableaux de Soulages. Un tel projet pourrait permettre de rechercher des œuvres picturales où la couleur du titre domine ou est particulièrement bien mise en valeur et de s'en servir à l'écriture du texte. Les élèves seraient ainsi invités à s'approprier par l'écriture le milieu du musée imaginaire, des œuvres qui pourraient y être exposées, la construction du personnage enfantin qui atteint son rêve par l'art. Le genre du merveilleux serait donc travaillé en prolongement par l'écriture et par la recherche d'œuvres en Histoire des arts qui ont la couleur évoquée dans le titre. Le texte permettrait aussi de dire les sentiments du narrateur sur les différentes œuvres qui seraient à même d'alimenter le pinceau du petit garçon. L'album *Petit musée* d'Alain Le Saulx et Grégoire Solotareff peut aider à cette recherche d'œuvres. Le prolongement serait ainsi en lien direct avec les trois questions présentes dans le questionnaire : celle sur le lieu du musée, le fait de parler de tableaux et sur le lien entre réel et merveilleux par l'art.

SUJET N° 6

Sujet de la session 2016 du groupement académique 3 : académies de Guadeloupe, Guyane, Martinique.

Sujet

Première partie : question relative aux textes proposés

Quelles conceptions les auteurs de ce corpus se font-ils du bonheur ?

Texte 1 : ALAIN, *Propos sur le bonheur*, « L'art d'être heureux » (1910), Gallimard, Bibliothèque de la Pléiade, 1956, pp. 83-85

8 septembre 1910.

On devrait bien enseigner aux enfants l'art d'être heureux. Non pas l'art d'être heureux quand le malheur vous tombe sur la tête ; je laisse cela aux Stoïciens ; mais l'art d'être heureux quand les circonstances sont passables et que toute l'amertume de la vie se réduit à de petits ennuis et à de petits malaises.

La première règle serait de ne jamais parler aux autres de ses propres malheurs, présents ou passés. On devrait tenir pour une impolitesse de décrire aux autres un mal de tête, une nausée, une aigreur, une colique, quand même ce serait en termes choisis. De même pour les injustices et pour les mécomptes. Il faudrait expliquer aux enfants et aux jeunes gens, aux hommes aussi, quelque chose qu'ils oublient trop, il me semble, c'est que les plaintes sur soi ne peuvent qu'attrister les autres, c'est-à-dire en fin de compte leur déplaire, même s'ils cherchent de telles confidences, même s'ils semblent se plaire à consoler. Car la tristesse est comme un poison ; on peut l'aimer, mais non s'en trouver bien ; et c'est toujours le plus profond sentiment qui a raison à la fin. Chacun cherche à vivre, et non à mourir ; et cherche ceux qui vivent, j'entends ceux qui se disent contents, qui se montrent contents. Quelle chose merveilleuse serait la société des hommes, si chacun mettait de son bois au feu, au lieu de pleurnicher sur des cendres !

Dans cet art d'être heureux, auquel je pense, je mettrais aussi d'utiles conseils sur le bon usage du mauvais temps. Au moment où j'écris, la pluie tombe ; les tuiles sonnent ; mille petites rigoles bavardent ; l'air est lavé et comme filtré ; les nuées ressemblent à des haillons magnifiques. Il faut apprendre à saisir ces beautés-là. Mais, dit l'un, « la pluie gâte les moissons ». Et l'autre : « la boue salit tout. » Et un troisième : « il est si bon de s'asseoir dans l'herbe ». C'est entendu, on le sait ; vos plaintes n'y retranchent rien, et je reçois une pluie de plaintes qui me poursuit dans la maison. Eh bien, c'est surtout en temps de pluie que l'on veut des visages gais. Donc, bonne figure à mauvais temps.

Texte 2 : André GIDE, *Les Nouvelles nourritures* (1936), Gallimard, « Folio », 1972, pp. 177 et 194-195

Du jour où je parvins à me persuader que je n'avais pas besoin d'être heureux, commença d'habiter en moi le bonheur ; oui, du jour où je me persuadai que je n'avais besoin de rien pour être heureux. Il semblait, après avoir donné le coup de pioche à l'égoïsme, que j'avais fait jaillir aussitôt de mon cœur une telle abondance de joie que j'en pusse abreuver tous les autres.

Je compris que le meilleur enseignement est d'exemple. J'assumai mon bonheur comme une vocation. [...]

Il y a sur terre de telles immensités de misère, de détresse, de gêne et d'horreur, que l'homme heureux n'y peut songer sans prendre honte de son bonheur. Et pourtant ne peut rien pour le bonheur d'autrui celui qui ne sait être heureux lui-même. Je sens en moi l'impérieuse obligation d'être heureux. Mais tout bonheur me paraît haïssable qui ne s'obtient qu'aux dépens d'autrui et par des possessions dont on le prive. [...]

Je préfère le repas d'auberge à la table la mieux servie, le jardin public au plus beau parc enclos de murs, le livre que je ne crains pas d'emmener en promenade à l'édition la plus rare, et, si je devais être seul à pouvoir contempler une œuvre d'art, plus elle serait belle et plus l'emporterait sur la joie ma tristesse. Mon bonheur est d'augmenter celui des autres. J'ai besoin du bonheur de tous pour être heureux.

Texte 3 : Albert CAMUS, *Noces*, « Noces à Tipasa » (1938), Gallimard, Bibliothèque de la Pléiade, 2006, pp. 105-106

Nous arrivons par le village, qui s'ouvre déjà sur la baie. Nous entrons dans un monde jaune et bleu où nous accueille le soupir odorant et âcre de la terre d'été en Algérie. Nous marchons à la rencontre de l'amour et du désir. Nous ne cherchons pas de leçons, ni l'amère philosophie qu'on demande à la grandeur. Hors du soleil, des baisers et des parfums sauvages, tout nous paraît futile. Pour moi, je ne cherche pas à y être seul. J'y suis souvent allé avec ceux que j'aimais et je lisais sur leurs traits le clair sourire qu'y prenait le visage de l'amour. Ici, je laisse à d'autres l'ordre et la mesure. C'est le grand libertinage de la nature et de la mer qui m'accapare tout entier. La brise est fraîche et le ciel bleu. J'aime cette vie avec abandon et veux en parler avec liberté : elle me donne l'orgueil de ma condition d'homme. Pourtant, on me l'a souvent dit : il n'y a pas de quoi être fier. Si, il y a de quoi : ce soleil, cette mer, mon cœur bondissant de jeunesse, mon corps au goût de sel et l'immense décor où la tendresse et la gloire se rencontrent dans le jaune et le bleu. C'est à conquérir cela qu'il me faut appliquer ma force et mes ressources. Tout ici me laisse intact, je n'abandonne rien de moi-même, je ne revêts aucun masque : il me suffit d'apprendre patiemment la difficile science de vivre qui vaut bien tout leur savoir vivre. Vers le soir, je regagnais une partie du parc plus ordonnée, arrangée en jardin, au bord de la route nationale. Au sortir du tumulte des parfums et du soleil, dans l'air maintenant rafraîchi par le soir, l'esprit s'y calmait, le corps détendu goûtait le silence intérieur qui naît de l'amour satisfait. Je m'étais assis sur un banc. Je regardais la campagne s'arrondir, avec le jour. J'étais repu. Au-dessus de moi, un grenadier laissait pendre les boutons de ses fleurs, clos et côtelés comme de petits poings fermés qui contiendraient tout l'espoir du printemps. Il y avait du romarin derrière moi et j'en percevais seulement le parfum d'alcool. Des collines s'encadraient entre les arbres et, plus loin encore, un liséré de mer au-dessus duquel le ciel, comme une voile en panne, reposait de toute sa tendresse. J'avais au cœur une joie étrange, celle-là même qui naît d'une conscience tranquille. Il y a un sentiment que connaissent les acteurs lorsqu'ils ont conscience d'avoir bien rempli leur rôle, c'est-à-dire, au sens le plus précis, d'avoir fait coïncider leurs gestes et ceux du personnage idéal qu'ils incarnent, d'être entrés en quelque sorte dans un dessin fait à l'avance et qu'ils ont d'un coup fait vivre et battre avec leur propre cœur. C'était précisément cela que je ressentais : j'avais bien joué mon rôle. J'avais fait mon métier d'homme et d'avoir connu la joie tout un long jour ne me semblait pas une réussite exceptionnelle, mais l'accomplissement ému d'une condition qui, en certaines circonstances, nous fait un devoir d'être heureux.

Texte 4 : Henri PENA-RUIZ, *Bonheur, les chemins d'une vie sereine* (2004), Flammarion, J'ai lu, 2004, pp. 26-27

L'enfance du regard

L'enfance est un certain regard. Elle ne peut ni ne doit quitter les hommes, mais les épreuves traversées semblent parfois l'ensevelir. Il faut donc la dire, et la redire, pour qu'au moins les mots lui redonnent vie, et régénèrent la conscience meurtrie.

Dans l'enfance rêveuse, le pouvoir de dépasser les limites du moment présent, voire la détresse immédiate, se révèle sans ombre. Rêver les yeux ouverts, s'étonner de ce que les choses soient comme elles sont, c'est se préparer à accueillir le meilleur de la vie. Rester curieux, la capacité de bonheur s'enracine dans cette curiosité, dont Aristote disait qu'elle est la disposition philosophique par excellence. Il suffit de voir un enfant découvrir la corolle d'une fleur, la prendre entre ses doigts, se faire presque pensif devant elle, pour se souvenir que toute chose peut être offrande, donner du plaisir, susciter l'intérêt. Le bonheur prendra source dans cette disposition à saisir la richesse du réel, qui congédie l'ennui, même dans la solitude subie. Une sorte de patience de vivre se forme dans la patience devant les choses, devant les êtres, que l'on remarque alors comme si leur réalité était unique. La lenteur du regard qui s'imprègne de l'objet en redessine sans cesse les contours. Et de proche en proche, c'est le monde entier qui est ainsi découvert, redécouvert, à la façon d'un spectacle. L'enfant joue. Et le jeu n'enrôle pas : il laisse toute chose à elle-même. Il la touche, non pour la prendre, mais pour se rendre familier son mystère.

Savoir jouer, au-delà de l'âge de l'enfance, c'est se rappeler la qualité d'un certain rapport au monde. Le désir lui-même, dans le jeu, ne peut chercher à s'emparer des choses. Il en jouit, sans en user. Il se survit ainsi à lui-même, indéfiniment, dans une retenue qui est aussi adhésion spontanée. Plaisir sans mélange. Posséder ou consommer n'est que la forme inférieure de la vie humaine. Dans la contemplation d'un tableau, dans l'extase muette devant un paysage, c'est une certaine expérience de la jouissance libre qui s'accomplit. N'est-ce pas s'asservir que de faire dépendre son contentement de la possession des choses extérieures ? Il faut dès lors apprendre à regarder les choses par ce qui en elles se prête le mieux à nos attentes, et les considérer comme des présents inespérés. Avec la vigilance qui déjoue l'illusion : ces choses ne nous sont pas destinées, elles ne nous servent pas, mais s'offrent simplement à nous par la netteté de leurs formes, l'harmonie de leurs couleurs et de leurs contours, l'évidence de leur présence sensible. Savoir les contempler, sans plus, c'est se rendre libre et cultiver sa liberté. C'est aussi prendre à témoin la beauté du monde, afin de résister plus tard à tout ce qui voudra la détruire. Beaucoup de résistants à la barbarie avaient en eux quelque chose du poète. À hauteur d'homme, l'enfance du regard prépare les combats de justice.

Deuxième partie : connaissance de la langue

1. Vous distinguerez dans cet extrait du texte 2 les propositions que comporte cette phrase et vous donnerez leur nature et leur fonction le cas échéant.

« Je préfère le repas d'auberge à la table la mieux servie, le jardin public au plus beau parc enclos de murs, le livre que je ne crains pas d'emmener en promenade à l'édition la plus rare, et, si je devais être seul à pouvoir contempler une œuvre d'art, plus elle serait belle et plus l'emporterait sur la joie ma tristesse. »

2. Vous relèverez et rectifierez les impropriétés lexicales dans les phrases suivantes. Vous donnerez le sens des mots erronés.

a) Il est entré dans la banque par infraction.

b) Les gradations du thermomètre ont été effacées.

c) Le chat a bu tout son lait et il ne mourra pas d'inanité.

d) Le parc est sillonné d'allées ombrageuses.

3. Dans les phrases suivantes, mettez les verbes écrits entre parenthèses au temps et au mode qui s'imposent. Justifiez votre choix.

a) Je doute qu'il (être) le bienvenu.

b) Il faut que tu (croire) à ton destin.

c) Après que tu (partir), j'irai manger.

d) Avant que tu (aller) à la plage, tu mettras de la crème solaire.

4. Vous transcrirez en alphabet phonétique international la phrase suivante :

« Je sens en moi l'impérieuse obligation d'être heureux. »

Troisième partie : analyse de supports d'enseignement

Deux documents sont à prendre en compte pour répondre aux questions :
Document 1 : fiche de travail proposée à une classe de CM2, lors d'une séance de lecture/langage/écriture portant sur les thèmes du bonheur, du besoin et du désir. Chaque élève devra remplir cette fiche avant et après le débat.
Document 2 : transcription des échanges qui se sont déroulés dans la classe. Les élèves locuteurs sont désignés par leur prénom.

Questions :

1) Quelles compétences sont mobilisées dans cette activité ? Justifiez votre réponse par des références précises à la situation de classe et au dialogue.

2) Les consignes données, oralement et par écrit, ainsi que les questions posées par l'enseignante vous semblent-elles adaptées à l'âge des élèves ? Donnez quelques exemples venant illustrer votre réponse.

3) Analysez les différents rôles de l'enseignante.

4) Relevez trois ou quatre traits d'oralité dans les paroles de l'enseignante ou des élèves, durant ces échanges.

5) Quelles idées émergent de ce débat ? Vous paraissent-elles correspondre aux intentions de l'enseignante ?

Document 1

EXTRAIT

Malheur à qui n'a plus rien à désirer ! Il perd pour ainsi dire tout ce qu'il possède. On jouit moins de ce que l'on obtient que de ce que l'on espère, et l'on n'est heureux qu'avant d'être heureux.

Jean-Jacques Rousseau, *Julie ou la Nouvelle Héloïse*, 1761

.../...

…/…

Avant le débat :

Lis le texte et souligne ce que tu ne comprends pas.

Et toi, t'est-il déjà arrivé d'obtenir quelque chose dont tu avais très envie et finalement d'être moins heureux après qu'avant ? Explique.

Après le débat

Après ce que l'on a dit durant le débat, penses-tu que l'on est forcément heureux quand on a tout ce que l'on désire ?

D'après ce que tu as entendu, avec qui n'étais-tu pas d'accord dans le débat ? Pourquoi ?

Document 2

1. Enseignante : ***Aujourd'hui, nous allons fonctionner d'une manière un peu différente. Je vais vous distribuer une feuille et nous allons nous intéresser, dans un premier temps, uniquement au texte.***

a. Distribution de la fiche.

2. Enseignante : ***Nous allons commencer par lire le texte.***

b. Lecture du texte.

3. Enseignante : ***Ne vous inquiétez pas si vous ne comprenez pas entièrement le texte. Vous allez prendre un stylo de couleur et souligner ce que vous ne comprenez pas (première question). Et ensuite, vous répondrez à la petite question : « Et toi, t'est-il déjà arrivé d'obtenir quelque chose dont tu avais très envie et finalement d'être moins heureux après qu'avant ? » Si oui, vous mettrez votre exemple sur les lignes en pointillés…***

4. Ibtissem : Et si ça fait longtemps notre exemple ?

5. Enseignante : ***C'est pas grave du tout si votre exemple remonte à longtemps.***

6. Enseignante : ***Alors, est-ce que quelqu'un peut me dire qui est l'auteur du texte ? On va revenir un peu sur ce texte.***

7. Sofia : Jean-Jacques Rousseau.

8. Enseignante : ***Pour pouvoir comprendre un peu mieux le texte, pour pouvoir discuter sur ce que dit Jean-Jacques Rousseau, il va falloir expliquer un peu le texte. On va donc s'arrêter un petit peu sur le texte et vous allez me dire ce que vous n'avez pas compris.***

9. Amélyne : « Et on est heureux qu'avant d'être heureux »

10. Enseignante : ***Est-ce que cette phrase a posé problème à d'autres parmi vous ?***

11. Les enfants : Oui !

12. Enseignante : ***Et est-ce qu'au contraire, d'autres ont compris cette phrase ?***

13. Karima : Oui, moi, j'ai compris… avant, quand on voulait une chose, on était heureux et quand on l'a eue, on n'était plus heureux.

14. Enseignante : ***On revient donc en fait un peu à la question à laquelle vous venez de répondre, « Et toi, t'est-il déjà arrivé d'obtenir quelque chose dont tu avais très envie et finalement, d'être moins heureux après qu'avant ? Explique ». Est-ce que quelqu'un veut nous lire l'exemple qu'il a écrit ?***

15. Charles : Moi, je voulais la playstation et pis ben, quand je l'ai eue, au bout d'une semaine, elle m'ennuyait.

16. Maxime : Moi, je voulais des rollers et en fait, je m'en suis jamais servi !

17. Enseignante : ***D'accord, on va s'arrêter là pour les exemples… Est-ce que vous pourriez me dire ce que vous ressentiez avant d'obtenir cette chose ? Lorsque vous ne l'aviez pas encore…***

18. Karima : On est pressé.

19. Dylan : On est impatient.

20. Enseignante : ***D'accord… on est impatient. Alors maintenant, est-ce que vous comprenez mieux le petit morceau de phrase, « Et on est heureux qu'avant d'être heureux » ?***

21. Dylan : Moi, il y a autre chose que je n'ai pas compris : « Il perd pour ainsi dire tout ce qu'il possède ».

22. Enseignante : ***Est-ce que quelqu'un a compris ce que ça pourrait vouloir dire ?***

23. Aminé : Ça veut dire qu'avant, il avait quelque chose et que maintenant, il a plus rien !

24. Enseignante : ***Regardez le texte. Avec quoi va cette phrase ?... Avec la phrase qui est juste avant : « Malheur à qui n'a plus rien à désirer ». Les deux phrases se comprennent ensemble.***

25. Cassandra : C'est si quelqu'un il a tout ce qu'il veut, après, il veut plus rien et après, il est malheureux.

26. Enseignante : ***Oui, vous avez compris l'idée. Rousseau nous dit que si quelqu'un désire des choses et qu'il les a toujours, un jour ou l'autre, il finira par tout avoir et donc il n'aura plus envie de rien, il n'aura plus rien à désirer.***

27. Aminé : Moi je ne comprends pas quand il dit « on jouit moins de ce que l'on a que de ce qu'on espère ».

28. Enseignante : ***Quelqu'un a-t-il compris ce passage ?***

29. Émeline : Ben ça veut dire qu'on est plus heureux quand on attend la chose que quand on l'a… C'est de la même famille que joyeux, jouir, non ?

30. Enseignante : ***Oui… Donc si on résume un peu ce que nous dit Rousseau, il pense qu'on est plus heureux lorsqu'on espère, lorsqu'on attend une chose que lorsqu'on l'obtient. Maintenant, on va essayer de voir si nous, nous sommes d'accord avec cela… qu'en pensez-vous, vous ?***

31. Enseignante : ***Rousseau écrit « on est heureux qu'avant d'être heureux ». Vous croyez qu'il est fou quand il écrit cela ?***

32. Les enfants : Non !

33. Enseignante : ***Pourquoi ? Expliquez-moi si vous êtes d'accord avec Rousseau ou si au contraire, vous n'êtes pas d'accord avec lui.***

34. Cassandra : Ben nous, avec mon frère, on voulait un lapin et pis quand on l'a eu, on n'en voulait plus…

35. Aminé : Et moi, j'espérais trop que je serais pris dans l'équipe de basket, et quand j'ai été pris, j'étais trop content !

36. Enseignante : ***D'accord… Et lorsque tu voulais t'inscrire au basket, tout le temps où tu ne savais pas encore si tu allais être inscrit ou pas, est-ce que tu avais l'impression de perdre ton temps à attendre l'inscription, ou est-ce qu'au contraire, tu as appris quelque chose pendant ce temps-là ?***

37. Aminé : Ben non, je jouais dehors.

38. Enseignante : ***D'accord… mais est-ce que ça t'embêtait d'attendre d'être inscrit ?***

39. Aminé : Ben un peu, j'étais pressé de savoir.

40. Enseignante : ***Je vais vous demander ce que vous seriez prêts à faire pour obtenir une chose que vous désirez vraiment.***

41. Émeline : Tout, pour avoir un cheval !

42. Enseignante : *Est-ce que vous pensez que c'est de l'envie ou que c'est plus que de l'envie ? Quand on est prêt à tout faire...*

43. Cassandra : Ben c'est plus que de l'envie.

44. Enseignante : *C'est quoi alors ?*

45. Amélyne : Elle a hâte... Moi aussi je serais prête à tout faire pour avoir mon livre sur les chevaux !

46. Enseignante : *Même à faire le ménage chez la maîtresse jusqu'à la fin de l'année ?* (rires)

47. Enseignante : *D'accord, et si maintenant je te dis que ton livre sur les chevaux, je te le donne tout de suite, est-ce que tu serais heureuse ?*

48. Amélyne : Ben oui !

49. Enseignante : *Donc si je vous dis que dès que vous désirez quelque chose, je vous le donne tout de suite, vous seriez heureux ?*

50. Les enfants : Ah ouais, ça serait trop cool !

51. Dylan : Non, pas moi... parce que si on a tout, on va plus savoir avec quoi jouer !

On s'ennuie si on a tout ce qu'on veut !

52. Enseignante : *Les autres, vous êtes d'accord avec ça ?*

53. Les enfants : Ah non hein !

54. Amélyne : Ben si, parce que si on a tout... si un monsieur il gagne au loto, il va euh... acheter tout ce qu'il veut... tout, tout, tout et donc après il aura tout et donc il n'aura plus rien à acheter et donc il n'aura plus envie de rien !

55. Cassandra : Ben moi je suis pas d'accord parce que quand je voulais les cartes de Witch et que je les ai eues, ben j'étais super contente !

56. Dylan : Ben non, parce que si on a dix millions de jouets, on ne sait plus avec quoi jouer !

57. Cassandra : Eh si ! Justement, t'as toujours quelque chose d'autre pour jouer... on ne peut jamais s'ennuyer... on est heureux !

58. Enseignante : *Est-ce que vous pouvez me donner le nom qui correspond au fait d'être heureux ?*

59. Maxime : Le bonheur !

60. Enseignante : *Je vais vous demander, chacun pour soi, au dos de votre feuille de me dire ce que c'est pour vous le bonheur.*

61. Hakan : On met un exemple ?

62. Enseignante : *Non, pas forcément, vous me donnez votre définition à vous du bonheur. Après, on fera une petite liste au tableau.*

Les enfants remplissent également la partie de la fiche « après le débat ».

Corrigé

Question relative aux textes proposés (11 pts)

Quelles conceptions les auteurs de ce corpus se font-ils du bonheur ?

Chacun d'entre nous aspire au bonheur. Mais qu'est-ce que le bonheur ? Comment peut-on le définir et quelles en sont les conditions ?

Les quatre auteurs réunis dans ce corpus de textes apportent leurs témoignages et nous livrent leurs conceptions.

Alain, dans *Propos sur le bonheur*, « L'art d'être heureux », paru en 1910, insiste sur la nécessité pour l'homme de passer outre les petits malheurs de l'existence et de développer cette capacité au bonheur, condition d'une société meilleure. A. Gide, en 1936, dans *Les nouvelles nourritures*, montre que le bonheur est pour lui une « obligation » : pour rendre les autres heureux, il faut l'être soi-même et pour être heureux soi-même, il faut que les autres le soient. Ce « devoir d'être heureux » est aussi évoqué par A. Camus. Dans son extrait de *Noces*, « Noces à Tipasa », paru en 1938, le sentiment de bonheur qu'il éprouve naît de la communion qu'il ressent avec le monde qui l'entoure. Enfin, le dernier texte de ce corpus est aussi le plus récent. Il s'agit d'un ouvrage de H. Pena-Ruiz, *Bonheur, les chemins d'une vie sereine*, paru en 2004. On y retrouve l'idée que le bonheur se trouve dans la façon de regarder le monde et de s'en émerveiller, à la manière des enfants.

Dans un premier temps, nous verrons comment cultiver le bonheur et quelles sont pour ces auteurs les conditions pour être heureux. Puis, nous nous interrogerons sur la puissance de ce sentiment et tenterons de comprendre pourquoi il est important d'être heureux.

Tous les auteurs de ce corpus se rejoignent sur le fait que pour accéder au bonheur, il faut savoir se contenter de ce que l'on a et de ce que la vie nous offre.

Ainsi, pour Alain, c'est être capable de voir les aspects positifs des choses malgré les petits maux de l'existence (« l'art d'être heureux quand les circonstances sont passables »), ne pas se plaindre et éviter de se lamenter sur ses petits malheurs. Mais encore, pouvoir saisir la beauté des choses en toutes circonstances, et faire, comme il le dit « bonne figure à mauvais temps » et voir par exemple dans la pluie qui tombe, « mille petites rigoles [qui] bavardent ».

Selon A. Gide et H. Pena-Ruiz, être heureux c'est aussi et par conséquent savoir se satisfaire des choses simples : A. Gide explique comment il a réalisé qu'il n'avait « besoin de rien pour être heureux ». Ainsi, il se satisfait pleinement de petits plaisirs sans prétention : « un repas d'auberge » ou « un jardin public » plutôt qu'« une table mieux servie » ou qu'un « plus beau parc enclos de murs ».

Il insiste aussi sur le fait que le bonheur ne doit pas se construire au détriment des autres, « par des possessions dont on le prive ». Cette idée est complétée par H. Pena-Ruiz qui précise que le bonheur ne nait pas de la possession ni de la consommation (« Posséder ou consommer n'est que la forme inférieure de la vie humaine »), mais bien plutôt de la contemplation (« contemplation d'un tableau (...), extase muette devant un paysage »). C'est précisément la contemplation des merveilles de la nature (« c'est le grand libertinage de la nature et de la mer qui m'accapare tout entier »), décrites par A. Camus avec beaucoup de poésie et d'exaltation, qui lui procure ce sentiment particulier de plénitude. Il s'agit là de bonheurs simples, mais l'auteur se sent en communion avec le monde qui l'entoure, en harmonie avec les éléments (« J'avais au cœur une joie étrange, celle-là même qui naît d'une conscience tranquille »). Il éprouve un sentiment fort de satisfaction, de sérénité, de détente et se dit « repu ».

H. Pena-Ruiz insiste sur le regard spécifique que l'on porte sur les choses comme condition à notre bonheur. Pour lui, être heureux, c'est pouvoir s'émerveiller de tout, savoir s'étonner, rester curieux (« la capacité de bonheur s'enracine dans cette curiosité, dont Aristote disait qu'elle est la disposition philosophique par excellence »), autrement dit, garder ses yeux d'enfant, être ouvert à l'autre et au monde : « Le bonheur prendra source dans cette disposition à saisir la richesse du réel ».

Pour A. Gide, le partage avec les autres est aussi une des conditions du bonheur.

S'il est possible d'accéder au bonheur, il semble important de cultiver cet art, à l'instar du philosophe Alain qui, dans *Propos sur le bonheur*, évoque un « art d'être heureux » et la nécessité de le transmettre et de l'enseigner aux enfants. Les auteurs de ce corpus présentent ainsi différents arguments pour justifier l'importance et la nécessité d'être heureux.

Pour A. Camus, il s'agit en étant heureux et présent au monde qui l'entoure, de prendre sa place en tant qu'homme (« j'avais bien joué mon rôle (...), j'avais fait mon métier d'homme ») : c'est pour lui un « devoir d'être heureux ». Pour Alain, cette attitude, cette aptitude au bonheur est davantage tournée vers les autres et correspond à une certaine forme de respect ; à l'inverse, se lamenter de ses « petits ennuis » ou se plaindre de ses « petits malaises » constitue pour lui une « impolitesse » : « les plaintes sur soi ne peuvent qu'attrister les autres (...) même s'ils semblent se plaire à consoler ». Selon lui, l'homme recherche naturellement le bonheur (« chacun cherche à vivre et non à mourir ») et apprécie par conséquent ceux qui se montrent satisfaits de leur condition et capables d'apprécier leur vie telle qu'elle est. Par ailleurs, être heureux permet d'adoucir les difficultés de l'existence : « c'est surtout en temps de pluie que l'on veut des visages gais ».

Pour A. Gide, le bonheur est affaire de partage et de réciprocité : il faut être heureux pour rendre les autres heureux et le bonheur des autres est une condition à notre propre bonheur. Selon ce « cercle vertueux », A. Gide voit le bonheur comme une « vocation » et ressent « l'impérieuse obligation d'être heureux ».

Au-delà de l'individu, « l'art d'être heureux » a des répercussions sur la société et le pouvoir de la rendre meilleure. Selon Alain, la société serait transformée si chacun d'entre nous développait cet état d'esprit et se montrait capable de voir l'aspect positif de chaque chose (« Quelle chose merveilleuse serait la société des hommes, si chacun mettait de son bois au feu, au lieu de pleurnicher sur des cendres ! »).

H. Pena-Ruiz va dans ce sens et montre en quoi cette attitude peut être le point de départ d'une société plus juste et plus belle. Pour lui, accéder au bonheur par la contemplation des choses simples qui nous sont offertes, « c'est se rendre libre et cultiver sa liberté », ne pas se fourvoyer et s'asservir dans un monde de consommation et de possession. C'est aussi prendre conscience de « la beauté du monde » et être capable de la défendre et la protéger : « À hauteur d'homme, l'enfance du regard prépare les combats de justice. »

Les extraits proposés ici montrent que le bonheur que chacun poursuit n'est pas inaccessible mais est au contraire à la portée de tous. Il suffit en effet de peu de choses pour être heureux : changer son regard sur le monde, s'émerveiller des petites choses, voir dans tout ce qui nous entoure une occasion d'émerveillement et de découverte... Pour une société meilleure, plus juste et plus libre, nous devons cultiver cet état d'esprit.

Connaissance de la langue (11 pts)

1. Vous distinguerez dans cet extrait du texte 2 les propositions que comporte cette phrase et vous donnerez leur nature et leur fonction le cas échéant.

Je préfère le repas d'auberge à la table la mieux servie, le jardin public au plus beau parc enclos de murs, le livre que je ne crains pas d'emmener en promenade à l'édition la plus rare, et, si je devais être le seul à pouvoir contempler une œuvre d'art, plus elle serait belle et plus l'emporterait sur ma joie la tristesse.

Il y a dans cette phrase cinq propositions (cinq verbes conjugués) :

– [*Je **préfère** le repas d'auberge à la table la mieux servie, le jardin public au plus beau parc enclos de murs, le livre (...) à l'édition la plus rare, et, (...) plus l'**emporterait** sur ma joie la tristesse*] : deux propositions principales coordonnées (*et*).

– [*que je ne **crains** pas d'emmener en promenade*] : proposition subordonnée relative (introduite par le pronom relatif *que*), épithète du nom *livre*.

– [*Si je **devais** être le seul à pouvoir contempler une œuvre d'art*] : proposition subordonnée circonstancielle (introduite par la conjonction de subordination *si*), complément circonstanciel de condition du verbe *emporterait*.

– [*plus elle **serait** belle*] : proposition subordonnée circonstancielle (introduite par la conjonction de subordination *plus... plus*), complément circonstanciel de comparaison du verbe *emporterait*.

Remarques :

• Le *et* (*plus elle serait belle et plus l'emporterait sur ma joie la tristesse*) ne joue pas ici le rôle de conjonction de coordination permettant de relier deux propositions coordonnées, mais intervient ici plutôt comme renforcement et effet de style afin d'accentuer les propos de l'auteur.

• La deuxième proposition subordonnée circonstancielle de comparaison (*plus elle serait belle*), n'est pas supprimable ni déplaçable : c'est en effet le cas des subordonnées de comparaison ou de conséquence (exemples : *tu me parles comme si j'avais cinq ans* ; *je suis tellement émue que je ne trouve pas mes mots*).

2. Vous relèverez et rectifierez les impropriétés lexicales dans les phrases suivantes. Vous donnerez le sens des mots erronés.

a. *Il est entré dans la banque par **effraction*** (= forcement d'une porte, serrure, etc.).

Infraction : transgression d'une règle. Exemples : les contraventions, les délits et les crimes constituent des infractions.

b. *Les **graduations** du thermomètre ont été effacées* (= étalonnage en degrés).

Gradation : progression par degrés successifs (valeurs croissantes ou décroissantes). Exemples : ce semestre, nous avons observé une gradation de ses efforts.

c. *Le chat a bu tout son lait et il ne mourra pas d'**inanition*** (= privation d'aliments).

Inanité : inutilité. Exemples : L'inanité de ses efforts le décourage.

d. *Le parc est sillonné d'allées **ombragées*** (= à l'ombre).

Ombrageux : défiant, méfiant. Exemples : de caractère ombrageux, il s'inquiète et se méfie de tout et de tous.

Ces unités sont appelées des paronymes. Elles ont une prononciation proche mais des sens différents (autres exemples : préposition/ proposition, collision/ collusion, allocution/ allocation, etc.)

3. Dans les phrases suivantes, mettez les verbes écrits entre parenthèses au temps et au mode qui s'imposent. Justifiez vos choix.

a. *Je doute qu'il* ***soit*** *le bienvenu.* (= **subjonctif présent**)

Après le verbe *douter* et la conjonction de subordination *que* introduisant une proposition subordonnée complétive, le mode subjonctif est attendu. Le verbe de la principale étant au présent, le verbe de la subordonnée est également au présent.

b. *Il faut que tu* ***croies*** *à ton destin* (= **subjonctif présent**)

La tournure *Il faut que* correspond à une injonction et doit être suivie du subjonctif. Le verbe de la principale (*falloir*) étant au présent, le verbe de la subordonnée (*croire*) l'est aussi.

c. *Après que tu* ***seras parti(e)****, j'irai manger.* (= **indicatif futur antérieur**)

La locution conjonctive *après que* est suivi d'un verbe au mode indicatif, contrairement à *avant que* qui appelle le subjonctif. En effet, *avant que* implique que le procès de la subordonnée n'est pas encore réalisé au moment du procès de la proposition principale et reste donc virtuel (d'où l'utilisation du subjonctif). Avec *après que* en revanche, le procès de la subordonnée est déjà réalisé au moment du procès de la principale : le mode indicatif marque alors un degré de certitude supérieur. Par ailleurs, le verbe de la proposition principale étant ici au futur simple (*irai*), celui de la subordonnée (ici subordonnée circonstancielle) doit être au futur antérieur (*seras parti*) pour marquer l'antériorité par rapport au verbe de la principale. Remarque : avec l'auxiliaire *être*, le participe passé s'accorde avec le sujet. Si la personne désignée par *tu* est de sexe féminin, il conviendra d'écrire *tu seras partie*.

d. *Avant que tu* ***ailles*** *à la plage, tu mettras de la crème solaire.* (= **subjonctif présent**)

La locution conjonctive *avant que* est suivie d'un verbe au mode subjonctif. Le verbe de la proposition principale étant au futur simple de l'indicatif (*mettras*), celui de la proposition subordonnée (circonstancielle) doit être au présent pour montrer la chronologie des actions sur l'axe du temps.

4. Vous transcrirez en alphabet phonétique international la phrase suivante :

« Je sens en moi l'impérieuse obligation d'être heureux. »

[zəsɑ̃(z)ɑ̃mwalɛ̃peʁjøzobligasjɔ̃dɛtʁøʁø]

Le [z] est indiqué ici entre parenthèses car il peut être ou non audible selon que l'on fait ou pas la liaison (*Je sens_en moi*).

Ici, on a fait le choix du [ə] pour transcrire le *e* de *je* : il s'agit d'un *e* « central » (appelé « schwa »), ni vraiment ouvert ([œ] comme dans *peur*) ni vraiment fermé ([ø] comme dans *peu*), mais ces deux transcriptions sont également envisageables selon la prononciation de la personne.

Analyse de supports d'enseignement (13 pts)

1. Quelles compétences sont mobilisées dans cette activité ? Justifiez votre réponse par des références précises à la situation de classe et au dialogue.

Les compétences développées dans le cadre de cette activité en classe de CM2 relèvent de plusieurs domaines :

- **La lecture :** Les élèves doivent dans un premier temps faire une lecture silencieuse du texte de J.-J. Rousseau et être capables de le comprendre et de l'interpréter, puisque cet extrait est le support sur lequel s'appuie le débat qui suit. Dans la fiche de travail distribuée aux élèves, on leur demande en effet de lire le texte et de souligner ce qu'ils ne comprennent pas. Pendant les échanges, les élèves doivent être capables d'expliquer ce qu'ils ont compris du texte : les interventions et sollicitations de l'enseignante vont dans ce sens (par exemple E2 « Nous allons commencer par lire le texte », E3 « vous allez prendre un stylo de couleur et souligner ce que vous ne comprenez pas », E8 « vous allez me dire ce que vous n'avez pas compris », E12 « Et est-ce qu'au contraire, d'autres ont compris cette phrase ? », E28 « quelqu'un a-t-il compris ce passage ? »).

Dans les programmes de 2015, ces compétences correspondent au domaine « Lecture et compréhension de l'écrit » : ces programmes précisent que les élèves doivent être capables de lire, comprendre et interpréter un texte littéraire, et également de contrôler leur compréhension et d'adopter un comportement de lecteurs autonomes (appui sur le texte et sur d'autres connaissances, demande d'aide...).

• **Le langage oral :** Les élèves doivent être capables de participer à un échange oral, ici un débat à visée philosophique sur le bonheur à partir de l'extrait de J.-J. Rousseau. Ils doivent pour cela interagir avec leurs pairs, en respectant les règles du débat (respect des tours de parole, maintien du thème...) et en tenant compte des avis formulés par les autres élèves. Ils doivent être capables de donner leur avis en s'exprimant clairement et correctement pour se faire comprendre, et de le justifier.

Dans l'échange, les élèves sont amenés à s'exprimer sur leur compréhension du texte et on leur demande aussi de faire appel à leur propre expérience pour illustrer la réflexion : ce que font par exemple Karima 13 « avant quand on voulait une chose, on était heureux et quand on l'ai eue, on n'était plus heureux », Charles 15 « Moi, je voulais la playstation et pis ben, quand je l'ai eue, au bout d'une semaine, elle m'ennuyait » ou Émeline 29 « Ben ça veut dire qu'on est plus heureux quand on attend la chose que quand on l'a » dans leurs interventions. Les prises de parole de l'enseignante visent également le développement de ces compétences spécifiques : E33 « Expliquez-moi si vous êtes d'accord avec Rousseau ou si au contraire, vous n'êtes pas d'accord avec lui », E40 « Je vais vous demander ce que vous seriez prêts à faire pour obtenir une chose que vous désirez vraiment », E44 « C'est quoi alors ? »...

Dans les programmes 2015 pour le cycle 3, le langage a une place importante et il est notamment demandé aux élèves de « parler en prenant en compte son auditoire » (partager un point de vue personnel, mobiliser des ressources pour être entendu et compris, organiser et structurer son propos, expliquer, justifier, présenter un point de vue argumenté...) et de « participer à des échanges dans des situations de communications diversifiées » (« prise en compte de la parole des différents interlocuteurs dans un débat et identification des points de vue exprimés, présentation d'une idée, d'un point de vue en tenant compte des autres points de vue exprimés (...), mise à distance de l'expérience et mobilisation des connaissances »).

• **L'écriture :** Dans une moindre mesure, des compétences d'écriture sont également mobilisées dans le cadre de cette activité. En effet, après lecture du texte, on demande aux élèves de répondre à une question : « Et toi, t'est-il déjà arrivé d'obtenir quelque chose dont tu avais très envie et finalement d'être moins heureux après qu'avant ? ». Cette réponse se fait dans un premier temps par écrit et individuellement (E3 « vous mettrez votre exemple sur les lignes en pointillés ») : il s'agit alors d'un écrit de travail qui servira de support, de base, à l'échange qui suit. De plus, l'enseignante propose également une tâche d'écriture à ses élèves en fin d'activité : E60 « Je vais vous demander, chacun pour soi, au dos de votre feuille de me dire ce que c'est pour vous le bonheur ». L'objectif est alors de garder une trace de la discussion et d'engager les élèves dans une activité de réflexion.

Ces compétences sont également mentionnées dans les programmes qui préconisent de « recourir à l'écriture pour réfléchir et pour apprendre ».

2. Les consignes données, oralement et par écrit, ainsi que les questions posées par l'enseignante vous semblent-elles adaptées à l'âge des élèves ? Donnez quelques exemples venant illustrer votre réponse.

L'extrait de J.-J. Rousseau proposé est assez difficile pour des élèves de CM2, à la fois en raison du contenu développé (présentation de la conception du bonheur de cet auteur, concept abstrait qui invite à une réflexion d'ordre philosophique) et de la forme (vocabulaire et constructions syntaxiques utilisés par l'auteur).

Pour autant, les consignes données par l'enseignante permettent de guider l'élève dans la compréhension de ce texte puisqu'elle explicite les propos de J.-J. Rousseau. En outre, elle interpelle les élèves et les interroge sur leurs propres expériences, leur propre vécu, tout en adaptant son langage à leur niveau.

Ainsi, la démarche proposée est présentée clairement par l'enseignante (E8 « Pour pouvoir comprendre un peu mieux le texte, pour pouvoir discuter sur ce que dit Jean-Jacques Rousseau, il va falloir expliquer un peu le texte. On va donc s'arrêter un petit peu sur le texte et vous allez me dire ce que vous n'avez pas compris »). La question posée dans la consigne (« Et toi, t'est-il déjà arrivé d'obtenir quelque chose dont tu avais très envie et finalement, d'être moins heureux après qu'avant ? ») permet aux élèves de prendre en charge le débat à partir d'un événement de leur vécu. Durant le débat, l'enseignante demande d'ailleurs à quelques élèves de raconter leur expérience (E14 « Est-ce que quelqu'un veut nous lire l'exemple qu'il a écrit ? »). Dans le prolongement, les questions qu'elle pose aux élèves pour les amener à expliciter sont également adaptées (E17 « Est-ce que vous pourriez me dire ce que vous ressentiez avant d'obtenir cette chose ? Lorsque vous ne l'aviez pas encore… », E38 « Est-ce que ça t'embêtait d'attendre d'être inscrit ? »). Elle leur permet également de se positionner et de réagir au texte de façon simple et claire : E31 « Rousseau écrit "on n'est heureux qu'avant d'être heureux". Vous croyez qu'il est fou quand il écrit cela ? ».

En somme, bien que le texte choisi présente des difficultés, les interventions de l'enseignante (questions et consignes) permettent aux élèves de s'inscrire dans le débat, en partant d'événements, d'expériences rattachés à leur vécu et qui leur « parlent » afin d'élargir ensuite la réflexion. Elle choisit de partir du particulier pour aller vers le général : ses consignes et ses questions s'appuient sur ce principe, ce qui les rend pertinentes pour des enfants de cet âge, d'autant que le vocabulaire utilisé est tout à fait adapté et compréhensible.

3. Analysez les différents rôles de l'enseignante.

Dans le cadre de cet échange, on notera que l'enseignante joue différents rôles, correspondant aux objectifs poursuivis lors de cette activité :

– Elle pose la consigne de départ et le cadre du débat (E1 à E8) : de cette façon, elle pose le « contrat didactique » (ce qu'elle attend de ses élèves) et les engage dans la tâche (enrôlement).

– Elle fait circuler la parole et permet aux élèves de s'exprimer. Elle intervient ainsi régulièrement pour solliciter la parole des élèves, les interpeler directement (E14 « Est-ce que quelqu'un veut nous lire l'exemple qu'il a écrit ? », E24 « Regardez le texte », E33 « Expliquez-moi si vous êtes d'accord… », E31 « Vous croyez qu'il est fou… ? »), leur permettant ainsi de s'engager dans le débat. Ceci rejoint les compétences relevant du langage oral dégagées dans la question 1.

L'enseignante laisse les élèves s'exprimer, elle cherche la participation de tous les élèves mais ne prend pas part elle-même au débat : elle a un rôle de guide, de chef d'orchestre en quelque sorte.

– Elle valide les propos des élèves : ce faisant, elle montre qu'elle prend en compte leur parole et leur adresse un *feed back* positif qui les encourage à poursuivre le débat. Par exemple, en E17, E36 et E38 « D'accord », en E26 « Oui, vous avez compris l'idée », ou en E30 « Oui ».

– Elle pose des questions aux élèves en s'adressant à eux de façon collective ou individuelle pour les inviter à aller plus loin et à expliciter davantage : E17 « Est-ce que vous pourriez me dire ce que vous ressentiez avant d'obtenir cette chose ? », E30 « Qu'en pensez-vous, vous ? », E33 « Pourquoi ? », E38 « Est-ce que ça t'embêtait d'attendre d'être inscrit ? », E42 « Est-ce que vous pensez que c'est de l'envie ou que c'est plus que de l'envie ? », E47 « (...) est-ce que tu serais heureuse ? »...

– Elle reformule les propos des élèves et en propose des synthèses (E26 « Oui, vous avez compris l'idée. Rousseau nous dit que si quelqu'un désire des choses... », E30 « Donc si on résume un peu ce que nous dit Rousseau... »), et guide également la compréhension des élèves en leur donnant des stratégies de lecture (E24 « Avec quoi va cette phrase ?... Avec la phrase qui est juste avant : « Malheur à qui n'a plus rien à désirer. Les deux phrases se comprennent ensemble. »), et en faisant le lien entre les différents éléments (E14 « On revient donc en fait un peu à la question à laquelle vous venez de répondre »).

L'enseignante, par le biais de ces interventions de natures différentes, propose un étayage appuyé et pertinent permettant aux élèves d'atteindre les objectifs visés dans les domaines de la lecture compréhension et du langage oral (voir question 1).

4. Relevez trois ou quatre traits d'oralité dans les paroles de l'enseignante ou des élèves, durant ces échanges.

Lors de cet échange, on note dans les propos des élèves et de l'enseignante les caractéristiques suivantes, propres à l'oral :

– Absence de négation complète (omission du *ne*) : E5 « C'est pas grave du tout », Maxime 16 « Je m'en suis jamais servi », Cassandra 55 « Je suis pas d'accord ».

– Construction des phrases interrogatives en *est-ce que* (E10 « Est-ce que cette phrase a posé problème... ? », E12 « Et est-ce qu'au contraire, d'autres ont compris cette phrase ? », E47 « est-ce que tu serais heureuse ? »...) ou par l'intonation (Ibtissem 4 « Et si ça fait longtemps notre exemple ? »).

– Utilisation de *on*, pronom personnel indéfini comme équivalent de *nous* : E6 « on va revenir un peu sur ce texte », E8 « on va donc s'arrêter un petit peu sur le texte... », E17 « on va s'arrêter là pour les exemples ».

– Connecteurs oraux utilisés par les élèves : *ben, et pis*... (Charles 15 « et pis ben quand je l'ai eu », Émeline 29 « ben ça veut dire... », Cassandra 34 « Ben nous, avec mon frère... et pis quand on l'a eu... », Aminé 37 « Ben non », Aminé 38 « Ben un peu ».

– Utilisation du présentatif *c'est* pour introduire une réponse : Cassandra 25 « C'est si quelqu'un il a tout ce qu'il veut... ».

– Utilisation de l'adverbe *trop*, pour *vraiment* ou *très* (très présent dans le langage des jeunes) : Aminé 35 « j'espérais trop que je serais pris dans l'équipe (...) j'étais trop content », Les enfants 50 « ça serait trop cool ! ».

– Expressions familières : 50 « Ah ouais, ça serait trop cool ! ».

5. Quelles idées émergent de ce débat ? Vous paraissent-elles correspondre aux intentions de l'enseignante ?

Dans la première partie de cet échange (jusqu'à E34), il s'agit pour les élèves d'expliquer ce qu'ils ont compris du texte et de donner des exemples puisés dans leur propre expérience. Les idées qui émergent alors vont dans le sens des idées de J.-J. Rousseau et les exemples proposés par les élèves illustrent l'idée que le désir et l'attente d'une chose peuvent être plus forts que la possession de cette chose (voir par exemple Charles 15, Maxime 16, Cassandra 25, Les enfants 32). L'idée qui semble se dégager à ce moment du débat est que le plaisir nait davantage du désir que de la possession ou que de la satisfaction de ce désir, idée que l'on retrouve dans les textes du corpus (H. Pena-Ruiz notamment insiste sur le fait que le bonheur n'est pas dans la possession ni la consommation).

Mais à partir de E36 et plus clairement de E47, les réponses aux questions de l'enseignante vont à l'encontre de cette idée. Mis à part quelques élèves qui pensent effectivement qu'on n'est plus heureux quand on n'a plus rien à désirer (Dylan 51 « On s'ennuie si on a tout ce qu'on veut ! », Amélyne 54 « après il aura tout et donc il n'aura plus rien à acheter et donc il n'aura plus envie de rien ! », les autres défendent l'idée inverse et mettent en avant le plaisir qu'ils ont éprouvé ou éprouvent à la satisfaction de leurs désirs (E47 « Si maintenant je te dis que ton livre sur les chevaux, je te le donne tout de suite, est-ce que tu serais heureuse » - Amélyne 48 « Ben oui ! » ; E49 « Donc si je vous dis que dès que vous désirez quelque chose, je vous le donne tout de suite, vous seriez heureux ? » - Les enfants 50 « Ah ouais, ça serait trop cool ! » ou encore Les enfants 53, Cassandra 55 et 57).

Il y a donc un décalage entre les attentes de l'enseignante qui aimerait faire prendre conscience aux élèves du fait que la satisfaction des désirs ne rend pas forcément heureux, et les idées qui émergent du débat. Les élèves, pour la majorité, restent sur l'idée de plaisir et de bonheur liés à la satisfaction immédiate de leurs désirs. Ce décalage peut s'expliquer par le jeune âge des élèves, et leur difficulté à prendre du recul par rapport à ce thème abstrait qu'est le bonheur dans le cadre d'une réflexion d'ordre philosophique.

C'est peut-être pour cette raison que l'enseignante, à la fin de l'échange, préfère proposer aux élèves une autre tâche (E60 « Je vais vous demander, chacun pour soi, au dos de votre feuille de me dire ce que c'est pour vous le bonheur ») et clore ainsi la discussion.

SUJET N° 7

Sujet de la session 2017 du groupement académique 1 : académies d'Amiens, Caen, Lille, Nancy-Metz, Reims, Rennes, La Réunion, Rouen, Strasbourg, Paris, Créteil, Versailles.

Sujet

Première partie : Question relative aux textes proposés

À partir des textes du corpus, vous vous interrogerez sur la manière dont se construit la relation entre mémoire et histoire.

7

Texte 1 : Patrick MODIANO, Conclusion du discours de réception du Prix Nobel de Littérature (2014), *Le Monde*, 7 décembre 2014

Patrick Modiano, écrivain français né en 1945, a reçu le Prix Nobel de littérature en 2014. À cette occasion, il prononce le traditionnel discours de réception du prix où il expose sa conception du rôle du romancier.

Vous avez eu l'indulgence de faire allusion concernant mes livres à « *l'art de la mémoire avec lequel sont évoquées les destinées humaines les plus insaisissables* ». Mais ce compliment dépasse ma personne. Cette mémoire particulière qui tente de recueillir quelques bribes du passé et le peu de traces qu'ont laissées sur terre des anonymes et des inconnus est elle aussi liée à ma date de naissance : 1945. D'être né en 1945, après que des villes furent détruites et que des populations entières eurent disparu, m'a sans doute, comme ceux de mon âge, rendu plus sensible aux thèmes de la mémoire et de l'oubli.

Il me semble, malheureusement, que la recherche du temps perdu ne peut plus se faire avec la force et la franchise de Marcel Proust. La société qu'il décrivait était encore stable, une société du XIXe siècle. La mémoire de Proust fait ressurgir le passé dans ses moindres détails, comme un tableau vivant. J'ai l'impression qu'aujourd'hui la mémoire est beaucoup moins sûre d'elle-même et qu'elle doit lutter sans cesse contre l'amnésie et contre l'oubli. À cause de cette couche, de cette masse d'oubli qui recouvre tout, on ne parvient à capter que des fragments du passé, des traces interrompues, des destinées humaines fuyantes et presque insaisissables.

Mais c'est sans doute la vocation du romancier, devant cette grande page blanche de l'oubli, de faire ressurgir quelques mots à moitié effacés, comme ces icebergs perdus qui dérivent à la surface de l'océan.

Texte 2 : Louis Ferdinand CÉLINE, *Voyage au bout de la nuit* (1932), Folio, Gallimard

Dans cet extrait du roman, Bardamu, qui a combattu durant la Première Guerre mondiale, s'oppose aux idées de son amie Lola sur le patriotisme.

– Mais c'est impossible de refuser la guerre, Ferdinand ! Il n'y a que les fous et les lâches qui refusent la guerre quand leur Patrie est en danger…

– Alors vivent les fous et les lâches ! Ou plutôt survivent les fous et les lâches ! Vous souvenez-vous d'un seul nom par exemple, Lola, d'un de ces soldats tués pendant la guerre de Cent

Ans ?... Avez-vous jamais cherché à en connaître un seul de ces noms ?... Non, n'est-ce pas ?... Vous n'avez jamais cherché ? Ils vous sont aussi anonymes, indifférents et plus inconnus que le dernier atome de ce presse-papiers devant nous, que votre crotte du matin... Voyez donc bien qu'ils sont morts pour rien, Lola ! Pour absolument rien du tout, ces crétins ! Je vous l'affirme ! La preuve est faite ! Il n'y a que la vie qui compte. Dans dix mille ans d'ici, je vous fais le pari que cette guerre, si remarquable qu'elle nous paraisse à présent, sera complètement oubliée, à peine si une douzaine d'érudits se chamailleront encore par-ci, par-là, à son occasion et à propos des dates des principales hécatombes dont elle fut illustrée... C'est tout ce que les hommes ont réussi jusqu'ici à trouver de mémorable au sujet les uns des autres à quelques siècles, à quelques années et même à quelques heures de distance... Je ne crois pas à l'avenir, Lola.

Texte 3 : Pierre NORA, « Entre Mémoire et Histoire. La problématique des lieux », in *Les lieux de mémoire* (Tome I : La République), collectif sous la direction de Pierre Nora (1984), NRF, Gallimard

Mémoire, histoire : loin d'être synonymes, nous prenons conscience que tout les oppose. La mémoire est la vie, toujours portée par des groupes vivants et, à ce titre, elle est en évolution permanente, ouverte à la dialectique du souvenir et de l'amnésie [...] ; l'histoire est la reconstruction toujours problématique et incomplète de ce qui n'est plus. La mémoire est un phénomène toujours actuel, un lien vécu au présent éternel ; l'histoire une représentation du passé. Parce qu'elle est affective et magique, la mémoire ne s'accommode que de détails qui la confortent ; elle se nourrit de souvenirs flous [...]. La mémoire sourd d'un groupe qu'elle soude, ce qui revient à dire, comme Halbwachs l'a fait, qu'il y a autant de mémoires que de groupes ; qu'elle est par nature multiple et démultipliée, collective, plurielle et individualisée. L'histoire au contraire appartient à tous et à personne, ce qui lui donne vocation à l'universel. La mémoire s'enracine dans le concret, dans l'espace, le geste, l'image et l'objet. L'histoire ne s'attache qu'aux continuités temporelles, aux évolutions et aux rapports des choses. La mémoire est un absolu et l'histoire ne connaît que le relatif. [...] La mémoire est toujours suspecte à l'histoire dont la mission vraie est de la détruire et de la refouler. L'histoire est dé-légitimation du passé vécu.

Texte 4 : Marguerite DURAS, *Hiroshima mon amour* (1960), Gallimard

Hiroshima mon amour *est un film d'Alain Resnais dont le scénario et les dialogues ont été écrits par Marguerite Duras (1914-1996). Le film évoque une histoire d'amour entre une jeune femme française, actrice, et un Japonais, architecte, qui se rencontrent pour les besoins du tournage d'un film sur Hiroshima.*

ELLE

— J'ai vu les actualités. Le deuxième jour, dit l'Histoire, je ne l'ai pas inventé, dès le deuxième jour, des espèces animales précises ont ressurgi des profondeurs de la terre et des cendres. Des chiens ont été photographiés. Pour toujours. Je les ai vus. J'ai vu les actualités. Je les ai vues. Du premier jour. Du deuxième jour. Du troisième jour.

LUI (il lui coupe la parole).

— Tu n'as rien vu. Rien. Chien amputé. Gens, enfants. Plaies. Enfants brûlés hurlant.

ELLE

— ... du quinzième jour aussi. Hiroshima se recouvrit de fleurs. Ce n'étaient partout que bleuets et glaïeuls, et volubilis et belles d'un jour qui renaissaient des cendres avec une extraordinaire vigueur, inconnue jusque-là chez les fleurs.

ELLE

— Je n'ai rien inventé.

LUI

— Tu as tout inventé.

ELLE

— Rien. De même que dans l'amour cette illusion existe, cette illusion de pouvoir ne jamais oublier, de même j'ai eu l'illusion devant Hiroshima que jamais je n'oublierai. De même que dans l'amour. Des pinces chirurgicales s'approchent d'un œil pour l'extraire. Les actualités continuent.

ELLE

— J'ai vu aussi les rescapés et ceux qui étaient dans les ventres des femmes de Hiroshima. Un bel enfant se tourne vers nous. Alors nous voyons qu'il est borgne. Une jeune fille brûlée se regarde dans un miroir. Une autre jeune fille aveugle aux mains tordues joue de la cithare. Une femme prie auprès de ses enfants qui meurent. Un homme se meurt de ne plus dormir depuis des années. (Une fois par semaine, on lui amène ses enfants.)

ELLE

— J'ai vu la patience, l'innocence, la douceur apparente avec lesquelles les survivants provisoires de Hiroshima s'accommodaient d'un sort tellement injuste que l'imagination d'habitude pourtant si féconde, devant eux, se ferme. Toujours on revient à l'étreinte si parfaite des corps.

ELLE (bas)

— Écoute ... Je sais ... Je sais tout. Ça a continué.

LUI

— Rien. Tu ne sais rien.

Deuxième partie : Connaissance de la langue

1. Relevez, dans l'extrait suivant (texte 1), les différentes occurrences de « que / qu' » et distinguez-les selon leurs classes grammaticales.

« Il me semble, malheureusement, que la recherche du temps perdu ne peut plus se faire avec la force et la franchise de Marcel Proust. La société qu'il décrivait était encore stable, une société du XIXe siècle. La mémoire de Proust fait ressurgir le passé dans ses moindres détails, comme un tableau vivant. J'ai l'impression qu'aujourd'hui la mémoire est beaucoup moins sûre d'elle-même et qu'elle doit lutter sans cesse contre l'amnésie et contre l'oubli. À cause de cette couche, de cette masse d'oubli qui recouvre tout, on ne parvient à capter que des fragments du passé, des traces interrompues, des destinées humaines fuyantes et presque insaisissables. »

2. Relevez les participes passés dans cet extrait du texte 4 et justifiez leur accord.

« J'ai vu les actualités. Le deuxième jour, dit l'Histoire, je ne l'ai pas inventé, dès le deuxième jour, des espèces animales précises ont ressurgi des profondeurs de la terre et des cendres. Des chiens ont été photographiés. Pour toujours. Je les ai vus. J'ai vu les actualités. Je les ai vues. Du premier jour. Du deuxième jour. Du troisième jour. »

3. À partir de l'analyse de ces deux prises de paroles, expliquez les effets produits.

« LUI (il lui coupe la parole).

— Tu n'as rien vu. Rien. Chien amputé. Gens, enfants. Plaies. Enfants brûlés hurlant.

ELLE

— ... du quinzième jour aussi. Hiroshima se recouvrit de fleurs. Ce n'étaient partout que bleuets et glaïeuls, et volubilis et belles d'un jour qui renaissaient des cendres avec une extraordinaire vigueur, inconnue jusque-là chez les fleurs. »

4. Expliquez dans le texte 3 le sens du mot « dé-légitimation ». Faites l'analyse morphologique de ce terme.

Troisième partie : Analyse de supports d'enseignement

Le corpus comprend deux documents :

Document 1 : fiche de préparation d'une séance en étude de la langue portant sur la phrase affirmative et la phrase négative en CE1.

Document 2 : texte écrit sur l'affiche.

À partir d'une analyse de ces documents, vous répondrez aux questions suivantes :

1. Comment analysez-vous les rubriques « Objectifs » et « Compétences » présentes dans la fiche de préparation au regard des nouveaux programmes ?

2. Analysez le travail proposé sur la fiche de préparation.

3. À quelles conditions les élèves pourront-ils être actifs lors de la phase d'institutionnalisation ?

4. Proposez une activité de départ qui soit en cohérence avec l'objectif visé pour cette séance.

Document 1

<table>
<tr><td colspan="4">Titre de la séquence ou de la séance :
La phrase affirmative et la phrase négative – Séance 2 :
Institutionnalisation de la notion</td><td>Page : /</td></tr>
<tr><td colspan="2">Domaine / Discipline :
Grammaire / Français</td><td rowspan="3">Matériel :
Cahier de français
Affiche</td><td rowspan="3">Objectifs :
– Repérer des phrases négatives et en comprendre le sens
– Transposer des phrases affirmatives en phrases négatives et inversement
– Répondre par l'affirmation ou la négation</td><td rowspan="3">Compétences :
Approche des formes et types de phrase : savoir transposer oralement une phrase affirmative en phrase négative ou interrogative</td></tr>
<tr><td>Niveau :
CE1</td><td>Durée :
45 min</td></tr>
<tr><td colspan="2">École :</td></tr>
</table>

<table>
<tr><th>Durée</th><th>Organisation de la classe</th><th colspan="2">Déroulement</th></tr>
<tr><td>15 min</td><td>collectif</td><td colspan="2"><u>Phase de mise en situation</u>
Écrire le texte sur une affiche et demander oralement aux élèves de transformer les phrases affirmatives en phrases négatives et inversement. Insérer, en les écrivant, les négations de part et d'autre des verbes et barrer les négations figurant sur le texte initial.
Rappeler la construction d'une phrase négative :
« Pour construire une phrase négative, on encadre le verbe de la phrase par 2 petits mots : ne… pas, ne… plus, ne… jamais. »
Faire remarquer le n'… pas de « Nous n'apercevons pas… »</td></tr>
<tr><td>10 min</td><td>individuel</td><td colspan="2"><u>Phase de recherche</u>
Élaborer un jeu oral collectif : la maitresse pose une question ; un élève répond par « Oui, je… » et son voisin répond : « Non, je ne… pas (plus). »
Exemple : « Aimes-tu les épinards ? Oui, j'aime les épinards / Non, je n'aime pas les épinards. »</td></tr>
<tr><td rowspan="4">20 min</td><td rowspan="4">collectif</td><td colspan="2"><u>Phase d'institutionnalisation</u>
Élaborer une fiche sous forme d'un tableau reprenant la règle et mettant en relief les différentes négations ne… pas, ne… plus, n'… pas, etc. et reprenant quelques exemples donnés précédemment par les élèves.</td></tr>
<tr><td>Phrases affirmatives oui</td><td>Phrases négatives non</td></tr>
<tr><td>Oui, Marc est mon ami.</td><td>Non, Marc n'est pas mon ami.</td></tr>
<tr><td colspan="2">Les élèves écrivent la leçon sur le cahier de français :
<u>La phrase affirmative et la phrase négative</u>
La phrase négative sert à dire « non » et la phrase affirmative sert à dire « oui ». Pour dire « non », on ajoute des petits mots autour du verbe : ne… pas (ou n'… pas), ne… plus, ne… jamais.
Exemple : « Sylvie n'est pas là. Loricio ne joue jamais avec moi. »</td></tr>
</table>

Document 2

« La sortie en forêt »

« Les feuilles des arbres sont de toutes les couleurs. Les oiseaux chantent. Nous n'apercevons pas le soleil. Nous ne trouvons pas de champignons, le panier ne se remplit pas. »

Corrigé

Question relative aux textes proposés (11 pts)

À partir des textes du corpus, vous vous interrogerez sur la manière dont se construit la relation entre mémoire et histoire.

Comment se construit la relation entre mémoire et histoire ?

C'est à cette question que les quatre extraits proposés, écrits à des époques différentes, invitent à répondre.

Louis-Ferdinand Céline (*Voyage au bout de la nuit*, 1932, Gallimard) et Marguerite Duras (*Hiroshima mon amour*, 1960, Gallimard) abordent par un dialogue entre deux êtres de fiction, le lien entre la mémoire et l'histoire, celle tragique des deux guerres mondiales. L'historien Pierre Nora, dans « Entre Mémoire et Histoire. La problématique des lieux », voit une totale antinomie entre ces deux termes (*in Les lieux de mémoire*, Tome I : *La République*, collectif sous la direction de Pierre Nora, 1984, NRF, Gallimard), tandis que Patrick Modiano préconise de lutter contre l'oubli pour se souvenir des évènements du passé en faisant vivre ses personnages dans un extrait de sa conclusion du discours de réception du Prix Nobel de Littérature (2014) paru dans le quotidien *Le Monde* du 7 décembre 2014.

Dans un premier temps, nous analyserons les conceptions de la mémoire que les auteurs du corpus expriment, et dans un second nous étudierons les relations qu'ils attribuent entre mémoire et histoire.

Tout d'abord, les quatre auteurs s'interrogent : quelle relation la mémoire entretient-elle avec le passé ?

La perception de la mémoire évoquée dans les textes diffère selon que l'on est artiste ou historien. P. Nora donne le point de vue de l'homme de science, fut-elle humaine, qui oppose la vie, liée au souvenir, à un passé irrémédiablement révolu que l'historien doit reconstruire, une « reconstruction toujours problématique et incomplète de ce qui n'est plus ». Les trois romanciers proposent d'autres perspectives qui ont pour point commun d'être celles de « l'artiste » : P. Modiano expose sa conception du romancier qui essaie de faire ressurgir le passé à travers la vie de ses personnages, même s'il constate ne « capter que des fragments du passé, des traces interrompues, des destinées humaines fuyantes et presque insaisissables ». L.-F. Céline et M. Duras, qui ont chacun vécu la guerre, pour le premier celle de 1914-1918, pour la seconde celle de 1939-1945, inventent des personnages de fiction qui discourent sur des évènements d'un passé vécu ou imaginé.

La forme textuelle contraint également le contenu : alors que P. Modiano se revendique l'énonciateur d'un « discours » empreint de subjectivité, L.-F. Céline et M. Duras font dialoguer leurs personnages qui expriment leur vision personnelle de la vie et leur ressenti émotionnel dans *Voyage au bout de la nuit* comme dans *Hiroshima mon amour*. Dans ces trois extraits, la mémoire est celle d'un sujet réel ou fictif, mais toujours singulier, avec ses forces et ses faiblesses.

Ainsi, les auteurs précisent leur conception de la mémoire et le lien qu'ils font avec les évènements du passé.

Pour P. Modiano, la mémoire lutte contre l'amnésie qui tente de capter les bribes du passé, tout comme L.-F. Céline pour qui les hommes oublient avec le temps le passé, et la mémoire s'efface, du moins sur le long terme. M. Duras oppose LUI, une mémoire niée, et ELLE, une mémoire qui s'accroche à des images avec l'illusion de la vérité retrouvée. P. Nora s'interroge pour sa part sur cette mémoire toujours suspecte, qu'elle soit individuelle ou collective, une mémoire inscrite dans la subjectivité, « dans le concret, l'espace, le geste, l'image et l'objet ».

Dans chacun des textes, la mémoire apparait donc comme incertaine, partielle et subjective et en même temps, elle est une lutte individuelle contre l'oubli. Alors que les auteurs font référence à des mémoires multiples et protéiformes, quels liens font-ils entre mémoire et histoire ?

Tous les auteurs envisagent la place et le rôle de la mémoire en son lien avec l'histoire.

P. Modiano se donne pour mission d'extraire du passé ses traces. Il l'annonce explicitement en justifiant sa posture par sa date de naissance, 1945, qui clôt le grand génocide de la Deuxième Guerre mondiale et la période troublée de la Résistance en France. Il parle en son nom propre : il s'agit, pour lui, du rôle de la mémoire dans la vocation d'un écrivain.

Les personnages de L.-F. Céline et M. Duras revendiquent chacun un point de vue singulier sur cette guerre. Dans un dialogue de scénario de film, l'auteure introduit deux positions antagonistes : LUI pense que se souvenir des images d'Hiroshima vues aux actualités est une illusion et qu'ELLE n'a rien vu et ne sait rien. ELLE s'accroche aux mots pour tenter de suggérer des images de l'horreur, bien que sa mémoire soit impuissante. Par la création poétique, l'auteure cherche à faire revivre le vécu de l'après bombe atomique, soit en niant la possibilité de le faire, soit en témoignant du flou de la recréation poétique du passé. Chacun est sa mémoire, chacun s'inscrit dans l'Histoire à sa manière, l'histoire rejoint l'Histoire. L.-F. Céline, par la bouche de son héros Ferdinand Bardamu, affirme que rien ne demeure du passé historique sinon quelques dates dont seuls des érudits se préoccuperont. Mais c'est une mémoire à très long terme qu'il évoque, avant tout un argument contre la guerre, car le discours du personnage est pamphlétaire.

À l'opposé, P. Nora développe dans son essai la thèse selon laquelle tout oppose Mémoire et Histoire, qui sont « loin d'être synonymes ». Il voit en l'Histoire le récit vérace et éclairé des évènements passés en même temps qu'elle vise, dans une forme de dialectique, à expliquer les causes de ces mêmes évènements. L'auteur situe la place de la mémoire dans le travail de l'historien. Mémoire individuelle ou de groupe, il faut cependant s'en méfier parce qu'elle est multiple, affective et plurielle.

La fonction attribuée à la mémoire dans l'histoire est donc envisagée différemment selon le statut de l'énonciateur, le genre textuel et la situation d'énonciation.

L.-F. Céline la nie, M. Duras, à travers son personnage LUI, s'en méfie – il refuse d'y croire. P. Nora va plus loin, il la rejette : l'histoire construit une représentation du passé dans ses ruptures et ses continuités, en prenant en compte des évolutions, des changements. Elle « délégitime » le passé vécu. Le discours de l'essai se veut rationnel.

Au contraire, selon Modiano et Duras (à travers cette fois le personnage de ELLE), la mémoire permet de recomposer une image du passé, certes subjective et partielle, mais ces bribes réussissent à toucher le lecteur en lui redonnant à vivre des évènements révolus.

Les auteurs se complètent donc pour affirmer que si la mémoire du passé permet de faire revivre, de donner à voir et à ressentir des épisodes de la vie, elle ne permet pas de construire une représentation du passé qui vise à l'universel. Ils montrent à travers ces extraits que la science de l'histoire ne peut que difficilement reposer uniquement sur la mémoire du passé. Car le récit historique est une relation d'évènements censés avoir eu lieu, une relation dans les deux sens du terme : relater, c'est-à-dire retracer, retranscrire, refaire connaitre, mais aussi mettre en relation ces évènements pour en montrer la lisibilité : l'histoire produit une représentation élaborée des évènements, même si elle a l'ambition de l'objectivité, comme le suggère P. Nora.

En ce début de XXIe siècle, où histoire et mémoire se confondent quotidiennement dans une médiatisation et une spectacularisation parfois démesurées de tout ce qui a trait au passé, ces textes nous invitent à réfléchir à la didactisation de la discipline, et particulièrement au rôle de l'historien qui doit se positionner face à la tendance subjective de la mémoire, en réaffirmant le rôle critique de celui qui est non seulement au service d'une connaissance compréhensive des évènements mais encore d'une disponibilité plus consciente et avertie de notre propre présent.

Connaissance de la langue (11 pts)

1. Relevez, dans l'extrait suivant (texte 1), les différentes occurrences de « que / qu' » et distinguez-les selon leurs classes grammaticales.

« Il me semble, malheureusement, que la recherche du temps perdu ne peut plus se faire avec la force et la franchise de Marcel Proust. La société qu'il décrivait était encore stable, une société du XIXe siècle. La mémoire de Proust fait ressurgir le passé dans ses moindres détails, comme un tableau vivant. J'ai l'impression qu'aujourd'hui la mémoire est beaucoup moins sûre d'elle-même et qu'elle doit lutter sans cesse contre l'amnésie et contre l'oubli. À cause de cette couche, de cette masse d'oubli qui recouvre tout, on ne parvient à capter que des fragments du passé, des traces interrompues, des destinées humaines fuyantes et presque insaisissables. »

Relevé des différentes occurrences de *Que*	Classement selon leur classe grammaticale
(*il me semble*) *que*	conjonction de subordination
(*la société*) *qu'il décrivait*	pronom relatif, ayant pour antécédent le nom *société*
(*j'ai l'impression*) *que*	conjonction de subordination
(*et*) *qu'elle doit lutter…*	conjonction de subordination
(*on ne parvient à capter*) *que*	2e élément de la locution adverbiale restrictive : *ne… que*

2. Relevez les participes passés dans cet extrait du texte 4 et justifiez leur accord.

« J'ai vu les actualités. Le deuxième jour, dit l'Histoire, je ne l'ai pas inventé, dès le deuxième jour, des espèces animales précises ont ressurgi des profondeurs de la terre et des cendres. Des chiens ont été photographiés. Pour toujours. Je les ai vus. J'ai vu les actualités. Je les ai vues. Du premier jour. Du deuxième jour. Du troisième jour. »

On recense sept occurrences de participe passé relevant de la formation des verbes au passé composé, que l'on peut classer comme suit :

Classification	Occurrence	Justification
Participe passé du verbe avec l'auxiliaire « *avoir* ». COD postposé → pas d'accord du participe passé.	*J'ai vu les actualités*	Participe passé du verbe *voir* conjugué au passé composé (auxiliaire *avoir*).
	J'ai vu les actualités	Participe passé du verbe *voir* conjugué au passé composé (auxiliaire *avoir*).
Participe passé du verbe avec l'auxiliaire « *avoir* ». COD antéposé → accord avec le COD.	*je ne l'ai pas inventé*	Participe passé du verbe *inventer* conjugué au passé composé (auxiliaire *avoir*), s'accorde avec le COD placé avant le verbe : *l'*, mis pour *cela* (masculin singulier).
	Je les ai vus	Participe passé du verbe *voir* conjugué au passé composé (auxiliaire *avoir*), s'accorde avec le COD placé avant le verbe : *les*, mis pour *les chiens* (masculin, pluriel)
	Je les ai vues	Participe passé du verbe *voir* conjugué au passé composé (auxiliaire *avoir*), s'accorde avec le COD placée avant le verbe : *les*, mis pour *les actualités* (féminin, pluriel)
Participe passé du verbe avec l'auxiliaire « avoir » sans COD → pas d'accord.	*des espèces animales précises ont ressurgi*	Participe passé du verbe *ressurgir*, conjugué au passé composé (auxiliaire *avoir*) : Pas de COD, pas d'accord.
Participe passé du verbe avec l'auxiliaire « être » → accord avec le sujet.	*Des chiens ont été photographiés*	Participe passé du verbe *photographier* au passé composé, forme passive (l'auxiliaire *être* (*ont été*) + part. passé). Le participe passé s'accorde avec le sujet : *des chiens*.

3. À partir de l'analyse de ces deux prises de paroles, expliquez les effets produits.

Cet extrait présente deux occurrences de parole au discours direct. Les locuteurs sont mentionnés : LUI/ELLE.

Avant la première occurrence de prise de parole, on note en didascalie la coupure brutale de ce qui précède : LUI (il lui coupe la parole).

Cette rupture brutale permet au locuteur de nier ce dont la locutrice parle : « *Tu n'as rien vu.* »

LUI : les phrases sont très courtes, constituées de monosyllabes pour certaines : « *Rien. Plaies.* ». Excepté la première, toutes sont averbales. Cette accumulation de substantifs relève de la parataxe : les phrases sont juxtaposées, sans mots de liaison expliquant leur relation. Chaque mot est porteur d'un sens fort, les autres sont abandonnés car considérés comme accessoires.

L'effet produit est celui de flashes violents qui révèlent le sentiment d'horreur des conséquences de l'explosion atomique. LUI a urgence de dire, de dénoncer.

ELLE termine sa phrase : « *... du quinzième jour aussi. Hiroshima se recouvrit de fleurs* », et développe cette idée initiale. La phrase qui suit est longue et complexe, avec une accumulation des noms de fleurs renforcée par la répétition de la conjonction de coordination et : « *bleuets et glaïeuls, et volubilis et belles d'un jour* » : le temps employé est celui du récit, des histoires, avec alternance du passé simple et de l'imparfait.

Le style soutenu, le lexique utilisé, créent un effet de distanciation de l'événement passé et permet une recréation poétique.

Deux points de vue semblent se croiser sans se rencontrer, même si l'objet du discours est le même évènement : l'un évoque le pire, ce qui s'est réellement passé, l'autre porte l'espoir. La lecture produit une impression de décalage entre les répliques de LUI et de ELLE, comme si le texte ne constituait pas un échange entre deux locuteurs. Les deux personnages construisent chacun de leur côté deux sortes de grands monologues intérieurs mêlés l'un à l'autre par les voix respectives, mais qui finalement entrent assez rarement en contact.

4. Expliquez dans le texte 3 le sens du mot « dé-légitimation ». Faites l'analyse morphologique de ce terme.

*L'histoire est **dé-légitimation** du passé vécu.*

Analyse sémantique

Du point de vue du sens, la délégitimation est le fait de se mettre hors la loi, de se rendre illégitime : la délégitimation correspond à la suppression d'une légitimité. Il s'agit ici de la perte de la légitimité de la mémoire individuelle, du vécu par rapport à l'histoire qui crée – ou recrée –, un récit collectif des évènements.

Le passé vécu, subjectif, n'est pas ce que retient l'histoire, qui a pour objet d'objectiver les faits, de les expliquer selon une dialectique (continuités temporelles, évolutions et rapports des choses) » : elle ne rend donc pas légitime la mémoire, qui est enracinée dans le « perçu ».

Analyse morphologique : *dé / légitim / ation*

Le préfixe *dé* est un préfixe négatif qui marque la séparation, la perte.

Legitim est la base : Du latin *legitimus* (« estimé être selon la loi »).

Le suffixe *-ation* indique une nominalisation (dérivation lexicale du verbe « légitimer »).

Analyse de supports d'enseignement (13 pts)

1. Comment analysez-vous les rubriques « Objectifs » et « Compétences » présentes dans la fiche de préparation au regard des nouveaux programmes ? (2 points)

La compréhension des deux concepts « objectifs » et « compétences » est erronée.

• La case « objectifs » donne des indications sur les tâches[1] qui vont être proposées aux élèves : repérer, transposer, répondre.

Or l'objectif correspond à la description par le maitre d'un comportement, en termes de savoir, de savoir-faire ou de savoir être, que l'élève devra manifester au terme d'un apprentissage.

L'objectif principal est ici notionnel et doit énoncer le savoir à connaître en fin d'apprentissage : il vise à comprendre le fonctionnement de la phrase à la forme négative.

Une reformulation est nécessaire : *Comprendre le fonctionnement de la phrase à la forme négative.*

1. Rappels. Tâche : ce que l'élève a à faire. La tâche prescrite par l'enseignant n'est pas toujours la tâche effectuée réellement par l'élève. L'enseignant doit veiller à ce que l'élève ne soit pas dans l'effectuation de la tâche (faire l'exercice) au détriment d'une véritable activité de réflexion pour laquelle la tâche à effectuer est le point d'appui.
Activité : comportement physique et mental que l'élève met en œuvre pour effectuer une tâche.
Tâche et activité sont liées : elles concourent à l'apprentissage et le structurent.

• La case « compétences »

L'objectif notionnel est lié pour l'élève aux compétences à acquérir ou à développer.

La compétence est définie comme un ensemble de savoirs et de savoir-faire organisé en vue d'accomplir une activité d'apprentissage souvent complexe. L'ensemble des compétences permet de former la capacité. C'est un savoir-faire en situation, lié à des connaissances déjà intériorisées.

Dans cette séquence, les compétences sont Lire, Dire (s'exprimer à l'oral), Écrire (s'exprimer à l'écrit).

La formulation initiale : « *Approche des formes et types de phrase : savoir transposer oralement une phrase affirmative en une phrase négative ou interrogative* » est à remplacer par :

– *s'exprimer en formulant des phrases à la forme négative, à l'oral et à l'écrit.*

– *comprendre le fonctionnement de la phrase à la forme négative.*

• Du point de vue des savoirs fondamentaux qui sous-tendent cette séquence, on peut s'interroger sur la formulation de la deuxième partie (groupe infinitif) de « *Approche des formes et types de phrase : savoir transposer oralement une phrase affirmative en une phrase négative ou interrogative* » : il s'agit de ne pas confondre les types de phrase : déclarative, interrogative, exclamative, injonctive, et les formes, ici affirmative et négative. Chaque type de phrase peut prendre une forme particulière, ce que ne laisse pas entrevoir la formulation proposée.

2. Analysez le travail proposé sur la fiche de préparation. (6 points)

La démarche proposée se veut conforme à celle d'une situation-problème : phases de mise en situation, de recherche, d'institutionnalisation.

Du point de vue de la fiche de préparation, les durées sont bien programmées, ainsi que les modalités de travail (organisation de la classe). On remarque que le déroulement ne fait cependant pas apparaître les consignes telles qu'elles ont été prévues pour les élèves.

Au plan des contenus :

• On constate que deux notions sont abordées : phrase affirmative et phrase négative.

Ceci peut être difficile au CE1, même si la phrase négative est définie à partir de la forme affirmative.

Proposition : n'aborder qu'un seul objectif par séance : « *la phrase à la forme négative* »

• La phase de mise en situation se veut inductive : les élèves doivent transformer les phrases affirmatives écrites au tableau en phrases négatives et inversement.

Il est demandé « *d'insérer en les écrivant les négations et de barrer les négations figurant sur le texte initial* ».

Au regard des tâches proposées (transformer, insérer et supprimer), le texte écrit sur l'affiche semble tout à fait artificiel et manque de pertinence du point de vue du sens.

« *Les feuilles des arbres sont de toutes les couleurs. Les oiseaux chantent. Nous n'apercevons pas le soleil. Nous ne trouvons pas de champignon. Le panier ne se remplit pas.* ».

Ces tâches simultanées peuvent créer une surcharge cognitive si l'activité n'est pas médiée par l'enseignante. En effet, on peut supposer que les tâches demandées sont individuelles et que les élèves doivent recopier le texte, ce qui crée une surcharge supplémentaire, à moins que l'exercice soit collectif et que la maitresse prenne en charge l'écriture au tableau.

Proposition : proposer une activité signifiante, comme choisir un extrait de texte lu et demander de procéder à un tri entre phrases affirmatives et phrases négatives. Procéder par étapes.

L'institutionnalisation partielle qui suit est cependant intéressante et permet aux élèves de se centrer sur le savoir à construire.

Suit une **phase** dite **de recherche**. À l'oral et de manière collective, les élèves doivent répondre par l'affirmative ou par la négative à une question posée par l'enseignante.

Cette étape présente plusieurs inconvénients : le jeu oral collectif proposé est très artificiel et cadré. C'est moins un jeu qu'un exercice de « structuration » : les réponses sont stéréotypées, les élèves sont interrogés successivement, la prise de parole de chacun est limitée et aucune différenciation n'est envisagée pour les élèves les moins performants.

Proposition : Il aurait été plus intéressant de construire collectivement un corpus de phrases à partir d'une interrogation totale posée aux élèves, corpus qui prenne en compte toutes les réponses des élèves. Par exemple : « *Aimes-tu les épinards ?*

– *Oui, j'aime les épinards.*

– *Oui, je les aime.*

– *Oui, j'aime.*

– *Non, j'aime pas les épinards.*

– *Non, je les aime pas.*

– *Non, je n'aime pas les épinards.*

– *non, j'aime pas.*

– *Non, j'aime les carottes.*

– *Non, je déteste.*

Voire – *Mmmm, un délice !* »

Un tel corpus aurait permis non seulement de faire émerger la différence entre phases affirmatives et négatives, mais encore d'observer les différences entre l'oral et l'écrit et de réfléchir à l'acceptabilité de l'oral *versus* l'acceptabilité de l'écrit. De même, une phrase peut être affirmative et avoir un sens négatif (*Non, je déteste.*)

• De fait, cette séance comprend beaucoup d'activités orales qui aboutissent à une règle sur le code écrit, ce qui manque de logique.

Dans le prolongement, la phase d'institutionnalisation, qui prévoit la règle grammaticale à laquelle les élèves doivent arriver est (i) uniquement propre à l'écrit et (ii) incorrecte : en effet, comme mentionné dans le point précédent, une phrase peut être affirmative et avoir un sens négatif (*Non, je déteste.*)

Proposition :

1) Aborder la distinction oral/écrit (« *J'aime pas les épinards* », forme admise à l'oral, *versus* « *Je n'aime pas les épinards* », forme écrite).

2) Montrer qu'une phrase affirmative peut avoir un sens négatif (*Je déteste les épinards ; Je nie l'existence des géants ; J'ignore ce que tu cherches...*).

3. À quelles conditions les élèves pourront-ils être actifs lors de la phase d'institutionnalisation ? (3 points)

La phase d'institutionnalisation des savoirs correspond au processus de transformation d'un objet de savoir à apprendre en un savoir appris lors d'une séance d'apprentissage : le rôle de l'enseignant est d'amener l'élève, à partir de ce qu'il connait, à travailler dans sa zone proximale de développement pour dépasser ses représentations initiales et acquérir le nouveau savoir (enseigné, compris, appris).

À chaque étape de la séance, l'enseignant rend possible la verbalisation du savoir découvert, même s'il est encore incomplet (on parle parfois de micro-institutionnalisations successives). La phase finale d'institutionnalisation va amener l'élève à formuler ce qu'il a appris et à reconnaître ce nouveau savoir comme tel.

L'institutionnalisation n'a donc de sens que si elle est construite par les élèves, sous le contrôle de l'enseignant. Il convient de rester au plus près de la formulation des élèves, même imagée.

Propositions de travail pour que les élèves soient actifs :

– Afin que les élèves s'investissent dans cette phase, on pourrait les placer en groupes et leur demander un écrit de travail consistant à formuler par écrit la règle découverte en cherchant ensemble des exemples, en rédigeant des phrases modèles.

– On pourrait aussi écrire sous la dictée des élèves en collectif (grand groupe) et construire progressivement la règle à partir des propositions des élèves.

Car les élèves doivent s'investir dans la phase d'institutionnalisation, la construire. Ils doivent pouvoir se positionner face au savoir institutionnalisé.

La question du degré de liberté pour l'enfant se pose face à sa trace écrite : il ne s'agit pas, comme dans la fiche de préparation proposée, de recopier le résumé prévu par l'enseignante, même si celui-ci peut servir de base à atteindre pour cette dernière, ce qui contraint la marge de manœuvre des élèves.

4. Proposez une activité de départ qui soit en cohérence avec l'objectif visé pour cette séance. (2 points)

Une réelle situation problème implique que les élèves rencontrent un obstacle qu'ils doivent franchir. On peut, par exemple, proposer une activité de tri, de comparaison ou de classement qui permette d'aboutir à la distinction entre phrases affirmatives et négatives et entre l'oral et l'écrit.

Les élèves seront mis en situation de recherche par groupes : ils sont en activité de réflexion, discutent et justifient leurs propos.

La mise en commun en groupe classe permettra de verbaliser les démarches et de formaliser les justifications proposées en petit groupe.

Ainsi le résumé pourra être élaboré par tous.

SUJET N° 8

Sujet de la session 2017 du groupement académique 2 : académies d'Aix-Marseille, Besançon, Bordeaux, Clermont-Ferrand, Corse, Dijon, Grenoble, Limoges, Lyon, Montpellier, Nantes, Nice, Orléans-Tours, Poitiers, Toulouse.

Sujet

Première partie : Question relative aux textes proposés

Vous analyserez la façon dont les textes du corpus questionnent la relation entre monstruosité et humanité.

Texte 1 : Chrétien de TROYES, *Yvain ou le chevalier au lion* (date approximative 1177), extrait, texte en ancien français adapté par Jean-Pierre Trusseau, Classiques, L'école des loisirs

Plongé dans ses pensées, Monseigneur Yvain cheminait à travers une forêt profonde lorsqu'il entendit, dans les fourrés, un grand cri de douleur. Il se dirigea aussitôt vers l'endroit d'où provenait ce cri.

Quand il y fut parvenu, il découvrit, dans un essart[1], un lion et un serpent qui le tenait par la queue et lui brûlait l'échine d'une flamme ardente. Monseigneur Yvain ne s'attarda pas longtemps à contempler cet étonnant spectacle. Il se demanda en lui-même auquel des deux il viendrait en aide et décida de prendre le parti du lion car on n'a pas le droit de faire du bien aux créatures venimeuses et félonnes. Or le serpent est venimeux : sa gueule vomit des flammes tant il est plein de malignité. C'est pour cela qu'Yvain décida de le tuer en premier. Il tire son épée et s'avance, l'écu devant son visage pour le protéger des flammes que le monstre recrache par sa gueule plus large qu'une marmite. Si le lion l'attaque ensuite, Yvain ne manquera pas de se défendre. Mais qu'importe ce qu'il adviendra ! Il a pitié de la noble bête et c'est elle qu'il va d'abord secourir. Avec son épée bien tranchante, il attaque le serpent félon et le coupe en deux puis le frappe tant et si bien qu'il le taille en pièces et le hache menu. Le voilà obligé de couper un morceau de la queue du lion que tenaient toujours les mâchoires raidies du monstre. Il prend bien soin d'en couper le moins possible. Yvain s'attendait à ce que le lion une fois délivré vienne l'attaquer. Cette idée n'effleura pas l'esprit de l'animal. Écoutez plutôt comment le lion se comporta en être noble et généreux. Il fit comme s'il se rendait au chevalier : dressé sur ses pattes de derrière, il lui tendait ses pattes avant jointes et baissait la tête vers le sol. Ensuite, il s'agenouillait et pleurait à chaudes larmes en signe de grande humilité. Monseigneur Yvain comprit, sans l'ombre d'un doute, que le lion le remerciait de cette façon d'avoir tué le serpent et de l'avoir sauvé de la mort. La tournure que prenait l'aventure lui parut fort plaisante.

Ayant essuyé son épée souillée par le venin du monstre, Yvain la remet au fourreau puis reprend son chemin. Le lion marche à ses côtés. Il le suivra partout désormais et ne le quittera plus jamais car il veut le servir et veiller sur lui.

1. Essart : clairière, lieu dégagé.

Texte 2 : Jean RACINE, *Phèdre* (1677), acte V, scène 6, vers 1507 à 1550, Bordas

Au terme de la tragédie, Théramène fait à Thésée, roi d'Athènes, le récit de la mort d'Hippolyte, son fils.

Un effroyable cri sorti du fond des flots
Des airs en ce moment a troublé le repos ;
Et du sein de la terre une voix formidable
Répond en gémissant à ce cri redoutable.
Jusqu'au fond de nos coeurs notre sang s'est glacé.
Des coursiers attentifs le crin s'est hérissé.
Cependant sur le dos de la plaine liquide
S'élève à gros bouillons une montagne humide ;
L'onde approche, se brise, et vomit à nos yeux
Parmi les flots d'écume un monstre furieux.
Son front large est armé de cornes menaçantes ;
Tout son corps est couvert d'écailles jaunissantes ;
Indomptable taureau, dragon impétueux,
Sa croupe se recourbe en replis tortueux.
Ses longs mugissements font trembler le rivage.
Le ciel avec horreur voit ce monstre sauvage ;
La terre s'en émeut, l'air en est infecté ;
Le flot, qui l'apporta, recule épouvanté.
Tout fuit ; et sans s'armer d'un courage inutile,
Dans le temple voisin chacun cherche un asile.
Hippolyte lui seul digne fils d'un héros,
Arrête ses coursiers, saisit ses javelots,
Pousse au monstre, et d'un dard, lancé d'une main sûre,
Il lui fait dans le flanc une large blessure.
De rage et de douleur le monstre bondissant
Vient au pied des chevaux tomber en mugissant,
Se roule, et leur présente une gueule enflammée,
Qui les couvre de feu, de sang et de fumée.
La frayeur les emporte ; et sourds à cette fois,
Ils ne connaissent plus ni le frein ni la voix.
En efforts impuissants le maître se consume ;
Ils rougissent le mors d'une sanglante écume.
On dit qu'on a vu même, en ce désordre affreux,
Un Dieu qui d'aiguillons pressait leur flanc poudreux.
À travers des rochers la peur les précipite ;
L'essieu crie et se rompt. L'intrépide Hippolyte
Voit voler en éclat tout son char fracassé ;
Dans les rênes lui-même, il tombe embarrassé.

Excusez ma douleur. Cette image cruelle
Sera pour moi de pleurs une source éternelle.
J'ai vu, Seigneur, j'ai vu votre malheureux fils
Traîné par les chevaux que sa main a nourris.
Il veut les rappeler et sa voix les effraie ;
Ils courent. Tout son corps n'est bientôt qu'une plaie.

Texte 3 : Victor HUGO, *Notre-Dame de Paris* (1831), Livre huitième, Folio Classique, Gallimard

Personne n'avait encore remarqué, dans la galerie des statues des rois, sculptés immédiatement au-dessus des ogives du portail, un spectateur étrange qui avait tout examiné jusqu'alors avec une telle impassibilité, avec un cou si tendu, avec un visage si difforme, que, sans son accoutrement mi-parti rouge et violet, on eût pu le prendre pour un de ces monstres de pierre par la gueule desquels se dégorgent depuis six cents ans les longues gouttières de la cathédrale. Ce spectateur n'avait rien perdu de ce qui s'était passé depuis midi devant le portail de Notre-Dame. Et dès les premiers instants, sans que personne songeât à l'observer, il avait fortement attaché à l'une des colonnettes de la galerie une grosse corde à nœuds, dont le bout allait traîner en bas sur le perron. Cela fait, il s'était mis à regarder tranquillement, et à siffler de temps en temps quand un merle passait devant lui. Tout à coup, au moment où les valets du maître des œuvres se disposaient à exécuter l'ordre flegmatique de Charmolue, il enjamba la balustrade de la galerie, saisit la corde des pieds, des genoux et des mains, puis on le vit couler sur la façade, comme une goutte de pluie qui glisse le long d'une vitre, courir vers les deux bourreaux avec la vitesse d'un chat tombé d'un toit, les terrasser sous deux poings énormes, enlever l'Égyptienne d'une main, comme un enfant sa poupée, et d'un seul élan rebondir jusque dans l'église, en élevant la jeune fille audessus de sa tête, et en criant d'une voix formidable : Asile !

Cela se fit avec une telle rapidité que si c'eût été la nuit, on eût pu tout voir à la lumière d'un seul éclair.

– Asile ! asile ! répéta la foule, et dix mille battements de mains firent étinceler de joie et de fierté l'œil unique de Quasimodo.

Cette secousse fit revenir à elle la condamnée. Elle souleva sa paupière, regarda Quasimodo, puis la referma subitement, comme épouvantée de son sauveur. Charmolue resta stupéfait, et les bourreaux, et toute l'escorte. En effet, dans l'enceinte de Notre-Dame, la condamnée était inviolable. La cathédrale était un lieu de refuge. Toute justice humaine expirait sur le seuil.

Quasimodo s'était arrêté sous le grand portail. Ses larges pieds semblaient aussi solides sur le pavé de l'église que les lourds piliers romans. Sa grosse tête chevelue s'enfonçait dans ses épaules comme celle des lions qui eux aussi ont une crinière et pas de cou. Il tenait la jeune fille toute palpitante suspendue à ses mains calleuses comme une draperie blanche ; mais il la portait avec tant de précaution qu'il paraissait craindre de la briser ou de la faner. On eût dit qu'il sentait que c'était une chose délicate, exquise et précieuse, faite pour d'autres mains que les siennes. Par moments, il avait l'air de n'oser la toucher, même du souffle. Puis, tout à coup, il la serrait avec étreinte dans ses bras, sur sa poitrine anguleuse, comme son bien, comme son trésor, comme eût fait la mère de cette enfant ; son œil de gnome, abaissé sur elle, l'inondait de tendresse, de douleur et de pitié, et se relevait subitement plein d'éclairs. Alors les femmes riaient et pleuraient, la foule trépignait d'enthousiasme, car en ce moment-là Quasimodo avait vraiment sa beauté. Il était beau, lui, cet orphelin, cet enfant trouvé, ce rebut, il se sentait auguste et fort, il regardait en face cette société dont il était banni, et dans laquelle il intervenait si puissamment, cette justice humaine à laquelle il avait arraché sa proie, tous ces tigres forcés de mâcher à vide, ces sbires, ces juges, ces bourreaux, toute cette force du roi qu'il venait de briser, lui infime, avec la force de Dieu.

Et puis c'était une chose touchante que cette protection tombée d'un être si difforme sur un être si malheureux, qu'une condamnée à mort sauvée par Quasimodo. C'étaient les deux misères extrêmes de la nature et de la société qui se touchaient et qui s'entraidaient.

8

Texte 4 : Eugène IONESCO, *Rhinocéros* (1959), acte III, Gallimard

Bérenger, personnage central de la pièce, se retrouve seul à la fin, tous ses contemporains s'étant transformés en rhinocéros ; ce monologue clôt la pièce.

Je ne veux pas les entendre. Je vais mettre du coton dans les oreilles. (*Il se met du coton dans les oreilles et se parle à lui-même dans la glace.*) Il n'y a pas d'autre solution que de les convaincre, les convaincre, de quoi ? Et les mutations sont-elles réversibles ? Hein, sont-elles réversibles ? Ce serait un travail d'Hercule, au-dessus de mes forces. D'abord, pour les convaincre, il faut leur parler. Pour leur parler, il faut que j'apprenne leur langue. Ou qu'ils apprennent la mienne ? Mais quelle langue est-ce que je parle ? Quelle est ma langue ? Est-ce du français, ça ? Ce doit bien être du français ? Mais qu'est-ce que du français ? On peut appeler ça du français, si on veut, personne ne peut le contester, je suis seul à le parler. Qu'est-ce que je dis ? Est-ce que je me comprends, est-ce que je me comprends ? (*Il va vers le milieu de la chambre.*) Et si, comme me l'avait dit Daisy, si c'est eux qui ont raison ? (*Il retourne vers la glace.*) Un homme n'est pas laid, un homme n'est pas laid ! (*Il se regarde en passant la main sur sa figure.*) Quelle drôle de chose ! À quoi je ressemble alors ? À quoi ? (*Il se précipite vers un placard, en sort des photos, qu'il regarde.*) Des photos ! Qui sont-ils tous ces gens-là ?

M. Papillon, ou Daisy plutôt ? Et celui-là, est-ce Botard ou Dudard, ou Jean[1] ? ou moi, peut-être ! (*Il se précipite de nouveau vers le placard d'où il sort deux ou trois tableaux.*) Oui, je me reconnais ; c'est moi, c'est moi ! (*Il va raccrocher les tableaux sur le mur du fond, à côté des têtes des rhinocéros.*) C'est moi, c'est moi. (*Lorsqu'il accroche les tableaux, on s'aperçoit que ceux-ci représentent un vieillard, une grosse femme, un autre homme. La laideur de ces portraits contraste avec les têtes des rhinocéros qui sont devenues très belles. Bérenger s'écarte pour contempler les tableaux.*) Je ne suis pas beau, je ne suis pas beau. (*Il décroche les tableaux, les jette par terre avec fureur, il va vers la glace.*) Ce sont eux qui sont beaux. J'ai eu tort ! Oh comme je voudrais être comme eux. Je n'ai pas de corne, hélas ! Que c'est laid, un front plat. Il m'en faudrait une ou deux, pour rehausser mes traits tombants. Ça viendra peut-être, et je n'aurai plus honte, je pourrai aller tous les retrouver. Mais ça ne pousse pas ! (*Il regarde les paumes de ses mains.*) Mes mains sont moites. Deviendront-

1. Noms de personnages proches de Bérenger et qui se sont transformés.

elles rugueuses ? (*Il enlève son veston, défait sa chemise, contemple sa poitrine dans la glace.*) J'ai la peau flasque. Ah, ce corps trop blanc, et poilu ! Comme je voudrais avoir une peau dure et cette magnifique couleur d'un vert sombre, une nudité décente, sans poils, comme la leur ! (*Il écoute les barrissements.*) Leurs chants ont du charme, un peu âpre, mais un charme certain ! Si je pouvais faire comme eux. (*Il essaye de les imiter.*) Ahh, ahh, brr ! Non, ça n'est pas ça ! Essayons encore, plus fort ! Ahh, ahh, brr ! non, non, ce n'est pas ça, que c'est faible, comme cela manque de vigueur ! Je n'arrive pas à barrir. Je hurle seulement Ahh, ahh, brr ! Les hurlements ne sont pas des barrissements ! Comme j'ai mauvaise conscience, j'aurais dû les suivre à temps. Trop tard maintenant ! Hélas, je suis un monstre, je suis un monstre. Hélas, jamais je ne deviendrai rhinocéros, jamais, jamais ! Je ne peux plus changer. Je voudrais bien, je voudrais tellement, mais je ne peux pas. Je ne peux plus me voir. J'ai trop honte ! (*Il tourne le dos à la glace.*) Comme je suis laid ! Malheur à celui qui veut conserver son originalité ! *(Il a un brusque sursaut.*) Eh bien tant pis ! Je me défendrai contre tout le monde ! Ma carabine, ma carabine ! (*Il se retourne face au mur du fond où sont fixées les têtes des rhinocéros, tout en criant* :) Contre tout le monde, je me défendrai ! Je suis le dernier homme, je le resterai jusqu'au bout ! Je ne capitule pas !

Rideau.

8

Deuxième partie : Connaissance de la langue

1. Dans l'extrait suivant du texte de Racine (texte 2), remplacez les mots et expressions soulignés par des synonymes ou des expressions de sens équivalent dans le contexte.

« Des **coursiers** attentifs le crin s'est hérissé.
Cependant sur le dos de **la plaine liquide**
S'élève à gros bouillons **une montagne humide**.
L'onde approche, se brise, et vomit à nos yeux
Parmi les flots d'écume un monstre furieux. »

2. Identifiez les formes et les fonctions des pronoms personnels dans le passage suivant (texte 2) et proposez un classement.

Hippolyte lui seul digne fils d'un héros,
Arrête ses coursiers, saisit ses javelots,
Pousse au monstre, et d'un dard, lancé d'une main sûre,
Il lui fait dans le flanc une large blessure.
De rage et de douleur le monstre bondissant
Vient au pied des chevaux tomber en mugissant,
Se roule, et leur présente une gueule enflammée,
Qui les couvre de feu, de sang et de fumée.

La frayeur les emporte ; et sourds à cette fois,
Ils ne connaissent plus ni le frein ni la voix.
En efforts impuissants le maître se consume ;
Ils rougissent le mors d'une sanglante écume.
On dit qu'on a vu même, en ce désordre affreux,
Un Dieu qui d'aiguillons pressait leur flanc poudreux.
À travers des rochers la peur les précipite ;
L'essieu crie et se rompt. L'intrépide Hippolyte
Voit voler en éclat tout son char fracassé ;
Dans les rênes lui-même, il tombe embarrassé.
Excusez ma douleur. Cette image cruelle
Sera pour moi de pleurs une source éternelle.
J'ai vu, Seigneur, j'ai vu votre malheureux fils
Traîné par les chevaux que sa main a nourris.
Il veut les rappeler et sa voix les effraie ;
Ils courent. Tout son corps n'est bientôt qu'une plaie.

3. Analysez et justifiez l'orthographe des terminaisons en [e] soulignées dans le passage suivant (texte 1).

Écoutez plutôt comment le lion se comporta en être noble et généreux. Il fit comme s'il se rendait au chevalier : dressé sur ses pattes de derrière, il lui tendait ses pattes avant jointes et baissait la tête vers le sol. Ensuite, il s'agenouillait et pleurait à chaudes larmes en signe de grande humilité. Monseigneur Yvain comprit, sans l'ombre d'un doute, que le lion le remerciait de cette façon d'avoir tué le serpent et de l'avoir sauvé de la mort. La tournure que prenait l'aventure lui parut fort plaisante. Ayant essuyé son épée souillée par le venin du monstre, Yvain la remet au fourreau puis reprend son chemin. Le lion marche à ses côtés. Il le suivra partout désormais et ne le quittera plus jamais car il veut le servir et veiller sur lui.

4. Analysez la valeur des temps des formes verbales conjuguées dans le passage suivant (texte 4).

J'ai eu tort ! Oh comme je voudrais être comme eux. Je n'ai pas de corne, hélas ! Que c'est laid, un front plat. Il m'en faudrait une ou deux, pour rehausser mes traits tombants. Ça viendra peut-être, et je n'aurai plus honte, je pourrai aller tous les retrouver. Mais ça ne pousse pas ! (*Il regarde les paumes de ses mains.*) Mes mains sont moites. Deviendront-elles rugueuses ? (*Il enlève son veston, défait sa chemise, contemple sa poitrine dans la glace.*) J'ai la peau flasque. Ah, ce corps trop blanc, et poilu ! Comme je voudrais avoir une peau dure et cette magnifique couleur d'un vert sombre, une nudité décente, sans poils, comme la leur !

Troisième partie : Analyse de supports d'enseignement (Cycle 3)

À partir de l'analyse des trois documents énumérés ci-après, vous répondrez aux questions.

1. Document 1 : corpus de ressources constitué par l'enseignant à partir des ressources pédagogiques de la Digitech enseignants « Banque de ressources éducatives numérique » (accessible à l'adresse ci-dessous :
http://enseignant.digitheque-belin.fr/#/module/form/create/lo/cdb79418-fe90-458c-a4dc-93c4e955a40b)

Le professeur, souhaitant étudier l'épisode du Cyclope avec ses élèves, a consulté la banque numérique de ressources Digitech ; il a retenu certains supports qu'il a ensuite réunis dans ce corpus (document 1).

2. Document 2 : reproduction en niveaux de gris des pages 12, 13, 14 et 15 de l'album de bande dessinée *Ulysse*, édition intégrale, de Sébastien Ferran, Emmanuel Proust éditions, 2009 (édition originale en couleurs). Il n'est pas nécessaire de lire la planche pour traiter le sujet.

3. Documents 3 et 4 : reproduction de deux fiches élèves conçues par le professeur pour le travail en séance :
– fiche de travail n° 1,
– fiche de travail n° 2.

(Les consignes y figurent en gras, les réponses des élèves sont en italiques ; leur orthographe a été corrigée.)

Questions :

1. Décrivez le corpus de ressources réunies par l'enseignant (documents 1 et 2), et les sélections qu'il opère ensuite pour construire sa séquence (documents 3 et 4).

2. À la lecture des documents 3 et 4, quelles sont les compétences travaillées ?

3. À la lumière de vos connaissances du programme de français pour le cycle 3, quel regard portez-vous sur les choix d'exploitation des ressources et les propositions d'activités que fait l'enseignant (documents 3 et 4) ?

4. Quelle analyse faites-vous de la production de l'élève au regard de la consigne d'écriture (fiche de travail n° 2, document 4) ?

Document 1

Quatre extraits de la banque numérique de ressources Digitech.

Ulysse et ses compagnons crèvent l'œil de Polyphème avec un pieu d'olivier : gravure de Théodore Van Thulden

Lien sur le portail Eduthèque

Image à télécharger sur le portail Eduthèque : http://expositions.bnf.fr/francoisIer/grand/fra_313.htm

Sources : Ulysse et ses compagnons crèvent l'œil de Polyphème avec un pieu d'olivier. Épisode inspiré de l'*Odyssée*, chant XI, vers 375-399. *Les Travaux d'Ulysse* : série de 58 gravures à l'eauforte réalisées par Théodore Van Thulden, d'après les fresques du Primatice et de Niccolo Dell'Abbate au château de Fontainebleau dans la Galerie d'Ulysse (détruite en 1739). Paris, Pierre Mariette, 1633. BNF, département des estampes et de la photographie, FOL-CC-57 (10)

Lien avec le chant

Sans perdre un instant, le roi chauffe sur le feu la massue taillée en pointe. Il redonne confiance à ses compagnons épouvantés. Il leur faut passer à l'attaque ou mourir dans le ventre du monstre. Complètement ivre, Polyphème ne les voit pas. Il ne les entend pas. Il dort toujours. Alors Ulysse et quatre de ses hommes, les plus forts, soulèvent l'épieu énorme et brûlant. Ils rassemblent leur courage. Ils courent, ils grimpent sur le monstre endormi et enfoncent leur arme dans son œil. Ulysse appuie dessus de toutes ses forces. Il appuie et il tourne, il tourne encore pour agrandir la plaie.

Homère, *L'Odyssée*, Classico Collège, Belin-Gallimard, 2016, pp. 27-28

Intention pédagogique

Cette gravure peut être utilisée pour illustrer la scène de l'aveuglement du Cyclope par Ulysse, dans le cadre du thème « Héros/Héroïnes et personnages ».

Après avoir enivré Polyphème, Ulysse et ses compagnons attendent que le Cyclope s'assoupisse pour lui crever l'œil avec un pieu. Le Cyclope est immense, particulièrement par rapport à Ulysse et ses compagnons qui font la même taille que les brebis de ce dernier.

Quelques pistes d'exploration de l'image :

Souligner l'intelligence dont Ulysse fait preuve en ayant l'idée d'enivrer le Cyclope, mais aussi le courage et la force qu'il témoigne pour se hisser jusqu'à Polyphème et lui crever l'œil avec le pieu.

Proposition de questionnement

Quelles sont les qualités physiques et mentales dont fait preuve Ulysse dans cette scène ? Vous êtes un compagnon d'Ulysse. Racontez la scène.

Document 2

Reproduction en niveaux de gris des pages 12, 13, 14 et 15 de l'album de bande dessinée *Ulysse*, édition intégrale, de Sébastien Ferran, Emmanuel Proust éditions, 2009 (édition originale en couleurs).

Document 3

« Héros, héroïnes et personnages » : Ulysse et le Cyclope
FICHE DE TRAVAIL N°1

Observe attentivement l'image présentée ci-dessous

Que vois-tu ? Note dans les cadres ci-dessous tes observations.

Sur les personnages : Combien sont-ils ? Sont-ils tous identiques ?

Il y a des petits soldats et un personnage géant.

On voit six petits soldats. Le personnage géant est tout seul.

Sur les actions des personnages : Que font-ils ?

Trois soldats sont au-dessus de la tête du géant. Le géant dort.

Maintenant, écoute l'histoire que je vais te raconter. Elle a été présentée dans un album écrit et dessiné par Sébastien Ferran à partir de l'oeuvre d'Homère.

Ensuite tu auras le temps de répondre aux questions ci-dessous. Écris une phrase pour chaque question. Pense à utiliser les mots notés au tableau.

– À ton avis, qui est le géant sur cette image ? Comment s'appelle-t-il ?

Le géant est le Cyclope. Il s'appelle Polyphème.

– Qui sont les soldats ?

Les soldats sont les amis d'Ulysse. Ils sont retenus prisonniers par le Cyclope qui veut les dévorer.

– Comment s'appelle leur chef ? Entoure-le sur l'image.

Le chef des soldats s'appelle Ulysse.

« Héros, héroïnes et personnages » : Ulysse et le Cyclope
FICHE DE TRAVAIL N° 2

CONSIGNE D'ÉCRITURE :

Imagine que tu es un compagnon d'Ulysse et rédige un court récit dans lequel tu racontes cette scène.

Note d'abord les différentes étapes de ton récit. Tu n'as pas besoin de rédiger des phrases.
Note en face de chaque tiret un titre qui sera l'évènement principal de chaque paragraphe.
(Tu n'es pas obligé(e) d'utiliser tous les tirets mais tu peux rajouter des tirets s'il t'en manque).

– *Le sommeil du Cyclope. Le cyclope est endormi car il a bu du vin.*
– *Ulysse et ses compagnons chauffent la pointe en fer.*
– *Ils montent sur le géant et lui crèvent son oeil.*

Maintenant, tu vas développer un texte plus long en respectant les étapes.
Tu peux t'aider de la fiche de vocabulaire avec les mots expliqués.

Des noms...
Le Cyclope
la grotte
le pieu
l'arme
la flamme
la ruse
le rocher

Des adjectifs...
Prisonnier
Sombre
ivre
effrayant
monstrueux
redoutable
cannibale
assoupi
endormi
ardente
rigide
rusé
valeureux

Des verbes...
Dévorer
Menacer
se hisser
chauffer
durcir
enfoncer
hurler

Ulysse et ses compagnons ont été faits prisonniers par Polyphème, un monstrueux cyclope cannibale. Ils se demandent comment ils vont lui échapper. Ulysse est très rusé : il a l'idée de faire boire du vin au cyclope pour le rendre ivre. Après avoir bu, Polyphème s'endort.

Alors, Ulysse et ses compagnons se précipitent pour chauffer une pointe qui durcit dans le feu. La pointe en fer devient très rigide et devient une arme redoutable.

Ulysse et ses compagnons se hissent sur le corps du cyclope assoupi. Trois soldats guettent. Et, pendant son sommeil, les valeureux hommes enfoncent la pointe en fer dans l'œil du cyclope pour le rendre aveugle. Ils peuvent s'enfuir de cette grotte terrifiante.

Corrigé

Question relative aux textes proposés (11 pts)

Vous analyserez la façon dont les textes du corpus questionnent la relation entre monstruosité et humanité.

Quelles relations entretiennent monstruosité et humanité ? Les quatre textes proposés dans ce corpus, écrits depuis le Moyen Âge jusqu'à l'époque contemporaine, nous invitent à réfléchir à cette question.

Chrétien de Troyes décrit le combat que mène le chevalier Yvain pour sauver un lion de la violence du serpent qui l'attaquait dans *Yvain ou le chevalier au lion* (1177). Jean Racine (extrait de *Phèdre*, 1677) fait faire à Théramène le récit de la mort d'Hippolyte à son père, le roi d'Athènes Thésée : il relate la terreur provoquée par la créature sortie des eaux, le courage d'Hippolyte osant affronter le monstre ainsi que sa fin tragique. Dans le texte suivant, extrait de *Notre-Dame de Paris*, Victor Hugo décrit le personnage de Quasimodo et montre comment il a sauvé la vie d'une jeune Égyptienne en la soustrayant à ses bourreaux. Enfin, le dernier texte de ce corpus est issu de la scène finale de la pièce de Eugène Ionesco, *Rhinocéros* (1959), dans laquelle Bérenger, seul humain après que tous ses compatriotes se sont transformés en rhinocéros, s'interroge longuement avant de choisir de se battre contre eux.

Par le biais de ces quatre extraits, nous verrons que monstruosité et humanité sont présentées comme deux facettes bien distinctes, deux univers clairement délimités et facilement identifiables, avant de montrer l'existence possible d'une tension entre ces extrémités : la frontière entre humanité et monstruosité est parfois floue et poreuse, les deux pouvant alors se rejoindre voire se confondre.

Dans l'ensemble de ces textes, monstruosité et humanité sont clairement identifiables et l'écriture des auteurs permet clairement au lecteur de distinguer ces deux mondes.

Selon les extraits, le monstre désigne un humain (chez V. Hugo) ou un animal essayant de semer la mort, comme c'est le cas chez J. Racine ou C. de Troyes. Ce monstre animal peut aussi sournoisement métamorphoser les humains à son image (E. Ionesco).

Ainsi, dans le texte de V. Hugo, la description physique qui est faite de Quasimodo fait de lui un monstre : il a le « visage difforme », un « accoutrement », on le compare à « ces montres de pierre » que sont les gargouilles de la cathédrale. Il a également de « larges pieds », des « mains calleuses » et une « poitrine anguleuse ». Tous ces détails physiques en font un personnage repoussant et laid, qui épouvante même la jeune femme qu'il vient de sauver, avec « son œil de gnome ». Hugo le compare également à un lion, non pour sa noblesse, aspect retenu par C. de Troyes dans *Yvain ou le chevalier au lion*, mais pour son animalité, parce qu'il a « une crinière et pas de cou ».

Pour C. de Troyes, la monstruosité se lit dans la violence du combat entre le lion et le serpent. Yvain est d'ailleurs alerté par « un grand cri de douleur ». La description physique du serpent est effrayante : « sa gueule vomit des flammes », et est « plus large qu'une marmite ». Il attaque le lion avec cruauté, en lui « brûl[ant] l'échine d'une flamme ardente ». Il est également présenté comme appartenant aux « créatures venimeuses et félonnes » : c'est un personnage fourbe et « plein de malignité ». De son côté, Yvain apparait comme le valeureux sauveur du lion : « il a pitié de la noble bête » et décide de la secourir. Le combat entre Yvain et le serpent se présente donc comme celui de l'homme contre les forces maléfiques.

D'une façon similaire, on retrouve cet affrontement entre monstruosité et humanité dans le texte de J. Racine. « Hippolyte lui seul digne fils d'un héros » se montre assez courageux pour oser défier la créature monstrueuse sortie des eaux, et qui sème la terreur partout autour d'elle, tant chez les hommes dont le cœur se glace d'effroi et qui fuient terrorisés que chez les animaux (les chevaux dont « le crin s'est hérissé »). La nature elle-même en est bouleversée : « Le ciel avec horreur voit ce monstre sauvage ; La terre s'en émeut, l'air en est infecté ; Le flot qui l'apporta, recule épouvanté. Tout fuit ». La créature est effrayante : il s'agit d'un « monstre furieux », elle a « un front large », des « cornes menaçantes ». On la présente comme un « indomptable taureau », un « dragon impétueux » qui sème la terreur par « ses longs mugissements ».

Enfin, E. Ionesco oppose Bérenger à ses compatriotes qui se sont tous transformés en rhinocéros. Cette pièce, métaphore de la montée des nationalismes (représentée par les transformations successives des humains en rhinocéros) donne ainsi à voir deux mondes qui s'affrontent : à la fin de la dernière scène, Bérenger seul humain contre tous choisit de se battre contre les rhinocéros et de ne pas capituler.

Si les textes de ce corpus présentent à première vue une opposition claire entre deux forces distinctes, ils montrent également que la frontière entre monstruosité et humanité est parfois ténue.

Ainsi, les auteurs questionnent le lecteur : où la monstruosité se cache-t-elle vraiment ? Et quelle part de monstruosité chacun cache-t-il en lui ?

En effet, même si Yvain apparait comme le sauveur du lion (C. de Troyes), l'attaque qu'il mène contre le serpent est particulièrement brutale : il « le coupe en deux puis le frappe tant et si bien qu'il le taille en pièces et le hache menu ». Sans pitié, il envisage d'ailleurs de faire subir le même sort au lion si celui-ci se retournait contre lui. La monstruosité peut donc apparaitre là où on ne l'attend pas forcément, d'autant qu'Yvain décide ici de prendre parti pour le lion contre le serpent, de façon plutôt arbitraire, au prétexte qu'il s'agit d'une créature félonne.

Dans *Phèdre*, le combat du héros contre le monstre a deux types de conséquences : d'abord positives dans un premier temps (le monstre blessé « vient au pied des chevaux tomber en mugissant »), mais ensuite tragiques. La monstruosité se retrouve dès lors dans le camp d'Hippolyte : alors même qu'il vient de blesser le monstre, ses propres chevaux, effrayés, s'emballent et se retournent contre lui. La description des supplices qu'il subit est d'autant plus insupportable qu'ils lui sont infligés par ses propres coursiers, « que sa main a nourris ». Hippolyte ne parvient plus à les contrôler : son char est « fracassé » contre les rochers, il tombe et, prisonnier de ses rênes, ne peut échapper à une fin tragique et d'une grande violence : « Tout son corps n'est bientôt qu'une plaie ».

Les monstres ne se définissent pas seulement selon leur apparence : ils ont, comme tout un chacun, des qualités et des défauts, ce qui en fait des figures à envisager dans l'espace de l'humanité, humanité sur laquelle il convient de s'interroger.

Ainsi, dans le texte de V. Hugo, Quasimodo, sous ses apparences de monstre, se comporte de façon sensible et tendre. Après avoir enlevé la jeune Égyptienne à ses bourreaux, il prend soin d'elle et la protège avec beaucoup de précaution, osant à peine respirer : « il sentait que c'était une chose délicate, exquise et précieuse, faite pour d'autres mains que les siennes ». Cet acte le rend beau et fort aux yeux de tous (« en ce moment-là, Quasimodo avait vraiment sa beauté. Il était beau, [...] il se sentait auguste et fort »). Il révèle toute son humanité, sa bonté et sa délicatesse et donne à voir par contraste, la monstruosité de la société qui l'a rejeté. Les rôles semblent inversés : le monstre n'est pas celui qui en a l'air. Dans le récit de C. de Troyes, contre toute attente, le lion envisagé par le chevalier comme potentiellement dangereux, se révèle noble, humble et serviable, puisqu'il choisit de veiller sur Yvain en signe de reconnaissance et pour le remercier de l'avoir sauvé. Yvain se satisfait d'ailleurs de cette situation : « La tournure que prenait l'aventure lui parut fort plaisante. »). Il accepte que le lion perde sa liberté et se soumette à sa personne, ce qui peut paraitre de nos jours une forme de monstruosité morale.

Si la monstruosité peut être physique, il ne faut donc pas oublier qu'elle est aussi morale. Et dans ce cas, l'humain lui-même peut devenir un monstre. En témoigne l'extrait de E. Ionesco, qui montre Bérenger en proie au doute et perdant ses repères. Il se pense laid, considère que ce sont les rhinocéros qui sont beaux et souhaite ardemment pouvoir devenir comme eux : « Je ne suis pas beau. Je ne suis pas beau. Ce sont eux qui sont beaux. J'ai eu tort ! Oh comme je voudrais être comme eux. » Bérenger représente ici le glissement, le basculement possible de l'humanité vers la monstruosité.

Objet de fascination universelle à travers les âges, la figure du monstre renvoie toujours à la part la plus intime de l'être humain, à la conscience de soi-même. Quelle part de nous nos attitudes contradictoires, nos décisions révèlent-elles ? Les textes du corpus rappellent qu'au-delà des apparences, le monstre n'est pas forcément celui qu'on croit. Il convient alors de s'interroger sur la complexité de l'âme humaine et sur la part de monstruosité qui peut exister en chacun d'entre nous.

Connaissance de la langue (11 pts)

1. Dans l'extrait suivant du texte de Racine (texte 2), remplacez les mots et expressions soulignés par des synonymes ou des expressions de sens équivalent dans le contexte.

Les synonymes sont indiqués entre parenthèses et en gras à la suite du mot ou de l'expression concernés :

« Des coursiers (**chevaux**) attentifs le crin s'est hérissé.
Cependant sur le dos de la plaine liquide (**la mer paisible**)
S'élève à gros bouillons une montagne humide (**une vague puissante**).
L'onde (**le flot**) approche, se brise, et vomit à nos yeux
Parmi les flots d'écume un monstre furieux. »

2. Identifiez les formes et les fonctions des pronoms personnels dans le passage suivant (texte 2) et proposez un classement.

Il y a dans cet extrait 22 pronoms personnels (surlignés ici) ; nous en proposons un classement ci-après.

Hippolyte lui seul digne fils d'un héros,
Arrête ses coursiers, saisit ses javelots,
Pousse au monstre, et d'un dard, lancé d'une main sûre,
Il lui fait dans le flanc une large blessure.
De rage et de douleur le monstre bondissant
Vient au pied des chevaux tomber en mugissant,

Se roule, et leur présente une gueule enflammée,
Qui les couvre de feu, de sang et de fumée.
La frayeur les emporte, et sourds à cette fois,
Ils ne connaissent plus ni le frein ni la voix ;
En efforts impuissants, le maître se consume.
Ils rougissent le mors d'une sanglante écume.
On dit qu'on a vu même en ce désordre affreux
Un dieu qui d'aiguillons pressait leur flanc poudreux.
À travers des rochers la peur les précipite.
L'essieu crie et se rompt. L'intrépide Hippolyte
Voit voler en éclat tout son char fracassé.
Dans les rênes lui-même, il tombe embarrassé.
Excusez ma douleur. Cette image cruelle
Sera pour moi de pleurs une source éternelle.
J'ai vu, Seigneur, j'ai vu votre malheureux fils
Traîné par les chevaux que sa main a nourris.
Il veut les rappeler et sa voix les effraie.
Ils courent. Tout son corps n'est bientôt qu'une plaie.

Le classement proposé tient compte de la morphologie des pronoms et de leurs fonctions.

• **Les pronoms personnels conjoints au verbe** (qui forment un bloc avec le verbe) :
– en fonction sujet : *il* (*lui fait*) ; *ils* (*ne connaissent plus*) ; *ils* (*rougissent le mors*) ; *on* (*dit qu'*) *on* (*a vu*) ; *il* (*tombe embarrassé*) ; *j'*(*ai vu*) × 2 ; *il* (*veut*) ; *ils* (*courent*).
– en fonction COD : *les* (*couvre de feu*) ; *les* (*emporte*) ; *les* (*précipite*) ; *les* (*rattraper*) ; *les* (*effraie*).
– en fonction COI : *lui* (*fait dans le flanc*) ; *leur* (*présente une gueule enflammée*).

• **Les pronoms personnels disjoints du verbe** (qui fonctionnent syntaxiquement comme un groupe nominal séparé du verbe) :
– en fonction sujet : *lui* (*seul digne fils d'un héros*) ; *lui-même* (= forme renforcée).
– en fonction complément de phrase : (*pour*) *moi*

• **Les pronoms personnels réfléchis** (qui présentent une identité de référent avec l'unité en fonction sujet) :
Ils assument la fonction COD : *se* (*roule*) ; *se* (*consume*) ; *se* (*rompt*).

3. Analysez et justifiez l'orthographe des terminaisons en [e] soulignées dans le passage suivant (texte 1).

Écout<u>ez</u> plutôt comment le lion se comporta en être noble et généreux. Il fit comme s'il se rendait au chevalier : dress<u>é</u> sur ses pattes de derrière, il lui tendait ses pattes avant jointes et baissait la tête vers le sol. Ensuite, il s'agenouillait et pleurait à chaudes larmes en signe de grande humilit<u>é</u>. Monseigneur Yvain comprit, sans l'ombre d'un doute, que le lion le remerciait de cette façon d'avoir tué le serpent et de l'avoir sauvé de la mort. La tournure que prenait l'aventure lui parut fort plaisante. Ayant essuyé son épée souillée par le venin du monstre, Yvain la remet au fourreau puis reprend son chemin. Le lion marche à ses côtés. Il le suivra partout désormais et ne le quittera plus jamais car il veut le servir et veiller sur lui,

• **Orthographe lexicale :**

humilité : les noms féminins qui se terminent en [*te*] s'écrivent *-té*, à l'exception des noms indiquant une certaine contenance (*une fourchetée, une pelletée…*) et des termes suivants *: la dictée, la jetée, la portée, la pâtée, la butée, la montée, la nuitée.*

épée : les noms féminins qui se terminent en [*pe*] s'écrivent *-pée*, comme *poupée, épopée, échappée*, etc.

• **Orthographe grammaticale :**

écoutez : verbe , à l'impératif présent, 2e personne du pluriel. La terminaison (marque de personne) est donc *-ez*.

dressé : participe passé, épithète détachée du pronom personnel *il* (mis pour *le lion*), il s'accorde en genre et en nombre avec ce dernier, soit au masculin singulier.

(*ayant*) *essuyé* : participe passé du verbe *essuyer*, il est construit avec l'auxiliaire *avoir* et ne s'accorde donc pas.

souillée : participe passé, épithète liée du nom *épée*, s'accorde en genre et en nombre avec ce dernier, donc féminin singulier.

veiller : il s'agit ici de la forme infinitive qui apparait après le verbe *vouloir* : *il veut le servir et* [*il veut*] *veiller sur lui*. Pour vérifier qu'il s'agit bien de l'infinitif (terminaison en *-er*) et non du participe passé du verbe (terminaison en *-é*), on peut le remplacer par un verbe dont l'infinitif se distingue du participe passé à l'oral : *il veut le servir et dormir sur lui.*

4. Analysez la valeur des temps des formes verbales conjuguées dans le passage suivant (texte 4).

L'extrait suivant comporte 17 formes verbales (surlignées), qui sont analysées ci-après.

J'ai eu tort ! Oh comme je voudrais être comme eux. Je n'ai pas de corne, hélas ! Que c'est laid, un front plat. Il m'en faudrait une ou deux, pour rehausser mes traits tombants. Ça viendra peut-être, et je n'aurai plus honte, je pourrai aller tous les retrouver. Mais ça ne pousse pas ! (Il regarde les paumes de ses mains.) Mes mains sont moites. Deviendront-elles rugueuses ? (Il enlève son veston, défait sa chemise, contemple sa poitrine dans la glace.) J'ai la peau flasque. Ah, ce corps trop blanc, et poilu ! Comme je voudrais avoir une peau dure et cette magnifique couleur d'un vert sombre, une nudité décente, sans poils, comme la leur !

L'extrait proposé correspond au monologue de Bérenger dans la pièce de Ionesco, *Rhinocéros*. On y retrouve donc des temps propres au système du discours, ancrés dans la situation de communication :

• **Le présent de l'indicatif :** (*je n'*) *ai* (*pas de corne*) ; (*c'*) *est* (*laid*) ; (*ça ne*) *pousse* (*pas*) ; (*il*) *regarde* ; (*mes mains*) *sont* (*moites*) ; (*il*) *enlève* (*son veston*), *défait* (*sa chemise*), *contemple* (*sa poitrine*) ; (*j'*) *ai* (*la peau flasque*).

Il a ici valeur de présent d'énonciation, concomitant avec le moment de l'énonciation pris comme point de repère.

• **Le futur de l'indicatif :** (*ça*) *viendra* ; (*je n'*) *aurai* (*plus honte*) ; (*je*) *pourrai* (*aller tous les retrouver*) ; *deviendront*-(*elles rugueuses*).

Le futur est employé ici dans sa valeur temporelle : l'action est présentée comme postérieure au moment de l'énonciation.

• **Le passé composé de l'indicatif :** (*j'*) *ai eu* (*tort*).

Le passé composé a une valeur d'accompli par rapport au moment de l'énonciation : il marque une action achevée, terminée.

• **Le conditionnel présent :** (*je*) *voudrais* (*être comme eux*) ; (*il m'en*) *faudrait* (*une ou deux*) ; (*comme je*) *voudrais* (*avoir une peau dure*).

Le conditionnel a ici une valeur modale : il correspond à l'expression d'un souhait.

Notons que le conditionnel présent est désormais considéré par de nombreux linguistes comme un temps de l'indicatif et non comme un mode à part entière.

Analyse de supports d'enseignement (13 pts)

1. Décrivez le corpus de ressources réunies par l'enseignant (documents 1 et 2), et les sélections qu'il opère ensuite pour construire sa séquence (documents 3 et 4).

Afin d'étudier avec ses élèves de cycle 3 l'épisode du Cyclope, qui fait partie des épreuves que rencontre Ulysse dans *L'Odyssée* d'Homère, cet enseignant a réuni différents types de documents :

– une gravure réalisée par Théodore Van Thulden, représentant précisément le moment où Ulysse aidé de ses compagnons crève l'œil du cyclope Polyphème avec un pieu d'olivier (doc. 1 extrait 1) ;

– un extrait de *L'Odyssée* d'Homère qui relate cet épisode (doc. 1 extrait 2) ;

– des pistes pédagogiques à mettre en place à partir de l'étude de la gravure de Van Thulden : en l'occurrence l'analyse des caractéristiques physiques et morales d'Ulysse – force, courage et intelligence – (doc. 1 extrait 3) et une question invitant les élèves à réfléchir sur les qualités physiques et mentales d'Ulysse et à relater l'épisode (doc. 1 extrait 4) ;

– quatre planches de l'album de bande dessinée *Ulysse* de Sébastien Ferran : celles-ci présentent la ruse d'Ulysse qui fait boire le cyclope pour qu'il s'assoupisse, avant de lui crever l'œil avec l'aide de ses compagnons.

À partir de ce corpus, l'enseignant construit une séquence qui comprend deux séances différentes. La première a pour point de départ la gravure de Van Thulden représentant Ulysse et ses compagnons enfonçant le pieu dans l'œil du cyclope. Après observation de cette représentation (description des personnages et de leurs actions), l'enseignant raconte l'épisode du cyclope en s'appuyant sur la bande dessinée de S. Ferran, avant de poser aux élèves des questions de compréhension.

La seconde séance consiste en une activité d'écriture individuelle : « Imagine que tu es un compagnon d'Ulysse et rédige un court récit dans lequel tu racontes cette scène. » Elle s'appuie sur le questionnement proposé dans le doc. 1 extrait 4 (« Vous êtes un compagnon d'Ulysse. Racontez la scène. »), en invitant les élèves à répondre à cette tâche à l'écrit.

On remarque donc que l'enseignant a fait des choix et a opéré une sélection : les supports utilisés sont la gravure ainsi que la bande dessinée, mais l'extrait de *L'Odyssée* d'Homère ne semble pas, tel quel, présenté ni lu aux élèves. Par ailleurs, parmi les pistes pédagogiques envisagées, l'enseignant a choisi de passer par une tâche d'écriture pour permettre aux élèves de raconter la scène, sans passer par une phase de questionnement et de discussions à l'oral.

2. À la lecture des documents 3 et 4, quelles sont les compétences travaillées ?

Dans la séance 1 (doc. 3), les élèves sont invités à observer une gravure, afin de répondre à des questions portant sur la scène (nombre de personnages et leur description) et l'action représentée. Puis, après avoir écouté le récit de l'épisode fait par l'enseignant, l'élève doit répondre à des questions de compréhension, portant sur la reconnaissance des personnages de la gravure. Il doit donc mettre en relation le récit entendu et la gravure observée. Les compétences travaillées ici sont donc des compétences de compréhension, à partir d'un texte entendu. Il s'agit ici plus précisément d'une compréhension globale, portant sur l'identification des personnages.

Ces différentes compétences apparaissent dans les programmes pour le cycle 3 pour le domaine « Lecture et compréhension de l'écrit ». Dans la rubrique « Comprendre un texte littéraire et l'interpréter », on attend en effet que les élèves développent la « mise en œuvre d'une démarche de compréhension à partir d'un texte entendu ou lu ». Cela passe par l'« écoute de textes littéraires lus ou racontés, de différents genres, en intégralité ou en extraits. » Par ailleurs, dans la rubrique « Comprendre des textes, des documents et des images et les interpréter », les programmes insistent sur l'« apprentissage explicite de la mise en relation des informations dans le cas de documents associant plusieurs supports (texte, image, schéma, tableau, graphique...) ».

De plus, les réponses se font par écrit ; l'élève est amené à faire des phrases et à réinvestir certains mots notés au tableau. Cette séance permet donc également de travailler des compétences liées à l'étude de la langue (syntaxe de la phrase, vocabulaire adéquat, orthographe correcte).

Enfin, les supports proposés permettent aux élèves de « découvrir des œuvres, des textes et des documents mettant en scène des types de héros/d'héroïnes, des héros/héroïnes bien identifiés ou qui se révèlent comme tels », répondant en cela aux préconisations des programmes pour le domaine « Culture littéraire et artistique », travaillé en interdisciplinarité.

Dans la séance 2, l'enseignant propose à ses élèves une consigne d'écriture individuelle (« Imagine que tu es un compagnon d'Ulysse et rédige un court récit dans lequel tu racontes cette scène »), en deux phases. Dans un premier temps, on invite l'élève à « noter les différentes étapes de [s]on récit ». Il s'agit pour lui de réfléchir à la façon de structurer, d'organiser son texte et de planifier son écrit.

En guise d'aide, l'enseignant invite l'élève à proposer un titre pour chacun des moments importants de l'histoire et propose trois « tirets » à compléter (« note en face de chaque tiret un titre qui sera l'évènement principal de chaque paragraphe »). Les tirets sont donnés à titre indicatif (l'élève peut en ajouter ou en retirer), mais on remarque qu'ils correspondent aux trois temps-clés du schéma narratif (situation initiale et élément perturbateur, action, résolution et situation finale), ce qui peut permettre aux élèves de construire les caractéristiques d'un texte narratif.

Dans une seconde étape, l'élève, à partir du plan qu'il a élaboré, va pouvoir passer à la mise en textes et « développer un texte plus long ». On lui propose de recourir à des outils d'écriture (« la fiche de vocabulaire avec les mots expliqués »).

Il s'agit donc ici de permettre aux élèves de travailler leurs compétences d'écriture, et de les amener, comme le préconisent les programmes dans le domaine de l'écriture, à « produire des écrits variés en s'appropriant les différentes dimensions de l'activité d'écriture ».

Les modalités de travail prévues par l'enseignant permettent par ailleurs de développer les compétences spécifiques suivantes, mentionnées dans les programmes : « connaissance des caractéristiques principales des différents genres d'écrits à produire », « mise en œuvre (guidée puis autonome) d'une démarche de production de textes : convoquer un univers de référence, un matériau linguistique, trouver et organiser des idées, élaborer des phrases, les enchainer avec cohérence, élaborer des paragraphes ou d'autres formes d'organisation textuelles », « mobilisation des outils liés à l'étude de la langue à disposition dans la classe ».

Les différentes compétences travaillées par le biais des deux séances prévues par l'enseignant sont donc conformes aux préconisations des programmes.

3. À la lumière de vos connaissances du programme de français pour le cycle 3, quel regard portez-vous sur les choix d'exploitation des ressources et les propositions d'activités que fait l'enseignant (documents 3 et 4) ?

Comme on l'a vu dans la réponse à la question 1., les ressources sélectionnées par l'enseignant pour construire sa séquence sont intéressantes, dans la mesure où elles correspondent à des documents composites, des documents de natures différentes, ce qui amène les élèves à faire des liens entre ces différentes ressources pour construire une compréhension solide.

Pour autant, si la gravure est bien présentée aux élèves et constitue le point de départ de la séquence, l'épisode d'Ulysse et du cyclope est raconté (et non lu) aux élèves par l'enseignant à partir de la bande dessinée et du texte d'Homère : « écoute l'histoire que je vais te raconter ». Il semblerait donc que les élèves n'aient pas accès directement à ces sources, ce qui est quelque peu dommage. Il aurait en effet été intéressant de permettre à ces élèves de cycle 3 de découvrir un extrait du texte d'Homère : le texte étant un peu complexe, cela peut se faire par la lecture de l'enseignant.

Par ailleurs, parmi les pistes pédagogiques listées dans le document 1, on voit que l'enseignant a également fait des choix, ce que nous avons déjà évoqué dans les questions 1 et 2.

Ainsi, dans la séance 1, les élèves ont à décrire l'image et à mettre en relation image et récit pour répondre à des questions de compréhension. Mais, comme on l'a remarqué plus haut, il s'agit de questions portant sur la compréhension globale uniquement (description des personnages et de la scène) et ne permettant pas de développer la compréhension fine, l'implicite du texte : compréhension de la ruse d'Ulysse (qui fait boire Polyphème afin qu'il s'assoupisse) et compréhension des caractéristiques d'Ulysse (personnage malin, courageux et fort). De plus, les élèves répondent aux questions individuellement et par écrit. Il n'y a donc pas de débat entre les élèves, de discussions à l'oral, de confrontations de points de vue, ce qui leur aurait permis de construire ensemble une compréhension plus assurée de l'épisode étudié et de développer des compétences liées à l'oral (*cf.* les programmes pour le cycle 3 : « parler en prenant en compte son auditoire », « participer à des échanges dans des situations de communication diversifiées »).

En séance 2, l'élève a à produire un court récit narratif : « Imagine que tu es un compagnon d'Ulysse et rédige un court récit dans lequel tu racontes cette scène ». Comme on l'a vu plus haut (question 2), cette production écrite est envisagée en deux étapes : ceci permet à l'élève de prendre conscience de la nécessité de structurer et de planifier son écrit (organiser son texte, réfléchir à sa cohérence) avant d'aborder la phase d'écriture à proprement parler. Les outils d'écriture proposés sous forme de listes de mots sont également pertinents et permettent à l'élève de réinvestir un vocabulaire précis et adapté dans sa production (compétences liées à l'étude de la langue).

Pour autant, il aurait été intéressant de faire précéder cette tâche d'écriture d'un débat collectif portant sur les caractéristiques physiques et mentales des différents personnages (piste suggérée dans le document 1) pour permettre aux élèves de co-construire la compréhension de l'épisode et accéder à une compréhension plus fine (caractéristiques du cyclope, d'Ulysse, ruse de celui-ci, etc.). Dans le cadre du domaine « Culture littéraire et artistique », le travail sur « Héros, héroïnes et personnages » mentionnent précisément que les élèves doivent « comprendre les qualités et valeurs qui caractérisent un héros/une héroïne ». On doit donc permettre aux élèves de « s'interroger sur les valeurs socioculturelles et les qualités humaines dont il/elle est porteur, sur l'identification ou la projection possible du lecteur ». Les programmes évoquent par ailleurs, dans le domaine « Lecture et compréhension de l'écrit », ces « activités permettant de partager ses impressions de lecture, de faire des hypothèses d'interprétation et d'en débattre, de confronter des jugements : débats interprétatifs, cercles de lecture, présentations orales, mises en voix avec justification des choix ». Ces différents échanges entre les élèves auraient ainsi permis de préparer l'activité d'écriture et auraient sans doute contribué à enrichir les productions des élèves.

Par ailleurs, il serait également pertinent, après ce premier jet d'écriture, que les élèves évaluent leurs écrits pour réviser, améliorer leur production. Cela peut se faire à l'aide d'une grille de critères construite avec l'enseignant, regroupant les points essentiels devant apparaitre dans le texte : cela permet par ailleurs aux élèves de mieux comprendre ce que l'on attend d'eux et contribue à clarifier la tâche demandée (on parle alors de clarté cognitive). Puis, en fonction des difficultés et des lacunes identifiées, les élèves proposent différentes réécritures afin d'aboutir à un texte satisfaisant. Ils prennent alors conscience du fait que l'écriture est un processus long. Le jet final pourra faire l'objet d'une diffusion (affichage en classe, publication dans le journal de l'école, envoi aux correspondants, etc.), ce qui renforce la motivation des élèves à écrire.

Enfin, pour clore ce travail, on peut envisager la mise en scène de l'épisode par les élèves, ce qui permettra de vérifier leur compréhension.

Pour conclure, les activités proposées par cet enseignant sont tout à fait pertinentes et conformes aux programmes, mais gagneraient à être complétées pour enrichir ce dispositif et permettre aux élèves de travailler d'autres compétences essentielles.

4. Quelle analyse faites-vous de la production de l'élève au regard de la consigne d'écriture (fiche de travail n° 2, document 4) ?

La consigne proposée par l'enseignant pour cette tâche d'écriture est la suivante : « Imagine que tu es un compagnon d'Ulysse et rédige un court récit dans lequel tu racontes cette scène ».

L'écrit proposé par cet élève est cohérent et respecte la chronologie des actions (respect des étapes du récit identifiées à la phase précédente : situation initiale/action/résolution). L'élève relate l'épisode de façon claire et précise. Il utilise des connecteurs logiques et temporels pour expliciter les liens entre les différentes actions (*après avoir bu, alors, et, pendant son sommeil*).

Les temps verbaux sont utilisés à bon escient : on retrouve essentiellement le présent de narration pour présenter les faits de façon dynamique (*Polyphème s'endort ; Ulysse et ses compagnons se précipitent*, etc.). L'infinitif passé (*avoir bu*) est également utilisé pour montrer la chronologie des actions et présenter un procès achevé (*Après avoir bu, Polyphème s'endort*). L'élève utilise également de façon tout à fait appropriée la forme passive du passé composé (*ont été faits prisonniers*) pour montrer l'antériorité de cette action et indiquer un procès achevé. Les temps utilisés appartiennent au système du discours.

Par ailleurs, l'élève utilise dans son texte un vocabulaire adapté et précis : il réinvestit de nombreux mots consignés sur les fiches de vocabulaire servant d'outils d'écriture (*Le cyclope, la grotte, l'arme, prisonnier, ivre, monstrueux, redoutable, cannibale, assoupi, rigide, rusé, valeureux, se hisser, chauffer, durcir, enfoncer*). On notera d'ailleurs que le réinvestissement des adjectifs proposés permet à l'élève de donner des indications sur les caractéristiques physiques et mentales des personnages. En revanche, l'élève utilise peu de substituts pour désigner le personnage d'Ulysse (mis à part les pronoms personnels *il* ou *ils* pour Ulysse et ses compagnons), ce qui aurait permis d'éviter les répétitions et d'apporter des précisions sur le personnage (ex. « *notre courageux chef* »).

En outre, l'élève n'a pas respecté la consigne d'écriture qui précisait « Imagine que tu es un compagnon d'Ulysse » car il propose un écrit rédigé à la 3e personne (*Ulysse et ses compagnons*), relevant davantage du système du récit alors qu'il aurait dû rédiger son texte à la 1re personne du pluriel en s'incluant aux personnages (*Ulysse et nous, ses compagnons, avons été faits prisonniers ; nous nous précipitons pour chauffer une pointe*...). Le point de vue adopté par l'élève ne répond donc pas à la consigne d'écriture.

En conclusion, même si cet écrit est tout à fait satisfaisant pour les différentes raisons évoquées et témoigne pour cet élève de compétences d'écriture certaines, l'ensemble des éléments contenus dans la consigne d'écriture n'est pas respecté. Ceci vient appuyer la nécessité d'un temps d'évaluation qui permettrait à l'élève de prendre conscience de ses erreurs, et d'une réécriture pour améliorer la qualité de la production et la rendre conforme aux attendus de la consigne d'écriture.

SUJET N° 9

Sujet de la session 2017 du groupement académique 3 : académies de Guadeloupe, Guyane, Martinique.

Sujet

Première partie : Question relative aux textes proposés

Vous confronterez les textes du corpus en vous interrogeant sur les différentes situations d'apprentissage qu'ils évoquent.

Texte 1 : Richard WRIGHT (1908-1960), *Black Boy*, 1945, traduction de Marcel Duhamel, en collaboration avec Andrée R. Picard, Gallimard, pp. 48-49

Je commençai à aller en classe au Howard Institute à un âge assez tardif, ma mère n'ayant pu m'acheter les vêtements nécessaires pour me rendre présentable. Les garçons du quartier m'emmenèrent en classe le premier jour et en arrivant aux abords de l'école, je fus pris de panique ; je voulais rentrer à la maison et remettre la chose à plus tard. Mais les garçons me prirent simplement par la main et m'entraînèrent à l'intérieur du bâtiment. J'étais muet d'épouvante, et les autres enfants furent obligés de décliner mon identité, de donner au maître mon nom et mon adresse. J'étais assis et j'écoutais les élèves réciter ; je savais et je comprenais ce qui se disait et se faisait, mais j'étais absolument incapable d'ouvrir la bouche quand on m'interrogeait. Autour de moi, les élèves semblaient si sûrs d'eux que je désespérais de pouvoir jamais me conduire comme eux.

À midi, dans la cour de récréation, je me joignis à un groupe de garçons plus âgés et je les suivis partout, écoutant leur conversation, posant des questions sans fin. Pendant cette récréation de midi, j'appris tous les mots orduriers qui servaient à décrire les fonctions physiologiques et sexuelles et je m'aperçus que je les connaissais déjà – je les avais prononcés au bar – bien qu'ignorant leur signification. Un grand garçon noir récita une poésie burlesque en vers de mirliton, parfaitement ordurière, où étaient décrits en détail les rapports sexuels entre hommes et femmes, et je me la rappelai par cœur après l'avoir entendue une seule fois. Cependant, malgré ma mémoire fidèle, il me fut impossible de réciter quand je retournai en classe. Le maître m'interrogea et je me levai, mon livre devant moi, mais je ne pus articuler une seule syllabe. Je sentais dans mon dos la présence de tous ces garçons et ces filles inconnus qui attendaient que je lise, et la peur me paralysait.

Et cependant lorsque la classe fut terminée, ce premier jour, je courus joyeusement à la maison, le cerveau chargé de connaissances d'un genre leste et corsé, mais sans une seule idée prise dans des livres. J'engloutis mon repas froid qui était resté sur la table, je saisis un morceau de savon et je me précipitai dans la rue, impatient de faire étalage de ce que j'avais appris à l'école durant la matinée. Allant d'une fenêtre à l'autre, j'écrivis en énormes lettres avec le savon les mots orduriers dont j'avais récemment fait l'acquisition. J'avais écrit sur presque toutes les fenêtres du quartier quand une femme m'arrêta et me renvoya à la maison. Ce même soir, la femme alla trouver ma mère et lui apprit ce que j'avais fait, en l'emmenant d'une fenêtre à l'autre pour lui faire voir mes griffonnages suggestifs. Ma mère fut horrifiée. Elle me demanda instamment de lui raconter où j'avais appris ces mots et refusa de me croire quand je l'assurai que je les avais appris à l'école.

Texte 2 : Marcel PAGNOL (1895-1974), *La Gloire de mon père*, 1957, Éditions de Fallois, pp.31-32

Lorsqu'elle allait au marché, ma mère me laissait au passage dans la classe de mon père, qui apprenait à lire à des gamins de six ou sept ans. Je restais assis, bien sage, au premier rang, et j'admirais la toute-puissance paternelle. Il tenait à la main une baguette de bambou : elle lui servait à montrer les mots qu'il écrivait au tableau noir, et quelquefois à frapper sur les doigts d'un cancre inattentif.

Un beau matin, ma mère me déposa à ma place, et sortit sans mot dire, pendant qu'il écrivait magnifiquement sur le tableau : « La maman a puni son petit garçon qui n'était pas sage. »

Tandis qu'il arrondissait un admirable point final, je criai : « Non ! Ce n'est pas vrai ! » Mon père se retourna soudain, me regarda stupéfait, et s'écria : « Qu'est-ce que tu dis ?

– Maman ne m'a pas puni ! Tu n'as pas bien écrit ! »

Il s'avança vers moi :

« Qui t'a dit qu'on t'avait puni ?

– C'est écrit. »

La surprise lui coupa la parole un moment.

« Voyons, voyons, dit-il enfin, est-ce que tu sais lire ?

– Oui

– Voyons, voyons... », répétait-il.

Il dirigea la pointe du bambou vers le tableau noir.

« Eh bien, lis. »

Je lus la phrase à haute voix.

Alors, il alla prendre un abécédaire, et je lus sans difficulté plusieurs pages...

Je crois qu'il eut ce jour-là la plus grande joie de sa vie.

Lorsque ma mère survint, elle me trouva au milieu des quatre instituteurs, qui avaient renvoyé leurs élèves dans la cour de récréation, et qui m'entendaient déchiffrer lentement l'histoire du *Petit Poucet*... Mais au lieu d'admirer cet exploit, elle pâlit, déposa ses paquets par terre, referma le livre, et m'emporta dans ses bras, en disant : « Mon Dieu ! mon Dieu !...»

Texte 3 : Jean-Paul SARTRE (1905-1980), *Les Mots*, 1964, Gallimard, pp.41-43

Anne-Marie, la mère de Sartre, a pris l'habitude de lui raconter puis de lui lire des histoires.

Je fus alors jaloux de ma mère et je résolus de lui prendre son rôle. Je m'emparai d'un ouvrage intitulé *Tribulations d'un Chinois en Chine* et je l'emportai dans un cabinet de débarras ; là, perché sur un lit-cage, je fis semblant de lire : je suivais des yeux les lignes noires sans en sauter une seule et je me racontais une histoire à voix haute, en prenant soin de prononcer toutes les syllabes. On me surprit – ou je me fis surprendre – on se récria, on décida qu'il était temps de m'enseigner l'alphabet. Je fus zélé comme un catéchumène ; j'allais jusqu'à me donner des leçons particulières : je grimpais sur mon litcage avec *Sans famille* d'Hector Malot, que je connaissais par cœur et, moitié récitant, moitié déchiffrant, j'en parcourus toutes les pages l'une après l'autre : quand la dernière fut tournée, je savais lire.

J'étais fou de joie : à moi ces voix séchées dans leurs petits herbiers, ces voix que mon grand-père ranimait de son regard, qu'il entendait, que je n'entendais pas ! Je les écouterais, je m'emplirais de discours cérémonieux, je saurais tout. On me laissa vagabonder dans la bibliothèque et je donnai l'assaut à la sagesse humaine. C'est ce qui m'a fait. Plus tard, j'ai cent fois entendu les antisémites reprocher aux juifs d'ignorer les leçons et les silences de la nature ; je répondais : « En ce cas, je suis plus juif qu'eux. » Les souvenirs touffus et la douce déraison des enfances paysannes, en vain les chercherais-je en moi. Je n'ai jamais gratté la terre ni quêté des nids, je n'ai pas herborisé ni lancé des pierres aux oiseaux. Mais les livres ont été mes oiseaux et mes nids, mes bêtes domestiques, mon étable et ma campagne ; la bibliothèque, c'était le monde pris dans un miroir ; elle en avait l'épaisseur infinie, la variété, l'imprévisibilité. Je me lançai dans d'incroyables aventures : il fallait grimper sur les chaises, sur les tables, au risque de provoquer des avalanches qui m'eussent enseveli. Les ouvrages du rayon supérieur restèrent longtemps hors de ma portée ; d'autres, à peine je les avais découverts, me furent ôtés des mains ; d'autres, encore, se cachaient : je les avais pris, j'en avais commencé la lecture, je croyais les avoir remis en place, il fallait une semaine pour les retrouver. Je fis d'horribles rencontres : j'ouvrais un album, je tombais sur une planche en couleurs, des insectes hideux grouillaient sous ma vue. Couché sur le tapis, j'entrepris d'arides voyages à travers Fontenelle, Aristophane, Rabelais : les phrases me résistaient à la manière des choses ; il fallait les observer, en faire le tour, feindre de m'éloigner et revenir brusquement sur elles pour les surprendre hors de leur garde : la plupart du temps, elles gardaient leur secret.

Texte 4 : Joseph ZOBEL (1915-2006), *La Rue Cases-Nègres*, 1950, Présence africaine, pp.52-54

Le narrateur vit dans une plantation de canne à sucre, en Martinique. Souvent, le soir, il rend visite à un vieil homme, M. Médouze.

Il achevait sa pipe silencieusement, presque sans bouger. Au bout d'un instant, comme se réveillant de son inertie, il se raclait la gorge, crachait, et, d'une voix qui se dérobait à tout instant, il s'écriait à brûle-pourpoint :

– Titim' !

Là-dessus, mon attention se ranimait d'un bond, et ma joie explosait en ma prompte réplique :

– Bois sec !

Ainsi commençait notre partie d'énigmes.

– Je suis ici, je suis en France ! propose M. Médouze.

Feignant de chercher intensément, je le regarde simplement. Son visage fixe et calme reprend encore à la lueur des flammes qui se trémoussent sous le canari des expressions fantastiques. Il sait d'ailleurs que je ne trouverai pas la réponse à sa devinette et que j'attends.

– Une lettre, me dit-il enfin.

Une lettre ? Je ne sais pas ce que c'est ; mais cela ne me semble que plus merveilleux. En général, M. Médouze, comme par une sorte de révision, reprend les « titims » les plus élémentaires, ceux dont je connais déjà la clé.

– Quand l'eau a monté un morne ?

– C'est une noix de coco, fais-je du tac au tac.

– Quand l'eau descend un morne ?

– Une canne à sucre !

– Quand Madame met son tablier par-derrière ?

– C'est l'ongle d'un doigt.

Puis il passe aux plus difficiles :

– Madame est dans sa chambre et ses cheveux flottent en dehors.

Silence. Long silence. Quelques bouffées lentement pompées de la vieille pipe, et c'est lui-même qui va répondre :

– Un pied d'igname.

Cela me paraît extraordinaire.

– Mais oui, explique-t-il : l'igname est dans la terre qui lui sert de chambre, et ses vrilles, comme des boucles de cheveux, grimpent sur les rames.

Tout l'attrait de ces séances de devinettes est de découvrir comment un monde d'objets s'apparente, s'identifie à un monde de personnes ou d'animaux. Comment une carafe en terre cuite qu'on tient par le goulot devient un domestique qui ne sert de l'eau à son maître que lorsque ce dernier l'étrangle. Comment le parasol du géreur apparaît comme « une case à un seul poteau ». Ainsi, sur la simple intervention de M. Médouze, le monde se dilate, se multiplie, grouille vertigineusement autour de moi.

Lorsque M. Médouze aura fini sa pipe, il crachera énergiquement, passera le revers de sa main sur ses lèvres, dans la broussaille crissante de sa barbe.

Alors s'ouvrira la partie la plus troublante de la soirée.

– Eh cric !

– Eh crac !

Mon cœur repart d'un grand galop, mes yeux s'embrasent.

– Trois fois bels contes !

– Tous les contes sont bons à dire.

– Quelle est la mère de Chien ?

– Chienne.

– Le père de Chien ?

– Chien.

– Abouhou !

– Biah !

J'ai très bien répondu au préambule. Un silence. Je retiens mon souffle.

– Eh bé ! y avait une fois, repart lentement M. Médouze, au temps où Lapin marchait en costume de toile blanche et chapeau Panama ; au temps où toutes les traces de Petit– Morne étaient pavées de diamants, de rubis, de topazes (toutes les ravines coulaient de l'or et le Grand Étang était un bassin de miel), au temps où moi, Médouze, j'étais Médouze ; il y avait une fois, en ce temps-là, un vieil homme qui vivait tout seul dans un château, loin, loin, loin.

Un menteur dirait loin comme d'ici à Grand-Rivière. Mon frère, qui était un peu menteur, aurait dit comme d'ici à Sainte-Lucie. Mais moi, qui ne suis point menteur, je dis que c'était loin comme d'ici en Guinée… hé cric !

– Hé crac !

Deuxième partie : Connaissance de la langue

1. Transposez au discours indirect le passage suivant, extrait du texte 2, en soulignant et en commentant les modifications :

« Tandis qu'il arrondissait un admirable point final, je criai : « Non ! Ce n'est pas vrai ! » Mon père se retourna soudain, me regarda stupéfait, et s'écria : « Qu'est-ce que tu dis ?
– Maman ne m'a pas puni ! Tu n'as pas bien écrit ! »

2. Vous répondrez aux questions suivantes :

a) Analysez la construction des phrases dans le paragraphe cidessous, extrait du texte 2.

b) Donnez la nature et la fonction des deux mots soulignés.

« Lorsqu'elle allait au marché, ma mère me laissait au passage dans la classe de mon père, qui apprenait à lire à des gamins de six ou sept ans. Je restais assis, bien sage, au premier rang, et j'admirais la toute-puissance paternelle. Il tenait à la main une baguette de bambou : elle lui servait à montrer les mots qu'il écrivait au tableau noir, et quelquefois à frapper sur les doigts d'un cancre inattentif. »

9

3. « Je les écouterais, je m'emplirais de discours cérémonieux, je saurais tout. » (texte 3) : **identifiez la forme des verbes, donnez leur infinitif et groupe, justifiez leur emploi.**

4. Proposez une réécriture de ce passage en respectant les règles orthographiques :

« La reine des fées dit tout haut : tu est une sorciére, tu doit faire le male. Tu n'a pas était accepter par les fée maintenant assume. Tu ne seras jamet l'une d'antre elles… »

5. « À moi ces voix séchées dans leurs petits herbiers » (texte 3) : **expliquez cette expression et identifiez la figure de style utilisée.**

Troisième partie : Analyse de supports d'enseignement

Document 1 : une même image inductrice a été proposée en début d'année en classe de GS et de CP. Voici quatre productions écrites d'élèves.

Document 2 : Ressources maternelle, « Graphisme et écriture : l'écriture à l'école maternelle », via Eduscol (http://eduscol.education.fr/ressources-maternelle).

1. Quels sont pour vous les intérêts et les limites de cette situation d'écriture ?

2. À l'aide du document 2, analysez les quatre productions d'élèves en tenant compte du niveau de classe.

3. Quelles pistes de travail proposeriez-vous pour améliorer les productions 3 et 4 ?

4. En prenant appui sur une situation d'écriture de votre choix dans une classe de CP, montrez quelles sont les différentes étapes d'une séquence de production écrite et expliquez comment vous les mettriez en œuvre.

Document 1

Une même image inductrice a été proposée en début d'année en classe de GS et de CP. Voici quatre productions écrites d'élèves.

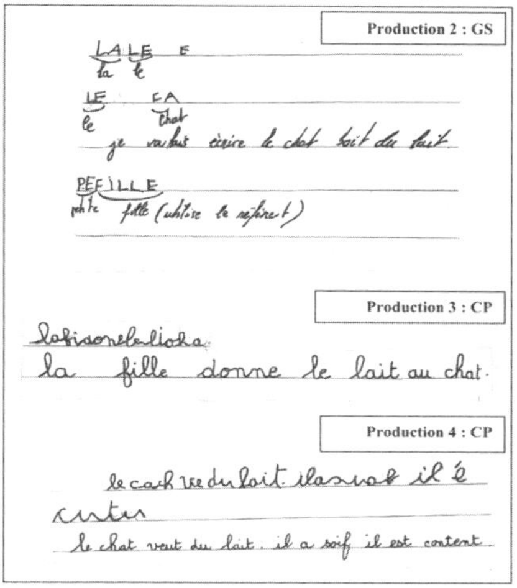

Document 2

Ressources maternelle, « Graphisme et écriture : l'écriture à l'école maternelle », via Eduscol (http://eduscol.education.fr/ressources-maternelle).

Des exemples de commandes d'écriture de mots simples

En grande section, les écritures autonomes seront plus fréquentes et parfois réalisées en écriture cursive, selon l'expertise des élèves. En s'appuyant sur les mots affichés dans la classe ou mis à leur disposition, sur leur compréhension des relations entre l'oral et l'écrit, les enfants commencent à produire des phrases ou des courts textes, en relation avec les expériences vécues, les histoires entendues et les activités pratiquées [...]

La maîtrise de l'écriture cursive ne garantit en rien la connaissance de l'aspect sonore des lettres. Lucile, qui maîtrise parfaitement l'écriture de son prénom en cursive, identifie peu (« i » pour crocodile, « a » pour poisson) ou pas du tout (« o » pour chat) les séquences sonores contenues dans les mots qui lui sont proposés. [...]

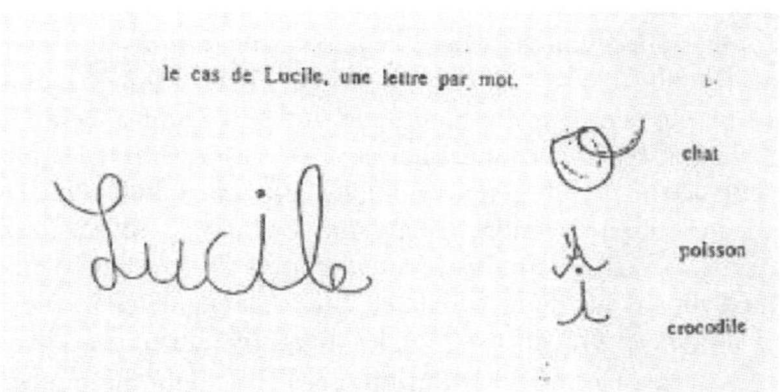

Pour écrire de nouveaux mots, les enfants vont devoir recourir à des stratégies différentes, recopier des morceaux de mots familiers, attribuer à une lettre la valeur phonique de son nom (ke = que), écrire des lettres dont le son se retrouve dans le mot à écrire (on nété = on était).

Corrigé

Question relative aux textes proposés (11 pts)

Vous confronterez les textes du corpus en vous interrogeant sur les différentes situations d'apprentissage qu'ils évoquent.

Apprendre est affaire de toute une vie, à travers le parcours scolaire, certes, mais aussi à travers les expériences personnelles. Le corpus soumis à l'étude est composé de quatre textes autobiographiques qui mettent en scène leur auteur dans un contexte d'apprentissage. Richard Wright dans son premier roman *Black Boy* (1945) raconte son entrée au Howard Institute et la découverte de mots jusqu'ici inconnus ou interdits. Joseph Zobel, à peu près à la même époque, dans son célèbre ouvrage *Rue Case-Nègres* (1950) délivre ses souvenirs de conversation avec M. Médouze avec qui il partage des jeux sur la langue. Si la langue orale est privilégiée dans ces deux ouvrages, Marcel Pagnol et Jean-Paul Sartre mettent en avant l'entrée dans le monde de l'écrit, la découverte de la lecture dans les récits respectifs *La gloire de mon père* (1957) et *Les mots* (1964).

La lecture de ces quatre textes permet d'interroger le rapport à l'apprentissage : quelles situations évoquent-ils ?

La relation à autrui, la fréquentation des autres ouvre un monde jusqu'ici inconnu, elle enrichit chacun de nouvelles connaissances et développe des sentiments de plaisir.

Les autobiographes rapportent, à travers leur expérience personnelle, leur contact avec d'autres univers : scolaire, familial ou amical.

La classe reste un lieu privilégié d'apprentissage : les élèves qui y sont scolarisés se doivent d'être attentifs aux paroles du maitre. Les camarades de classe de Richard Wright semblent sûrs d'eux et apprennent à répondre aux sollicitations de l'enseignant, chose impossible pour l'auteur, paralysé par la peur. Ce qui n'est pas, pour le moins, vécu par le jeune Marcel Pagnol qui n'hésite pas à interrompre son père, le maitre de la classe, pour contester ce qui est écrit au tableau, prouvant alors par sa remarque sa capacité à lire.

Si Richard Wright semble désemparé par son incompétence à répondre lorsqu'on l'interroge, il quitte malgré tout l'école « le cerveau chargé de connaissances d'un genre leste et corsé ». Ces connaissances nouvellement acquises sont le fruit d'un apprentissage avec des étudiants plus âgés « sans une seule idée prise dans des livres », à l'opposé de Jean-Paul Sartre qui dévore tous les ouvrages qu'il trouve dans la bibliothèque familiale grâce à son grand-père. Pour l'auteur des *Mots*, tous les lieux sont propices à la lecture : son lit, la bibliothèque, le tapis. A contrario de cette découverte d'un nouvel univers par procuration, Zobel privilégie la rencontre personnelle : chaque soir, il va rendre visite à un vieil homme, M. Médouze, avec qui il va jouer « une partie d'énigmes ». Ces auteurs rendent compte de leur expérience avec le livre, soit seul soit par la médiation d'autrui, un camarade, un vieil ami qui les amènent à découvrir toutes les richesses de la langue, les univers évoqués, les mots rencontrés.

Ce n'est pas le savoir transmis par l'école dont il est question, mais les connaissances découvertes par soi-même à travers une relation duelle, lors d'une récréation, ou seul assoiffé de mondes nouveaux mais jamais totalement seul : la médiation est indispensable.

J.-P. Sartre, à l'inverse d'autres enfants qui ont « gratté la terre [ni] quêté les nids », découvre une forme de ruralité des livres : « les livres ont été mes oiseaux et mes nids, mes bêtes domestiques, mon étable et ma campagne ». Il construit un rapport singulier à la lecture : le monde qu'il découvre et qui « le fait » est celui de la bibliothèque. J.-P. Sartre est un lecteur précoce tout comme M. Pagnol qui devient objet d'admiration de son père et des autres instituteurs, admiration non partagée par sa mère qui voit là certainement l'éloignement de son fils qui, grâce à la lecture, va devenir autonome et grandir.

D'une autre façon, Richard Wright et Joseph Zobel mettent en avant la découverte de la langue dans toute sa diversité : celle des mots interdits mais ô combien délicieux, celle des métaphores et jeux subtils partagés avec le conteur M. Médouze. Ce que retiendra R. Wright après sa première journée à l'institut est le fruit d'un apprentissage que sa mère réfutera « refus[ant] de [me] croire ». En effet, le vocabulaire retenu est constitué de « mots orduriers » qui n'étaient pas inconnus du narrateur mais qui va découvrir leur signification, ces mots servant « à décrire les fonctions physiologiques et sexuelles ». J. Zobel découvre également la beauté de la langue mais dans un autre registre, celui plus poétique des figures de style et autres jeux de mots. Un rituel d'écoute délimite la conversation : « Bois sec » répond au « Titim' », « hé crac » au « hé cric », autant d'expressions orales qui rendent compte d'un rapport instantané entre les individus. M. Zédoune enseigne la poésie à Joseph, le jeune narrateur, sous forme d'énigme, il faut deviner le mot qui se cache derrière l'image décrite, elle-même traduisant un rapport particulier au monde : une lettre se définit ainsi « Je suis ici, je suis en France ». Ces mots qui dansent emmènent Joseph vers un « monde [qui] se dilate, se multiplie, grouille vertigineusement ».
Ces découvertes, faites par les personnages, jeunes narrateurs, s'associent à une entrée dans le monde des grands, découvertes qui ne cessent de les enchanter.

Tous les auteurs, devenus adultes, portent un regard bienveillant et heureux sur ces apprentissages. Le plaisir, la joie est le sentiment le plus partagé : J. Zobel explose de joie, ses « yeux s'embrasent », tout comme R. Wright qui court « joyeusement à la maison » heureux de ces nouveaux mots appris, fussent-ils « orduriers ». La joie ressentie est celle du partage, de la reconnaissance : Joseph entre dans le monde de M. Médouze quand il comprend la définition et trouve la solution, Richard entre dans le monde des grands en découvrant la signification des mots alors inconnue. L'impatience nait de ce nouveau savoir, impatience de vouloir à son tour partager comme le fera Richard en écrivant tous ces nouveaux mots sur les fenêtres de ses voisins. Le père de Marcel Pagnol est tout à sa joie aussi, lorsqu'il découvre que son fils sait lire alors que personne ne lui a appris, tout comme J.-P. Sartre « fou de joie » qui découvre lui aussi sa capacité à lire, prouvant qu'il entre de ce fait dans le monde de sa mère, de son grand-père et encore bien davantage.
Mais à la joie répond tantôt l'admiration et tantôt l'incompréhension, voire la méfiance. Les mères des narrateurs, celle de Pagnol et de Wright sont méfiantes, d'une part pour la mère de M. Pagnol qui pressent la fin de l'innocence de l'enfance chez son fils, d'autre part pour celle de R. Wright qui est horrifiée des apprentissages de son fils qui ne sont pas ceux attendus. Les figures paternelles expriment une connivence faite d'admiration : M. Pagnol deviendra la gloire de son père, tandis que M. Médouze, fier de la réussite de Joseph, augmente la difficulté et l'entraine vers des reconnaissances de plus en plus complexes jusqu'à lui faire partager les contes et autres menteries qu'il est devenu digne d'écouter.

Ces textes qui relatent une partie de l'enfance des auteurs est un hommage à la langue, la découverte des mots, des expressions, un hommage à la soif d'apprendre et au rapport au monde qui en découle : ces jeunes narrateurs passionnés deviendront tous, des écrivains confirmés.

Connaissance de la langue (11 pts)

1. Transposez au discours indirect le passage suivant, extrait du texte 2, en soulignant et en commentant les modifications.

Transposition proposée :

> Tandis qu'il arrondissait un admirable point final, je criai que ce n'était pas vrai. Mon père se retourna soudain, me regarda stupéfait, et me demanda ce que je disais. Je lui répondis que maman ne m'avait pas puni, qu'il n'avait pas bien écrit.

Lors du passage du discours direct au discours indirect, les propos du personnage sont insérés dans ceux d'un narrateur (qui les rapporte). Or ici le narrateur est en « *je* ». La fidélité aux propos initialement tenus est donc moindre que dans le cas du discours direct.

On observe notamment le procédé de la subordination : proposition principale (comportant le verbe de parole) puis proposition subordonnée complétive (rapportant les propos du personnage), avec plusieurs modifications, en particulier celles liées à la concordance des temps (les temps sont ceux du récit et non plus ceux du discours). De même, les pronoms nominaux sont remplacés par des pronoms représentants.

Commentaires des modifications :

Construction de la subordonnée (ajout d'une conjonction de subordination « *que* »)	Verbe de parole	Concordance des temps	Pronoms
que ce n'était pas vrai.		Passage de « *est* » à « *était* ».	
me demanda ce que je disais	Passage de « *s'écria* » à « *demanda* » afin de respecter la construction syntaxique (le verbe *s'écrier*, pronominal, n'accepte pas de COD). La subordination est introduite par la locution « *ce que* » (transposition de « *qu'est-ce que* » et ajout d'un COI « *me* ».	Dans la principale « *demanda* » est au passé simple, temps du récit. Passage de « *dis* » à « *disais* ».	Passage du « *tu* » interlocuteur à « *je* », le narrateur (narration 1re personne).

Construction de la subordonnée (ajout d'une conjonction de subordination « *que* »)	Verbe de parole	Concordance des temps	Pronoms
Je lui répondis que maman ne m'avait pas puni, qu'il n'avait pas bien écrit.	Ajout d'un verbe de parole « *répondis* » et du COI « *lui* ».	Le verbe de la principale « *répondis* » est au passé simple, temps du récit. Dans les subordonnées, passage du passé composé « *a puni ; as écrit* », au plus-que-parfait « *avait puni ; avait écrit* », temps du passé.	Passage du « *tu* » interlocuteur au « *il* », pronom représentant qui renvoie au père du narrateur.

2. a) Analysez la construction des phrases dans le paragraphe ci-dessous, extrait du texte 2.

Le paragraphe proposé est composé de trois phrases (P) délimitées par une majuscule et un point.

« **L**orsqu'elle allait au marché, ma mère me laissait au passage dans la classe de mon père, qui apprenait à lire à des gamins de six ou sept ans. **J**e restais assis, bien sage, au premier rang, et j'admirais la toute-puissance paternelle. **I**l tenait à la main une baguette de bambou : elle lui servait à montrer les mots qu'il écrivait au tableau noir, et quelquefois à frapper sur les doigts d'un cancre inattentif. »

• P1 : phrase complexe construite par subordination. (trois verbes, trois propositions) :

Lorsqu'elle allait au marché : proposition subordonnée circonstancielle de temps, introduite par la conjonction de subordination « *lorsque* »

ma mère me laissait au passage dans la classe de mon père : proposition principale

qui apprenait à lire à des gamins de six ou sept ans : proposition subordonnée relative, épithète du nom « *père* » (complément de l'antécédent « *père* »).

(Remarque : on peut considérer aussi que « *ma mère me laissait au passage dans la classe de mon père qui apprenait à lire à des gamins de six ou sept ans* » est la proposition principale)

• P2 : phrase complexe construite par coordination. (deux verbes, deux propositions) :

Je restais assis, bien sage, au premier rang, : proposition indépendante

et j'admirais la toute-puissance paternelle : proposition indépendante coordonnée à la première par la conjonction de coordination « *et* ».

On note que les deux propositions sont également liées par une virgule (juxtaposition), mais la coordination est privilégiée.

• P3 : phrase complexe construite par juxtaposition (on notera une subordination dans la deuxième proposition) :

Il tenait à la main une baguette de bambou : proposition indépendante

elle lui servait à montrer les mots qu'il écrivait au tableau noir, et quelquefois à frapper sur les doigts d'un cancre inattentif. : proposition subordonnée construite par juxtaposition à la première, introduite par la ponctuation « : » ; cette proposition est construite d'une principale « *elle lui servait à montrer les mots* [*qu'il écrivait au tableau noir*], *et quelquefois à frapper sur les doigts d'un cancre inattentif* » et d'une proposition subordonnée relative « [*qu'il écrivait au tableau noir*] » épithète du nom « *mots* ».

b. Donnez la nature et la fonction des deux mots soulignés.

• ***qui*** : pronom relatif, ayant pour antécédent « *père* », introduit la proposition subordonnée relative, sujet du verbe « *apprenait* ».

• ***qu'*** : pronom relatif, ayant pour antécédent « *mots* », introduit la proposition subordonnée relative, COD du verbe « *écrivait* ».

3. Identifiez la forme des verbes, donnez leur infinitif et groupe, justifiez leur emploi.

« Je les écouterais, je m'emplirais de discours cérémonieux, je saurais tout. »

Les verbes respectivement (*écouter, emplir, savoir*) sont à la première personne du singulier au conditionnel présent. Ce temps exprime une valeur modale car il est utilisé pour une action hypothétique, il exprime un souhait. Il a donc la valeur de potentiel : *je pourrai les écouter*.

Remarque : le texte étant au discours indirect libre, on peut saisir la subtilité de l'emploi d'un conditionnel dont la valeur est à la fois modale et temporelle (futur dans le passé) : en effet, le passage au présent et à la 3e pers. sing. donne : « *Il est fou de joie : à lui ces voix séchées dans leurs petits herbiers, ces voix que son grand-père ranime de son regard, qu'il entend, que lui n'entend pas ! Il les écoutera, il s'emplira de discours cérémonieux, il saura tout.* » Mais le discours indirect libre lui donne une valeur de potentiel : une action hypothétique et possible.

4. Proposez une réécriture de ce passage en respectant les règles orthographiques.

« La reine des fées dit tout haut : tu est une sorciére, tu doit faire le male. Tu n'a pas était accepter par les fée maintenant assume. Tu ne seras jamet l'une d'antre elles… »

Ce passage est réécrit en tenant compte des règles suivantes :

• Respect des désinences verbales :

est → *es* (2e personne singulier)

doit → *dois* (2e personne singulier)

a était accepter → *as été acceptée* (2e personne singulier) (voie passive au passé composé) et au féminin, accord du sujet avec le participe passé employé avec l'auxiliaire *être* (le sujet est « *tu* » qui est féminin)

• Respect de l'accord dans le groupe nominal :

Les fée → *fées* (ajout d'un « *s* » qui marque le pluriel, accord avec le déterminant « *les* »)

• Respect de l'orthographe lexicale :

Male → *mal*

Jamet → *jamais*

Antre → *entre*

Sorciére → *sorcière* (accent grave)

Entre elles → *entre-elles* : omission du trait d'union

Remarque : Nous ne tenons pas compte des erreurs de ponctuation qui ne relèvent pas de l'orthographe au sens strict du terme. Selon Nina Catach, ce sont des erreurs idéogrammiques.

« La reine des fées dit tout haut :

– Tu es une sorcière, tu dois faire le mal. Tu n'as pas été acceptée par les fées, maintenant assume. Tu ne seras jamais l'une d'entre elles… »

5. Expliquez cette expression et identifiez la figure de style utilisée.

« À moi ces voix séchées dans leurs petits herbiers » (texte 3).

Il s'agit d'une métaphore : le jeune narrateur compare les petits herbiers à des livres et les voix séchées aux mots qui prennent vie en les prononçant et en leur donnant du sens. Les livres jusque-là étaient vus comme une collection de lettres (qui correspondraient à des herbes séchées).

Analyse de supports d'enseignement (13 pts)

1. Quels sont pour vous les intérêts et les limites de cette situation d'écriture ?

La situation d'écriture est une écriture autonome proposée à partir d'une image inductrice à des élèves de GS et de CP.

• Les intérêts d'une telle situation :

– Placée en début d'année, elle permet une évaluation des compétences des élèves relatives à l'entrée dans l'écrit et à leur compréhension du principe alphabétique.

– L'image est motivante pour les élèves (thème proche de leur univers) et présente peu d'éléments à décrire (deux objets, une action, deux personnages) facilitant ainsi la description. Il s'agit de légender une photo, la situation fait sens.

• Les limites :

– Utilisée sans préparation, l'image décrite ne peut faire l'objet que d'une évaluation, sans phase de planification (lexique à développer, structure du texte, syntaxe) ni de révision de texte.

– La situation d'écriture n'est pas ancrée dans un contexte, elle risque de ne pas faire suffisamment sens pour les élèves : relation vécue, histoire entendue, activité ?

2. À l'aide du document 2, analysez les quatre productions d'élèves en tenant compte du niveau de classe.

La situation d'écriture proposée en début d'année de GS permet d'évaluer les élèves en termes de compétences acquises et non acquises de fin de MS, et de la même façon pour des élèves de CP, le niveau évalué ne peut être que celui de fin d'école maternelle.

• Élèves de GS

Les deux productions présentent des lettres en script (capitales d'imprimerie). Légitimement, arrivés en fin de MS, les élèves ne maitrisent pas suffisamment la syntaxe, on remarque ainsi que dans les deux productions, le verbe est manquant. En revanche la composition du groupe nominal est acquise lexicalement (déterminant, nom et adjectif).

Production 1

L'élève est capable d'écrire correctement (stade logographique) les mots courants tels que : « *la, le* » et le mot « *lait* » (moins courant), on peut penser qu'il a déjà rencontré ce mot ou qu'il est affiché.

Il est également capable de donner une valeur phonique aux lettres (stade syllabique-alphabétique), autrement dit, il établit une correspondance entre les aspects sonores et graphiques de son écriture : pour le mot « *petite* », il écrit la première syllabe « *pe* » et la lettre « *i* » exprimée dans la syllabe suivante ; pour le mot « *fille* », il n'écrit que la dernière syllabe. On retrouve le phonème « *a* » qui correspond au dernier phonème du mot « *chat* ». Les deux lettres précédentes « *G, L* » peuvent être confondues avec le « *ch* », lettres proches graphiquement.

Production 2

Les mots courants « *la, le* » sont correctement orthographiés, l'élève reconnait ces mots (mémoire logographique). L'élève est également capable d'écrire le mot « *fille* » correctement, on peut penser que ce mot a déjà été rencontré ou est affiché. Tout comme la production précédente, l'élève est capable de donner une valeur phonique aux lettres (stade syllabique-alphabétique) ; autrement dit, il établit une correspondance entre les aspects sonores et graphiques de son écriture : pour le mot « *petite* », il écrit la première syllabe « *pe* ».

9

CORRIGÉ

• Élèves de CP

Les deux productions sont écrites en lettres cursives (acquis de fin de GS). On note également la construction d'une syntaxe avec la présence d'un verbe.

Production 3

L'élève ne segmente pas ses mots.

Il sait établir une correspondance oral-écrit pour certaines syllabes des mots : « *fi* » pour le mot « *fille* », « *done* » pour « *donne* » ; on identifie également le phonème « *a* » dans « *chat* » (dernier mot). D'un point de vue visuel, l'élève traite les mots graphiquement : on retrouve les mots écrits « *la, le* » ; une inversion « *io* » pour sans doute écrire « *ai* » (confusion de la lettre « *o* » et « *a* » et inversion du digramme), pour l'écriture du digramme « *ch* », il manque la lettre « *c* ».

On note ainsi une capacité à établir une correspondance oral-écrit, à reconnaitre et orthographier des mots courants, à reconnaitre l'écriture de graphies courantes (à consolider) telles que : « *ch* », « *ai* ». On notera également la difficulté de l'élève à maintenir une proportion dans l'écriture de la lettre « *f* » boucle descendante, toutes les autres lettres sont correctement formées.

Production 4

C'est la production la plus aboutie. L'élève segmente les mots. Il fait même deux phrases : la seconde ne présente pas de majuscule mais est délimitée par le point final de la précédente.

Il sait orthographier correctement (logographique) les mots : « *le, du, lait, il, a* ».

Il établit une correspondance oral-écrit phonétique (traitement de l'oral) : « *ve* » pour « *veut* », « *suaf* » pour « *soif* », « *é* » pour « *est* ». Quant au mot « *content* », seules les deux attaques des deux syllabes sont correctes « *c, t* », mais on peut sans doute deviner la formation du jambage de la lettre « *n* ». On notera également la syntaxique, la liaison (absence de segmentation) dans « *ilasoif* » traduisant une expression figée, lexicalisée pour l'élève.

D'un point de vue graphique, le mot « *chat* » présente une difficulté, on devine la présence du digramme « *ch* » mais mal placé.

3. Quelles pistes de travail proposeriez-vous pour améliorer les productions 3 et 4 ?

• La segmentation

La notion de mots est difficile et ne s'acquiert au plan cognitif qu'entre 6 et 7 ans.

Afin de travailler la segmentation, deux pistes sont possibles :

– oralement, on peut proposer aux élèves de remplacer un mot sur l'axe paradigmatique.

Ilasvaf

Pierre/a/soif

Pauline/est/partie

→ *il/a/soif*

– l'écriture globale, de mots affichés à reconnaitre et à recopier, l'élève pouvant s'aider d'étiquettes. La phase orale de préparation est importante, permettant aux élèves alors de classer les mots entendus : on peut retrouver la boite à mots qui contient les mots découverts précédemment, on peut utiliser des lettres magnétiques proposées dans le cadre d'activités dirigées. L'usage du clavier de l'ordinateur peut également être utile pour permettre de former toutes les lettres du mot avec un modèle du mot (travail de copie) puis de façon autonome.

• Le code orthographique

L'élève qui retranscrit l'oral non seulement ne segmente pas en mots (l'oral est continu), mais encore écrit phonétiquement. Au CP, l'entrée dans le code orthographique est à travailler spécifiquement.

On amènera l'élève à retrouver les graphèmes rencontrés dans d'autres mots, le graphème « *on, en, ai* », ce qui permettra un découpage syllabique et une correspondance graphophonologique, apprentissage de la classe de CP. La collecte de mots rencontrés dans les lectures, à l'oral, est ainsi une pratique qui permet d'établir des correspondances entre l'oral et l'écrit et d'accéder aux régularités des graphèmes.

• Révision et écriture normée

On demandera à l'élève l'écriture (révision) d'une seule phrase avec des mots correctement orthographiés au tableau, ou de recopier la phrase normée (différenciation pour les plus faibles).

4. En prenant appui sur une situation d'écriture de votre choix dans une classe de CP, montrez quelles sont les différentes étapes d'une séquence de production écrite et expliquez comment vous les mettriez en œuvre.

Afin de mener à bien une activité d'écriture il sera nécessaire de découper la situation en plusieurs étapes telles que la phase de planification, la mise en mots et de révision.

Nous proposons un travail d'écriture courte en début d'année scolaire, deuxième période.

• Phase de planification

Il s'agit de comprendre l'objectif de la situation d'écriture et d'analyser la structure du texte que l'on souhaite écrire : un poème court dans le cadre d'une lecture du recueil *Le chant secret des Tam-tam* de Thomas Scotto.

Le texte étudié (la première strophe) de « Le lion » présente une structure répétitive :

> « J'ai vu ses yeux
> Dans les fourrés
> J'ai vu sa queue
> Qui ondulait

J'ai vu ses dents
Tout aiguisées
Et je l'ai vu
Me dévorer… »

On fera une recherche lexicale pour un autre animal, des différentes parties du corps, des lieux… Les mots seront affichés par catégorie.

• Mise en texte

La structure est conservée et seuls les mots nouveaux sont à introduire :

« J'ai vu …
Dans …
J'ai vu …
Qui ….
J'ai vu ….
Tout
Et je l'ai vu
Me dévorer… »

Il s'agit de respecter la syntaxe par l'emploi correct des verbes, noms et adjectifs et de respecter les contraintes d'écriture. On pourra aussi s'aider de la procédure affichée « J'écris– Je relis ».

• Révision du texte

Dans un premier temps, la révision se fera par les pairs, on lit, on échange, on vérifie le sens, la bonne orthographe. Dans un second temps, l'enseignant entoure les erreurs que l'élève corrigera seul. On pourra aussi demander à ceux qui le veulent d'ajouter une phrase à la strophe.

La révision doit être facilitée par l'usage d'outils construits en classe (affichage, collecte de mots, tableau de graphèmes) et faire l'objet d'une aide personnalisée si besoin. On s'attachera à la formation correcte des lettres, à la segmentation des mots et au respect de l'orthographe lexicale.

SUJET 10

Sujet de la session 2018 du groupement académique 1 : académies d'Amiens, Caen, Lille, Nancy-Metz, Reims, Rennes, La Réunion, Rouen, Strasbourg, Paris, Créteil, Versailles.

Sujet

Première partie : Question relative aux textes proposés

Vous analyserez comment l'expérience musicale est évoquée par les auteurs de ce corpus.

Texte 1 : Marcel PROUST, *Du côté de chez Swann*, (1913), Gallimard, Folio classique, imprimé en 1998, 527 pages, extrait pp. 339-340.

Après sa rupture douloureuse avec Odette, Swann assiste seul à un concert.

Mais tout à coup ce fut comme si elle était entrée, et cette apparition lui fut une si déchirante souffrance qu'il dut porter la main à son cœur. C'est que le violon était monté à des notes hautes où il restait comme pour une attente, une attente qui se prolongeait sans qu'il cessât de les tenir, dans l'exaltation où il était d'apercevoir déjà l'objet de son attente qui s'approchait, et avec un effort désespéré pour tâcher de durer jusqu'à son arrivée, de l'accueillir avant d'expirer, de lui maintenir encore un moment de toutes ses dernières forces le chemin ouvert pour qu'il pût passer, comme on soutient une porte qui sans cela retomberait. Et avant que Swann eût le temps de comprendre, et de se dire : « C'est la petite phrase de la sonate de Vinteuil, n'écoutons pas ! » tous ses souvenirs du temps où Odette était éprise de lui, et qu'il avait réussi jusqu'à ce jour à maintenir invisibles dans les profondeurs de son être, trompés par ce brusque rayon du temps d'amour qu'ils crurent revenu, s'étaient réveillés et, à tire-d'aile, étaient remontés lui chanter éperdument, sans pitié pour son infortune présente, les refrains oubliés du bonheur.

Au lieu des expressions abstraites « temps où j'étais heureux », « temps où j'étais aimé », qu'il avait souvent prononcées jusque-là et sans trop souffrir, car son intelligence n'y avait enfermé du passé que de prétendus extraits qui n'en conservaient rien, il retrouva tout ce qui de ce bonheur perdu avait fixé à jamais la spécifique et volatile essence ; il revit tout, les pétales neigeux et frisés du chrysanthème qu'elle lui avait jeté dans sa voiture, qu'il avait gardé contre ses lèvres – l'adresse en relief de la « Maison Dorée » sur la lettre où il avait lu : « Ma main tremble si fort en vous écrivant » – le rapprochement de ses sourcils quand elle lui avait dit d'un air suppliant : « Ce n'est pas dans trop longtemps que vous me ferez signe ? » [...].

Texte 2 : George SAND, *Les Maîtres Sonneurs* (1853), Gallimard, Folio classique, 2002, 529 pages, extrait pp. 116-118.

Joset, diminutif de Joseph, joue de la flute devant Brulette et le narrateur.

Ce qu'il flûta, ne me le demandez point. Je ne sais si le diable y eût connu quelque chose ; tant qu'à moi[1], je n'y connus rien, sinon qu'il me parut bien que c'était le même air que j'avais

1. Tant qu'à moi : formulation régionale correspondant à « quant à moi ».

ouï cornemuser dans la fougeraie. Mais j'avais eu si belle peur en ce moment-là, que je ne m'étais point embarrassé d'écouter le tout ; et, soit que la musique en fût longue, soit que Joseph y mît du sien, il ne décota[1] de flûter d'un gros quart d'heure, menant ses doigts bien finement, ne désoufflant mie, et tirant si grande sonnerie de son méchant roseau, que, dans des moments, on eût dit trois cornemuses jouant ensemble. Par d'autres fois, il faisait si doux[2] qu'on entendait le grelet[3] au-dedans de la maison et le rossignol au dehors ; et quand Joset faisait doux, je confesse que j'y prenais plaisir, bien que le tout ensemble fût si mal ressemblant à ce que nous avons coutume d'entendre que ça me représentait un sabbat[4] de fous.

– Oh ! oh ! que je lui dis quand il eut fini, voilà bien la musique enragée ! Où diantre prends-tu tout ça ? à quoi que ça peut servir, et qu'est-ce que tu veux signifier par là ?

Il ne me fit point réponse, et sembla même qu'il ne m'entendait point. Il regardait Brulette qui s'était appuyée contre une chaise et qui avait la figure tournée du côté du mur.

Comme elle ne disait mot, Joset fut pris d'une flambée de colère, soit contre elle, soit contre lui-même, et je le vis faire comme s'il voulait briser sa flûte entre ses mains ; mais, au moment même, la belle fille regarda de son côté, et je fus bien étonné de voir qu'elle avait des grosses larmes au long des joues.

Alors Joseph courut auprès d'elle, et, lui prenant vivement les mains :

10

– Explique-toi, ma mignonne, dit-il, et fais-moi connaître si c'est de compassion pour moi que tu pleures, ou si c'est de contentement ?

– Je ne sache point, répondit-elle, que le contentement d'une chose comme ça puisse faire pleurer. Ne me demande point si c'est que j'ai de l'aise ou du mal ; ce que je sais, c'est que je ne m'en puis empêcher, voilà tout.

– Mais à quoi est-ce que tu as pensé, pendant ma flûterie ? dit Joseph en la fixant beaucoup.

– À tant de choses, que je ne saurais point t'en rendre compte, répliqua Brulette.

– Mais enfin, dis-en une, reprit-il sur un ton qui signifiait de l'impatience et du commandement.

– Je n'ai pensé à rien, dit Brulette ; mais j'ai eu mille ressouvenances du temps passé. Il ne me semblait point te voir flûter, encore que je t'ouïsse bien clairement ; mais tu me paraissais comme dans l'âge où nous demeurions ensemble, et je me sentais comme portée avec toi par un grand vent qui nous promenait tantôt sur les blés mûrs, tantôt sur des herbes folles, tantôt sur les eaux courantes ; et je voyais des prés, des bois, des fontaines, des pleins champs de fleurs et des pleins ciels d'oiseaux qui passaient dans les nuées. J'ai vu aussi, dans ma songerie, ta mère et mon grand-père assis devant le feu, et causant de choses que je n'entendais point, tandis que je te voyais à genoux dans un coin, disant ta prière, et que je me sentais comme endormie dans mon petit lit. J'ai vu encore la terre couverte de neige, et des saulnées[5] remplies d'alouettes, et puis des nuits remplies d'étoiles filantes, et nous les regardions, assis tous deux sur un tertre, pendant que nos bêtes faisaient le petit bruit de tondre l'herbe ; enfin, j'ai vu tant de rêves que c'est déjà embrouillé dans ma tête ; et si ça m'a donné l'envie de pleurer, ce n'est point par chagrin, mais par une secousse de mes esprits que je ne veux point t'expliquer du tout.

– C'est bien ! dit Joset. Ce que j'ai songé, ce que j'ai vu en flûtant, tu l'as vu aussi ! Merci, Brulette ! Par toi, je sais que je ne suis point fou et qu'il y a une vérité dans ce qu'on entend comme dans ce qu'on voit. Oui, oui ! fit-il encore en se promenant dans la chambre à grandes

1. Décota : cessa.
2. Il faisait si doux : il jouait si doucement.
3. Grelet : grillon.
4. Sabbat : assemblée nocturne de sorcières et de sorciers.
5. Les saulnées sont les ficelles à prendre les alouettes.

enjambées et en élevant sa flûte au-dessus de sa tête ; ça parle, ce méchant bout de roseau ; ça dit ce qu'on pense ; ça montre comme avec les yeux ; ça raconte comme avec les mots ; ça aime comme avec le cœur ; ça vit, ça existe !

Texte 3 : Frank CONROY, *Corps et âme*, Gallimard, Folio, traduit de l'américain par Nadia Akrouf (1993 et 1996 pour la traduction française), imprimé en 2017, 686 pages, extrait pp. 370-371.

Claude Rawlings joue pour la première fois en public, avec le célèbre maestro Fredericks. Le concert a lieu en plein air, sous la direction de Popkin, chef de pupitre de l'orchestre symphonique de Chicago.

« Enlevez votre veste, Claude. » Fredericks retira la sienne et la laissa tomber sur le sol sans la regarder. Claude fit comme lui. Ils entrèrent sur scène.

Claude jeta un coup d'œil bref au public – ce qui lui parut être des milliers de personnes faisant des petits gestes saccadés qu'il finit par identifier comme étant des applaudissements – trouva le piano. Avec une sorte de vision en tunnel, il regarda l'instrument, qui grandit, grandit, au fur et à mesure qu'il s'en approchait, jusqu'à emplir toute sa conscience au moment où il s'asseyait sur la banquette. Alors, presque dans un déclic, il vit Popkin, Fredericks, l'orchestre, Eva fixant le sol. Ses oreilles s'ouvrirent aux applaudissements qui allaient en s'affaiblissant. Il inspira profondément, une sorte de soupir, et la musique commença, occupant instantanément tout l'espace, telle une fleur géante s'épanouissant à partir du néant en une fraction de seconde pour devenir aussi grande qu'une maison. L'air était dense de musique.

10

Après les accords *staccato* des tutti, après le silence, aussi bref qu'un battement de cœur, après que Fredericks et lui eurent posé leurs doubles trilles comme d'une seule et même main, modelé les notes d'agrément, annoncé le mi bémol à l'unisson d'une touche ferme et identique, après la mesure et demie de doubles-croches qui s'écoulèrent comme les grains d'un sablier, Claude leva les mains, écouta Fredericks jouer les onze mesures suivantes. C'était clair, fougueux, apparemment facile. Claude s'entendit lui répondre une octave plus bas, avec une concentration réfléchie, contrôlant délibérément le sentiment d'euphorie qu'il sentait monter dans sa poitrine. C'était parti, ça leur échappait, c'était libre. Ils voguèrent jusqu'à la fin du morceau, comme un grand voilier roulant sous le vent.

Tout le temps qu'il dialogua avec Fredericks, il se sentit pratiquement hors de lui, écoutant le flot magique, les changements de couleurs, entendant la pulsation, regardant ses mains accomplir leur travail étonnant. Pendant qu'il façonnait la musique dans sa tête et la jouait, il sentait que Fredericks la façonnait et la jouait en accord avec lui, leurs âmes jointes dans une entreprise harmonieuse, comme de vieux amis qui peuvent se parler sans mots, se communiquer une pensée avant même qu'elle n'émerge totalement, parce que la même pensée naît dans l'âme de l'autre. Claude savait qu'il était sur scène, au piano, à Longmeadow, Massachussets, mais, en même temps, il était quelque part ailleurs, en un lieu qu'il eût été incapable de décrire, y compris à lui-même – non qu'il en éprouvât le moindre besoin, tant ce lieu paraissait céleste. Regarde ! Regarde ! Écoute ! Concentre-toi ! Ça arrive. C'est là. *Ça !*

Ils saluèrent en regardant le soleil en face. Claude observait Fredericks du coin de l'œil et copiait ses mouvements. Les applaudissements déferlaient des bancs et de la colline, telle une pluie crépitante. Derrière, les musiciens de l'orchestre frappaient sur leurs pupitres. Popkin étreignit Fredericks, puis Claude, les deux pianistes se retirèrent dans les coulisses.

Texte 4 : François DELALANDE, *La Musique est un jeu d'enfant* (1984), INA et Buchet-Chastel, 2017, 286 pages, extrait pp. 16-17.

Cet ouvrage pédagogique de référence est issu d'une série d'entretiens radiophoniques remaniés en vue de sa publication.

Qu'est-ce que faire de la musique ? C'est la question que doivent d'abord se poser les personnes qui réfléchissent sur la pédagogie. Pour y répondre, on peut se tourner vers l'ensemble des pratiques musicales, y compris les pratiques extra-européennes. Je crois qu'il y a essentiellement trois dimensions de la musique qu'on est en mesure de développer. D'abord tout simplement un goût du son – c'est une première qualité du musicien –, une certaine sensualité de la sonorité qui s'accompagne d'une habileté à l'obtenir sur un instrument. Car savoir faire et savoir entendre ici sont une seule et même compétence. Mais la musique, ce ne sont pas des individus qui se réunissent pour produire du son et en jouir sensuellement, ce n'est pas seulement ça ; pour eux les sons prennent un sens, ils peuvent évoquer des états affectifs ou avoir une valeur symbolique dans leur société ou bien donner naissance à des images. Bref, sous une forme ou sous une autre, il y a une dimension imaginaire de la musique à laquelle il faut être sensible, sans quoi la musique, à proprement parler, ne vous dit rien.

Et enfin, à ces deux niveaux d'analyse, s'en ajoute un troisième, celui de l'organisation. Faire de la musique, c'est à beaucoup de points de vue organiser. D'abord s'organiser entre musiciens lorsqu'on joue à plusieurs, mais surtout agencer des parties ensemble, se débrouiller pour qu'un thème joué par un instrument soit repris par un autre. Nous avons tous chanté des canons : il y a une certaine satisfaction de l'esprit à entendre la mélodie se superposer à elle-même malgré le décalage. C'est un plaisir évident que partagent le compositeur et ses auditeurs que de réussir à emboîter les pièces du puzzle. Vous remarquerez d'ailleurs que je ne sépare pas, dans cette analyse en trois couches de la pratique musicale, ce qui a trait à la production de musique de ce qui concerne sa réception. Il me semble que les musiciens, qu'ils fassent ou qu'ils écoutent, ont en commun ces trois grandes capacités d'être sensibles aux sons, d'y trouver une signification et de jouir de leur organisation.

Deuxième partie : Connaissance de la langue

1. Dans cet extrait du texte 2, vous identifierez les modes et les temps des verbes soulignés et vous justifierez leur emploi en proposant un classement :

« *Alors Joseph courut auprès d'elle, et, lui prenant vivement les mains :*

– Explique-toi, ma mignonne, dit-il, et fais-moi connaître si c'est de compassion pour moi que tu pleures, ou si c'est de contentement ?

– Je ne sache point, répondit-elle, que le contentement d'une chose comme ça puisse faire pleurer. Ne me demande point si c'est que j'ai de l'aise ou du mal ; ce que je sais, c'est que je ne m'en puis empêcher, voilà tout. »

2. Vous transposerez au discours indirect les paroles que le narrateur adresse au musicien (texte 2), en commençant par : *Il lui demanda…*

« Où diantre prends-tu tout ça ? à quoi que ça peut servir, et qu'est-ce tu veux signifier par là ? »

3. Vous identifierez la classe grammaticale des deux termes soulignés dans les extraits suivants du texte 1 :

« tous ses souvenirs du temps où Odette était éprise de lui »

« il revit tout »

4. a) Vous expliquerez la formation du mot « compassion » et donnerez son sens dans son contexte (texte 2).

« Explique-toi, ma mignonne, dit-il, et fais-moi connaître si c'est de **compassion** pour moi que tu pleures, ou si c'est de contentement ? »

b) Vous proposerez deux adjectifs appartenant à la même famille.

5. Dans cet extrait du texte 3, vous relèverez et classerez les différentes propositions subordonnées.

« Pendant qu'il façonnait la musique dans sa tête et la jouait, il sentait que Fredericks la façonnait et la jouait en accord avec lui, leurs âmes jointes dans une entreprise harmonieuse, comme de vieux amis qui peuvent se parler sans mots, se communiquer une pensée avant même qu'elle n'émerge totalement, parce que la même pensée naît dans l'âme de l'autre. »

6. En vous appuyant sur au moins deux procédés d'écriture qui vous semblent significatifs, vous identifierez l'effet de la musique sur les deux personnages.

10

« C'était clair, fougueux, apparemment facile. Claude s'entendit lui répondre une octave plus bas, avec une concentration réfléchie, contrôlant délibérément le sentiment d'euphorie qu'il sentait monter dans sa poitrine. C'était parti, ça leur échappait, c'était libre. Ils voguèrent jusqu'à la fin du morceau, comme un grand voilier roulant sous le vent.

Tout le temps qu'il dialogua avec Fredericks, il se sentit pratiquement hors de lui, écoutant le flot magique, les changements de couleurs, entendant la pulsation, regardant ses mains accomplir leur travail étonnant. Pendant qu'il façonnait la musique dans sa tête et la jouait, il sentait que Fredericks la façonnait et la jouait en accord avec lui, leurs âmes jointes dans une entreprise harmonieuse, comme de vieux amis qui peuvent se parler sans mots, se communiquer une pensée avant même qu'elle n'émerge totalement, parce que la même pensée naît dans l'âme de l'autre. »

Troisième partie : Analyse de supports d'enseignement

À partir d'une analyse critique des documents ci-après, utilisés pour la préparation de classe en moyenne section, vous répondrez aux questions posées.

Document 1 : Séquence autour de l'album *Jacques et le haricot magique.*

Document 2 : Traces présentes dans la classe.

Document annexe : Les compétences requises pour comprendre, un consensus scientifique (d'après Sylvie Cèbe, Colloque Lire/Écrire – 2011).

1. Quelles compétences relevant du domaine de l'écrit définies par le programme de maternelle sont visées dans la séquence proposée (document 1) ?

2. Analysez la séquence proposée par l'enseignant (document 1).

3. Quelles sont les difficultés d'accès à la compréhension que les élèves sont susceptibles de rencontrer ? En vous appuyant sur l'intégralité du dossier, vous proposerez des situations pédagogiques permettant de les lever.

4. Quelles sont les fonctions des différentes traces et des outils présentés dans le document 2 ? Vous paraissent-ils tous pertinents au regard des compétences visées ?

Document 1 : Séquence autour de l'album *Jacques et le haricot magique*.

Niveau de classe : MS	Difficultés d'accès à la compréhension
Récit de travail : *Jacques et le haricot magique*	
Résumé : Jacques a échangé sa vache contre des haricots magiques qui poussent en une nuit. Il y grimpe et découvre la maison d'un ogre. Aidé par la femme de celui-ci, il se cache et l'ogre a beau le chercher, il ne le trouve pas. Dès que l'ogre s'endort, Jacques lui vole un sac d'or et s'enfuit. Il retournera deux fois encore dans la maison de l'ogre pour lui voler son oie aux œufs d'or et sa harpe magique.	

		Attendus / objectifs	Activités	Gestion du groupe	Traces
Tâches de découverte	Avant la lecture	Créer un horizon d'attente	Sur la première de couverture (sans titre) Émettre des hypothèses sur l'univers de référence du livre	Groupe classe	
Tâches de découverte	Pendant la lecture	Émettre des hypotheses sur ce qui va se passer	Écoute sans image (se représenter dans la tête) Histoire à dévoilement progressif Histoire complète	Groupe classe	
Tâches de transposition	Juste après la lecture	Faire reformuler l'histoire Organiser les informations	**Les personnages :** qui sont-ils ? Présenter les marottes. *Cf.* tableau **Décrire, identifier les lieux.** Associer images et lieux Idem avec les objets : vache/haricot/harpe/poule		Faire reformuler ce qui a été lu Explication du lexique et de certaines expressions difficiles
Tâches de transfert	Plus tard, après la lecture	Restituer la trame narrative de l'histoire à l'aide d'images Expliquer l'implicite	Choisir celle qui correspond à la situation décrite Qui dit quoi ?		Associer les paroles aux personnages

Document 2 : Traces présentes dans la classe.

a) Affichages collectifs :

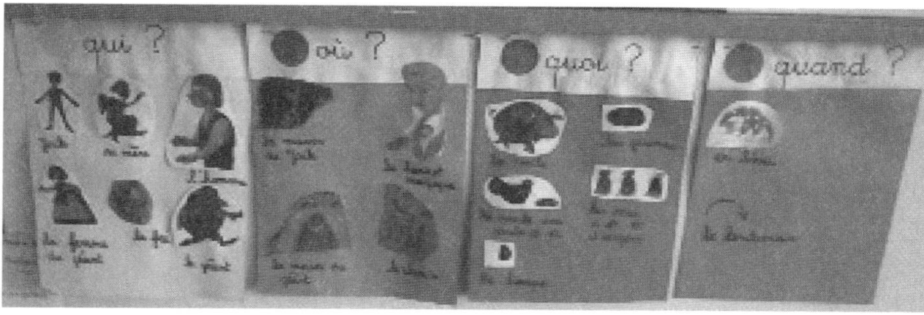

b) Marottes :

c) Le cycle d'une graine de haricot (activité collective) :

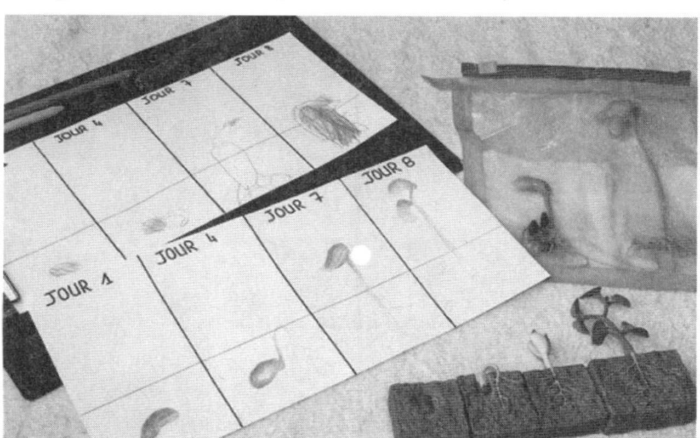

d) Albums présents en classe :

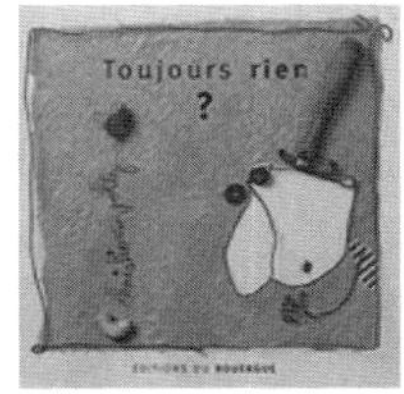

e) Fiche d'exercice individuel :

Compétence : retrouver des mots dans une phrase

Consigne : coller les mots selon le modèle

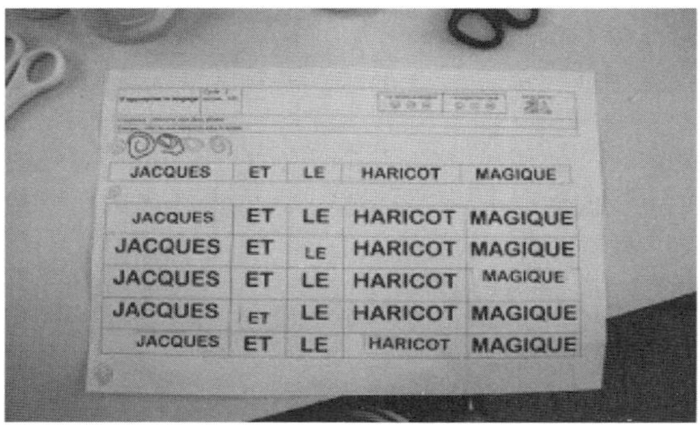

Document annexe : les compétences requises pour comprendre, un consensus scientifique (d'après Sylvie Cèbe, Colloque Lire/Écrire – 2011).

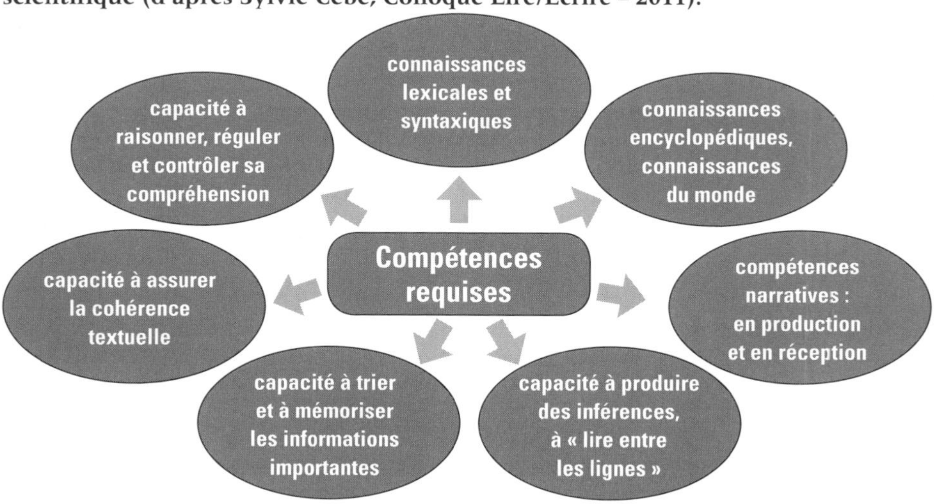

Corrigé

Question relative aux textes proposés (11 pts)

La musique est un art qui accompagne la vie humaine et qui entre en résonance avec les pensées, l'émotivité, les images mentales des personnes. Elle est présente dans toutes les cultures et ponctue les moments de joie, de tristesse, de célébration, de rencontres, de fêtes. Ce corpus propose quatre extraits de textes qui illustrent cette réception de l'expérience musicale. Dans *La Recherche du Temps perdu*, et son volume *Du côté de chez Swann* (1913), Marcel Proust fait référence à la Sonate de Vinteuil, morceau fictif pour violon et piano. Cette sonate joue un rôle majeur d'ancrage auditif dans l'apparition des sentiments des personnages, leurs émotions, leurs souvenirs. Le deuxième texte est un extrait de roman historique de George Sand, *Les Maîtres Sonneurs* (1853). Le passage montre la richesse de l'expérience musicale. Après que Joset a joué de la flute, l'émotion de Brulette entraine la difficulté et la réticence à exprimer son ressenti tant elle est bouleversée. Le corpus est constitué encore du récit *Corps et âme* (1993) de Franck Conroy qui narre le parcours de Claude Rawlings, enfant prodige new-yorkais qui joue pour la première fois avec le maestro Fredericks. Ce duo est une expérience initiatique pour lui où la musique occupe d'emblée tout l'espace de la salle, comme une transe qui fait voyager les esprits. Enfin, le dernier texte *La Musique est un jeu d'enfant* (1984) est un ouvrage pédagogique universitaire de François Delalande, écrit en lien avec l'INA, à la suite d'entretiens radiophoniques visant à donner une définition de ce qu'est la musique.

À travers ces extraits, nous nous demanderons comment l'expérience musicale est évoquée et vécue par ces différents auteurs ou personnages. Afin de répondre à cette question, nous chercherons dans un premier temps les conditions de l'expérience musicale. Qu'est-ce qui favorise l'expérience musicale et les sentiments qui l'accompagnent ? Ensuite, nous mettrons au jour, les pouvoirs et la puissance de celle-ci.

L'expérience musicale implique plusieurs conditions d'après le corpus : une maitrise technique et une expérience partagée. Dans son ouvrage pédagogique, F. Delalande met en avant qu'une performance maitrisée en musique implique une qualité de son tendant vers la perfection ainsi qu'une technique artistique exigeante : « le gout du son » pouvant même être empli de sensualité est en corrélation avec « l'habileté à l'obtenir sur un instrument ». La perfection implique des connaissances qui sont marquées par le vocabulaire spécifique : « Chanter des canons » chez F. Delalande, reconnaitre une sonate comme le fait Swann dans *La Recherche du Temps perdu* et encore, dans le roman *Corps et âme*, « les accords staccato des tutti », « les doubles trilles », la maitrise des mesures sur la portée, le fait que les deux pianistes jouent le bémol à l'unisson « après la mesure et demie de doubles-croches », et qu'ils se régulent au niveau de la hauteur des octaves qui se donnent réponse entre eux. Claude et Fredericks dans ce récit jouent les touches avec une fermeté identique ce qui contribue à l'harmonie du morceau. La réussite de l'harmonie résultant de ces savoir-faire repose non seulement sur leur habileté, mais aussi sur la faculté de concentration des artistes, ce qui est observable à la fois dans le récit de F. Conroy et de G. Sand. Comme dans le texte de F. Conroy, où on note des variations d'octave, Joseph qui joue en virtuose de la flute fait tantôt de grandes sonneries avec son instrument évoquant « trois cornemuses jouant ensemble », tantôt des passages très doux : « Par d'autres fois, il faisait si doux qu'on entendait le grelet au-dedans de la maison et le rossignol au dehors ». Ces variations génèrent le transport conduisant au plaisir. L'effet sur l'auditoire n'est en rien dépendant de la taille de l'instrument : que ce soit le piano d'un concert en plein air du texte de Conroy, un orchestre de violons et pianos dans le cas de la sonate de Vinteuil, une simple flute dans *Les Maîtres Sonneurs*, l'instrument peut occuper tout l'espace vibratoire du lieu et résonner au plus profond des sens des auditeurs. Cette attente vibrante de l'auditeur est commune avec le passage de M. Proust quand le violoniste tient les notes hautes, ce qui dénote un effort particulier de sa part. Cette maitrise technique est corrélée à la qualité du public qui se doit de rester attentif, d'être dans l'accueil et la réception de la performance optimale, car à elle-seule la simple maitrise technique ne suffirait pas à produire l'émotion.

L'expérience musicale est donc dépendante à la fois de la relation entre les récepteurs et les musiciens et de celle entre les interprètes eux-mêmes. Ainsi, dans le roman de Proust, Charles Swann, bien que mélomane, aurait en vain voulu fuir l'écoute de la sonate. De même Brulette est susceptible d'éprouver des sentiments diversement interprétables par Joseph dans *Les Maitres Sonneurs*. On s'en rend compte encore, dans *Corps et âme*, à Longmeadow dans le Massachussets, avec l'effacement premier du public rendu quasi-invisible tant l'expérience du jeu au piano est omniprésente, lequel public se révèle en revanche de façon sonore in fine à travers ses applaudissements auxquels s'ajoutent ceux des musiciens de l'orchestre. Les artistes savent comme l'atteste F. Delalande « s'organiser entre musiciens lorsqu'on joue à plusieurs », « se débrouiller pour qu'un thème joué par un instrument soit repris par un autre », et de cette entente organisationnelle découle leur jouissance esthétique, comme un accord parfait tangible dans la relation harmonieuse entre les personnages de F. Conroy : Claude, Fredericks, et l'orchestre. Le partage peut être une communion des âmes : leurs âmes sont « jointes dans une entreprise harmonieuse comme de vieux amis qui peuvent se parler sans mots », elles parviennent à « se communiquer une pensée avant même qu'elle n'émerge totalement, parce que la même pensée nait dans l'âme de l'autre ». La musique est alors, dans ce récit, comme un navire qui échappe de façon autonome à ceux qui l'ont en main, et qui les conduit vers la liberté au gré des vents.

Pour le théoricien de la musique qu'est F. Delalande, la réception musicale est une élaboration partagée entre le compositeur et l'auditoire. En effet, l'écoute implique une part active avec des savoirs spécifiques : « savoir-faire et savoir-entendre sont ici une seule et même compétence ». À titre d'exemple, à travers le récit de G. Sand, Brulette est touchée par la musique de Joset et accède à son intention de communication : « C'est bien ! dit Joset. Ce que j'ai songé, ce que j'ai vu en flûtant, tu l'as vu aussi ! ». Cette rencontre entre l'interprète et le public se manifeste par les applaudissements qui peuvent, lors de concerts à ciel ouvert, comme dans le texte de F. Conroy, s'apparenter au triomphe comme le montre la métaphore de la « pluie crépitante » indiquant l'abondance : « les applaudissements déferlaient des bancs et de la colline, telle une pluie crépitante ».

Dans un second temps, ce corpus se centre également sur les pouvoirs et la puissance de l'expérience musicale.

La musique a comme vertu de susciter émotions, sentiments, évocation de souvenirs. Tous les textes insistent sur le caractère ineffable de certains aspects inhérents à la musique. Par-delà les mots, elle va caresser l'intime en nous pour en faire sortir du sensible. Swann dans *Du Côté de chez Swann* est, de façon inopinée par la perception de la petite phrase musicale de Vinteuil, conduit à retrouver une souffrance amoureuse qui s'était atténuée. La musique est un révélateur et un déclencheur de souvenirs passés, potentiellement refoulés ou conscients, liés à du bonheur ou douloureux. Douloureux, en ce qui concerne Swann qui « dut porter la main à son cœur ».

Comme le souligne F. Delalande, la musique est un véhicule « des états affectifs ». On le perçoit aussi avec *Corps et âme*, quand Claude sent monter l'euphorie au fur et à mesure et qu'il s'efforce de la contrôler. Brulette, dans l'extrait de G. Sand ne parvient pas à contrôler sa réaction physique et à retenir ses larmes. Le personnage précise qu'elle n'a pas de chagrin, mais son esprit est secoué. Le narrateur lui-même intervient pour raconter sa réaction de « si belle peur » face à cette musique.

La musique permet à la mémoire de faire surgir les images du passé, une perception auditive peut faire apparaitre une image visuelle remémorée. Par l'irruption, en contexte inattendu, de la sonate de Vinteuil que Swann et Odette écoutaient ensemble, des souvenirs où Odette et lui l'aimaient remontent cruellement à la surface du conscient de Swann, alors que, dans le présent des faits narrés dans le chapitre, leur histoire d'amour est considérée comme à son terme. Dans le roman de Marcel Proust, le souvenir s'accompagne d'images vivaces : « les pétales neigeux et frisés du chrysanthème qu'elle lui avait jeté ». F. Delalande théorise cela en écrivant que les sons prennent un sens, ils peuvent « avoir une valeur symbolique dans leur société ou bien donner naissance à des images ». Les répétitions des verbes « voir » ou « revoir » sont multiples dans ce passage de *La Recherche du Temps perdu*, ce qui est le cas aussi dans le texte de G. Sand. L'insistance sur les perceptions visuelles sous forme de synesthésies met en avant la dimension imaginaire caractérisant la musique. De la même façon, Brulette, personnage des *Maîtres Sonneurs*, après l'écoute de la flûte, retrouve « mille ressouvenances du temps passé ». Elle énumère longuement les différents paysages pastoraux et les animaux y évoluant, ce qui constitue une charge émotionnelle ou affective qui a marqué leurs plus jeunes années au fil des saisons.

La musique a un pouvoir enchanteur et transfigurateur comme l'indique le lexique de George Sand qui désigne son art, « ça me représentait un sabbat de fous », la caractérisant de « musique enragée ». Des métaphores « écoutant le flot magique », dans le récit de Frank Conroy, jouent aussi ce rôle. Des images de transe, où le corps est en mode automatique et l'esprit comme porté ailleurs, sont présentes aussi dans son texte : « Tout le temps qu'il dialogua avec Fredericks, il se sentit pratiquement hors de lui, écoutant le flot magique, les changements de couleurs, entendant la pulsation, regardant ses mains accomplir leur travail étonnant ». Claude était « quelque part ailleurs, en un lieu qu'il eût été incapable de décrire, y compris à lui-même – non qu'il en éprouvât le moindre besoin, tant ce lieu paraissait céleste ». La musique opère donc un passage vers l'ailleurs pouvant conduire à une transfiguration : Claude en avançant regarde le piano et au fur et à mesure qu'il avance celui-ci prend une dimension irréelle qui occupe tout l'espace de sa conscience, avant que cette impression ne se diffuse à l'environnement. Cette transfiguration par l'expérience musicale et cette transe est possible parce qu'elle stimule tous les sens : « ça parle ce méchant bout de roseau ; ça montre comme avec les yeux ; ça raconte comme avec les mots ; ça aime comme avec le cœur ; ça vit, ça existe ! », s'épanche Joset dans *Les Maîtres Sonneurs*.

Les auteurs de ce corpus font l'apologie de l'expérience musicale en montrant les richesses de celle-ci : l'exigence de la maitrise technique qu'elle demande. Jouer de la musique, c'est apprendre un langage qui a un pouvoir sur les sens et qui est voué à être socialisé, afin d'en faire partager les émotions et toute une palette de sentiments possibles. Tout ce qui en sort est intemporel et peut être lié aussi bien au passé, au présent ou à la rêverie enchanteresse. L'être en sort plus ou moins transformé.

Connaissance de la langue (11 pts)

1. Dans cet extrait du texte 2, vous identifierez les modes et les temps des verbes soulignés et vous justifierez leur emploi en proposant un classement.

« Joseph courut » *« dit-il »* *« répondit-elle »*	Verbes au passé simple de l'indicatif. Le passé simple est employé pour des actions de premier plan du récit. Il exprime un aspect inaccompli. Tous les temps simples sont des temps inaccomplis. Nous attirons l'attention des candidats ici sur un risque de confusion. Il ne faut pas confondre la valeur temporelle d'une forme verbale (qui permet de situer l'action sur une ligne du temps : avant, après ou au même moment que l'énonciation) et sa valeur aspectuelle (qui donne des informations sur « où on en est » de l'action, qui est alors envisagée dans sa durée, avec un début, un milieu et une fin, que l'on peut symboliser par des crochets pour marquer le début et la fin de l'action [...]). Quand on dit au passé simple, « *Joseph courut* », cela indique que l'action se situe dans le passé par rapport au moment de l'énonciation (sur la ligne du temps, ça s'est passé « avant »), c'est la valeur temporelle. Mais en terme d'aspect, cette action est envisagée dans son déroulement : l'action est envisagée comme commencée mais pas encore arrivée à son terme.
« tu pleures » *« j'ai », « je sais »* *« je ne m'en puis »*	Verbes au présent de l'indicatif. Ces verbes qui sont employés dans le discours direct sont des présents d'énonciation. L'action évoquée est donc concomitante au moment de l'énonciation. La forme « *puis* » est équivalente à la forme de première personne « *peux* » + infinitif.
« je ne sache point » *« comme ça puisse »*	Verbes au présent du subjonctif. Le mode subjonctif est le mode du virtuel, et des possibles. Il exprime de fait également une éventualité, mais aussi un doute, une incertitude. L'emploi dans la proposition principale « *je ne sache pas* » surprend par son décalage avec les usages courants. On le trouve plus habituellement dans des subordonnées, pour atténuer une affirmation et introduire une idée pouvant être l'objet d'une polémique (« *que je sache* »). Ici, dans cette proposition principale, il remet en cause tout jugement de certitude de la subordonnée qui suit, c'est une manière de mettre en doute, en débat par le fait que le verbe savoir est nié et au subjonctif présent. Quant au verbe « *puisse* » dans la proposition subordonnée, c'est la négation du verbe « *savoir* » qui conduit à cet emploi du subjonctif. La tournure qui nie le fait de savoir induit une interrogation indirecte, donc une incertitude justifiant l'emploi du subjonctif.
« explique-toi » *« fais-moi »* *« ne me demande point »*	Verbes au présent de l'impératif. Dans cet emploi, les verbes expriment une prière ou une recommandation, voire un conseil. Le dernier verbe avec la forme négative peut être considéré comme une prière ou une interdiction.

2. Vous transposerez au discours indirect les paroles que le narrateur adresse au musicien (texte 2), en commençant par : Il lui demanda...

Discours direct : « Où diantre prends-tu tout ça ? À quoi ça peut servir, et qu'est-ce que tu veux signifier par là ? »

Discours indirect : Il lui demanda où il prenait tout cela, à quoi cela pouvait servir, et ce qu'il voulait signifier par là.

3. Vous identifierez la classe grammaticale des deux termes soulignés dans les extraits suivants du texte 1.

« *Tous ses souvenirs du temps où Odette était éprise de lui* » : « *Tous* » est un déterminant indéfini, il est cumulable avec le déterminant possessif « *ses* » employé ici devant le nom « *souvenirs* ». Une réponse « adjectif indéfini » correspondrait à l'ancienne dénomination.

« *Il revit tout* ». « *Tout* » est un pronom indéfini. « *Tout* » remplace l'ensemble des détails de la scène du passé avec Odette.

4. a) Vous expliquerez la formation du mot « compassion » et donnerez son sens dans son contexte (texte 2).

Le nom commun est formé du préfixe « *com-* », de l'étymon latin « *cum-* » signifiant « *avec* » et du radical « *passion* » (du latin « *patior* », *souffrir*). La compassion, c'est le fait de comprendre la souffrance de quelqu'un, de la partager, d'en prendre une part avec soi par empathie. Ici, dans le contexte textuel du texte de George Sand, Joseph pose deux hypothèses : celle d'une communion de sentiments entre Brulette et lui, forme de compassion, ou bien celle de larmes de plaisir en ce qui la concerne. Il lui demande de clarifier cette alternative.

b) Vous trouverez deux adjectifs appartenant à la même famille.

passionnel, passionnant, patient, impatient, compatissant...

5. Dans cet extrait du texte 3, vous relèverez et classerez les différentes propositions subordonnées.

• Les propositions subordonnées circonstancielles (ou propositions subordonnées conjonctives compléments circonstanciels) :

– « *Pendant qu'il façonnait la musique dans sa tête/et la jouait* ». La présence de deux verbes indique deux propositions subordonnées circonstancielles de temps coordonnées entre elles : « *Pendant qu'il façonnait la musique* » est la première, la seconde met en ellipse la locution de subordination « *pendant que* » afin d'éviter la répétition « [*pendant qu'il*] *la jouait* ». Ces propositions indiquent la simultanéité de la proposition principale et de la subordonnée. Fonction : complément circonstanciel de temps du verbe « *sentait* » (verbe de la proposition principale).

– « *avant même qu'elle n'émerge totalement* ». Complément circonstanciel de temps du verbe « *se communiquer* ».

– « *parce que la même pensée nait dans l'âme de l'autre* ». Complément circonstanciel de cause du verbe « *se communiquer* ».

• Les propositions subordonnées (conjonctives) complétives :

– « *que Fredericks la façonnait/et la jouait en accord avec lui* ». Là encore, deux propositions sont coordonnées par la conjonction de coordination « *et* », par conséquent la conjonction de subordination ainsi que la répétition du sujet « *Fredericks* » est mise en ellipse pour la deuxième subordonnée. « *et* [*que Fredericks*] *la jouait en accord avec lui* » ; la première proposition subordonnée conjonctive complétive étant « *que Fredericks la façonnait* ». Fonction : complément d'objet direct du verbe « sentait ».

• Une proposition subordonnée relative :

– « *qui peuvent se parler sans mots, se communiquer une pensée* ». Fonction : complément de l'antécédent « *amis* » ou épithète du nom « *amis* », selon la terminologie.

• Autres cas (facultatif) :

– « *leurs âmes jointes dans une entreprise harmonieuse, comme de vieux amis* ». Des candidats peuvent analyser cela comme une proposition participiale avec ellipse du participe présent « *étant* » (« *leurs âmes* [*étant*] *jointes dans une entreprise harmonieuse, comme de vieux amis* ».

6. En vous appuyant sur au moins deux procédés d'écriture qui vous semblent significatifs, vous identifierez l'effet de la musique sur les deux personnages.

L'énumération ternaire d'adjectifs qualificatifs dans la première phrase insiste sur la fluidité de l'échange musical. Cela prépare un sentiment de liberté qui se dégage de la comparaison du voilier (« *comme un grand voilier roulant sous le vent* »), elle-même préparée par la métaphore de la navigation maritime « *Ils voguèrent* », puis repris plus tard par le terme « *le flot magique* ». Cette métaphore de la navigation suggère l'idée d'un équipage partant pour un voyage, transporté par un souffle aérien, le vent, le comparant, pouvant être rapproché du comparé qu'est la musique. Le rythme des propositions est ternaire également : « *C'était parti, ça leur échappait, c'était libre* », soulignant le transport qui anime ce moment en une sorte de gradation ascendante vers la liberté après un premier moment de contrôle.

Le morceau de musique est constitué d'une partie « *réfléchie* », consciente, fruit d'un acte du mental (« *délibérément* ») et d'une partie créative inconsciente qui s'exprime par les métaphores et comparaison du voilier. Cette liberté est aussi exaltante comme le soulignent les mots : « *fougueux* », « *euphorie* », « *ça leur échappait* », « *c'était libre* ».

Analyse de supports d'enseignement (13 pts)

1. Quelles compétences relevant du domaine de l'écrit définies par le programme de maternelle sont visées dans la séquence proposée (document 1) ?

Dans cette séquence portant sur l'album *Jacques et le haricot magique*, les élèves de moyenne section doivent émettre des hypothèses sur l'univers de référence du livre, et sur ce qui va se passer, ce qui, dans les attendus de fin d'école maternelle des programmes de 2015 revient à « communiquer avec les adultes et avec les autres enfants par le langage, en se faisant comprendre », mais aussi « comprendre des textes écrits sans autre aide que le langage entendu », « manifester de la curiosité par rapport à l'écrit » et de façon plus globale encore « pratiquer divers usages du langage oral : raconter, décrire, évoquer ».

Plus spécifiquement, on peut dégager des objectifs d'écoute et de compréhension qui sont visés dans le domaine « Mobiliser le langage dans toutes ses dimensions ». Les programmes demandent de « comprendre de mieux en mieux des écrits à leur portée », ce que vise l'étape de la séquence consistant à écouter sans image, l'interrogation sur les personnages et la description des lieux. C'est l'enseignant qui prend en charge la lecture de l'écrit que les élèves ne savent pas déchiffrer, puis il oriente les échanges. Les élèves sont ici encouragés à découvrir le texte progressivement avec la couverture pour en favoriser la réception. Dans un premier temps, les élèves réfléchissent, sans produire de traces orales, puis dans un deuxième temps, ils oralisent par reformulation.

Cette activité mentale permet de construire un rapport personnel de compréhension au livre qui est confronté à la réception des autres élèves. Lors de cette séquence, ils sont appelés à reconnaitre (notamment des stéréotypes, celui de l'ogre par exemple), à rapprocher les éléments ou personnages du livre aux marottes, à catégoriser implicitement ou explicitement les personnages selon un axe axiologique « personnage positif ou négatif » (autrement dit adjuvant ou opposant au héros, ou en terme simplifié « gentil » ou « méchant »). Ils sont invités par la lecture sans images à se construire des images mentales et à les superposer à d'autres images du livre, ultérieurement dévoilées. On attend que les élèves relient les évènements entendus à ceux vus.

Cette séquence est constituée de différentes étapes. Avant la lecture d'abord, les élèves entrent dans la compréhension du texte par la construction d'un univers de référence autour de ce conte illustré. Cela participe à la fois à la construction de leur acculturation et fait appel à des éléments déjà potentiellement là, mais aussi à des connaissances sur le monde. Il n'est pas précisé si l'enseignant prend en note ce qui est dit par les élèves.

Pendant la lecture magistrale, qui se fait sans la visualisation des pages de l'album, les élèves construisent leur compréhension du récit du point de vue de sa cohérence.

Juste après la lecture, c'est un temps de restitution d'éléments de compréhension des personnages et du cadre spatio-temporel. Pour ce faire, d'un point de vue cognitif, les élèves sollicitent leur capacité à trier et à mémoriser les informations importantes ; les connaissances encyclopédiques, narratives, syntaxiques et lexicales, leurs savoirs sur le monde à partir de leur expérience vécue. Ils confrontent leur compréhension à celle de l'enseignant (e).

Enfin, plus tard, après la lecture, il est demandé aux élèves de restituer la trame narrative à l'aide d'images, ce qui permet de développer les compétences narratives, de produire de l'inférentiel, de renforcer la mémorisation, de relier des évènements narrés par la compréhension auditive à une perception visuelle.

2. Analysez la séquence proposée par l'enseignant (document 1).

À travers ce qu'indique cette fiche de préparation, diverses tâches sont proposées aux élèves afin qu'ils travaillent et mobilisent plusieurs compétences des programmes, notamment la capacité à contrôler et réguler sa compréhension, faire acquérir des connaissances encyclopédiques ou connaissances du monde et à développer des compétences narratives, à lire entre les lignes, autant de compétences présentes dans l'annexe tirée du document de Sylvie Cèbe.

Néanmoins, cette fiche de préparation est lacunaire. Elle ne précise pas le nombre de séances. Le « *Plus tard* » est flou et ne permet pas de situer l'activité dans la séquence, c'est-à-dire que la planification enseignante ne précise pas s'il s'agit d'une activité qui est conduite sur plusieurs jours et combien, quand les différentes étapes sont faites ni combien de temps elles sont censées durer. Ni les objectifs, ni les compétences à acquérir par les élèves ne sont citées. Au niveau des modalités de travail, des informations sont manquantes. On attendrait que soit précisé s'il s'agit d'un travail individuel ou collectif, d'un travail oral ou sur support écrit, en ateliers ou en groupes par exemple. Pour les deux premiers temps du travail, la mention « groupe classe » est indiquée, puis plus rien n'est précisé. Soit il n'y a pas d'alternance dans cette modalité de travail, soit on ignore totalement comment les élèves ont réalisé la tâche autrement. D'un point de vue didactique, le bain de langage en groupe classe n'est pas suffisant et le document n'indique pas que l'enseignant(e) prévoie des temps de travail en petits groupes qui sont connus, après les travaux d'Agnès Florin par exemple, pour favoriser la prise de parole de davantage d'élèves. Il aurait pu être envisagé explicitement des groupes de besoins autour d'une compétence. Aucune différenciation n'est prévue. De même, la partie « *Difficultés d'accès à la compréhension* » est vide.

Il est probable que cette colonne soit remplie pendant ou juste après la séance. Elle a sans doute été conçue pour noter les réactions et les difficultés des élèves, la capacité à trier et à mémoriser des éléments d'information.

La place des traces écrites, des affichages ni le rôle des marottes ne sont précisés dans la fiche de préparation. Les affichages demandent un travail sur l'écrit qui exige du temps et dont les modalités d'exécution sont invisibles dans cette fiche. Ces supports sont utiles pour la mémorisation des personnages, des lieux et des actions, pour établir des liens entre les différentes histoires lues en cours d'année, mais nous ne pouvons absolument pas nous représenter comment ils ont été produits par cette fiche qui laisse en transparence trop de modalités d'exécution et de compétences visées de la séquence.

De même, nous n'avons aucune précision sur les modalités d'évaluation des savoirs enseignés. L'évaluation, qu'elle soit diagnostique, formative ou sommative, permet de faire des ajustements en cours de séquence ou au terme de celle-ci. En maternelle, selon les programmes, l'évaluation « repose sur l'observation attentive et l'interprétation de ce que chaque enfant dit ou fait ».

3. Quelles sont les difficultés d'accès à la compréhension que les élèves sont susceptibles de rencontrer ? En vous appuyant sur l'intégralité du dossier, vous proposerez des situations pédagogiques permettant de les lever.

L'enseignant n'a pas renseigné la case « *Difficulté d'accès à la compréhension* » dans son tableau de séquence. Ces difficultés peuvent être de l'ordre de la réception de l'écrit ou de sa production quand les élèves élaborent les affichages collectifs sur l'histoire de *Jack et le haricot magique*.

Les difficultés éventuelles peuvent être de l'ordre du lexique, de la syntaxe, de la chronologie de l'histoire et de l'usage des connecteurs que cela implique. Les élèves sont amenés aussi à une activité sémiotique (consistant à prélever des indices explicites ou implicites relativement aux personnages, lieux ou évènements). Les difficultés peuvent aussi être de l'ordre des connaissances culturelles (accéder à des savoirs sur le stéréotype de l'ogre, par exemple, et le récit de ruse ou aux savoirs sur l'univers de référence du conte merveilleux qui est différent du réel) diversement intégrées ou présentes chez les élèves, lesquels peuvent également se heurter à des obstacles psycho-affectifs (capacité d'identification et ressenti des sentiments que peuvent éprouver les personnages dans une situation de mise en danger devant l'ogre). Il importe de développer le vocabulaire émotionnel et esthétique propre à la maternelle pour favoriser la mise en mots des enfants sur le conte.

Afin de lever ces difficultés, des activités peuvent être mises en place dans tous les domaines d'apprentissage. Notamment, pour enrichir le lexique des enfants, tout ce qui relève des catégorisations (obligeant à faire des classements en fonction d'un hyperonyme ou un mot étiquette, et d'un hyponyme, terme plus spécifique) ou des activités de tri (d'après les images de contes illustrés dans des albums, reconnaitre et rassembler des contes racontant des histoires d'ogre avec d'autres stéréotypes d'agresseurs : des sorcières, par exemple).

Entendre d'autres récits de ruse, ou d'autres contes mettant en scène des ogres peut aider les enfants à comprendre les spécificités de ce texte. Cela peut se faire à travers une proposition de comparaison de quelques-uns de ces textes sur cet univers textuel : *L'Ogre* d'Olivier Douzou, *Le Déjeuner de la petite ogresse* d'Anaïs Vaugelade, *Un bon petit ogre* de Claude Boujon, *Le Petit ogre qui voulait aller à l'école* de Marie-Agnès Gaudrat, *L'Ogresse et les sept chevreaux* de Praline Gay-Para, *Le Géant de Zéralda* de Tomi Ungerer, *L'Ogre et la rainette* de Grégoire Solotareff, *L'Ogre qui avait peur des enfants* de Marie-Hélène Delval, *Le Roi des ogres et le grand Méchant Loup* d'Anne Wilsdorf ; *L'Ogre, le Loup, la Petite Fille et le gateau* de Philippe Corentin ; *Les Trois souhaits du petit dîner* d'Alex Sanders, *L'Ogre Babborco* d'Andrée Prigent, par exemple.

Pour ce qui est de la syntaxe et des structures langagières, il est possible de travailler en dictée à l'adulte en veillant bien au travail de reformulation des élèves aidés par le maitre. De manière plus large, la reformulation de l'enseignant est d'ailleurs un outil d'amélioration syntaxique qui concerne tous les domaines de l'école maternelle et toutes les modalités de travail ou de regroupement. On peut aussi évoquer l'activité de rappel de récit, à construire de façon collective, comme le proposent Cèbe et Goigoux dans *Narramus*, par exemple, qui permet de travailler et d'évaluer différentes compétences (compétences de compréhension globale et fine, cohérence textuelle, compétences langagières – syntaxe et vocabulaire).

Les difficultés liées à la chronologie peuvent se travailler par une dissociation et une recherche des relations entre le texte et l'image qui peuvent être appariées par les élèves afin de mettre les images et les actions qu'elles représentent dans l'ordre avec les connecteurs temporels et toutes les précisions langagières utiles visant l'explicitation des implicites du texte. Les rapports entre les images et les textes entendus ou mémorisés peuvent être explicitées, notamment sur les liens de cause-conséquence entre les actions ou le caractère, le stéréotype du personnage. Des échanges ou débats très brefs de deux à cinq minutes sur les motivations des actions de Jacques peuvent avoir lieu. Les chercheurs en didactique du français (tels que Brigaudiot, Cèbe et Goigoux) préconisent d'ailleurs dans différentes recherches que les enseignants encouragent les activités permettant d'accéder aux états mentaux des personnages (ce que les personnages pensent, ce qu'ils veulent, ce qu'ils croient). Cette investigation permet d'accéder à une compréhension fine et notamment à la compréhension de la ruse évoquée plus haut.

L'album peut être mis en lien avec la croissance des haricots et les rituels du matin autour de la date, ce qui permet de mettre en avant le côté merveilleux de la rapidité de la croissance de la tige de haricot magique et le caractère hyperbolique de sa taille. Ces observations de plantations en découverte du monde peuvent aider à aller vers une première compréhension permettant de ressentir comment un ouvrage littéraire accélère le temps, s'en joue par de tels jeux d'accélération.

4. Quelles sont les fonctions des différentes traces et des outils présentés sur le document 2 ? Vous paraissent-ils tous pertinents au regard de la compétence visée ?

Les traces ou outils présents dans cette séquence sont pluriels : les affichages collectifs, les marottes, le suivi du cycle d'une graine de haricot, les albums présents en classe, les fiches d'exercice individuel.

Les affichages collectifs, outre la fonction de communication avec l'extérieur, ont une fonction de mémorisation des informations importantes sur les personnages (« Qui ? »), les lieux (« Où ? »), la temporalité (« Quand ? »), les enjeux (« Quoi ? ») d'une part, et d'autre part ils peuvent servir de support de différenciation pour les élèves qui ont besoin d'étayage afin de parvenir à faire le rappel du récit. Ce sont des outils de référence pour la classe qui conduisent à une organisation des savoirs et à une catégorisation des différentes informations. De façon pertinente, ils permettent de renforcer l'autonomie des élèves et peuvent alimenter des échanges entre pairs lors de résumés oraux du texte, de mise en lien avec d'autres ouvrages. Ils ont une visée qui peut être descriptive, narrative, argumentative, informative, explicative.

Les marottes permettent d'incarner les personnages du récit afin de les mémoriser par une plus facile identification, en les voyant, en les touchant, et de dire le texte en favorisant une mise à distance : c'est la marotte qui parle à l'adulte et non l'enfant, de sorte que sa fonction est comme un objet transitionnel avec une fonction ludique et rassurante incitant à libérer la parole. Cette mise en œuvre est donc pertinente.

Le cycle d'une graine de haricot, étudié au sein d'une activité collective, favorise la confrontation du merveilleux de l'album au réel des connaissances scientifiques sur la germination et croissance d'une plante. L'attention des jeunes enfants est attirée sur l'écart entre le réel et la fiction et peut construire des repères temporels. Cette activité donne du sens au texte de l'album, rendant l'imaginaire plus concret. Cela aide de façon pertinente à la conceptualisation du processus de croissance du haricot, et permet l'exploration du monde vivant végétal.

Les albums présents en classe accompagnent l'acculturation des enfants sur la thématique de la germination des graines. La mise en réseau d'ouvrages littéraires pour la jeunesse est pertinente. Ajouter des ouvrages documentaires permettrait de varier les types d'écrits sur ce thème, ce qui constituerait un lien entre les ouvrages de fiction, et l'expérimentation en découverte du monde des plantations de graines. Cela accentuerait la pertinence de cette trace d'écrit.

La fiche d'exercice individuel rassemble des étiquettes-mots qu'il convient de coller pour restituer le titre. C'est un exercice de discrimination visuelle avec reconnaissance logographique des mots (les mots sont photographiés mentalement). Cela vise une familiarisation avec le code écrit, conçu soit comme un entrainement, soit comme une évaluation. Au regard, de la compétence visée, cet exercice ne contribue pas à l'apprentissage de la compréhension orale. Il est trop limité à une simple discrimination visuelle d'après un modèle et c'est la trace dont la pertinence est la plus contestable.

SUJET 11

Sujet de la session 2018 du groupement académique 2 : académies d'Aix-Marseille, Besançon, Bordeaux, Clermont-Ferrand, Corse, Dijon, Grenoble, Limoges, Lyon, Montpellier, Nantes, Nice, Orléans-Tours, Poitiers, Toulouse.

Sujet

Première partie : Question relative aux textes proposés

Vous analyserez les relations que les textes du corpus tissent entre passé et présent.

Texte 1 : Marc BLOCH, *Apologie pour l'histoire ou Métier d'historien* (1949), I, 7, Armand Colin.

L'incompréhension du présent naît fatalement de l'ignorance du passé. Mais il n'est peut-être pas moins vain de s'épuiser à comprendre le passé, si l'on ne sait rien du présent. J'ai déjà ailleurs rappelé l'anecdote : j'accompagnais, à Stockholm, Henri Pirenne ; à peine arrivés, il me dit : « Qu'allons-nous voir d'abord ? Il paraît qu'il y a un Hôtel de Ville tout neuf. Commençons par lui ». Puis, comme s'il voulait prévenir un étonnement, il ajouta : « Si j'étais un antiquaire, je n'aurais d'yeux que pour les vieilles choses. Mais je suis un historien. C'est pourquoi j'aime la vie. » Cette faculté d'appréhension du vivant, voilà bien, en effet, la qualité maîtresse de l'historien. Ne nous laissons pas tromper par certaines froideurs de style. Les plus grands parmi nous l'ont tous possédée : Fustel ou Maitland à leur façon, qui était plus austère, non moins que Michelet. Et peut-être est-elle, en son principe, un don des fées, que nul ne saurait prétendre acquérir s'il ne l'a trouvé en son berceau. Elle n'en a pas moins besoin d'être constamment exercée et développée. Comment ? Sinon ainsi que Pirenne lui-même en donnait l'exemple, par un contact perpétuel avec l'aujourd'hui. Car le frémissement de vie humaine, qu'il faudra tout un dur effort d'imagination pour restituer aux vieux textes, est ici directement perceptible à nos sens. J'avais lu bien des fois, j'avais souvent raconté des récits de guerre et de batailles. Connaissais-je vraiment, au sens plein du verbe connaître, connaissais-je par le dedans avant d'en avoir éprouvé moi-même l'atroce nausée, ce que sont pour une armée l'encerclement, pour un peuple la défaite ? Avant d'avoir moi-même, durant l'été et l'automne 1918, respiré l'allégresse de la victoire – (en attendant, je l'espère bien, d'en regonfler une seconde fois mes poumons : mais le parfum, hélas ! ne sera plus tout à fait le même) – savais-je vraiment ce qu'enferme ce beau mot ? À la vérité, consciemment ou non, c'est toujours à nos expériences quotidiennes que, pour les nuancer, là où il se doit, de teintes nouvelles, nous empruntons en dernière analyse les éléments qui nous servent à reconstituer le passé : les noms mêmes dont nous usons afin de caractériser les états d'âmes disparus, les formes sociales évanouies, quel sens auraient-ils pour nous si nous n'avions d'abord vu vivre des hommes ?

Texte 2 : Victor HUGO, « Chanson », *Les Châtiments* (1853), NRF Poésie, Gallimard.

Louis-Napoléon Bonaparte, neveu de Napoléon Premier, prend le pouvoir de façon autoritaire le 2 décembre 1851 ; Victor Hugo part en exil, dont il ne reviendra qu'en 1870. Il rédige alors le recueil satirique et poétique Les Châtiments, *où il s'en prend violemment au nouveau monarque en ne cessant de le ridiculiser en le comparant à la figure admirée de Napoléon Premier. Ce court poème juxtapose et confronte ainsi les deux figures, celle de Napoléon Premier et de son passé mythifié et celle présente du neveu Louis-Napoléon.*

Sa grandeur éblouit l'histoire.
Quinze ans, il fut
Le dieu que traînait la victoire
Sur un affût ;
L'Europe sous la loi guerrière
Se débattit. –
Toi, son singe, marche derrière,
Petit, petit.

Napoléon dans la bataille,
Grave et serein,
Guidait à travers la mitraille,
L'aigle d'airain.
Il entra sur le pont d'Arcole,
Il en sortit. –
Voici de l'or, viens, pille et vole,
Petit, petit.

Berlin, Vienne, étaient ses maîtresses ;
Il les forçait,
Leste, et prenant les forteresses
Par le corset.
Il triompha de cent bastilles
Qu'il investit. –
Voici pour toi, voici des filles,
Petit, petit.

Il passait les monts et les plaines,
Tenant en main
La palme, la foudre et les rênes
Du genre humain ;
Il était ivre de sa gloire
Qui retentit. –
Voici du sang, accours, viens boire,
Petit, petit.

Quand il tomba, lâchant le monde,
L'immense mer
Ouvrit à sa chute profonde
Son gouffre amer ;
Il y plongea, sinistre archange,
Et s'engloutit. –
Toi, tu te noieras dans la fange,
Petit, petit.

Jersey, septembre 1853.

11

Texte 3 : Tzvetan TODOROV, *Les Abus de la mémoire* (1998), Arléa.

Il faut d'abord noter que la représentation du passé est constitutive non seulement de l'identité individuelle – la personne présente est faite de ses propres images d'elle-même –, mais aussi de l'identité collective. Or, qu'on le veuille ou non, la plupart des êtres humains ont besoin de ressentir leur appartenance à un groupe : c'est qu'ils trouvent là le moyen le plus immédiat d'obtenir la reconnaissance de leur existence, indispensable à tout un chacun.

Je suis catholique, ou berrichon, ou paysan, ou communiste : je ne suis pas personne, je ne risque pas d'être englouti par le néant.

Même si l'on n'est pas particulièrement perspicace, on ne peut manquer de s'apercevoir que le monde contemporain évolue dans le sens d'une plus grande homogénéité et uniformité, et que cette évolution porte atteinte aux identités et aux appartenances traditionnelles. Homogénéisation à l'intérieur de nos sociétés, d'abord, due à l'accroissement de la classe moyenne, à la nécessaire mobilité sociale et géographique de ses membres, à l'extinction de la guerre civile idéologique (les « exclus », eux, ne souhaitent pas revendiquer leur nouvelle identité). Mais aussi uniformisation entre sociétés, effet de la circulation internationale accélérée des informations,

des biens de consommation culturelle (émissions de radio et de télévision) et des personnes. La réunion de ces deux conditions – le besoin d'identité collective, la destruction des identités traditionnelles – est responsable, en partie, du nouveau culte de la mémoire : c'est en se constituant un passé commun qu'on pourra bénéficier de la reconnaissance due au groupe. Le recours au passé est particulièrement utile lorsque les appartenances sont revendiquées pour la première fois : je me réclame de la race noire, du genre féminin, de la communauté homosexuelle, il faut donc que je sache qui ils sont. Ces nouvelles revendications sont d'autant plus passionnées qu'elles se sentent aller à contre-courant.
Une autre raison pour se préoccuper du passé est que cela nous permet de nous détourner du présent, tout en nous procurant les bénéfices de la bonne conscience. Qu'on nous rappelle aujourd'hui avec minutie les souffrances passées nous rend peut-être vigilants à l'égard de Hitler et de Pétain, mais nous fait aussi d'autant mieux ignorer les menaces présentes – puisqu'elles n'ont pas les mêmes acteurs ni ne prennent les mêmes formes. Dénoncer les faiblesses d'un homme sous Vichy me fait apparaître comme un vaillant combattant de la mémoire et de la justice, sans m'exposer à aucun danger ni m'obliger d'assumer mes éventuelles responsabilités face aux détresses actuelles. Commémorer les victimes du passé est gratifiant, s'occuper de celles d'aujourd'hui dérange ; « faute d'avoir une action réelle contre le « fascisme » d'aujourd'hui, qu'il soit réel ou fantasmé, on porte l'attaque, résolument, sur le fascisme d'hier ». Cette exonération du souci présent par la mémoire du passé peut même aller plus loin : comme l'écrit Rezvani dans un de ses romans, « la mémoire de nos deuils nous empêche de regarder les souffrances des autres, elle justifie nos actes présents au nom des souffrances passées ». Les Serbes, en Croatie et en Bosnie, rappellent d'autant plus volontiers les injustices dont ont été victimes leurs ancêtres que ce rappel leur permet de faire oublier – espèrent-ils – les exactions dont ils se rendent coupables maintenant ; et ils ne sont pas les seuls à agir de la sorte.

11

Texte 4 : Friedrich NIETZSCHE, *Seconde considération inactuelle* (1874), chapitre 1, traduction d'Henri Albert, Les Échos du Maquis.

[...] le plus petit comme le plus grand bonheur sont toujours créés par une chose : le pouvoir d'oublier, ou, pour m'exprimer en savant, la faculté de sentir, abstraction faite de toute idée historique, pendant toute la durée du bonheur. Celui qui ne sait pas se reposer sur le seuil du moment, oubliant tout le passé, celui qui ne sait pas se dresser, comme le génie de la victoire, sans vertige et sans crainte, ne saura jamais ce que c'est que le bonheur, et, ce qui pis est, il ne fera jamais rien qui puisse rendre heureux les autres. Imaginez l'exemple le plus complet : un homme qui serait absolument dépourvu de la faculté d'oublier et qui serait condamné à voir, en toute chose, le devenir. Un tel homme ne croirait plus à son propre être, ne croirait plus en lui-même. Il verrait toutes choses se dérouler en une série de points mouvants, il se perdrait dans cette mer du devenir. En véritable élève d'Héraclite il finirait par ne plus oser lever un doigt. Toute action exige l'oubli, comme tout organisme a besoin, non seulement de lumière, mais encore d'obscurité. Un homme qui voudrait ne sentir que d'une façon purement historique ressemblerait à quelqu'un que l'on aurait forcé de se priver de sommeil, ou bien à un animal qui serait condamné à ruminer sans cesse les mêmes aliments. Il est donc possible de vivre sans presque se souvenir, de vivre même heureux, à l'exemple de l'animal, mais il est absolument impossible de vivre sans oublier. Si je devais m'exprimer, sur ce sujet, d'une façon plus simple encore, je dirais : il y a un degré d'insomnie, de rumination, de sens historique qui nuit à l'être vivant et finit par l'anéantir, qu'il s'agisse d'un homme, d'un peuple ou d'une civilisation.

Deuxième partie : Connaissance de la langue

1. Expliquez la formation et le sens des mots suivants dans le texte 1 : « incompréhension » et « appréhension ».

2. Dans le texte 2 :

a) Relevez et classez les verbes conjugués selon leur mode et leur temps et justifiez leur emploi.

b) Quelle remarque pouvez-vous faire sur l'occurrence « éblouit » (« Sa grandeur éblouit l'histoire ») ?

3. Dans le passage suivant du texte 1, relevez les participes passés et justifiez leur accord.

Cette faculté d'appréhension du vivant, voilà bien, en effet, la qualité maîtresse de l'historien. Ne nous laissons pas tromper par certaines froideurs de style. Les plus grands parmi nous l'ont tous possédée : Fustel ou Maitland à leur façon, qui était plus austère, non moins que Michelet. Et peut-être est-elle, en son principe, un don des fées, que nul ne saurait prétendre acquérir s'il ne l'a trouvé en son berceau. Elle n'en a pas moins besoin d'être constamment exercée et développée.

4. Analysez de façon grammaticale les quatre mots soulignés de la phrase suivante, extraite du texte 3.

Je suis catholique, ou berrichon, ou paysan, ou communiste : je ne suis pas personne, je ne risque pas d'être englouti par le néant.

5. Dans l'extrait du texte 4, à partir de « Imaginez l'exemple le plus complet... » jusqu'à « d'un homme, d'un peuple ou d'une civilisation », précisez sur quels réseaux d'images se construit l'argumentation de Nietzsche.

Troisième partie : Analyse de supports d'enseignement

Le corpus comprend :

- Document 1 : transcription d'un échange entre un groupe de cinq élèves de CE1 et l'enseignant.
- Document 2 : extrait du texte original *La Sorcière de la rue Mouffetard et autres contes de la rue Broca* de Pierre Gripari, Folio Junior.
- Document 3 : transcription d'une production orale d'élève.
- Document 4 : grille de critères de réussite.

Le professeur distribue l'illustration présentée ici dans le document 1 à cinq élèves, les laisse l'observer un moment puis engage l'échange au sein du groupe.

À partir de l'analyse de ces documents, vous répondrez aux questions suivantes :

1. Dans le document 1, quels sont le rôle et la place de l'enseignant ? Faites toutes les remarques que vous estimerez nécessaires sur les prises de parole de Marie, de Quentin et de Lou.

2. Comment, selon vous, l'enseignant va-t-il exploiter le document 2 après l'échange collectif ?

3. À partir du document 3, identifiez les compétences mobilisées par Marie dans sa production orale.

4. Quelle analyse portez-vous sur la grille de critères de réussite (document 4) ?

5. Quels autres supports l'enseignant pourrait-il mobiliser afin de favoriser la mémorisation et la restitution ?

Document 1 : transcription d'un échange entre un groupe de cinq élèves et l'enseignant à partir de l'illustration de l'ouvrage *La Sorcière de la rue Mouffetard et autres contes de la rue Broca* de Pierre Gripari, Folio Junior.

– Paul : Je vois une sorcière et une petite fille.
– Enseignant : Pourquoi dis-tu que c'est une sorcière ?
– Marie : Elle a un chapeau pointu et un grand nez...
– Quentin : Un grand nez. Elle est moche.
– Enseignant : Oui. Mais connais-tu un autre mot pour dire cela ?
...
– Marie : Elle n'est pas belle, elle a plus que deux dents.
...
– Marie : Elle n'est pas jolie.
– Enseignant : Oui, tu as raison, elle n'est pas jolie. On peut dire qu'elle est laide.
– Leïla : Son nez, il est bizarre.
– Paul : Il est comme les oiseaux qui ont un bec.
– Marie : Ah oui, comme les aigles : il est... crochu.
– Quentin : Et pis, ses ongles, y sont comme des... tu sais, maître...
– Marie : des griffes.
– Enseignant : Ses ongles sont comme des griffes.
– Marie : On dirait qu'elle est méchante.
– Enseignant : De qui parles-tu ?
– Quentin : Et ben... de la sorcière
– Enseignant : Qu'est-ce qui te fait dire ça, Quentin ?
– Quentin : Elle rigole.
– Enseignant : Elle rit. Peux-tu nous expliquer pourquoi tu dis que la sorcière est méchante ?
– Marie : Elle se frotte les mains, comme papa fait quand il a faim. Elle montre qu'elle a faim, alors, ça veut dire qu'elle va manger la petite fille.
– Enseignant : Et toi, Lou, es-tu d'accord avec ce que dit Marie ?...
– Lou : Moi, elle me fait peur.
– Paul : Les sorcières, elles font du mal aux gens.

Document 2 : texte original de *La Sorcière de la rue Mouffetard,* Pierre Gripari

Il y avait une fois, dans le quartier des Gobelins, à Paris, une vieille sorcière, affreusement vieille, et laide, mais qui aurait bien voulu passer pour la plus belle fille du monde !
Un beau jour, en lisant le journal des sorcières, elle tomba sur le communiqué suivant :
Madame, vous qui êtes vieille et laide, vous deviendrez jeune et jolie ! Et pour cela : Mangez une petite fille à la sauce tomate !
Et plus bas, en petites lettres :
Attention ! Le prénom de cette petite fille devra obligatoirement commencer par la letter N !
Or, il y avait, dans ce même quartier, une petite fille qui s'appelait Nadia. C'était la fille aînée de Papa Saïd (je ne sais pas si vous connaissez) qui tenait l'épicerie-buvette de la rue Broca.
Il faut que je mange Nadia, se dit la sorcière.

Document 3 : transcription d'une production orale d'élève à partir de la consigne donnée par l'enseignant : « Marie, peux-tu raconter le début de l'histoire de la sorcière de la rue Mouffetard et inventer une suite ? ».

Debout, devant ses camarades, Marie prononce l'énoncé après quelques secondes d'attente :
« C'est l'histoire d'une petite fille. Elle rencontre une dame, en fait c'est une sorcière… Elle a l'air méchante. Elle lui dit : viens avec moi… (Marie fait un signe de la main). La petite fille, d'abord, dit non. Elle ne veut pas. Et puis après, elle veut bien… Elles vont toutes les deux chez la sorcière… qui la pousse dans un placard. Elle l'enferme. Quelques jours plus tard, elle ouvre le placard et la petite fille a disparu ! »

Document 4 : grille de critères de réussite pour « dire » élaborée par les élèves.

Je me place face aux autres.	
Je regarde le public.	
J'attends qu'on m'écoute.	
Je peux m'assoir si je veux.	
Je parle fort mais je ne crie pas.	
Je ne parle pas trop vite.	
J'articule bien.	
Je mets le ton qu'il faut.	
Je peux m'arrêter pour reprendre mon souffle.	
Je peux parler moins fort pour attirer l'attention.	
Je peux faire des gestes.	
Je sais à qui je parle.	
Je sais pourquoi je parle : pour raconter, pour expliquer, pour décrire.	
J'utilise les temps : passé, présent, futur.	

Corrigé

Question relative aux textes proposés (11 pts)

Quelles relations le passé et le présent sont-ils susceptibles de tisser ?

C'est à cette question que les quatre textes du dossier proposé répondent. Écris à des époques différentes, chacun tente à sa manière d'analyser les relations complexes qui se nouent entre hier et aujourd'hui.

F. Nietzsche (*Seconde considération inactuelle*, 1874, Les échos du Maquis) et T. Todorov (*Les Abus de la mémoire*, 1998, Arléa) évoquent à plus d'un siècle d'écart le rôle de la mémoire, qui permet de donner sens à l'existence humaine. M. Bloch, dans *Apologie pour l'histoire ou Métier d'historien* (1949, I, 7, Armand Colin) analyse les fondements du métier d'historien.

Enfin, le poème de Victor Hugo, « Chanson », extrait des *Châtiments* (1853, NRF Poésie Gallimard), montre comment une forme poétique peut se révéler être une prise de position des évènements historiques.

Nous verrons dans un premier temps quel regard les auteurs de ce corpus portent sur le passé en tant qu'il est ou non un objet clos sur lui-même, et dans un second, nous interrogerons le sujet, individuel ou collectif, en ce qu'il institue l'expérience qu'il fait du temps pour construire son identité.

Chacun des quatre textes évoque le lien dialectique entre passé et présent.

M. Bloch annonce d'emblée que le passé permet de comprendre le présent, comme l'illustre le poème « Chanson » de V. Hugo, dans lequel le poète oppose le règne passé de Napoléon Ier qu'il admire (les six premiers vers de chacune des cinq strophes), à celui de Napoléon III qui lui est contemporain et qu'il abhorre (leurs deux derniers vers). T. Todorov ajoute que la représentation du passé est constitutive de l'humanité. Il précise ce rapport particulier entre la connaissance et surtout la reconnaissance du passé et l'action présente de la société elle-même : en ce sens, la conscience du passé éclaire le présent.

Toutefois, la connaissance du passé ne suffit pas à permettre la compréhension du présent.

En effet, la compréhension du présent s'inscrit aussi dans un rapport à l'histoire que ne peut résumer la seule connaissance du passé, ajoutent M. Bloch et F. Nietzsche. Pour M. Bloch, l'historien se doit d'appréhender le vivant. Selon lui, la vie s'éprouve avant tout, et c'est à partir du présent vécu que l'on va « emprunter en dernière analyse les éléments qui nous servent à reconstituer le passé ». Il cite en exemple les historiens Michelet, Fustel et Maitland qui ont su, malgré leur style austere, percevoir « le frémissement de la vie humaine » pour élaborer leurs écrits. C'est également en lien avec les évènements de sa vie et l'expérience douloureuse de l'exil que V. Hugo rédige le recueil dans lequel il mythifie Napoléon Ier. Il renvoie à un passé glorieux et à un présent qui le désespère. F. Nietzsche va plus loin en affirmant de manière plus radicale que l'oubli est la condition nécessaire à l'action vitale. S'alléger du poids du passé, l'oublier, est une exigence pour aller de l'avant, car la mémoire est un obstacle possible au bonheur que l'on ne peut goûter que dans le pur présent. L'exemple de l'animal qui jouit du présent sans penser à hier ou à demain illustre son propos.

Les auteurs s'accordent donc sur le fait que la compréhension du présent s'inscrit dans un rapport aux évènements que ne peut résumer la seule connaissance du passé : ce dernier n'est pas clos sur lui-même. Bien que le passé soit révolu et susceptible d'être analysé, pour M. Bloch, T. Todorov et V. Hugo, ou susceptible d'être oublié car forcément mémorisé pour F. Nietzsche, ce qui guide les hommes est plus à rechercher dans leur vie actuelle, dans l'attention à la particularité et à la singularité des situations qui s'offrent à eux, que dans la connaissance des évènements qui ont eu lieu.

Ainsi, la réflexion des auteurs renvoie à la construction de l'individu lui-même comme sujet libre par l'expérience qu'il fait du temps, mais aussi à l'identité d'un sujet collectif qui se construit par blessures mémorielles, événements historiques et capacité politique de se donner un destin.

Tous les auteurs mentionnent le rôle essentiel de la mémoire, qui permet d'actualiser le passé par celui qui en a été le témoin. Ils invitent à considérer la condition humaine et à s'interroger sur la place du sujet dans son rapport au temps.

Selon M. Bloch et T. Todorov, la mémoire se réfère au rapport que l'individu entretient avec un passé personnel. Elle permet l'expérience intime du temps pour M. Bloch, selon qui toute représentation du passé est non seulement située dans le temps mais s'élabore à partir des liens faits à partir du vécu. Pour les deux auteurs, l'inscription de chaque homme dans les évènements temporels s'inscrit dans une mise en perspective du présent qui permet d'analyser le passé et d'anticiper un possible avenir, rendant intelligible le rapport à l'histoire. Ainsi, M. Bloch écrit à propos de la guerre de 1914-1918 : « Connaissais-je par le dedans avant d'en avoir éprouvé moi-même l'atroce nausée, ce que sont pour une armée l'encerclement, pour un peuple la défaite ? ». Ce que T. Todorov complète : « la personne présente est faite de ses propres images d'elle-même ». V. Hugo illustre ces propos en choisissant le thème de sa « Chanson » dans laquelle il s'en prend violemment, subjectivement au nouveau monarque, par une écriture qui oppose le récit historique au discours au présent et à la deuxième personne du singulier « toi » ; il invective le souverain qui lui est contemporain. F. Nietzsche rejette quant à lui le passé et ses souvenirs en un oubli volontaire pour envisager la possibilité de construire librement son destin en consentant à en être le sujet : le présent s'affranchit du passé comme force libératrice.

T. Todorov poursuit ces propos en interrogeant le passage de l'identité individuelle à l'identité collective. Selon lui, et il prolonge en cela la thèse de M. Bloch, l'« homogénéisation » et l'« uniformisation » des sociétés contemporaines sont responsables d'un nouveau « culte de la mémoire » dans lequel on peut revendiquer à la fois sa singularité, son essence et en même temps l'appartenance à un groupe : il explique ce besoin d'identité collective par la destruction des identités traditionnelles. La construction d'une identité collective, « d'un passé commun », donne alors au souvenir une valeur partagée, voire universelle, et permet de « bénéficier de la reconnaissance due au groupe ». F. Nietzsche interroge également l'identité collective et l'expérience selon lui nécessaire de la liberté, de l'autonomie : « il y a un degré d'insomnie, de rumination, de sens historique qui nuit à l'être vivant et finit par l'anéantir, qu'il s'agisse d'un homme, d'un peuple ou d'une civilisation. »

T. Todorov complète ce point de vue, qui voit dans l'intérêt des hommes pour observer le passé une forme de « bonne conscience » perfide permettant de mettre à distance le présent afin de ne pas se sentir concerné et encore moins impliqué par ses problématiques. Citant Rezvani, il fustige ceux qui se cachent derrière un déterminisme du passé, évitant de prendre des responsabilités au présent, et qui se réfugient derrière des évènements passés, supposés justifier leurs comportements négatifs au présent.

Les textes invitent donc à faire l'expérience d'un regard libre sur le passé comme condition pour écrire son histoire à partir du présent vécu, et à considérer le présent comme un possible en train de se faire et non comme le produit déterminé du passé. En outre, si la connaissance du passé peut orienter la compréhension du présent, c'est bien le rôle de l'action politique de définir le présent du sujet : non pour imiter ou éviter des actions passées, mais pour prendre en compte les différentes mémoires, individuelle et collective.

Le rôle de l'école est à cet égard fondamental pour permettre de prendre en compte les besoins de connaissance et de reconnaissance du passé qu'expriment les groupes sociaux au moment présent : car envisager un avenir, c'est comprendre dans le présent qu'à défaut d'avoir connu le même passé, nous reconnaissons la même histoire. Une histoire qui nous permet de construire une mémoire collective autour de valeurs partagées, et de contribuer au sentiment d'appartenance commune pour mieux vivre ensemble.

Connaissance de la langue (11 pts)

1. Expliquez la formation et le sens des mots « incompréhension » et « appréhension »

• Le mot *compréhension* est composé d'une base et de trois affixes : *in/com/préhen/sion*

in- constitue un préfixe négatif

-sion est un suffixe nominal

L'unité *compréhen-* est composée du préfixe *com* + *préhen* (base).

in/compréhension : inverse de la compréhension.

« L'incompréhension du présent naît fatalement de l'ignorance du passé » : le fait de ne pas comprendre le présent...

[La base provient du latin *comprehensio*, derivé de *comprehendere* = saisir ensemble, embrasser par la pensée *-com* (préfixe) → *cum* latin = avec ; *préhen* → verbe *prendere*

Donc : *com/préhension* : avec (soi)/préhension du sens.] (Le commentaire entre crochets n'est pas attendu dans la réponse.)

• Le mot *appréhen/sion* est composé d'une base (*appréhen-*) et d'un suffixe nominal (*-sion*)

« Cette faculté d'appréhension du vivant, voilà bien, en effet, la qualité maîtresse de l'historien »

ap/préhen/sion : le fait de prendre vers soi, de saisir par l'esprit.

[La base provient du latin *apprehensio* = ce qui est pris par la pensée, la connaissance. On peut remarquer : comme pour le mot *compréhension*, la racine latine est *prehendere* précédé du préfixe *ap–* dérivé du *ad* latin.] (Le commentaire entre crochets n'est pas attendu dans la réponse.)

Les deux mots ont la même base : (*préhen*) et le même suffixe nominal (*-sion*). Ils diffèrent par leur préfixation. Double préfixation pour *in/com/préhension* ; simple préfixation pour *ap/préhen/sion*

2. Dans le texte 2 :

a. Relevez et classez les verbes conjugués selon leur mode et leur temps et justifiez leur emploi.

Sa grandeur éblouit l'histoire.
Quinze ans, il fut
Le dieu que traînait la victoire
Sur un affût ;
L'Europe sous la loi guerrière
Se débattit. –
Toi, son singe, marche derrière,
Petit, petit.

Napoléon dans la bataille,
Grave et serein,
Guidait à travers la mitraille,
L'aigle d'airain.
Il entra sur le pont d'Arcole,
Il en sortit. –
Voici de l'or, viens, pille et vole,
Petit, petit.

Berlin, Vienne, étaient ses maîtresses ;
Il les forçait,
Leste, et prenant les forteresses
Par le corset.
Il triompha de cent bastilles
Qu'il investit. –
Voici pour toi, voici des filles,
Petit, petit.

Il passait les monts et les plaines,
Tenant en main
La palme, la foudre et les rênes
Du genre humain ;
Il était ivre de sa gloire
Qui retentit. –
Voici du sang, accours, viens boire,
Petit, petit.

Quand il tomba, lâchant le monde,
L'immense mer
Ouvrit à sa chute profonde
Son gouffre amer ;
Il y plongea, sinistre archange,
Et s'engloutit. –
Toi, tu te noieras dans la fange,
Petit, petit.

(On n'attend pas une réponse sur les verbes du paragraphe introductif mais sur le poème seulement.)

Nous choisissons un relevé linéaire qui justifie le lien entre l'emploi des temps choisi par V. Hugo et la structure du poème : en ses repères temporels et spatiaux, le texte a une structure narrative chronologique, ponctuée d'un commentaire dans un système énonciatif différent pour les deux derniers vers de chaque strophe.

Ce poème juxtapose deux figures : celle de Napoléon Ier, dont Hugo vante les mérites et loue les actions passées, et celle de Louis Napoléon, « Napoléon le petit », que Hugo abhorre et qui lui est contemporain.

Par un jeu d'opposition systématique entre Napoléon Ier et Napoléon III, Hugo met en avant dans chaque strophe la valeur du premier empereur, ce que révèle au plan stylistique le système des temps verbaux du poème.

Dans chaque strophe, le système des temps est celui du récit au passé lorsque Hugo traite l'Histoire de façon épique pour magnifier l'empereur : le mode des verbes est l'indicatif et les temps utilisés sont ceux du récit au passé (les actions de second plan sont à l'imparfait, les actions de premier plan sont au passé simple).

En alternance, un refrain à l'impératif présent et au futur de l'indicatif pour la dernière ponctue la fin de chaque strophe : Hugo s'adresse directement à Napoléon III pour critiquer son règne, avec emploi de l'impératif présent (strophes 1 à 4), à valeur injonctive selon une modalité dépréciative, et du futur à valeur hypothétique et prophétique pour le dernier refrain strophe 5, valeurs renforcées par le tutoiement (P2) et la répétition en fin de strophe de « petit petit ».

Les deux plans énonciatifs, discours et récit, alternent donc.

Le tableau ci-dessous récapitule cette alternance :

	Forme verbale (texte)	Caractéristiques (infinitif, personne)	Temps	Mode	Justification
Strophe 1	*éblouit*	*éblouir*, P3	*passé simple	indicatif	*(*cf.* question suivante) récit au passé
	fut	*être*, P3	passé simple	indicatif	
	trainait	*trainer*, P3	imparfait	indicatif	
	se débattit	*se débattre*, P3	passé simple	indicatif	
Refrain 1	*marche*	*marcher*, P2	présent	impératif	discours au présent (commentaire)
Strophe 2	*guidait*	*guider*, P3	imparfait	indicatif	récit au passé
	entra	*entrer*, P3	passé simple	indicatif	
	sortit	*sortir*, P3	passé simple	indicatif	
Refrain 2	*viens*	*venir*, P2	présent	impératif	discours au présent
	pille	*piller*, 1er gr, P2	présent	impératif	
	vole	*voler*, 1er gr, p2	présent	impératif	
Strophe 3	*étaient*	*être*, P6	imparfait	indicatif	récit au passé
	forçait	*forcer*, P3	imparfait	indicatif	
	triompha	*triompher*, P3	passé simple	indicatif	
	investit	*Investor, P3*	passé simple	indicatif	
Refrain 3	pas de verbe, mais présentatif (*voici*) → énonciation discours				
Strophe 4	*passait*	*passer*, P3	imparfait	indicatif	récit au passé
	était	*être*, P3	imparfait	indicatif	
	retentit	*retentir*, P3	passé simple	indicatif	
Refrain 4	*accours*	*accourir*, P2	présent	impératif	discours au présent
	viens (boire)	*venir*, P2	présent	impératif	
Strophe 5	*tomba*	*tomber*, P3	passé simple	indicatif	récit au passé (passé simple, seulement des actions de 1er plan)
	ouvrit	*ouvrir*, P3	passé simple	indicatif	
	plongea	*plonger*, P3	passé simple	indicatif	
	s'engloutit	*s'engloutir*, P3	passé simple	indicatif	
Refrain 5	*noieras*	*se noyer*, P2	futur	indicatif	Le futur n'a pas ici de valeur temporelle. Il a une valeur modale et exprime une supposition, une hypothèse à valeur prémonitoire.

b. Quelle remarque pouvez-vous faire sur l'occurrence « éblouit » (« Sa grandeur éblouit l'histoire ») ?

L'occurrence « *éblouit* » a la même forme au passé simple et au présent de l'indicatif. Considérant le système du récit de chaque strophe, on peut considérer que ce système implique une forme verbale au passé simple.

Cependant, on peut interpréter cette forme comme un présent intemporel, duratif, à la gloire de Napoléon Ier, qui serait un pendant à l'avant dernier vers, « Toi, tu te noieras dans la fange », vers dépréciatif adressé à Napoléon III.

3. Dans le passage suivant du texte 1, relevez les participes passés et justifiez leur accord.

• *Cette faculté d'appréhension du vivant, voilà bien, en effet, la qualité maîtresse de l'historien. Ne nous laissons pas tromper par certaines froideurs de style. Les plus grands parmi nous l'ont tous possédée : Fustel ou Maitland à leur façon, qui était plus austère, non moins que Michelet. Et peut-être est-elle, en son principe, un don des fées, que nul ne saurait prétendre acquérir s'il ne l'a trouvé en son berceau. Elle n'en a pas moins besoin d'être constamment exercée et développée.*

L'accord du participe passé diffère selon qu'il est employé avec les auxiliaires *être* ou *avoir*, et ce quel que soit le temps verbal. De plus, pour l'auxiliaire *avoir*, l'accord varie selon le co-texte : le participe passé s'accorde avec le COD si celui-ci est placé avant le verbe.

• *Les plus grands parmi nous l'ont possédée.*

Le participe passé s'accorde avec le COD placé avant le verbe (ici au passé composé). Le pronom « *l'* » ayant pour référent « *la qualité maitresse de l'historien* », féminin, singulier, groupe nominal dont le noyau est au féminin singulier → accord : *e*.

• ... *un don des fées, que nul ne saurait prétendre acquérir s'il ne l'a trouvé en son berceau.*

Le participe passé s'accorde avec le COD placé avant le verbe (ici au passé composé). Le pronom « *l'* » ayant pour référent le pronom « *que* » de la subordonnée relative, mis pour un « *don des fées* » et COD du verbe « *a trouvé* », masculin singulier, accord avec le COD placé avant le verbe → accord : *é*.

• (*Elle* n'en a pas moins besoin) d'*être* constamment exercée et développée.

Les verbes « *être exercée* » et « (*être*) *développée* » sont à l'infinitif présent à la forme passive. Avec l'auxiliaire *être*, le participe passé s'accorde avec le sujet, « *elle* », féminin, singulier, → accord : *ée*.

4. Analysez de façon grammaticale les quatre mots soulignés de la phrase suivante, extraite du texte 3.

Je suis catholique, ou berrichon, ou paysan, ou communiste : je ne suis pas personne, je ne risque pas d'être englouti par le néant.

• **Du point de vue des classes grammaticales**, les mots proposés appartiennent à des catégories différentes :

catholique : adjectif qualificatif,
paysan : nom commun
personne : pronom indéfini
englouti : participe passé employé comme adjectif

• **Du point de vue des fonctions syntaxiques**

« *Catholique* », « *paysan* » et « *personne* » sont attributs du sujet « *je* », l'ensemble (verbe *être* + attribut) ayant pour fonction prédicat.

« *Être englouti* » est l'infinitif présent du verbe « *engloutir* » au passif (auxiliaire à l'infinitif + participe passé du verbe). Il s'agit là d'une construction attributive (« *je ne risque pas d'être* » étant sémantiquement proche de la forme « *je ne suis pas* », attribut du sujet « *je* »).

11

CORRIGÉ

5. Dans l'extrait du texte 4, à partir de « Imaginez l'exemple le plus complet... » jusqu'à « d'un homme, d'un peuple ou d'une civilisation », précisez sur quels réseaux d'images se construit l'argumentation de Nietzsche.

Les images sont, en sémantique lexicale, des figures de style dont la fonction est de donner une tonalité au texte. Elles concernent principalement les comparaisons et les métaphores. Les réseaux, les relations qu'elles tissent entre elles produisent un effet stylistique et ont une portée interprétative.

L'argumentation de Nietzche part du postulat qu'un homme qui n'aurait pas la faculté d'oublier et qui serait condamné à s'appuyer exclusivement sur ses souvenirs ne pourrait construire son avenir. La métaphore initiale de la « mer du devenir », qualifiée de mouvante, va être constellée à toute une série de figures de style qui serviront chaque argument et qui étayeront la thèse du philosophe, à savoir que l'homme doit construire son futur sans oublier le passé mais sans en dépendre, en s'en détachant totalement.

La construction rythmique de la phrase : « *Toute action exige l'oubli, comme tout organisme a besoin, non seulement de lumière, mais encore d'obscurité* », portée par la préposition à valeur comparative « *comme* », donne une portée générale à ce qui vient d'être énoncé et a une fonction prédicative (commentaire de la métaphore).

La phrase suivante met en relation la singularité de chaque individu et la portée universalisante de la thèse par deux comparaisons successives.

D'abord celle de quelqu'un que l'on priverait de sommeil, et dont l'auteur suggère implicitement les conséquences négatives : « *Un homme qui voudrait ne sentir que d›une façon purement historique ressemblerait à quelqu'un que l'on aurait forcé de se priver de sommeil...* ».

Puis celle de l'animal : « *... ou bien à un animal qui serait condamné à ruminer sans cesse les mêmes aliments* ». La comparaison file alors, non de manière métaphorique, mais par l'emploi du déterminant indéfini « *un* » à celui du défini anaphorique « *l'(animal)* », un homme « *dont la rumination nuit à l'être vivant jusqu'à l'anéantir...* ».

Nietszche concluant alors par une forme hyperbolique « *... qu'il s'agisse d'un homme, d'un peuple ou d'une civilisation.* »

Les relations que ces réseaux d'images entretiennent avec le contexte discursif caractérisent l'isotopie de la destinée humaine, justement parce que les relations se tissent entre les mots par référence et sens figuré, ce qui permet de saisir la portée de la thèse de l'auteur.

Analyse de supports d'enseignement (13 pts)

1. Le document 1 constitue la transcription d'un échange entre un groupe de cinq élèves d'une classe de CE1 et l'enseignant dans lequel ce dernier amène les enfants à commenter l'illustration de la couverture de l'ouvrage *La Sorcière de la rue Mouffetard et autres contes de la rue Broca* de Pierre Gripari, Folio Junior.

Du point de vue littéraire, l'observation de l'illustration du livre, dont on peut supposer qu'elle constitue la première de couverture, un élément qui fait partie du paratexte, crée un horizon d'attente. L'illustration est un élément riche d'informations que le groupe est invité à décrypter.

Il s'agit de caractériser les personnages en commentant notamment leur portrait physique. Et plus particulièrement dans l'extrait proposé celui de la sorcière, personnage clé et archétypal de l'ouvrage, qui par ailleurs donne son nom au titre.

• Par son langage, l'enseignant a un rôle de médiateur. Il ne donne pas les réponses attendues, mais par son étayage verbal (Bruner), il amène les élèves à construire un horizon d'attente sur l'histoire, particulièrement par ses questions :

– il maintient l'orientation des élèves pour qu'ils suivent bien le but qu'elle a fixé : « *De qui parles-tu ?* » ;

– il signalise les caractéristiques dominantes de la tâche langagière en demandant aux élèves (i) des précisions sur ce qu'ils disent : « *De qui parles-tu ?* » ; (ii) la justification des paroles énoncées : « *Pourquoi tu dis que c'est une sorcière ?* » ; « *Qu'est-ce qui te fait dire cela, Quentin ?* » ;

– il incite à la validation par les pairs : « *Et toi, Lou, tu es d'accord avec ce que dit Marie ?* » ;

– et guide à la prise d'indices pour permettre l'identification des caractéristiques du personnage principal : « *Peux-tu nous expliquer pourquoi tu dis que la sorcière est méchante ?* ».

D'autre part, il amène les élèves à travailler explicitement le lexique du portrait ; il incite à la précision lexicale et à la précision syntaxique :

– par la reformulation, notamment dans une langue normée qui est celle de l'écrit (un élève dit : « *elle rigole* »). L'enseignant rectifie : « *elle rit* » ;

– par antonymie : « *Oui, tu as raison, elle n'est pas jolie. On peut dire qu'elle est laide* » ;

– par la comparaison : « *Ses ongles sont comme des griffes* »

• Tous les élèves participent ; ils répondent aux questions du maître et l'un complète ce que l'autre dit. Ils occupent l'espace de parole et ont bien identifié la tâche scolaire dévolue (faire le portrait du personnage à partir de l'illustration).

Marie décrit précisément l'illustration avec un vocabulaire adéquat. Elle se centre sur les caractéristiques physiques de la sorcière : « *Elle n'est pas belle, elle a plus que deux dents... Elle n'est pas jolie* ». Elle utilise des comparaisons : « *Ah oui, comme les aigles : il est... crochu* » (en parlant du nez), puis elle termine par le portrait moral : « *On dirait qu'elle est méchante* ». Enfin, elle justifie ses propos lorsque l'enseignant le lui demande : « *Elle se frotte les mains, comme papa fait quand il a faim. Elle montre qu'elle a faim, alors, ça veut dire qu'elle va manger la petite fille* ».

Quentin est moins autonome et a besoin d'un étayage plus important, de ses pairs ou de l'enseignant. Cependant, il écoute attentivement et s'appuie sur les idées apportées, soit pour les compléter, soit pour reformuler : (Marie : *Elle a un chapeau pointu et un grand nez...*).

Quentin : *Un grand nez. Elle est moche*

Ou encore :

Quentin : *Et pis, ses ongles, y sont comme des... tu sais, maître...*

Marie : *des griffes*

Enseignant : *Ses ongles sont comme des griffes*

Lou participe plus tard, seulement à la fin lorsque le maître la sollicite individuellement, mais elle sait donner son avis : « *Moi, elle me fait peur* ».

Les élèves font donc ensemble une description de l'image qui aboutit d'abord à un portrait physique puis à un portrait moral de la sorcière.

2. Le document n° 2 constitue l'incipit du récit. Sa lecture à haute voix par l'enseignant va permettre aux élèves de valider ou d'infirmer leurs hypothèses initiales sur le personnage, son aspect, son caractère. C'est tout l'enjeu pour les élèves que d'entrer dans le jeu littéraire suscité par la lecture. Le « *Il y avait une fois…* » se distingue du « *il était une fois* » qui transporte le lecteur immédiatement dans un passé révolu et imprécis où tout était possible. Le verbe *avoir* consiste à présenter un phénomène irréel comme un événement ordinaire. Il transporte le lecteur dans un registre fantastique où il semble logique qu'un évènement surnaturel, qu'un personnage imaginaire (la sorcière) a sa raison d'être dans un monde réel : « *Il y avait une fois, dans le quartier des Gobelins, à Paris, une vieille sorcière, affreusement vieille, et laide, mais qui aurait bien voulu passer pour la plus belle fille du monde !* ».

Cette lecture permettra également de nommer le second personnage qui apparait sur l'illustration, Nadia probablement, dont on suppose qu'il va lui arriver le pire. Le suspense est créé, il procède de la tension narrative et motive les élèves à poursuivre leur lecture.

3. Le document 3 est la transcription d'une production orale d'élève à partir de la consigne donnée par l'enseignant : « *Marie, peux-tu raconter le début de l'histoire de la sorcière de la rue Mouffetard et inventer une suite ?* ».

Le silence initial « *quelques secondes d'attentes* » fait partie de l'interaction. Il permet d'abord à Marie de mentaliser les attentes de l'adulte et de planifier le discours qu'elle s'apprête à faire en se remémorant d'abord le début du récit, puis dans un second temps en mobilisant des idées pour pouvoir inventer une suite. Marie fait preuve de compétences procédurales, liées à la cognition. En même temps, il permet à Marie de focaliser l'attention de ses camarades, comme la grille de critères de réussite le mentionne : « *J'attends qu'on m'écoute* ».

Du point de vue verbal, Marie mobilise des compétences communicationnelles : elle tient compte de ce qui vient d'être dit et n'hésite pas à prendre la parole lorsqu'on la sollicite.

Du point de vue des compétences linguistiques, elle s'exprime de façon compréhensible. Elle emploie d'autant mieux un lexique approprié qu'il a été rencontré lors des phases précédentes (*cf.* questions 1 et 2). Elle emploie des phrases morpho-syntaxiquement correctes, quoique généralement simples.

Mais ce qui est le plus intéressant, ce sont les compétences discursives dont Marie fait preuve. Le travail engagé dans les étapes précédentes (portrait des personnages, horizon d'attente, lecture de l'incipit) lui permet d'abord de faire un bref rappel de récit. « *C'est l'histoire d'une petite fille. Elle rencontre une dame, en fait c'est une sorcière… Elle a l'air méchante* ».

Marie s'appuie ensuite sur les éléments du début de la narration (la sorcière doit manger une petite fille dont le prénom commence par N) pour imaginer la rencontre entre les deux personnages (élément perturbateur du schéma narratif), puis différentes péripéties (rapt de la petite fille et emprisonnement dans un placard) avec un retournement de situation final (lorsque la sorcière ouvre la porte, la petite fille a disparu). Ces compétences s'appuient sur des acquis antérieurs relatifs à la structure du récit (compréhension du schéma narratif notamment) et probablement sur les liens intertextuels que Marie est capable de faire (on peut penser, par exemple, au conte de Hansel et Gretel pour la capture de la petite fille), ce qui montre ses compétences de compréhension et sa capacité à imaginer la suite du récit : compréhension des intentions de la sorcière, compréhension du danger qui menace Nadia pour faire des hypothèses sur la suite de l'histoire et imaginer l'enlèvement de Nadia et son évasion/disparition inexpliquée ensuite.

Enfin, il serait intéressant de pouvoir apprécier les compétences relatives à l'oralité, que seul un enregistrement permettrait d'évaluer. La lecture de la partie au discours direct accompagnée du geste de la main de Marie comme la prosodie exclamative de la dernière phrase nous laisse supposer que les compétences de l'oralité s'actualisent dans le discours de l'enfant.

4. Pour analyser la grille de critères de réussites (document 4), nous avons numéroté les critères pour faciliter la lecture.

1. Je me place face aux autres.
2. Je regarde le public.
3. J'attends qu'on m'écoute.
4. Je peux m'assoir si je veux.
5. Je parle fort mais je ne crie pas.
6. Je ne parle pas trop vite.
7. J'articule bien.
8. Je mets le ton qu'il faut.
9. Je peux m'arrêter pour reprendre mon souffle.
10. Je peux parler moins fort pour attirer l'attention.
11. Je peux faire des gestes.
12. Je sais à qui je parle.
13. Je sais pourquoi je parle : pour raconter, pour expliquer, pour décrire.
14. J'utilise les temps : passé, présent, futur.

La grille de critères de réussite pour « dire », élaborée par les élèves, porte quasi exclusivement sur les critères de l'oralité. Il s'agit :
- de la posture corporelle (critères 1, 2, 3, 4) ;
- de la prosodie (critère 5 et 10 = intensité ; critère 6 = débit ; critère 7 = mélodie ; critère 8 = intonation ; critère 9 = pauses) ;
- de la mimogestualité (critère 11).

Or, le « dire » ne dépend pas que de la forme, mais également du contenu du discours.

C'est la forme de l'oral qui prime dans cette grille, c'est-à-dire que ce qui importe aux élèves, car ce sont eux qui ont construit la grille, c'est l'effet perlocutoire du non verbal, c'est-à-dire l'effet de la forme du discours sur autrui, un effet porté par tout ce qui ne relève pas des mots.

On peut regretter que les destinataires (critère 12) et que les critères concernant le discours – superstructure, contenu textuel, cohérence de l'ensemble, compétences linguistiques, compétences discursives – ne soient pas mieux mis en œuvre, à part égale avec l'oralité.

De plus, dans cette grille, les critères sont en fait des indicateurs. Or un critère est objectif tandis que plusieurs indicateurs l'actualisent, comme nous l'avons précisé plus haut : posture corporelle, prosodie, mimogestualité...

	Critères		Indicateurs
Oralité	Posture corporelle		Je me place face aux autres.
			Je regarde le public.
			J'attends qu'on m'écoute.
			Je peux m'assoir si je veux.
	Intonation (prosodie)	Intensité	Je parle fort mais je ne crie pas.
			Je peux parler moins fort pour attirer l'attention.
		Phonologie	J'articule bien.
		Débit	Je ne parle pas trop vite.
		Pause	Je peux m'arrêter pour reprendre mon souffle.
		Mélodie	Je mets le ton qu'il faut
	Mouvements du corps (posturo mimo gestualité)		Je peux faire des gestes
Contenu du discours	Destinataire, but du discours		Je sais à qui je parle.
	Conduite discursive		Je sais pourquoi je parle : pour raconter, pour expliquer, pour décrire.
	Aspects grammaticaux : grammaire textuellle, cohérence.		J'utilise les temps : passé, présent, futur.

Pour compléter, on pourrait ajouter des formulations qui relèvent directement du discours attendu : J'utilise un vocabulaire précis, j'ai bien compris le début de l'histoire et je propose une suite cohérente, par exemple.

(Ce tableau ne serait pas attendu dans le corrigé. Il a un but d'explicitation.)

5. Quels autres supports l'enseignant pourrait-il mobiliser afin de favoriser la mémorisation et la restitution ?

– Le choix des illustrations du livre peut permettre de mettre en mots un récit. S'agissant de l'ensemble d'un récit et non seulement de rappel de récit de l'incipit, l'idée d'un temps de réflexion avant l'énoncé oral s'impose pour préparer mentalement le discours.

– L'enseignant pourrait utiliser des images séquentielles qu'il s'agirait de « parler » et qui soutiendraient la mémorisation de l'histoire.

– Dans le même ordre d'idée, un fil rouge composé de mots clés peut être préparé de telle sorte que l'élève puisse suivre ce fil conducteur.

– Une modalité de restitution collective pourrait permettre de construire à plusieurs voix la mémorisation.

– La constitution d'une carte mentale pour mettre en relation les idées.

– Utiliser une maquette, un décor et des marottes pour les différents personnages.

Par ailleurs, même s'il ne s'agit pas d'un support mais d'une modalité de travail, une restitution collective de récit à plusieurs élèves, comme le proposent Cèbe et Goigoux dans *Narramus*, permettrait aux élèves de faire un rappel plus complet et plus précis.

SUJET 12

Sujet de la session 2018 du groupement académique 3 : académies de Guadeloupe, Guyane, Martinique.

Sujet

Première partie : Question relative aux textes proposés

À partir du corpus proposé, vous analyserez comment les auteurs envisagent les rapports qui s'établissent entre l'individu et le groupe.

12

Texte 1 : Émile ZOLA, « Le grand Michu », (2008), *Nouvelles*, Gallimard (première édition 1874).

Dans un collège, la majorité des élèves jugent immangeable la nourriture qu'on leur sert. Le grand Michu, un fils de paysan, accepte d'être à la tête de la révolte.

Le grand Michu fut superbe. Il alla, ce premier soir, jusqu'à ne pas même manger de pain. Il avait mis les deux coudes sur la table, il regardait dédaigneusement le petit pion qui dévorait. Cependant, le surveillant fit appeler le proviseur, qui entra dans le réfectoire comme une tempête. Il nous regardait rudement, nous demandant ce que nous pouvions reprocher à ce dîner, auquel il goûta et qu'il déclara exquis.

Alors le grand Michu se leva.

« Monsieur, dit-il, c'est la morue qui est pourrie, nous ne parvenons pas à la digérer.

– Ah ! Bien ! cria le gringalet de pion, sans laisser au proviseur le temps de répondre, les autres soirs, vous avez pourtant mangé presque tout le plat à vous seul. »

Le grand Michu rougit extrêmement. Ce soir-là, on nous envoya simplement coucher, en nous disant que, le lendemain, nous aurions sans doute réfléchi.

Le lendemain et le surlendemain, le grand Michu fut terrible. Les paroles du maître d'études l'avaient frappé au cœur. Il nous soutint, il nous dit que nous serions des lâches si nous cédions. Maintenant, il mettait tout son orgueil à montrer que, lorsqu'il le voulait, il ne mangeait pas.

Ce fut un vrai martyr. Nous autres, nous cachions tous dans nos pupitres du chocolat, des pots de confiture, jusqu'à de la charcuterie, qui nous aidèrent à ne pas manger tout à fait sec le pain dont nous emplissions nos poches.

Lui, qui n'avait pas un parent dans la ville, et qui se refusait d'ailleurs de pareilles douceurs, s'en tint strictement aux quelques croûtes qu'il put trouver.

Le surlendemain, le proviseur ayant déclaré que, puisque les élèves s'entêtaient à ne pas toucher aux plats, il allait cesser de faire distribuer du pain, la révolte éclata, au déjeuner. C'était le jour des haricots à la sauce blanche.

Le grand Michu, dont une faim atroce devait troubler la tête, se leva brusquement. Il prit l'assiette du pion, qui mangeait à belles dents, pour nous narguer et nous donner envie, la jeta au milieu de la salle, puis entonna *La Marseillaise* d'une voix forte. Ce fut comme un grand souffle qui nous souleva tous. Les assiettes, les verres, les bouteilles, dansèrent une jolie danse. Et les pions, enjambant les débris, se hâtèrent de nous abandonner le réfectoire. Le gringalet, dans sa fuite, reçut sur les épaules un plat de haricots, dont la sauce lui fit une large collerette blanche.

Cependant, il s'agissait de fortifier la place. Le grand Michu fut nommé général. Il fit porter, entasser les tables devant les portes. Je me souviens que nous avions tous pris nos couteaux à la main. Et *La Marseillaise* tonnait toujours. La révolte tournait à la révolution. Heureusement, on nous laissa à nous-mêmes pendant trois grandes heures. Il paraît qu'on était allé chercher la garde. Ces trois heures de tapage suffirent pour nous calmer.

Il y avait au fond du réfectoire deux larges fenêtres qui donnaient sur la cour. Les plus timides, épouvantés de la longue impunité dans laquelle on nous laissait, ouvrirent doucement une des fenêtres et disparurent. Ils furent peu à peu suivis par les autres élèves. Bientôt le grand Michu n'eut plus qu'une dizaine d'insurgés autour de lui. Il leur dit alors d'une voix rude : – Allez retrouver les autres, il suffit qu'il y ait un coupable.

Puis s'adressant à moi qui hésitais, il ajouta : – Je te rends ta parole[1], entends-tu !

Lorsque la garde eut enfoncé une des portes, elle trouva le grand Michu tout seul, assis tranquillement sur le bout d'une table, au milieu de la vaisselle cassée. Le soir même, il fut renvoyé à son père.

Texte 2 : Jacques LUSSEYRAN, *Le Monde commence aujourd'hui*, (2016), Gallimard, (première édition 1959).

Jacques Lusseyran, devenu aveugle à huit ans, s'est engagé dans la Résistance dès le lycée. Dénoncé, il est arrêté et déporté dans le camp de concentration de Buchenwald. Il y décrit la scène suivante :

J'étais sur le mur, au soleil, entre un jeune acteur parisien, un jeune gars effarouché, trop beau, aux mains de fille, et un instituteur bourguignon consciencieux et quelque peu sceptique. Alors je leur dis : « La poésie, la vraie, ce n'est pas de la littérature. » Tous deux s'écrièrent : « Pas de la littérature ! » Je les surprenais, je les choquais presque. Je vis bien que je devais m'expliquer, mais je n'en avais pas le désir. Et je me mis à réciter des vers, au hasard, tous ceux que je retrouvais, tous ceux qui ressemblaient à notre vie en cet instant. Je récitai du Baudelaire, du Rimbaud, à voix simple.

12

Peu à peu, à ma voix, une autre voix s'était ajoutée. Je ne savais pas d'où elle venait, je me le demandais à peine. Puis je fus bien obligé d'entendre : les vers étaient répétés dans l'ombre. Des voix s'étaient levées timidement derrière moi. J'en percevais devant moi aussi. J'étais entouré. Sans même le vouloir, je fis plus lente ma récitation.

Des hommes étaient venus. Ils s'étaient ralliés et formaient un cercle. Ils prononçaient les mots en écho. À la fin de chaque strophe, à chaque silence, ils faisaient bourdonner les dernières syllabes. « Va, va ! Laisse-toi faire ! Récite ! me souffla l'acteur aux mains de fille, ce qui se passe est extraordinaire. »

Je psalmodiais. Il me semblait savoir à cet instant tous les poèmes que j'avais lus, même ceux que je croyais oubliés. Le cercle des hommes autour de moi se serrait : c'était une foule. Alors, j'entendis que ces hommes n'étaient pas des Français. L'écho des vers qu'ils me renvoyaient était parfois défiguré, comme le son du violon dont une corde se relâche, parfois juste comme un diapason. La respiration de tous ces hommes s'approchait : je la sentais maintenant sur mon visage. Ils étaient cinquante peut-être.

Je leur dis : « Qui êtes-vous ? » La réponse me vint aussitôt, mais dans un désordre effrayant : les uns parlaient allemand, les autres russe, d'autres hongrois. Quelques-uns répétèrent simplement les derniers mots du dernier vers, en français. Ils se penchaient vers moi, gesticulaient, se baissaient et se redressaient, frappaient leur poitrine de tout le bras, zézayaient, grommelaient, se récriaient, en proie à une passion soudaine. J'étais abasourdi, et heureux, stupidement heureux. Mais je ne distinguais plus aucune parole, tant le vacarme, en quelques secondes, avait grandi.

1. Le narrateur avait juré de se révolter au début de la nouvelle.

Loin de moi, derrière la cohue oscillante, des hommes hélaient les passants dans toutes les langues de l'Europe orientale. Ne cherchant plus à comprendre ce qui arrivait, incapable d'éprouver autre chose que du bonheur, un bonheur rythmé à la façon d'un son musical, un bonheur de gorge et de souffle, je repris ma récitation. Il ne me restait en mémoire qu'un poème de Baudelaire : « La Mort des amants ». Je le donnai. Et des dizaines de voix ronflantes, grinçantes, croassantes, caressantes, répétèrent : « les flammes mortes ».

J'eus de la peine à quitter cette foule, à lui échapper. Il me fallut jeter les bras en avant et sortir, pas à pas, tout en récitant. Je sais que c'est à peine croyable, mais, derrière moi, j'entendis des hommes qui pleuraient.

Texte 3 : Marie DESPLECHIN, *La Belle Adèle,* (2010), Gallimard Jeunesse.

La jeune Adèle évoque son quotidien au collège.

Une personne qui n'y vit pas ne peut pas se rendre compte de la dictature qui règne dans un collège. Je ne crois pas. Il s'agit d'une forme de dictature très particulière, et très efficace, parce qu'elle n'arrête pas de se renouveler. Je veux dire que si les dictateurs changent, la dictature reste.

Le collégien moyen vit sous le regard permanent du groupe. Et le groupe obéit toujours à ses dominants. Le collégien est jugé sans cesse et il est jugé sur tout. Ses vêtements. Sa manière de parler, de marcher, de s'asseoir. La marque de son sac à dos. De ses baskets. Son comportement en classe, à la cantine. Ses amis. Sur chacun de ces points, il est vivement recommandé d'avoir l'accord du groupe, et l'aval de ses dominants. Parce que sinon, c'est l'enfer. Et l'enfer peut se manifester de nombreuses façons. Par exemple, l'isolement. On ne vous parle pas, on ne vous regarde pas. Ou encore, la rumeur. On se moque, on parle dans votre dos. Ou même l'hostilité déclarée. On vous bouscule, on renverse votre sac. Dans tous les cas, la solution la plus économique consiste à se taire et à se faire oublier. Et à essayer d'avoir une vie dehors, s'il reste assez de temps pour cela.

La pire erreur consiste à se faire remarquer. À moins de faire partie des dominants, la différence est un défaut, l'originalité une tare. Au collège, il faut se fondre dans la masse ou devenir invisible.

Texte 4 : Jean-Jacques ROUSSEAU, *Dialogues, Rousseau juge de Jean-Jacques,* (1999), Flammarion (première édition 1782).

Se sentant trahi et espionné de toute part, Jean-Jacques Rousseau compose ses Dialogues. *Il se constitue à la fois juge, avocat et partie. Il organise son plaidoyer en trois dialogues en opposant deux personnages : un certain « Rousseau », qui connait parfaitement les écrits de l'auteur et se fait défenseur de « Jean-Jacques », face à un « Français », porte-parole naïf de toutes les calomnies qui circulent au sujet du dénommé « J.-J ».*

LE FRANÇAIS.

Ils ont pris des précautions non moins efficaces en le surveillant à tel point qu'il ne puisse dire un mot qui ne soit écrit, ni faire un pas qui ne soit marqué, ni former un projet qu'on ne pénètre à l'instant qu'il est conçu. Ils ont fait en sorte que, libre en apparence au milieu des hommes, il n'eût avec eux aucune société réelle, qu'il vécût seul dans la foule, qu'il ne sût rien de ce qui se fait, rien de ce qui se dit autour de lui, rien surtout de ce qui le regarde et l'intéresse le plus, qu'il se sentît partout chargé de chaînes dont il ne pût ni montrer ni voir le moindre vestige. Ils ont élevé autour de lui des murs de ténèbres impénétrables à ses regards ; ils l'ont enterré vif parmi les vivants. [...]

On a trouvé l'art de lui faire de Paris une solitude plus affreuse que les cavernes et les bois, où il ne trouve au milieu des hommes ni communication, ni consolation, ni conseil, ni lumières, ni rien de tout ce qui pourrait lui aider à se conduire, un labyrinthe immense où l'on ne lui laisse apercevoir dans les ténèbres que de fausses routes qui l'égarent de plus en plus. Nul ne l'aborde qui n'ait déjà sa leçon toute faite sur ce qu'il doit lui dire et sur le ton qu'il doit prendre en lui parlant. On tient note de tous ceux qui demandent à le voir et on ne le leur permet qu'après avoir reçu à son égard les instructions que j'ai moi-même été chargé de vous donner au premier désir que vous avez marqué de le connaître. S'il entre en quelque lieu public, il y est regardé et traité comme un pestiféré : tout le monde l'entoure et le fixe, mais en s'écartant de lui et sans lui parler, seulement pour lui servir de barrière, et s'il ose parler lui-même et qu'on daigne lui répondre, c'est toujours ou par un mensonge ou en éludant ses questions d'un ton si rude et si méprisant qu'il perde l'envie d'en faire. Au parterre on a grand soin de le recommander à ceux qui l'entourent, et de placer toujours à ses côtés une garde ou un sergent qui parle ainsi fort clairement de lui sans rien dire. On l'a montré, signalé, recommandé, partout aux facteurs, aux commis, aux gardes, aux mouches, aux Savoyards, dans tous les spectacles, dans tous les cafés, aux barbiers, aux marchands, aux colporteurs, aux libraires. S'il cherchait un livre, un almanach, un roman, il n'y en aurait plus dans tout Paris ; le seul désir manifesté de trouver une chose telle qu'elle soit est pour lui l'infaillible moyen de la faire disparaître. [...]

ROUSSEAU.

En effet tous ces moyens que vous m'avez détaillés, me paraissent ne pouvoir manquer de faire de ce J.-J. la risée, le jouet du genre humain et de le rendre le plus abhorré des mortels.

Deuxième partie : Connaissance de la langue

1. Dans cet extrait du texte de Lusseyran, vous relèverez les participes passés, vous identifierez les formes verbales dans lesquelles ils apparaissent et vous justifierez l'accord des participes. Vous pourrez présenter votre réponse dans un tableau.

« Puis je fus bien obligé d'entendre : les vers étaient répétés dans l'ombre. Des voix s'étaient levées timidement derrière moi. J'en percevais devant moi aussi. J'étais entouré. Sans même le vouloir, je fis plus lente ma récitation.

Des hommes étaient venus. Ils s'étaient ralliés et formaient un cercle. Ils prononçaient les mots en écho. À la fin de chaque strophe, à chaque silence, ils faisaient bourdonner les dernières syllabes. « Va, va ! Laisse-toi faire ! Récite ! me souffla l'acteur aux mains de fille, ce qui se passe est extraordinaire. »

Je psalmodiais. Il me semblait savoir à cet instant tous les poèmes que j'avais lus. »

2. « Ce soir-là, on nous envoya simplement coucher, en nous disant que, le lendemain, nous aurions sans doute réfléchi. » (texte de Zola).

a) Vous justifierez l'emploi des temps verbaux dans les paroles rapportées ci-dessus.

b) Vous réécrirez cette phrase en utilisant le discours direct.

3. Dans cet extrait du texte de Zola, vous relèverez et classerez les expansions du nom en indiquant leur classe grammaticale et leur fonction.

« Le grand Michu, dont une faim atroce devait troubler la tête, se leva brusquement. Il prit l'assiette du pion, qui mangeait à belles dents, pour nous narguer et nous donner envie, la jeta au milieu de la salle, puis entonna *La Marseillaise* d'une voix forte. »

4. a) Vous expliquerez la formation des mots suivants en les décomposant : « dédaigneusement » (texte de Zola, paragraphe 1) et « infaillible » (texte de Rousseau, fin du paragraphe 2).
b) Vous expliquerez le rôle des préfixes et des suffixes dans ces mots.

5. Vous relirez les trois derniers paragraphes du texte de Lusseyran.
Que révèle cet épisode du rapport des hommes à la poésie ?
Vous identifierez deux procédés d'écriture qui vous semblent, à ce titre, remarquables et vous les commenterez.

Troisième partie : Analyse de supports d'enseignement

À partir de la séquence d'enseignement proposée par un enseignant d'une classe de CE2 et s'appuyant sur l'ouvrage *Fantastique Maître Renard*, de Roald Dahl et Quentin Blake (Gallimard jeunesse), vous répondrez aux questions suivantes :

1. En vous appuyant sur vos connaissances des programmes et du socle commun, vous direz quelles compétences sont travaillées dans cette séquence.

2. Quelle analyse faites-vous des productions des élèves (document 3) ?

3. Dans le cadre d'un travail d'écriture sur le portrait en CE2, quelles activités proposeriez-vous dans le domaine de l'étude de la langue ? Justifiez votre réponse.

4. Quel regard portez-vous sur la démarche proposée ?

Document 1 : Séquence élaborée par l'enseignant.

But : Écrire le portrait de Maître Renard			
Séance n°…	**Objectifs spécifiques**	**Supports utilisés**	**Outils travaillés et/ou utilisés (document 2)**
1	Déterminer collectivement les éléments nécessaires à l'écriture d'un portrait.	Couverture du livre, illustration p. 6 et chapitre 1 : les fermiers.	Tableau des caractéristiques physiques et morales des fermiers.
2	Dégager collectivement les caractéristiques du renard dans ce roman. Écrire en groupes un premier portrait de Maître Renard.	Chapitres 2 et 3. Couverture.	Le portrait : banque de mots.

3	Présenter une grille d'écriture ou de relecture du portrait. Lire en réseau pour repérer d'autres caractéristiques du portrait du renard. Débat interprétatif : a-t-on une image juste de Renard ?	Extraits du *Roman de Renart,* fables : « Le Renard et le bouc » (Ésope), « Le Corbeau et le renard » (La Fontaine)	Banque de mots. Grille collective d'écriture et de lecture.
4	Améliorer le premier jet. Rédiger en groupes un 2ème jet en tenant compte des éléments collectivement construits.	Premiers textes des groupes d'élèves. (document 3)	Couverture. Dictionnaire. Banque de mots. Grille collective d'écriture et relecture.
5	Rédiger en groupes un texte final (3e jet).	Deuxième jet.	Banque de mots. Grille collective d'écriture et relecture.
6	Prolongement : choisir des adjectifs qualifiant physiquement et moralement des loups.	Illustrations de loups tirées de la littérature de jeunesse. (document 4)	

Document 2 : Outils travaillés et/ou utilisés dans la séquence.

Le portrait : banque de mots

Le portrait physique			
l'allure générale		**visage, tête**	**les yeux**
jeune	vieux	rond	en amande
beau	laid	ovale	enfoncés
grand	petit	allongé	globuleux
agile	minuscule	joufflu	rieurs
propre	sale	bronzé	coquins
sportif	voûté	pale	perçants
élégant	maladif		ronds
gros	mince	**nez, museau**	vifs
gras	élancé	pointu	malicieux
obèse	menu	long	couleur
dodu	maigre	en trompette	
fort	chétif	droit	**les oreilles**
trapu	gigantesque	gros	décollées
amiable	doux	allongé	pointues
gentil	soucieux		

cheveux, poils		**Comparaisons**
clair	foncé	malin comme un singe
roux	brun	léger comme un papillon
noir	blanc	rusé comme un renard
épais	clair	doux comme un agneau
raide	bouclé	vif comme un éclair
		gai comme un pinson
		raide comme un piquet

12

<table>
<tr><th colspan="3">Le portrait moral</th></tr>
<tr><th>la caractère</th><th>les qualités</th><th>les défauts</th></tr>
<tr><td>gai
triste
timide
rêveur
inquiet
autoritaire
vif
prudent</td><td rowspan="3">bon
généreux
serviable
courageux
malin
rusé
honnête
juste
franc
ponctuel
adroit
habile
soigneux
ordonné
gourmand
intelligent</td><td rowspan="3">égoïste
lâche
menteur
tricheur
capricieux
paresseux
maladroit
avare
bavard
désordonné
voleur</td></tr>
<tr><th>les goûts</th></tr>
<tr><td>aimer…
detester…</td></tr>
</table>

le verbe **être** peut être remplacé par :	**renard** peut être remplacé par :
paraître	animal
sembler	il
avoir l'air	voleur
passer pour	celui-ci
devenir	individu
rester demeurer	goupil
	être

Le portrait

Le portrait est la description d'un personnage ou d'un animal. Il doit le décrire (portrait physique) et montrer son caractère (portrait moral).

Grille de relecture

Organisation de la production

- Il y a un titre.
- Les descriptions physique et morale sont ordonnées.

Construction du sens.

- Il y a une description organisée du physique de maître Renard, allure générale, tête…
- Il y a une description du caractère de Maître Renard.
- On perçoit que Maître Renard est malin, rusé, mais aussi qu'il a de bons côtés pour un renard.
- Le vocabulaire est précis.
- Il y a des comparaisons.
- Il n'y a pas de répétitions.
- Le texte est cohérent.

Correction de la langue.

- Les adjectifs sont utilisés.
- Les groupes nominaux sont enrichis.
- Les phrases sont bien délimitées.

Document 3 : Productions des élèves, 1er et 3e jets.

Production des élèves

Il est grand, il est sportif, il est fort.

Il est gentil. Il a un museau long. Ses yeux sont perçants et ronds. Ses oreilles sont pointus. Il est prudent. Il aime. Il est franc et intelligent. Il est aussi fantastique. Il a le poil roux et blanc. Maître renard est rusé comme un renard. Il est capable de sentir les trois fermiers à des kilometres. Il aime sa famille.

Chloé, Lilly, Yasmine, Margo, Ilham

C'est un fantastique Maître renard.

Cet animal est grand et se tient droit comme un i. Il porte des vêtements et marche comme un être humain.

C'est une bête très prudente et rusée. Il a des yeux perçants et des petites oreilles pointues. Grâce à son museau long et à son flair développé le renard est capable de sentir les trois fermiers à des kilomètres.

Cette bête est maline comme un singe.

Chloé, Lilly, Yasmine, Margo, Ilham

C'est un renard très coquin et très brave.

Il est grand il porte une écharpe à point pleu. Une belle chemise violète, un long museau pointu, un giler jaune, une longue queue, des longues pattes avant et arrière pour creuser il est intelligent et ruser il est papa de quatre renardeaux et son épouse s'appelle Dame renard et ils se nourrissent de poulet dodu, d'oie et de canards et de dindes.

Maître Renard est jeune et beau, grand et agile. Son nez est pointu et long. Ses yeux sont ronds et vifs et noirs. Ses poils sont roux. C'est un renard prudent qui aime énormément sa famille. Il est très malin comme un singe. Il a plein d'enfant. Il allez voler des poulez au chasseur parce qu'il n'avez pas à manger. Il a une écharpe et une chemise et des longe janbe pour creusser et courir.

Jameson, Maxime, Andy, Dylan, Elias

C'est un fantastique renard.

Il marche et est habillé comme les hommes. Le renard porte une écharpe à points bleus, une belle chemise violette, un gilet jaune. Cet animal se tient droit comme un i. Il marche sur ses deux longues pattes arrière. Les deux pattes avant lui permettent de creuser très vite. C'est un animal intelligent et rusé. Il sauve sa famillle des méchants fermiers.

Il est très malin comme un singe.

Jameson, Maxime, Andy, Dylan, Elias

Maître renard a de longue queue.
Maître renard a de longues Oreille.
Maître renard a un foulard.

Maïlys, Inès, Paul, Enzo, Liam, Lucas

C'est un fantastique renard.

Maître renard a de longue queue, des petites oreilles dressées sur sa tête, des yeux perçant et un long museau pointu. Il est roux et sans queue.

Cette bête a un foulard ©et des vêtements comme les humains.

Maître renard est vif comme un éclair. Il se déplace et creuse très vite avec ses longues pattes.

Cet animal est agile et intelligent. Il arrive à tromper les fermiers.

Maïlys, Inès, Paul, Enzo, Liam, Lucas

12

Document 4 : Illustrations d'albums pour le prolongement dans la séance 6.

a : *Le jeune loup qui n'avait pas de nom*, Jean-Claude Mourlevat, Jean-Luc Bénazet, Milan Jeunesse, 1998	b : *Mademoiselle Sauve-qui-peut*, Philippe Corentin, l'École des loisirs, 1999	c : *Une soupe au caillou*, Anaïs Vaugelade, l'École des loisirs, 2014

Corrigé

Question relative aux textes proposés (11 pts)

Le groupe, quel qu'il soit, est composé d'individus singuliers formant une unité : tel est le thème du corpus proposé. Émile Zola dans la nouvelle *Le grand Michu*, paru en 1874, met en scène un élève qui s'oppose à l'institution, suivi timidement par ses camarades pour être, en définitive, lâché par ces derniers. Marie Desplechin décrit, d'une autre façon, dans *La Belle Adèle*, 2010, des attitudes de harcèlement d'élèves au sein d'un collège. Dans un autre rapport au monde, Jacques Lusseyran présente dans son ouvrage *Le monde commence aujourd'hui* (1959) une foule dans un camp de concentration, qui se rassemble derrière un homme partageant le plaisir des mots. Enfin, Jean-Jacques Rousseau, dans ses *Dialogues, Rousseau juge de Jean-Jacques* (1782) dénonce le pouvoir du groupe face à l'écrivain. Que le lieu soit clos tel que l'institution scolaire ou le camp, ou ouvert tel que la société, un rapport de forces entre les personnes s'installe.

C'est ce que nous interrogeons : quelle place l'individu peut-il se faire dans un groupe ?

L'individu peut ainsi faire figure de proue, rassembleur, fomenteur de mouvement, mais à l'inverse il peut être soumis, abandonné, trahi au nom du bien de la communauté.

L'individu, même seul, a ce pouvoir d'enflammer les foules, d'être écouté voire adulé, parfois au prix d'un immense sacrifice.

Le Grand Michu, élève d'un collège parisien du XIXe siècle, fait figure de proue en se mettant à la tête des évènements. C'est lui qui s'oppose au proviseur et prend la parole au nom de tous, n'hésitant pas à rassembler les siens aux premiers signes de faiblesse : « il [le grand Michu] nous soutint, il nous dit que nous serions des lâches si nous cédions ». Son attitude vaut exemple et suscite l'admiration. Ainsi l'individu peut endosser ce rôle, face au groupe, de rassembler pour défendre une cause, ici dans le réfectoire : réclamer une nourriture correcte. Mais il peut aussi, à son insu, rassembler sans autre raison que le partage d'un même sort, le partage d'une humanité. Jacques Lusseyran, dans son texte autobiographique, clame par défi des poèmes, il est suivi par des voix qui récitent dans toutes les langues des fragments poétiques ; ils créent alors, tous ensemble, un chœur : « ils s'étaient ralliés et formaient un cercle ». Le groupe d'élèves du collège d'Adèle, dont Marie Desplechin dépeint l'attitude, est présenté comme une personne, dont l'identité reste indéfinie ; l'emploi du « on » le rend anonyme, et à la fois puissant : « on ne vous parle pas, on ne vous regarde pas ».

Constance, détermination sont des qualités nécessaires pour être écouté et suivi dont les personnages des textes de É. Zola et J. Lusseyran sont largement pourvus. En effet, Le Grand Michu résiste aux tentations malgré la faim, et reste campé sur ses positions, il est décrit par le narrateur comme « superbe » le premier soir, « terrible », les deux lendemains. L'on retrouve ce sentiment de « superbe » à la lecture des mémoires, *Le monde commence aujourd'hui*, à travers le personnage-narrateur qui, aux portes de l'enfer, continue de clamer haut et fort une poésie dont il ne lui reste, à force, qu'un seul texte à dire, « La mort des amants ».

Mais la gloire d'un instant peut être éphémère et avoir le goût amer du sacrifice, le groupe ou la société faisant montre d'une grande ingratitude. Jean-Jacques Rousseau est ainsi épié et trahi malgré le succès qu'il a rencontré avec ses écrits. É. Zola a mis en scène cette trahison. La détermination du Grand-Michu à prouver le bien-fondé de sa résistance, à maintenir son cap face aux pressions, face à la faim qu'il ne peut assouvir, contrairement à ses camarades, est grande et force le respect. Il ira, magnanime, jusqu'à affranchir le narrateur de sa parole. C'est un paysan, issu de classe rurale, contrairement à ses camarades, et il sera alors le seul à être renvoyé pour être allé jusqu'au bout de ses revendications. La solitude est ainsi le lourd tribut à payer, solitude partagée par Rousseau dans ses *Dialogues* alors qu'à la tête du groupe, le Grand Michu, Jacques Lusseyran, ont réussi à créer une dynamique, pleine de vies, de cris et de vacarme : les voix du camp de Buchenwald qui s'élèvent tel un orchestre hétéroclite dont les musiciens « gesticulaient, se baissaient et se redressaient, frappaient leur poitrine de tout le bras, zézayaient, grommelaient, se récriaient » ou celle de Michu qui entonne *la Marseillaise* entrainant une révolte dans le réfectoire.

Si la cause du rassemblement semble noble, que ce soit pour dénoncer des conditions ou pour affirmer son existence, il peut arriver qu'il soit provoqué pour une toute autre raison bien éloignée. Le groupe se livre à une pression sur l'individu, il n'est plus au service d'une cause mais devient outil de manipulation obligeant l'autre à la soumission, ou l'isolement.

Le chorus formé par des personnalités qui se ressemblent d'une certaine manière, peut alors exercer une véritable dictature, celle qui harcèle la jeune Adèle dans le texte de M. Desplechin ou Jean-Jacques Rousseau, pourtant adulte. L'individu harcelé devient une cible permanente : jugé sur son comportement qui s'écarte de la norme établie par le groupe, jugé sur ses tenues, jugé sur sa manière de parler, jugé sur tout. Qu'il soit collégien du XXe siècle ou écrivain du XVIIIe, il est mis au ban d'une société pour usage non conforme aux attentes de la communauté. Jean-Jacques Rousseau en est particulièrement affecté, il en dénoncera dans son écrit les abus : « il [J.-J. Rousseau] y est regardé et traité comme un pestiféré ». Parfois cette pression est insidieuse et même si elle s'éloigne d'une forme dictatoriale, elle peut avoir sur l'individu, seul, un fort pouvoir. Ainsi le Grand-Michu, pourtant à l'initiative de la révolte au sein du réfectoire, sera le seul à subir les conséquences, puisque le seul renvoyé, le seul issu de cette classe sociale rurale à laquelle les autres n'appartiennent pas.

Si la tyrannie des uns sur un autre existe, elle se fait par des moyens efficaces. Parce qu'il ne répond pas aux codes définis par le groupe dominant, l'individu fait l'objet d'une attention, d'une observation constante. Au collège, à travers le discours d'Adèle dans le texte de M. Desplechin, il s'agit de porter des vêtements conformes au groupe, des marques de basket ou sac attendues. Cette attitude n'est pas nouvelle puisque J.-J. Rousseau, lui-même, la dénonce en plaidant la culpabilité des forts qui jugent sans même connaitre les faits : « Nul ne l'[Rousseau] aborde qui n'ait déjà sa leçon toute fait sur ce qu'il doit lui dire et sur le ton qu'il doit prendre en lui parlant. » En tout état de cause, il n'a pas le droit à la défense, il est condamné sans autre forme de procès.

Et la condamnation est lourde : l'isolement, la soumission.

Les auteurs font part de l'isolement vécu par l'individu dès qu'il n'est pas en accord avec les autres : qu'il soit paysan pour Zola, collégien pour Desplechin, écrivain pour Rousseau. L'isolement exercé par le groupe conduit à une solitude non choisie qui peut s'avérer traumatisante.

Adèle dans l'ouvrage éponyme *La Belle Adèle*, explique combien il est important de ne pas réagir, de se fondre dans le moule pour ne pas retenir l'attention : « la solution la plus économique consiste à se taire et se faire oublier [...] Au collège, il faut se fondre dans la masse ou devenir invisible. » La sentence est lourde pour le jeune collégien qui devient cible du groupe. Cette violence est encore prégnante chez l'adulte écrivain qui raconte comment la société le met à l'écart, l'incitant à l'isolement, la solitude forcée : « On a trouvé l'art de lui faire de Paris une

12 CORRIGÉ

solitude plus affreuse que les cavernes et les bois, où il ne trouve au milieu des hommes ni communication, ni consolation, ni conseil, ni lumières. […] »

Le groupe manipulateur se fait fort de son nombre face à celui qu'il a choisi de harceler ou d'abandonner, comme le Grand Michu dont les camarades ont fini par renoncer par lâcheté.

Ainsi cette force exercée sur l'autre traduit cette lâcheté de tous qui oblige à suivre le groupe devenant lui-même monstre auquel il est difficile d'échapper.

Deux façons, en définitive, peuvent traduire la relation qui s'établit entre les individus : le rejet ou l'adhésion. Adhérer à des valeurs communes pour défendre des conditions de vie semble de loin la meilleure des dispositions, mais il existe malheureusement des situations où un seul individu peut être rejeté car, justement, il n'adhère pas aux opinions communes.

Connaissance de la langue (11 pts)

1. Dans cet extrait du texte de Lusseyran, vous relèverez les participes passés, vous identifierez les formes verbales dans lesquelles ils apparaissent et vous justifierez l'accord des participes. Vous pourrez présenter votre réponse dans un tableau.

« Puis je fus bien obligé d'entendre : les vers étaient répétés dans l'ombre. Des voix s'étaient levées timidement derrière moi. J'en percevais devant moi aussi. J'étais entouré. Sans même le vouloir, je fis plus lente ma récitation. Des hommes étaient venus. Ils s'étaient ralliés et formaient un cercle. Ils prononçaient les mots en écho. À la fin de chaque strophe, à chaque silence, ils faisaient bourdonner les dernières syllabes. « Va, va ! Laisse-toi faire ! Récite ! me souffla l'acteur aux mains de fille, ce qui se passe est extraordinaire. » Je psalmodiais. Il me semblait savoir à cet instant tous les poèmes que j'avais lus. »

On relève sept occurrences qui sont classées selon l'auxiliaire avec lequel les participes passés sont conjugués.

L'accord du participe passé varie selon l'auxiliaire avec lequel il est conjugué.

Employé avec l'auxiliaire *être*	Avec l'auxiliaire *avoir* avec cod antéposé
Employé avec l'auxiliaire *être*, le participe passé s'accorde en genre et en nombre avec son sujet. *Fus obligé* (passé simple à la voix passive) : le sujet narrateur « *je* » est l'auteur, masculin singulier. *Étaient répétés* (imparfait de l'indicatif, voix passive) : le sujet est pluriel masculin (*les vers*), c'est un imparfait au passif. *S'étaient levées* (plus-que-parfait de l'indicatif, emploi pronominal, sens réfléchi). Le sujet est féminin pluriel (*les voix*). *J'étais entouré* (plus-que-parfait de l'indicatif) : le sujet narrateur « *je* » est l'auteur, masculin singulier. *Étaient venus* : (plus-que-parfait de l'indicatif), le sujet est « *des hommes* », pluriel masculin. *S'étaient ralliés* (plus-que-parfait de l'indicatif, emploi pronominal, sens réfléchi) : le sujet pluriel masculin est « *ils* » qui renvoie aux hommes.	Le participe passé employé avec l'auxiliaire *avoir* s'accorde dans le cas ci-dessous car le cod (*que*), qui renvoie à « *poèmes* » est antéposé. Il s'accorde avec le cod, qui est masculin pluriel. *j'avais lus* (plus-que-parfait de l'indicatif).

12 CORRIGÉ

2. « Ce soir-là, on nous envoya simplement coucher, en nous disant que, le lendemain, nous aurions sans doute réfléchi. » (texte de Zola).

a) Vous justifierez l'emploi des temps verbaux dans les paroles rapportées ci-dessus.

Le passé simple « *envoya* » et le conditionnel passé « *aurions réfléchi* » sont les temps employés dans des modes personnels.

« *coucher* » et « *en disant* », respectivement infinitif et gérondif, ne portent pas de valeur d'emploi (modes impersonnels).

Le passé simple est le temps du premier plan (aspect borné) présent dans ce récit au passé. Le conditionnel passé exprime le « futur dans le passé », aspect accompli, le temps marque le futur d'une action rapportée dans un récit au passé.

b) Vous réécrirez cette phrase en utilisant le discours direct.

Ce soir-là, on nous envoya simplement coucher, en nous disant : « Demain, vous aurez sans doute réfléchi. »

Le conditionnel passé « *nous aurions réfléchi* » au discours indirect, devient futur antérieur « *vous aurez réfléchi* » au discours direct car le verbe introducteur est au passé *« on nous envoya »*.

3. Dans cet extrait du texte de Zola, vous relèverez et classerez les expansions du nom en indiquant leur classe grammaticale et leur fonction.

« Le grand Michu, dont une faim atroce devait troubler la tête, se leva brusquement. Il prit l'assiette du pion, qui mangeait à belles dents, pour nous narguer et nous donner envie, la jeta au milieu de la salle, puis entonna *La Marseillaise* d'une voix forte. »

On relève trois natures types d'expansion : le groupe nominal prépositionnel, la proposition subordonnée relative (toutes deux, explicatives) et l'adjectif.

Les adjectifs :

Grand (*Michu*), *atroce* (*faim*), *belles* (*dents*), *forte* (*voix*) → épithètes liées du nom.

Les groupes prépositionnels :

du pion (*assiette*) → complément du nom.

Les propositions relatives :

dont une faim atroce devait troubler la tête (*le grand Michu*)

qui mangeait à belles dents (*pion*) → épithètes détachées du nom.

Remarque : « *au milieu de* » est une locution prépositive.

4. a) Vous expliquerez la formation des mots suivants en les décomposant :

« *dédaigneusement* » est un mot formé par dérivation. Il présente un radical *-daign–* (juger digne, consentir) auquel sont ajoutés le préfixe « *dé* » puis le suffixe adjectival *–euse–* et le suffixe *-ment* pour former un adverbe.

« *infaillible* » est formé également par dérivation à partir du radical *-faill–* (faire défaut) auquel est adjoint le préfixe contraire *in–* et le suffixe *-ible* qui exprime la possibilité.

b) Vous expliquerez le rôle des préfixes et des suffixes dans ces mots.

Les préfixes :

dé- et *in-* expriment respectivement, la séparation (enlever), et le contraire.

Les suffixes :

-euse- (agent de l'action) et *-ment* (la manière) permettent de construire un adverbe en *-ment.*

-ible : la possibilité (forme l'adjectif).

12 CORRIGÉ

Le mot « *dédaigneusement* » est un adverbe qui signifie « de façon dédaigneuse, avec dédain » et « *infaillible* », adjectif a pour sens « qui ne peut pas faillir, qui ne peut manquer de se produire ».

5. Vous relirez les trois derniers paragraphes du texte de Lusseyran.
Que révèle cet épisode du rapport des hommes à la poésie ?
Vous identifierez deux procédés d'écriture qui vous semblent, à ce titre, remarquables et vous les commenterez.

La poésie permet le rassemblement des hommes en une unité, tel un orchestre. Elle est comparée à une partition musicale jouée par un orchestre que forment les prisonniers.

Un des procédés d'écriture est la métaphore et la comparaison : les vers représentent la partition et les hommes les instruments d'orchestre ; en effet, la poésie est « comme le son du violon dont une corde se relâche, parfois juste comme un diapason. », le narrateur ressent « un bonheur rythmé à la façon d'un son musical, un bonheur de gorge et de souffle ».

Le deuxième procédé est l'accumulation, la gradation : les hommes forment un orchestre dont le « désordre [est] effrayant : les uns parlaient allemand, les autres russe, d'autres hongrois », « Ils se penchaient vers moi, gesticulaient, se baissaient et se redressaient, frappaient leur poitrine de tout le bras, zézayaient, grommelaient, se récriaient, en proie à une passion soudaine. »

Analyse de supports d'enseignement (13 pts)

1. En vous appuyant sur vos connaissances des programmes et du socle commun, vous direz quelles compétences sont travaillées dans cette séquence.

Plusieurs compétences sont travaillées lors de cette séquence. Ainsi des compétences d'écriture, de lecture et d'étude de la langue sont développées conjointement et en interaction.

- Compétences de lecture :
  - Repérer l'implicite du texte : comprendre le caractère rusé du renard.
  - Repérer les états mentaux des personnages du récit.
  - Comprendre les caractéristiques d'un personnage archétypal, le renard (à partir du texte de R. Dalh et Q. Blake et des fables).
  - Repérer, identifier les caractéristiques d'un autre personnage archétypal (le loup) à partir d'illustrations d'albums.
  - Développer une culture littéraire (par le travail en réseau sur le renard et le loup).
- Compétences d'écriture :
  - Produire un texte descriptif : le portrait du renard.
  - Réviser un texte en vue de l'améliorer (en mobilisant des ressources construites collectivement) en s'appuyant sur une grille de relecture.
- Compétences d'étude de la langue :
  - Repérer un champ lexical.
  - Enrichir son vocabulaire.
  - Identifier des adjectifs, des groupes nominaux et les enrichir (expansions).
  - Relever et utiliser des comparaisons.
  - Construire des phrases syntaxiquement correctes.

2. Quelle analyse faites-vous des productions des élèves (document 3) ?

Trois textes et leur réécriture sont proposés dans le document 3. Pour chaque groupe, deux productions sont analysées : un premier jet issu du travail collaboratif de la séance 2 puis un second travail de réécriture, correspondant à la séance 5.

Nous proposons une analyse des textes et leur évolution en nous appuyant sur les critères présents dans la grille de relecture.

Nous ne tenons pas compte des erreurs orthographiques.

Groupe 1 : Chloé, Lilly, Yasmine, Margo, Ilham

1er jet :

• Organisation de la production :
Pas de titre. Le texte est composé d'une phrase introductive.
Descriptions physique et morale désordonnée.

• Construction du sens :
Pas de description organisée physique.
Description du caractère moral.
Comparaison : une seule mais mal employée « *Maitre renard est rusé comme un renard* ».

• Correction de la langue :
Substituts peu variés : *il* (11), un seul substitut lexical présent « *Maitre renard* ».
Structure de phrase identique : *il est…*

3e jet :

• Organisation de la production :
Le texte est plus long et structuré en plusieurs paragraphes. La première phrase annonce le thème : portrait du renard et sert vraisemblablement de titre.
Descriptions physique et morale plus ordonnées mais encore à travailler.

• Construction du sens :
Pas de description organisée physique.
Description du caractère moral.
Figures de style (comparaisons) : « *comme un i* », « *comme un être humain* », « *comme un singe* ».

• Correction de la langue :
Emploi des substituts : varié (*Cet animal, il, bête, le renard*).
Structures de phrase variées : sujet + verbe + complément (*il a des yeux…*) ; complément + verbe (*grâce à son museau…*).
Présence de groupes nominaux expansés, enrichis : par des adjectifs (*bête très prudente et rusée*), des compléments du nom (*vêtements de marche*).
On note également la présence de compléments circonstanciels qui viennent enrichir le texte.

C'est un véritable travail de réécriture qui a permis d'améliorer le texte grâce aux apports d'adjectifs, de GN enrichis, de comparaisons et de substituts (il n'est pas noté dans la séquence que ce point ait été travaillé). Le texte est cohérent présentant une progression.

Groupe 2 : Jameson, Maxime, Andy, Dylan, Elias
1er jet : • Organisation de la production : La première phrase a un effet de titre. Deux grands paragraphes présentant chacun une description physique et morale désordonnées. Le premier paragraphe présente un défaut de ponctuation (deux phrases) : énumération d'adjectifs et groupes nominaux. • Construction du sens : Manque d'organisation dans la description même si le deuxième paragraphe présente un thème éclaté. Comparaison : une seule « *malin comme un singe* ». • Correction de la langue : Substituts peu variés : *il* (11), un seul substitut lexical présent « *Maitre renard* ». Structure de phrase identique : *il est…*
3e jet : • Organisation de la production : Le texte est plus court et mieux structuré : le premier paragraphe est constitué de plusieurs phrases (rétablissement de la ponctuation). Descriptions physique et morale ordonnées. • Construction du sens : Description organisée physique, suivie d'une description morale. Figures de style (comparaisons) : « *comme les hommes* », « *comme un i* », « *comme un singe* ». • Correction de la langue : Emploi de substituts un peu plus varié (*le renard, cet animal, il*). Structure de phrases assez proches. Beaucoup d'adjectifs, peu de compléments du nom.
Le changement le plus remarquable dans la réécriture est l'organisation de la description scindant nettement le physique du comportement. En revanche, le 1er jet était plus riche en détails. Les adjectifs semblent être le seul type d'expansion utilisé.

Groupe 3 : Maïlys, Inès, Paul, Enzo, Liam, Lucas
1er jet : • Organisation de la production : Pas de titre. Le texte est composé de trois phrases indépendantes qui rendent compte de la description physique. Pas de portrait moral. • Construction du sens : Juxtaposition des trois phrases courtes. • Correction de la langue : Substituts peu variés : « *Maitre renard* ». Structure de phrase identique : *il a…*
3e jet : • Organisation de la production : Un titre représenté par la première phrase. Présence du portrait physique ET moral. Quatre petits paragraphes.

• Construction du sens : Les portraits sont dissociés : de la description physique vers le portrait moral avec une progression. • Correction de la langue : Substituts variés (*Maitre renard, il, cette bête, cet animal*). Structures de phrase identiques : sujet verbe (avec emploi des présentatifs : *être* et *avoir*) et d'autres verbes de comportements. Présence de comparaisons : *comme les humains, comme un éclair.* Emploi d'adjectifs moins courants : *vif, agile.* Pas d'autres types d'expansion.
C'est le texte qui a le plus progressé d'un point de vue quantitatif (texte plus long), il a progressé aussi en cohérence (progressions thématiques maintenues et différentes à chaque paragraphe). Le groupe a su utiliser la grille de relecture avec pertinence.

3. Dans le cadre d'un travail d'écriture sur le portrait en CE2, quelles activités proposeriez-vous dans le domaine de l'étude de la langue ? Justifiez votre réponse.

Suite aux réponses écrites des élèves, plusieurs choix se présentent, qui portent sur le lexique.

– Varier les verbes (*c'est, il est, il a*), employer des synonymes : on peut demander aux élèves de relever dans plusieurs portraits tirés de récits de jeunesse, des tournures de présentations puis de les réemployer.

– Utiliser un mot générique, développer un champ lexical.
Lire des portraits de personnages et relever des mots qui qualifient les personnages, les classer grammaticalement (adjectifs, noms, verbes et expressions).
Regrouper ces mots pour définir une émotion, une impression : *joyeux, gentil, méchant*... Utiliser ces mots pour décrire à l'oral ou à l'écrit un tableau, une illustration.

– Transposer un portrait mélioratif en péjoratif (ou inversement) en travaillant les notions d'antonyme.

4. Quel regard portez-vous sur la démarche proposée ?

La démarche proposée fait émerger les trois grandes composantes de l'écriture.

Une première **phase de planification** (correspondant aux séances 1 et 2), suivie d'une **phase d'écriture** collective (séance 2), qui constitue le premier jet qui deviendra un écrit intermédiaire, et d'une dernière de **révision du texte** (amélioration du texte : séances 3, 4 et 5). (Ces trois phases ne sont pas forcément successives, il peut y avoir des interférences entre les étapes.)
Elle associe également la lecture par l'étude de la couverture et d'un chapitre du récit *Fantastique Maitre Renard*, des lectures en réseau du portrait de renard (développement d'une culture littéraire) : lecture et écriture sont en constante interaction, la démarche est constituée d'aller-retour de l'écriture à la lecture, s'enrichissant mutuellement. À cela s'ajoute des apports d'étude de la langue par des observations, une utilisation de ressources diverses (dictionnaire, banque de mots), la constitution de collecte de mots.

Enfin, les élèves construisent ensemble une grille d'écriture et de lecture leur permettant d'améliorer leurs écrits.

La démarche nous semble complète, appliquant ce que préconisent les I.O : Produire des écrits en commençant à s'approprier une démarche (lien avec la lecture, le langage oral et l'étude de la langue).

SUJET 13

Sujet de la session 2019 du groupement académique 1 : académies d'Amiens, Caen, Lille, Nancy-Metz, Reims, Rennes, La Réunion, Rouen, Strasbourg, Paris, Créteil, Versailles.

Sujet

Première partie : Question relative aux textes proposés

En vous fondant sur les différents textes du corpus, vous analyserez les processus à l'œuvre dans la dynamique de la révolte.

Texte 1 : Henry BAUCHAU, *Antigone*, chapitre XIX, « La colère » (1997).

Les jumeaux Étéocle et Polynice, censés se partager le trône de Thèbes à la mort de leur père Œdipe, se sont entretués. Leur oncle Créon, devenu roi, enterre Étéocle avec les honneurs, mais refuse une sépulture à Polynice, qu'il considère être à l'origine du conflit fratricide. Dans cet extrait, la narratrice est leur sœur, Antigone, qui n'accepte pas cette décision.

Je suis hors de moi. Quelque chose dit même : enfin hors de moi ! Il ne faut plus courir, marcher pour ne pas être hors d'haleine. Marcher vite, je ne pourrais pas faire autrement mais ne plus courir, ne pas m'affoler. Je ne suis pas folle, à Thèbes, ce sont les hommes qui sont fous et le sage Créon, Créon le temporisateur plus que tous les autres. Nous, les femmes, accepter de laisser pourrir le corps de notre frère abandonné aux bêtes et gardé par des soldats ! Jamais !

13

[...] Trois gardes entourent un crieur qui lit l'édit dans un affreux silence. Quand il annonce que le corps de Polynice doit pourrir sans sépulture je ne puis plus contenir mon cri. L'indignation, la colère s'échappent de mon corps et vont frapper de front le mufle de la ville avec l'énorme fardeau de douleur, de bêtise et d'iniquité qu'elle fait peser sur moi et sur toutes les femmes. Oui, moi Antigone, la mendiante du roi aveugle, je me découvre rebelle à ma patrie, définitivement rebelle à Thèbes, à sa loi virile, à ses guerres imbéciles et à son culte orgueilleux de la mort.

Si j'ai suivi Œdipe c'était pour lui apprendre – ce que j'ignorais, ce que je n'aurais jamais osé penser sans ce dernier crime de Créon – pour lui apprendre, oui moi, sa pauvre Antigone, à devenir ce qu'il était.

Je ne puis plus supporter ce que lit le crieur, je ramasse de la boue, je la lance en criant :

« Personne... personne de vivant n'est le roi des morts. Personne n'a le droit de faire injure à leurs corps. »

Beaucoup de femmes et de gamins lancent de la boue avec moi. Je me rue vers l'horrible papyrus qui veut déshonorer Polynice, il me brûle les yeux. La foule me porte en avant, bouscule les gardes et le crieur public qui s'enfuient. Zed s'empare de l'édit, je le déchire, on m'apporte du feu et le honteux décret de Créon brûle au milieu des cris et de l'approbation énorme de la foule.

Dans mon malheur, je suis heureuse, je piétine sauvagement les cendres de l'édit. Zed me saisit les mains :

« Mets-toi à notre tête, remplace Vasco, attaquons les soldats du roi en attendant le retour d'Hémon. »

Comme une eau glacée en plein visage, ses paroles me dégrisent.

« Non », je dis seulement non. Je veux enterrer Polynice puis quitter à jamais cette ville de mort.

Texte 2 : ARISTOPHANE, *Lysistrata* (411 avant J.-C.), traduit du grec par Georges-Gustave Toudouze.

Dans cette comédie, les femmes, menées par Lysistrata, veulent faire cesser la guerre menée par les hommes. Pour cela, elles décident d'occuper la citadelle et de se refuser à leurs maris.

LE MAGISTRAT. – Eh bien, je désire savoir de vous-mêmes, avant tout, dans quelle intention vous avez barricadé notre citadelle.

LYSISTRATA. – Pour mettre le trésor en sûreté, et vous ôter tout sujet de guerre.

LE MAGISTRAT. – L'argent est donc la cause de la guerre ?

LYSISTRATA. – Oui, et de tous les autres désordres survenus. C'est pour avoir le moyen de voler que Pisandre et tous les ambitieux suscitent continuellement de nouveaux troubles. Qu'ils fassent maintenant tout ce qui leur plaira ; ils ne toucheront plus rien de cet argent.

LE MAGISTRAT. – Que feras-tu donc ?

LYSISTRATA. – Tu le demandes ? Nous l'administrerons nous-mêmes.

LE MAGISTRAT. – Vous administrerez l'argent ?

LYSISTRATA. – Que trouves-tu là d'étonnant ? N'est-ce pas nous qui administrons les dépenses de nos maisons ?

LE MAGISTRAT. – Mais ce n'est pas la même chose.

LYSISTRATA. – Pourquoi pas la même chose ?

13

LE MAGISTRAT. – C'est avec cet argent qu'on fait la guerre.

LYSISTRATA. – Mais d'abord il n'est pas besoin de faire la guerre.

LE MAGISTRAT. – Quel autre moyen donc de nous défendre ?

LYSISTRATA. – Nous vous défendrons.

LE MAGISTRAT. – Vous ?

LYSISTRATA. – Oui, nous.

LE MAGISTRAT. – C'est trop fort !

LYSISTRATA. – Nous te défendrons malgré toi.

LE MAGISTRAT. – Tu dis là une chose affreuse.

LYSISTRATA. – Tu te fâches ! c'est pourtant là ce qu'il faut faire.

LE MAGISTRAT. – Par Cérès ! c'est de la tyrannie.

LYSISTRATA. – Il faut bien nous sauver, mon cher.

LE MAGISTRAT. – Et si je ne le veux pas ?

LYSISTRATA. – Raison de plus.

LE MAGISTRAT. – Mais d'où vous est venue l'idée de vous mêler de la guerre et de la paix ?

[…]

LYSISTRATA. – Je vais te satisfaire. Précédemment, dans la dernière guerre, nous avons supporté votre conduite avec une modération exemplaire ; vous ne nous permettiez pas d'ouvrir la bouche. Vos projets étaient peu faits pour nous plaire ; cependant ils ne nous échappaient pas, et souvent au logis nous apprenions vos résolutions funestes sur des affaires importantes. Alors, cachant notre douleur sous un air riant, nous vous demandions :

« Qu'est-ce que l'assemblée a résolu aujourd'hui ? quel décret avez-vous rendu au sujet de la paix ? – Qu'est-ce que cela te fait ? disait mon mari : tais-toi », et je me taisais.

UNE FEMME. – Moi je ne me serais pas tue.

LE MAGISTRAT. – Il te serait arrivé mal de ne pas te taire.

LYSISTRATA. – Aussi me taisais-je. Une autre fois, vous voyant prendre une résolution des plus mauvaises, je disais : « Mon ami, comment pouvez-vous agir si follement ? » Mais lui me regardant aussitôt de travers, répondait : « Tisse ta toile, ou ta tête s'en ressentira longtemps ; la guerre est l'affaire des hommes ! »

LE MAGISTRAT. – Par Jupiter ! il avait raison.

LYSISTRATA. – Raison ? Comment, misérable ! il ne nous sera pas même permis de vous avertir, quand vous prenez des résolutions funestes ? Enfin, lasses de vous entendre dire hautement dans les rues « Est-ce qu'il n'y a plus d'hommes en ce pays – Non, en vérité, il n'y en a plus », disait un autre ; alors les femmes ont résolu de se réunir, pour travailler de concert au salut de la Grèce. Car qu'aurait servi d'attendre ? Si donc vous voulez écouter nos sages conseils, et vous taire à votre tour, comme nous faisions alors, nous pourrons rétablir vos affaires.

LE MAGISTRAT. – Vous, rétablir nos affaires ? Tu dis là quelque chose de violent et d'intolérable.

LYSISTRATA. – Tais-toi.

Texte 3 : Émile ZOLA, *Germinal*, partie III, chapitre 3 (1885).

Étienne Lantier travaille depuis peu aux mines de Montsou. Il y rencontre Souvarine, un ouvrier russe, qui le conduit à lire les écrits de penseurs socialistes.

Maintenant, chaque soir, chez les Maheu, on s'attardait une demi-heure, avant de monter se coucher. Toujours Étienne reprenait la même causerie. Depuis que sa nature s'affinait, il se trouvait blessé davantage par les promiscuités du coron. Est-ce qu'on était des bêtes, pour être ainsi parqués, les uns contre les autres, au milieu des champs, si entassés qu'on ne pouvait changer de chemise sans montrer son derrière aux voisins ! Et comme c'était bon pour la santé, et comme les filles et les garçons s'y pourrissaient forcément ensemble !

– Dame ! répondait Maheu, si l'on avait plus d'argent, on aurait plus d'aise... Tout de même, c'est bien vrai que ça ne vaut rien pour personne, de vivre les uns sur les autres. Ça finit toujours par des hommes soûls et par des filles pleines.

Et la famille partait de là, chacun disait son mot, pendant que le pétrole de la lampe viciait l'air de la salle, déjà empuantie d'oignon frit. Non, sûrement, la vie n'était pas drôle. On travaillait en vraies brutes à un travail qui était la punition des galériens autrefois, on y laissait la peau plus souvent qu'à son tour, tout ça pour ne pas même avoir de la viande sur sa table, le soir. Sans doute on avait sa pâtée quand même, on mangeait, mais si peu, juste de quoi souffrir sans crever, écrasé de dettes, poursuivi comme si l'on volait son pain. Quand arrivait le dimanche, on dormait de fatigue. Les seuls plaisirs, c'était de se soûler ou de faire un enfant à sa femme ; encore la bière vous engraissait trop le ventre, et l'enfant, plus tard, se foutait de vous. Non, non, ça n'avait rien de drôle.

Alors, la Maheude s'en mêlait.

– L'embêtant, voyez-vous, c'est lorsqu'on se dit que ça ne peut pas changer... Quand on est jeune, on s'imagine que le bonheur viendra, on espère des choses ; et puis, la misère recommence toujours, on reste enfermé là-dedans... Moi, je ne veux du mal à personne, mais il y a des fois où cette injustice me révolte.

Un silence se faisait, tous soufflaient un instant, dans le malaise vague de cet horizon fermé. Seul, le père Bonnemort, s'il était là, ouvrait des yeux surpris, car de son temps on ne se tracassait pas de la sorte : on naissait dans le charbon, on tapait à la veine, sans en demander davantage ; tandis que, maintenant, il passait un air qui donnait de l'ambition aux charbonniers.

– Faut cracher sur rien, murmurait-il. Une bonne chope est une bonne chope... Les chefs, c'est souvent de la canaille ; mais il y aura toujours des chefs, pas vrai ? Inutile de se casser la tête à réfléchir là-dessus.

Du coup, Étienne s'animait. Comment ! la réflexion serait défendue à l'ouvrier ! Eh ! justement, les choses changeraient bientôt, parce que l'ouvrier réfléchissait à cette heure. Du temps du vieux, le mineur vivait dans la mine comme une brute, comme une machine à extraire la houille, toujours sous la terre, les oreilles et les yeux bouchés aux événements du dehors. Aussi les riches qui gouvernent, avaient-ils beau jeu de s'entendre, de le vendre et de l'acheter, pour lui manger la chair : il ne s'en doutait même pas. Mais, à présent, le mineur s'éveillait au fond, germait dans la terre ainsi qu'une vraie graine ; et l'on verrait un matin ce qu'il pousserait au beau milieu des champs : oui, il pousserait des hommes, une armée d'hommes qui rétabliraient la justice. Est-ce que tous les citoyens n'étaient pas égaux depuis la Révolution ? Puisqu'on votait ensemble, est-ce que l'ouvrier devait rester l'esclave du patron qui le payait ? Les grandes Compagnies, avec leurs machines, écrasaient tout, et l'on n'avait même plus contre elles les garanties de l'ancien temps, lorsque des gens du même métier, réunis en corps, savaient se défendre. C'était pour ça, nom de Dieu ! et pour d'autres choses, que tout pèterait un jour, grâce à l'instruction. On n'avait qu'à voir dans le coron même : les grands-pères n'auraient pu signer leur nom, les pères le signaient déjà, et quant aux fils, ils lisaient et écrivaient comme des professeurs. Ah ! ça poussait, ça poussait petit à petit, une rude moisson d'hommes, qui mûrissait au soleil ! Du moment qu'on n'était plus collé chacun à sa place pour l'existence entière, et qu'on pouvait avoir l'ambition de prendre la place du voisin, pourquoi donc n'aurait-on pas joué des poings, en tâchant d'être le plus fort ?

13

Texte 4 : Albert CAMUS, *L'Homme révolté*, chapitre I, « L'homme révolté » (1951).

Qu'est-ce qu'un homme révolté ? Un homme qui dit non. Mais s'il refuse, il ne renonce pas : c'est aussi un homme qui dit oui, dès son premier mouvement. Un esclave, qui a reçu des ordres toute sa vie, juge soudain inacceptable un nouveau commandement. Quel est le contenu de ce « non » ?

Il signifie, par exemple, « les choses ont trop duré », « jusque-là oui, au-delà non », « vous allez trop loin », et encore « il y a une limite que vous ne dépasserez pas ». En somme, ce non affirme l'existence d'une frontière. On retrouve la même idée de la limite dans ce sentiment du révolté que l'autre « exagère », qu'il étend son droit au-delà de la frontière à partir de laquelle un autre droit lui fait face et le limite. Ainsi, le mouvement de révolte s'appuie, en même temps, sur le refus catégorique d'une intrusion jugée intolérable et sur la certitude confuse d'un bon droit, plus exactement l'impression, chez le révolté, qu'il est « en droit de... ». La révolte ne va pas sans le sentiment d'avoir soi-même, en quelque façon, et quelque part, raison. C'est en cela que l'esclave révolté dit à la fois oui et non. Il affirme, en même temps que la frontière, tout ce qu'il soupçonne et veut préserver en deçà de la frontière. Il démontre, avec entêtement, qu'il y a en lui quelque chose qui « vaut la peine de... », qui demande qu'on y prenne garde. D'une certaine manière, il oppose à l'ordre qui l'opprime une sorte de droit à ne pas être opprimé au-delà de ce qu'il peut admettre.

En même temps que la répulsion à l'égard de l'intrus, il y a dans toute révolte une adhésion entière et instantanée de l'homme à une certaine part de lui-même. Il fait donc intervenir implicitement un jugement de valeur, et si peu gratuit, qu'il le maintient au milieu des périls. Jusque-là, il se taisait au moins, abandonné à ce désespoir où une condition, même si on la juge injuste, est acceptée. Se taire, c'est laisser croire qu'on ne juge et ne désire rien, et, dans certains cas, c'est ne désirer rien, en effet. Le désespoir, comme l'absurde, juge et désire tout, en général, et rien, en particulier. Le silence le traduit bien. Mais à partir du moment où il parle, même en disant non, il désire et juge. Le révolté, au sens étymologique, fait volte-face. Il marchait sous le fouet du maître. Le voilà qui fait face. Il oppose ce qui est préférable à ce qui ne l'est pas. Toute valeur n'entraîne pas la révolte, mais tout mouvement de révolte invoque tacitement une valeur. S'agit-il au moins d'une valeur ? Si confusément que ce soit, une prise de conscience naît du mouvement de révolte : la perception, soudain éclatante, qu'il y a dans l'homme quelque chose à quoi l'homme peut s'identifier, fût-ce pour un temps. Cette identification jusqu'ici n'était pas sentie réellement. Toutes les exactions antérieures au mouvement d'insurrection, l'esclave les souffrait. Souvent même, il avait reçu sans réagir des ordres plus révoltants que celui qui déclenche son refus. Il y apportait de la patience, les rejetant peut-être en lui-même, mais, puisqu'il se taisait, plus soucieux de son intérêt immédiat que conscient encore de son droit. Avec la perte de la patience, avec l'impatience, commence au contraire un mouvement qui peut s'étendre à tout ce qui, auparavant, était accepté. Cet élan est presque toujours rétroactif. L'esclave, à l'instant où il rejette l'ordre humiliant de son supérieur, rejette en même temps l'état d'esclave lui-même. Le mouvement de révolte le porte plus loin qu'il n'était dans le simple refus. Il dépasse même la limite qu'il fixait à son adversaire, demandant maintenant à être traité en égal. Ce qui était d'abord une résistance irréductible de l'homme devient l'homme tout entier qui s'identifie à elle et s'y résume. Cette part de lui-même qu'il voulait faire respecter, il la met alors au-dessus du reste et la proclame préférable à tout, même à la vie. Elle devient pour lui le bien suprême. Installé auparavant dans un compromis, l'esclave se jette d'un coup (« puisque c'est ainsi... ») dans le Tout ou Rien. La conscience vient au jour avec la révolte.

Deuxième partie : Connaissance de la langue

1. Dans cet extrait du texte 2, vous indiquerez le temps et le mode de chaque verbe souligné et vous justifierez son emploi.

LYSISTRATA. – [...] Alors, cachant notre douleur sous un air riant, nous vous demandions : « Qu'est-ce que l'assemblée <u>a résolu</u> aujourd'hui ? quel décret avez-vous rendu au sujet de la paix ? – Qu'est-ce que cela te fait ? disait mon mari : <u>tais-toi</u> », et je me taisais.

UNE FEMME. – Moi je ne me serais pas tue.

LE MAGISTRAT. – Il te <u>serait arrivé</u> mal de ne pas te taire.

LYSISTRATA. – Aussi <u>me taisais</u>-je. Une autre fois, vous voyant prendre une résolution des plus mauvaises, je disais : « Mon ami, comment pouvez-vous agir si follement ? » Mais lui me regardant aussitôt de travers, répondait : « Tisse ta toile, ou ta tête s'en ressentira longtemps ; la guerre <u>est</u> l'affaire des hommes ! »

2. Vous expliquerez la composition et le sens du mot « approbation » (texte 1) puis vous donnerez deux mots de la même famille.

« l'approbation énorme de la foule »

3. Dans l'extrait suivant, vous identifierez les différentes propositions et, le cas échéant, indiquerez leur fonction :

« Seul, le père Bonnemort, s'il était là, ouvrait des yeux surpris, car de son temps on ne se tracassait pas de la sorte » (texte 3)

4. Vous transposerez le passage suivant tiré du texte 2 au discours indirect en commençant par « Lysistrata affirma... »

LYSISTRATA. – C'est pour avoir le moyen de voler que Pisandre et tous les ambitieux suscitent continuellement de nouveaux troubles. Ils ne toucheront plus rien de cet argent.

LE MAGISTRAT. – Que feras-tu donc ?

5. En vous appuyant sur deux procédés d'écriture au moins, vous analyserez les moyens par lesquels Étienne exprime ses convictions et cherche à persuader ses interlocuteurs (texte 3).

Du coup, Étienne s'animait. Comment ! la réflexion serait défendue à l'ouvrier ! Eh ! justement, les choses changeraient bientôt, parce que l'ouvrier réfléchissait à cette heure. Du temps du vieux, le mineur vivait dans la mine comme une brute, comme une machine à extraire la houille, toujours sous la terre, les oreilles et les yeux bouchés aux événements du dehors. Aussi les riches qui gouvernent, avaient-ils beau jeu de s'entendre, de le vendre et de l'acheter, pour lui manger la chair : il ne s'en doutait même pas. Mais, à présent, le mineur s'éveillait au fond, germait dans la terre ainsi qu'une vraie graine ; et l'on verrait un matin ce qu'il pousserait au beau milieu des champs : oui, il pousserait des hommes, une armée d'hommes qui rétabliraient la justice. Est-ce que tous les citoyens n'étaient pas égaux depuis la Révolution ? Puisqu'on votait ensemble, est-ce que l'ouvrier devait rester l'esclave du patron qui le payait ? Les grandes Compagnies, avec leurs machines, écrasaient tout, et l'on n'avait même plus contre elles les garanties de l'ancien temps, lorsque des gens du même métier, réunis en corps, savaient se défendre. C'était pour ça, nom de Dieu ! et pour d'autres choses, que tout pèterait un jour, grâce à l'instruction. On n'avait qu'à voir dans le coron même : les grands-pères n'auraient pu signer leur nom, les pères le signaient déjà, et quant aux fils, ils lisaient et écrivaient comme des professeurs. Ah ! ça poussait, ça poussait petit à petit, une rude moisson d'hommes, qui mûrissait au soleil ! Du moment qu'on n'était plus collé chacun à sa place pour l'existence entière, et qu'on pouvait avoir l'ambition de prendre la place du voisin, pourquoi donc n'aurait-on pas joué des poings, en tâchant d'être le plus fort ?

Troisième partie : Analyse de supports d'enseignement

À partir d'une analyse des documents proposés, utilisés pour la préparation de classe niveau CM1 en cycle 3, vous répondrez aux questions posées.

Document 1 : Séquence autour d'un extrait de *L'Homme à l'oreille coupée* de J.-C. Mourlevat.

Document 2 : Extraits de *L'Homme à l'oreille coupée* de J.-C. Mourlevat.

1. Quelles compétences définies par le programme sont travaillées dans la séquence proposée (document 1) ?

2. En vous inscrivant dans le projet de cette séquence (document 1), vous concevrez le déroulement de la séance 4 et expliquerez vos choix.

3. En vous appuyant sur une analyse du texte source (document 2), vous identifierez les obstacles éventuels à la lecture autonome de ce texte par les élèves et vous préciserez comment ces difficultés peuvent être anticipées.

4. Dans le cadre du travail d'écriture à travers les séances 5 et 6, quels étayages pourriez-vous proposer ?

Document 1 : Séquence autour d'un extrait de *L'Homme à l'oreille coupée* de J.-C. Mourlevat.

<table>
<tr><td colspan="3">Lecture : Étude d'une œuvre longue
L'Homme à l'oreille coupée
de Jean-Claude MOURLEVAT,
publié en 2003 aux Éditions Thierry Magnier, collection Petite poche</td></tr>
<tr><td colspan="2">Forme : Roman
Genre : Fantastique
Ton : Humour</td><td>Résumé : Ce roman très court relate comment un vieil homme raconte chaque soir dans une auberge de quelle façon il a perdu son oreille. Chaque fois, la version est nouvelle et pourtant tout le monde le croit…</td></tr>
<tr><th>Séance n°…</th><th>Objectifs spécifiques</th><th>Déroulement</th></tr>
<tr><td>1</td><td>Présentation de l'œuvre
– Donner envie de lire
– Projeter les enfants dans l'histoire
– Se préparer à la lecture du texte</td><td><u>Mise en situation :</u> À l'oral et collectivement, présenter la première et la quatrième de couverture. Demander aux élèves d'imaginer à partir de ces indices l'histoire racontée par l'auteur.
<u>Phase de recherche :</u> Distribution d'un livre à chacun.
Par groupe, catégoriser l'œuvre en identifiant le genre, le type d'écrit et faire des liens avec ce qu'ils connaissent afin qu'ils puissent s'y rapporter (autre œuvre littéraire, autres titres du même auteur…).
Identifier les indices de l'histoire (personnage, lieu, événement…).
<u>Phase d'institutionnalisation :</u> Mise en commun et réalisation d'une affiche pour la classe.</td></tr>
<tr><td>2</td><td>Structure du texte
– Comprendre le fonctionnement narratif du récit : récit enchâssé</td><td><u>Mise en situation :</u> Lecture par l'enseignant des chapitres 1 et 2 (document 2).
<u>Phase de recherche :</u> Par groupe, les élèves doivent répondre à des questions portant sur le point de vue du narrateur et celui du personnage.
<u>Mise en commun :</u> Échange entre les différents groupes sur les réponses apportées.
<u>Phase d'institutionnalisation :</u> Synthèse sur les rapports spatio- temporels (2 époques, 1 même personnage).</td></tr>
</table>

3	**Exploitation d'un extrait** – Apprendre à construire une représentation mentale pour comprendre le texte	Mise en situation : Lecture de l'extrait : « D'abord l'assistante a mis une longue cigarette [...] Le mégot a volé. » (chapitre 1) Phase de recherche : Dessiner la scène principale dans le récit qui se passe au cirque. Consigne : « Dessine l'assistante de profil avant le premier coup de fouet, après le deuxième et au début du roulement de tambour. Tu dois faire 3 dessins. » Mise en commun/phase de structuration : Faire présenter les 3 dessins par plusieurs élèves et faire justifier les différences en se servant de ce qui est écrit dans le texte. Évaluation individuelle avec 2 consignes : – Expliquez : « À chaque coup elle en perdait un de plus. » – Expliquez : « Le mégot a vole ! »
4	**Étude des procédés du conteur** – Repérer par quels procédés le conteur retient l'attention de ses auditeurs	
5	**Projet d'écriture** – Préparer le scénario de son histoire – Écrire une histoire à la manière du vieil homme	Mise en situation : Rappel des caractéristiques du conteur à partir de la séance 4. Phase de recherche individuelle : Les élèves inventent leur scénario en complétant un tableau recensant : lieu, personnage, actions, dénouement. Mise en commun : Quelques élèves énoncent brièvement les scénarios choisis puis la classe échange sur leur pertinence. Phase d'entraînement : 1er jet d'écriture individuel qui sera ramassé par l'enseignant.
6	**Projet d'écriture** – Retravailler son écrit	Auto-évaluation : À l'aide d'une grille, les élèves vérifient que leur récit comporte bien les critères de réussite. Phase d'entraînement : Phase de réécriture pour corriger et améliorer les récits à partir des critères définis, des procédés d'écriture relevés. Passage de l'enseignant pour les aider à relire leur récit et les guider dans la réécriture.

7	**Oralisation du texte** – Lire à haute voix de manière expressive	Mise en situation : Lecture d'un extrait de l'œuvre de Mourlevat par l'enseignant à haute voix. Phase de recherche : Construire la liste des critères de réussite (l'intonation, l'articulation, le respect de la ponctuation, les exagérations, les effets de suspens...). Phase d'institutionnalisation : Écriture des critères de réussite sélectionnés conjointement. Phase d'entraînement : Par binôme, les élèves s'exercent à lire leur texte de manière expressive. Les élèves pourront également utiliser des enregistrements audio ou vidéo pour analyser et améliorer leur prestation. Phase d'évaluation : Chacun viendra lire son texte devant la classe. Cette phase se fera sur plusieurs jours selon le nombre d'élèves.

Document 2 : Extraits de *L'Homme à l'oreille coupée* de J.-C. Mourlevat.

Vous trouverez ci-dessous trois chapitres complets extraits de l'œuvre de J.-C. Mourlevat.

Chapitre 1

Il y avait dans un port de Norvège un très vieil homme à qui il manquait une oreille. Comment l'as-tu perdue ? lui demandait-on dans l'auberge où il venait s'enivrer chaque soir, et il répondait volontiers : « Oh, ça remonte à loin ! disait-il, j'étais encore un petit garçon… J'avais neuf ans à peine, alors voyez ! Un cirque ambulant est passé dans notre village. Ça ne coûtait pas très cher, mais nous étions pauvres et mes parents ne pouvaient pas me payer l'entrée. Alors le soir de la représentation, j'y suis allé en cachette. Je me suis faufilé sous la toile du chapiteau, ni vu ni connu, et j'ai pris place dans les gradins. C'était plein à craquer. La musique assourdissante, l'odeur forte des animaux, tout ça : j'étais comme ivre. Il y a eu les chevaux qui tournaient, puis les acrobates-voltigeurs, puis les petits caniches dressés. J'en restais la bouche ouverte. Quelle émotion pour moi qui n'avais jamais rien vu ! Enfin, le directeur du cirque a annoncé un numéro de fouet. J'ai oublié le nom de l'artiste, Pacito, Pancho, un nom comme ça. Il s'est avancé dans sa tenue de cow-boy, accompagné de son assistante en maillot de bain. Et clac ! Clac ! Ça a commencé. D'abord l'assistante a mis une longue cigarette de papier dans sa bouche. Clac ! Au premier coup de fouet, la cigarette a perdu un centimètre. Clac ! À chaque coup elle en perdait un de plus, jusqu'à ce qu'il n'en reste plus qu'un minuscule mégot. Alors elle a avancé ses lèvres maquillées de rouge, comme pour donner un baiser, puis elle a légèrement basculé la tête en arrière, pour ne pas se faire couper le bout du nez. Il y a eu un roulement de tambour, et clac ! Le mégot a volé !

Chapitre 2

Ensuite, ils ont demandé un volontaire. C'est juste à ce moment-là que j'ai vu un camarade d'école en face de moi, de l'autre côté de la piste. Il me faisait de grands signes. J'ai levé le bras pour lui répondre et ils ont cru que je voulais venir ! Ils m'ont mis une cigarette de papier dans les oreilles. Une dans chaque. Clac ! Clac ! De quoi vous rendre sourd. Les gens applaudissaient.

Et ils riaient aussi. Sans doute à cause de mon air ahuri. Et puis tout à coup j'ai entendu « ooOOOooh ! ». Ça faisait comme une vague dans les gradins... L'assistante s'est évanouie et quelques spectatrices aussi. J'ai senti quelque chose de tiède qui dégoulinait dans mon cou. J'ai passé la main. C'était mon sang. Alors j'ai compris. J'ai regardé par terre et j'ai vu mon oreille, là, dans la sciure... j'ai oublié la suite. Je me revois transporté dans des bras étrangers. Je revois des gens très flous qui me tiennent les mains. Je revois surtout ma mère qui pleure et mon père qui lève les bras au ciel : « Ah, ce gamin ! Ce gamin ! » Voilà comment je l'ai perdue, mon oreille. Ça vous évitera d'avoir à me le demander la prochaine fois... »

Chapitre 5

Le lendemain, il levait les bras au ciel : « Vous me fatiguez avec cette oreille ! Je vous l'ai dit cent fois. C'était un soir où j'avais trop bu. Je me suis endormi contre un poêle et ça me l'a brûlée. Voilà ! »

Corrigé

Question relative aux textes proposés (11 pts)

En vous fondant sur les différents textes du corpus, vous analyserez les processus à l'œuvre dans la dynamique de la révolte.

Quels sont les mécanismes de la révolte ?

C'est à cette question que tentent de répondre les quatre textes proposés dans ce corpus.

Le premier texte est issu du roman *Antigone* d'H. Bauchau (chapitre XIX, « La colère », 1997) qui propose une réécriture du mythe d'Antigone. Dans cet extrait, la jeune fille exprime la colère et l'indignation qu'elle ressent à l'annonce du décret de son oncle Créon, refusant une sépulture à Polynice, l'un de ses deux frères. L'extrait montre comment le refus de cette décision se mue en une véritable révolte, violente, d'abord individuelle puis collective.

Le deuxième texte, extrait de *Lysistrata*, œuvre d'Aristophane, écrite en 411 avant J.-C., donne à voir la révolte des Athéniennes qui s'insurgent contre le pouvoir de l'argent et la domination masculine. Les femmes, par la voix de Lysistrata, font part de leur prise de conscience : jusqu'alors soumises à leurs maris, elles décident d'inverser le rapport de force et de prendre le pouvoir.

Le texte 3 est issu de *Germinal*, écrit en 1885 par É. Zola. Dans cet extrait (partie III, chapitre 3), le personnage de Lantier partage avec ses camarades de la mine ses réflexions sur leurs conditions de travail : il s'insurge contre le modèle en place, contre l'exploitation des plus faibles par les puissants, et se veut le moteur d'une révolte collective, capable d'aboutir à des changements socio-politiques aussi profonds que nécessaires.

Enfin, le dernier texte est extrait de *L'Homme révolté* (chapitre 1, « L'homme révolté », 1951), essai philosophique écrit par A. Camus. Dans ce passage, A. Camus dresse le portrait de « l'homme révolté » qu'il pose comme quelqu'un qui inverse l'ordre établi pour retrouver sa pleine humanité, en décrivant l'évolution de sa pensée et les caractéristiques de sa réflexion.

Afin de comprendre les processus à l'œuvre dans la dynamique de la révolte, nous examinerons dans un premier temps ses origines, avant d'observer de quelle manière elle se manifeste.

L'ensemble des textes de ce corpus montre que la révolte nait souvent d'un refus des inégalités, d'un refus de la soumission. Ainsi, dans le texte d'Aristophane, Lysistrata exprime clairement le refus de la domination des femmes par les hommes : elles ne veulent plus se taire et être soumises à leurs maris. Lantier, de son côté (*Germinal*), rejette le capitalisme et conteste la soumission sociale. Il dénonce l'ordre établi qui place d'un côté l'ouvrier et le mineur (« parqués », « entassés », traités comme « des bêtes », qui travaillaient « en vraies brutes à un travail qui était la punition des galériens autrefois ») et de l'autre « les riches qui gouvernent ». C'est précisément ce qu'explique A. Camus : « l'homme révolté » est celui « qui dit non », qui n'accepte pas de se soumettre plus longtemps ; il exprime alors que les choses ont assez duré, ne sont plus acceptables.

La révolte part donc d'un mouvement de refus et de rejet profond : le révolté va bousculer l'ordre établi car celui-ci est synonyme d'abus de pouvoir. Lysistrata dénonce ainsi l'attitude des hommes, qui utilisent le bien public pour faire la guerre. Selon elle, l'argent est en effet la source « de tous les désordres survenus » ; c'est pourquoi les femmes unies décident qu'elles administreront désormais l'argent, pour éviter toute dérive. Dans l'extrait de *Germinal*, se révolter est aussi un moyen de s'extraire d'un ordre qui semble immuable et figé, comme l'évoque la Maheude : « L'embêtant, voyez-vous, c'est lorsqu'on se dit que ça ne peut pas changer... Quand on est jeune, on s'imagine que le bonheur viendra, on espère des choses ; et puis, la misère recommence toujours, on reste enfermé là-dedans [...] il y a des fois où cette injustice me révolte ». A. Camus analyse en effet les mécanismes de la pensée du révolté : son refus se nourrit du « sentiment d'avoir soi-même, en quelque façon, et quelque part, raison ». Au nom de son humanité et de la prise de conscience qu'il est dans son bon droit, il ressent la nécessité de poser la frontière de l'inacceptable : « ainsi, le mouvement de révolte s'appuie, en même temps, sur le refus catégorique d'une intrusion jugée intolérable et sur la certitude confuse d'un bon droit ». C'est le même mécanisme que l'on observe chez Antigone, qui ne peut supporter la décision de son oncle de « laisser pourrir le corps de [son] frère » : cette décision intolérable la pousse à s'insurger contre sa patrie, « sa loi virile, [...] ses guerres imbéciles et [...] son culte orgueilleux de la mort ».

Ce refus de l'injustice se traduit par des sentiments puissants et profonds. Antigone exprime cette émotion forte : « je suis hors de moi. » L'« indignation » et « la colère » qu'elle éprouve à la lecture de l'édit de Créon se traduisent physiquement : elle « ne pui[t] plus contenir [s]on cri », puis ses sentiments se traduisent en actes violents : « je ramasse de la boue, je la lance en criant, [...] je déchire [l'édit] [...] je piétine sauvagement les cendres de l'édit ». Ce même sentiment d'indignation se retrouve chez les Athéniennes dans le texte d'Aristophane. Elles sont tout à fait déterminées dans leur révolte : après s'être tues, avoir accepté malgré elles les « résolutions funestes » de leurs maris, elles sont bien décidées à inverser l'ordre établi. Dans le texte d'É. Zola, Lantier est, quant à lui, animé par un sentiment profond d'injustice. Il manifeste son désir de faire voler en éclats l'ordre établi et témoigne d'un besoin de se soulever pour « rétablir la justice ». L'exaltation de la révolte est tangible dans ses propos. Ce sentiment profond s'appuie notamment sur « l'instruction » (« parce que l'ouvrier réfléchissait à cette heure ») et au nom de l'égalité entre les citoyens (« Puisqu'on votait ensemble, est-ce que l'ouvrier devait rester l'esclave du patron qui le payait ? »). Comme évoqué plus haut, ce sentiment d'injustice est analysé par A. Camus : le révolté « oppose à l'ordre qui l'opprime une sorte de droit à ne pas être opprimé au-delà de ce qu'il peut admettre ».

Si la révolte a ses raisons, elle s'exprime de diverses manières.

Les différents textes indiquent qu'elle se matérialise par la libération d'une parole opprimée jusqu'alors pour renverser l'ordre établi. A. Camus montre que le révolté prend la parole, brise le silence afin de signifier qu'il refuse désormais un certain ordre des choses, et afin de revendiquer en même temps la légitimité de ce refus. Ainsi, dans *Lysistrata*, les Athéniennes, qui n'avaient pas jusqu'à présent le droit « d'ouvrir la bouche » et devaient se taire, décident de faire changer les choses et de faire entendre leur voix : elles ont décidé de « travailler de concert au salut de la Grèce » et demandent aux hommes de « [se] taire à [leur] tour ». Antigone, dans le texte de Bauchau, crie sa révolte, laissant ainsi exploser sa colère. Et dans l'extrait de *Germinal*, c'est également par la parole que Lantier exprime son indignation et souhaite faire de sa réflexion un moteur de la révolte collective.

Au-delà de cette prise de parole, la révolte d'Antigone s'exprime par des actes violents : elle brûle le décret de Créon et en « piétine sauvagement les cendres ». Ce faisant, s'opposant radicalement au pouvoir et se montrant « rebelle à [sa] patrie », elle refuse d'obéir et défie l'autorité. Dans le texte d'Aristophane, il ne s'agit pas en revanche de changer la structure du monde, mais les femmes revendiquent le droit d'y occuper une place différente et davantage décisive. De la même façon dans le texte d'É. Zola, la révolte prend la forme d'un dépassement individuel de sa condition : il s'agit plus de partager le pouvoir que de le défier ou de le renverser. Dans tous les cas, comme le montre A. Camus, la révolte intervient comme un impératif catégorique : l'homme révolté « fait volte-face » au nom de ce qu'il considère comme son essence d'homme, son humanité profonde. En effet, A. Camus précise que « tout mouvement de révolte invoque tacitement une valeur ». É. Zola complète cette idée : c'est précisément au nom de l'humanité que l'homme se révolte. Il ne veut plus être considéré comme une « bête » : grâce à son instruction, à sa réflexion et à sa conscience, il aspire à devenir un citoyen à part entière. Lantier devient alors le porte-drapeau d'un mouvement collectif. Il met sa révolte au service d'un projet politique, qui s'inscrit dans un processus de libération d'ensemble, dans un parcours d'émancipation collective. Selon la même idée, la révolte d'Antigone, qui refuse pour sa part de se mettre à la tête du peuple de Thèbes, est également le déclencheur d'un mouvement plus collectif.

Dans tous les cas, c'est par la révolte que l'homme prend pleinement conscience de sa condition d'homme : « la conscience vient au jour avec la révolte », écrit A. Camus.

Les textes montrent donc que la révolte trouve sa source dans le refus des inégalités et dans le rejet d'un certain ordre des choses. Elle dépasse « le simple refus » (A. Camus) et s'accompagne du sentiment d'être dans son bon droit. Dès lors, l'homme révolté éprouve des sentiments profonds et violents qui le poussent à prendre la parole, à briser le silence, pour dénoncer ce qui lui semble désormais intolérable. La révolte, par une émancipation individuelle puis collective, est alors susceptible de transformer non seulement les rapports sociaux, mais la société toute entière.

Connaissance de la langue (11 pts)

1. Dans cet extrait du texte 2, vous indiquerez le temps et le mode de chaque verbe souligné et vous justifierez son emploi.

Dans cet extrait, il est possible de distinguer deux niveaux énonciatifs : celui du discours direct (les paroles des différents personnages qui interviennent dans cet échange) et celui des paroles rapportées par Lysistrata à l'intérieur de son discours (il s'agit alors d'un discours direct rapporté dans un discours direct).

Les formes verbales qui relèvent du discours direct sont à analyser par rapport au moment de l'énonciation (T0). Il s'agit des formes suivantes :

Forme verbale	Mode	Temps	Valeur
*Serait arrivé** ou	Indicatif Conditionnel	Conditionnel passé Passé	Valeur modale : indication d'une action soumise à condition. On parle ici d'irréel du passé.
Me taisais	Indicatif	Imparfait	Imparfait indiquant ici l'habitude, la répétition. On parle de valeur itérative.

* Les deux réponses sont ici acceptées. S'il est maintenant reconnu par de nombreux linguistes que le conditionnel est un temps de l'indicatif, les programmes de 2018 (*BO* du 26/07/2018) considèrent le conditionnel comme un mode.

Les formes verbales correspondant aux paroles rapportées (par Lysistrata) sont les suivantes :

Forme verbale	Mode	Temps	Valeur
A résolu	Indicatif	Passé composé	Énonciation passée dans un discours direct et valeur aspectuelle d'accompli qui indique que l'action est achevée, résolue.
Tais-toi	Impératif	Présent	Indication d'un ordre.
Est	Indicatif	Présent	Présent de vérité générale.

2. Vous expliquerez la composition et le sens du mot « approbation » (texte 1) puis vous donnerez deux mots de la même famille.

Le mot « *approbation* » est construit par dérivation : il est composé du préfixe « *ap-* » (qui vient du préfixe latin « *ad-* »), du radical « *-prob-* » (« *preuve* ») et du suffixe « *-ation* » (suffixe nominal).

Il a pour sens un jugement favorable que l'on porte sur quelqu'un ou quelque chose, un accord, une adhésion.

Exemples de mots de la même famille : *approuver, approbateur, désapprouver, désapprobation, probation, probatoire, réprobateur, réprouver, probable, probablement.*

3. Dans l'extrait suivant, vous identifierez les différentes propositions et, le cas échéant, indiquerez leur fonction

Cette phrase complexe contient trois propositions :

– « *seul le père Bonnemort ouvrait des yeux surpris* » : proposition principale.

– « *s'il était là* » : proposition subordonnée circonstancielle, fonction complément circonstanciel de condition du verbe « *ouvrait* ».

– « *car de son temps on ne se tracassait pas de la sorte* » : proposition indépendante coordonnée à la proposition principale (par la conjonction de coordination « *car* »).

4. Vous transposerez le passage suivant tiré du texte 2 au discours indirect en commençant par « Lysistrata affirma... »

Lysistrata affirma que c'était pour avoir le moyen de voler que Pisandre et tous les ambitieux suscitaient continuellement de nouveaux troubles. Elle ajouta qu'ils ne toucheraient désormais plus rien de cet argent.

Le magistrat demanda ce qu'elle ferait alors.

5. En vous appuyant sur deux procédés d'écriture au moins, vous analyserez les moyens par lesquels Étienne exprime ses convictions et cherche à persuader ses interlocuteurs (texte 3).

Dans cet extrait, le personnage d'Étienne, tout à la fois révolté et exalté, exprime ses convictions et tente de persuader ses camarades :

– Ceci se traduit notamment par l'utilisation du discours indirect libre dans ce passage : ce procédé permet de rapporter les paroles des personnages de façon indirecte tout en conservant une ponctuation expressive (phrases exclamatives et interrogatives). Ainsi, on perçoit bien les convictions qui animent le personnage, son exaltation et son émotion communicative. Le langage familier et les interjections utilisés renforcent ce sentiment : « *Comment ! La réflexion serait défendue à l'ouvrier ! Eh ! justement, les choses changeraient bientôt parce que l'ouvrier réfléchissait à cette heure. C'était pour ça, nom de Dieu ! et pour d'autres choses, que tout pèterait un jour, grâce à l'instruction. Ah ! ça poussait, ça poussait petit à petit, une rude moisson d'hommes, qui mûrissait au soleil !* »

– Par ailleurs, Étienne utilise des questions rhétoriques afin de faire réagir ses camarades, de les faire réfléchir pour qu'ils se soulèvent et se révoltent à leur tour : « *Est-ce que tous les citoyens n'étaient pas égaux depuis la Révolution ? Puisqu'on votait ensemble, est-ce que l'ouvrier devait rester l'esclave du patron qui le payait ?* »

– Il utilise aussi des images fortes : comparaisons pour insister sur la déshumanisation des mineurs (« *comme une brute, comme une machine à extraire la houille* ») et métaphores pour symboliser la métamorphose du mineur, son changement de condition, la montée de la révolte (« *le mineur* [...] *germait dans la terre ainsi qu'une vraie graine* [...] *oui, il pousserait des hommes.* [...] *Ah ! ça poussait petit à petit, une rude moisson d'hommes, qui mûrissait au soleil !* »).

– Pour montrer l'évolution des hommes et les effets de l'instruction qui touchent progressivement les nouvelles générations de mineurs, il utilise une gradation inversée : « *les grands-pères n'auraient pu signer leur nom, les pères le signaient déjà, et quant aux fils, ils lisaient et écrivaient comme des professeurs.* »

13 CORRIGÉ

Analyse de supports d'enseignement (13 pts

À partir d'une analyse des documents proposés, utilisés pour la préparation de classe niveau CM1 en cycle 3, vous répondrez aux questions posées.

Document 1 : Séquence autour d'un extrait de *L'Homme à l'oreille coupée* de J.-C. Mourlevat.

Document 2 : Extraits de L'Homme à l'oreille coupée de J.-C. Mourlevat.

1. Quelles compétences définies par le programme sont travaillées dans la séquence proposée (document 1) ?

Dans cette séquence destinée à des élèves de CM1, sont travaillées conjointement des compétences relevant de l'oral, de la lecture et de l'écriture à partir d'un extrait de *L'homme à l'oreille coupée* de J.-C. Mourlevat :

• L'oral

Les temps d'oral interviennent lors des séances 1 (les élèves émettent des hypothèses à partir de la première et de la quaitrième de couverture et échangent sur l'œuvre), 2 (lecture par l'enseignant et échanges entre les élèves à propos du narrateur et des personnages), 3 (apports de justifications à l'oral concernant la représentation mentale), 5 (discussion à l'oral servant de phase de planification au projet d'écriture).

Dans les programmes pour le cycle 3, ces différentes activités renvoient aux compétences suivantes, relevant du domaine « Comprendre et s'exprimer à l'oral » :

– écouter pour comprendre un message oral, un propos, un discours, un texte lu ;
– parler en prenant en compte son auditoire ;
– participer à des échanges dans des situations diverses ;
– adopter une attitude critique par rapport à son propos.

• La lecture

La lecture intervient tout au long de cette séquence, lors des séances 1 (les élèves doivent catégoriser l'œuvre en repérant certains indices à partir de l'objet livre), 2 (comprendre un texte lu par l'enseignant), 3 (lecture par l'élève d'un extrait afin de se construire une représentation mentale), 6 (utilisation d'une grille d'évaluation comportant les critères de réussite), 7 (lecture expressive d'un extrait).

Dans les programmes pour le cycle 3, ces activités renvoient aux compétences suivantes, issues du domaine « Lire » :

– lire avec fluidité ;
– comprendre un texte littéraire et se l'approprier ;
– contrôler sa compréhension et devenir un lecteur autonome.

• L'écriture

L'écriture intervient dans cette séquence à travers les activités suivantes : répondre à des questions sur le point de vue du narrateur et les personnages (séance 2 : on peut supposer que cette activité se fait à l'écrit même si cela n'apparait pas explicitement dans la fiche de préparation de l'enseignant), premier jet d'écriture (séance 5), révision et amélioration de son écrit (séance 6), écriture des critères de réussite (séance 7).

Dans les programmes pour le cycle 3, ces différentes activités font intervenir les compétences suivantes, relevant du domaine « Écrire » :

– recourir à l'écriture pour réfléchir et pour apprendre ;
– rédiger des écrits variés ;
– réécrire à partir de nouvelles consignes ou faire évoluer son texte ;
– prendre en compte les normes de l'écrit pour formuler, transcrire et réviser.

2. En vous inscrivant dans le projet de cette séquence (document 1), vous concevrez le déroulement de la séance 4 et expliquerez vos choix.

La séance 4 intitulée « Étude des procédés du conteur » vise à faire repérer par les élèves les procédés que le conteur utilise pour retenir l'attention de ses auditeurs, pour les maintenir en haleine. Pour aboutir à cet objectif, on pourra concevoir le déroulé de séance suivant :

• Rappel de récit : Dans un premier temps, on invite les élèves à faire un rappel de récit pour leur permettre de se remémorer l'intrigue des chapitres 1 et 2 lus par l'enseignant lors des séances précédentes. Cela permet également de vérifier la bonne compréhension des élèves. L'enseignant a alors pour rôle de guider les élèves dans cette tâche pour les amener à construire un rappel de récit cohérent et satisfaisant.

• Formulation de la consigne et lecture par l'enseignant de l'extrait : À cette étape, l'enseignant annonce à ses élèves la consigne : « *dans l'extrait que vous connaissez et que je vais vous relire, vous allez essayer de repérer les différents éléments (les mots, les groupes de mots, les expressions, l'intonation…) qui vous amusent, vous étonnent, vous intriguent* ». Puis l'enseignant procède à une mise en voix : il lit le texte de façon expressive en le théâtralisant (intonation marquée, respect des silences, etc.) pour sensibiliser les élèves aux procédés utilisés.

• Temps collectif d'échange : Après la lecture de l'enseignant, les élèves sont invités à échanger et à confronter leurs impressions à l'oral. Cette phase permet à l'enseignant de vérifier que les élèves ont bien compris ce qu'on attendait d'eux. Elle permet aussi de faire émerger quelques procédés à titre d'exemples : ceci prépare le travail individuel qui va suivre et peut ainsi constituer une aide pour les élèves, notamment pour les plus fragiles.

• Phase de recherche : À partir du texte dont ils disposent, les élèves sont invités individuellement à repérer les éléments qui permettent au conteur de captiver son auditoire (on prendra soin d'expliquer cette expression) : on leur demande de surligner les éléments significatifs dans l'extrait. Suit ensuite un moment d'échanges à l'oral par petits groupes.

• Mise en commun : Les éléments relevés par les élèves sont ensuite notés au tableau, dans l'ordre d'apparition dans le texte. Les élèves sont ensuite amenés à les regrouper et à catégoriser ces procédés, si besoin avec l'aide de l'enseignant. Voici quelques-uns des éléments attendus pour ce relevé : l'amorce du conte « *il y avait dans un port de Norvège* » pour poser le décor et susciter la curiosité ; les interpellations du public (« *alors, voyez* », « *vous me fatiguez avec cette oreille, je vous l'ai dit cent fois* », « *voilà* ») pour prendre à partie l'auditoire et l'intégrer à l'histoire ; l'imitation des caractéristiques de l'oral et l'utilisation d'onomatopées pour rendre le récit vivant et expressif (« *Oh, ça remonte à loin !* », « *Clac !* », « *oooOOOooh !* », « *Ah, ce gamin ! Ce gamin !* ») ; les répétitions pour rythmer et appuyer le récit (« *Clac !* » six fois, « *Je me revois... je revois...* » trois fois) ; les exclamations et les questions. Le conteur produit ainsi un récit riche de détails, en relatant toutes les étapes de cette mésaventure, ce qui permet à l'auditoire de se faire une représentation mentale précise de la scène et de vivre l'intrigue comme s'il y était.

• Phase d'institutionnalisation : Pour clore cette séance, élaboration de la trace écrite (sur une affiche par exemple) pour recenser les procédés du conteur (voir ci-dessus).

3. En vous appuyant sur une analyse du texte source (document 2), vous identifierez les obstacles éventuels à la lecture autonome de ce texte par les élèves et vous préciserez comment ces difficultés peuvent être anticipées.

À la lecture de ce texte de J.-C. Mourlevat, les élèves sont susceptibles de rencontrer différents types de difficultés.

• Des difficultés de décodage : Même si en CM1 les élèves sont censés lire de manière fluide, les plus fragiles d'entre eux peuvent encore rencontrer des difficultés à identifier certains mots. Ces difficultés peuvent être levées par la lecture magistrale de l'enseignant. Néanmoins, il conviendra de proposer des activités de différenciation pour permettre aux élèves en difficulté d'automatiser le décodage (travail sur l'identification de certains mots avant la lecture du texte) ; on pourra aussi proposer en amont un travail sur le lexique.

• Des difficultés encyclopédiques : Pour permettre aux élèves de construire une représentation mentale fine de ce récit, il est nécessaire d'avoir certaines connaissances sur le milieu du cirque : savoir par exemple ce qu'est un chapiteau, une piste, ce que sont les gradins... De telles méconnaissances chez les élèves risquent d'entraver la bonne compréhension du texte. Il peut donc être pertinent, en amont de la lecture de ce texte, de consulter des documents (images, reportages, vidéos...) sur le milieu du cirque afin de préparer cette lecture. Bien entendu, une sortie de classe pour assister à une représentation est aussi possible !

• Des difficultés à comprendre le fonctionnement du texte, sa structure : En raison de sa structure même, ce texte pose des problèmes de compréhension/d'interprétation : il peut donc être considéré comme un texte « résistant », selon Catherine Tauveron. Il se présente en effet comme un récit à l'intérieur du récit (récit enchâssé). La séance 2 est donc tout à fait utile pour permettre aux élèves de comprendre l'organisation de ce texte : repérer les différentes temporalités, identifier les différents personnages et leur rôle dans le récit, dégager l'alternance discours/récit et comprendre « qui parle ». Pour aider l'élève dans sa découverte de la structure du texte, on peut aussi proposer un texte remis en forme (matérialisant au moyen d'espaces ce qui relève du discours et ce qui relève du récit) ; on peut aussi inviter les élèves à utiliser un code couleur pour distinguer ces deux systèmes d'énonciation.

• Des difficultés à faire des inférences et à comprendre l'implicite : Dans ce texte, certains éléments sont implicites. Ainsi, certains élèves pourraient ne pas comprendre que la longueur de la cigarette diminue à chaque coup de fouet. De même, il n'est pas dit explicitement que c'est le coup de fouet qui a coupé l'oreille du personnage. Pour construire cette représentation mentale, il pourrait être intéressant de faire mimer la scène aux élèves ou de leur faire jouer, ou encore de passer par le dessin. Par ailleurs, il serait également pertinent de travailler sur les états mentaux des personnages (*cf.* notamment sur ce point les travaux de Cèbe et Goigoux) afin de discuter leurs motivations : cela peut se faire par le biais d'un débat interprétatif.

4. Dans le cadre du travail d'écriture à travers les séances 5 et 6, quels étayages pourriez-vous proposer ?

Partant du constat d'une grande hétérogénéité dans les compétences d'écriture des élèves, il conviendra de prévoir des dispositifs pour leur permettre d'entrer dans l'activité d'écriture (planification de la tâche, recherche des idées, etc.) et de réviser efficacement leurs écrits. On veillera également à différencier les modalités de travail pour les adapter aux besoins de chacun des élèves. On peut alors faire les propositions d'étayage suivantes.

• Entrer dans une démarche d'écriture :

– Prévoir une phase de planification collective orale avant la phase de recherche individuelle pour faire émerger des idées : personnages, lieux, époque, péripéties... On peut ainsi créer un document d'aide à la rédaction (sous forme de tableau, de liste, de cartes mentales) et construire avec les élèves une trame narrative. Cette étape permet d'éviter le syndrome de la page blanche et donne aux élèves des outils pour se lancer dans l'activité d'écriture.

– Parallèlement, on pourra réfléchir à quelques amorces possibles (« *c'était il y a bien longtemps* », « *cette histoire s'est passée alors que j'étais en vacances à la montagne...* ») et se reporter également aux procédés utilisés par l'auteur (voir séance 4 proposée ci-dessus) pour aider l'élève à construire et organiser son écrit.

• Différencier les modalités de travail :

Pour les élèves les plus fragiles, on peut envisager d'adapter les modalités de travail :

– en passant par une dictée à l'adulte : cela permet aux élèves d'entrer dans un processus d'écriture, tout en étant libérés de l'aspect rédactionnel. On évite ainsi une surcharge cognitive ;

– en modifiant la contrainte d'écriture : plutôt que de demander l'écriture d'une nouvelle histoire, on peut demander aux élèves l'écriture d'un nouvel épisode à partir du texte de J.-C. Mourlevat. La tâche est ainsi allégée pour l'élève et permet de le sécuriser en lui donnant un cadre.

• Réviser et améliorer son écrit :

Il s'agira ici de fournir aux élèves des outils efficaces lui permettant de réviser son écrit.

– L'enseignant peut ainsi procéder à une première correction et faire des annotations pour aider l'élève, sur le plan de la construction du récit (cohérence, imagination, éléments à déplacer/enrichir, etc.) et sur celui de l'étude de la langue (syntaxe, orthographe, lexique).

– En amont, il est important de construire avec les élèves la grille de critères de réussite (qui pourra à terme leur permettre de s'auto-évaluer) : ceci les aidera à mieux cerner ce que l'on attend d'eux, les amènera à être vigilants par rapport aux points identifiés et fera également naître un regard réflexif sur leurs écrits.

– Dans le cadre d'une évaluation formative, on mettra à disposition des élèves des outils et des référents pour répondre aux difficultés qu'ils rencontrent et aux questions qu'ils se posent (affichages, dictionnaire, cahier de leçons, etc.).
– On peut également imaginer, après la phase d'écriture, un temps d'échange entre pairs sur les différentes productions écrites : la lecture de son texte par un tiers permet parfois de faire émerger des manques ou des éléments inadaptés.
– Pour permettre ce retour réflexif des élèves sur leurs propres écrits, on veillera à ce que la phase de révision n'intervienne pas directement après la phase d'écriture. Il est en effet préférable de laisser passer un peu de temps pour permettre à l'élève de se décentrer de son écrit initial et être capable de le modifier.

SUJET 14

Sujet de la session 2019 du groupement académique 2 : académies d'Aix-Marseille, Besançon, Bordeaux, Clermont-Ferrand, Corse, Dijon, Grenoble, Limoges, Lyon, Montpellier, Nantes, Nice, Orléans-Tours, Poitiers, Toulouse

Sujet

Première partie : Question relative aux textes proposés

Vous étudierez la question de l'altérité dans les textes du corpus.

Texte 1 : Michel DE MONTAIGNE, « D'un enfant monstrueux », *Les Essais* (1595), livre II, chapitre XXX, adaptation en français moderne par André Lanly.

Je vis avant-hier un enfant que deux hommes et une nourrice, qui disaient être le père, l'oncle et la tante, conduisaient pour le montrer à cause de son étrangeté et pour tirer de cela quelque sou. Il était pour tout le reste d'une forme ordinaire et il se soutenait sur ses pieds, marchait et gazouillait à peu près comme les autres enfants de même âge ; [...] ses cris semblaient bien avoir quelque chose de particulier ; il était âgé de quatorze mois tout juste. Au-dessous de ses tétins, il était attaché et collé à un autre enfant sans tête, et qui avait le canal du dos bouché, le reste intact, car s'il avait un bras plus court que l'autre, c'est qu'il lui avait été cassé accidentellement à leur naissance ; ils étaient joints face-à-face et comme si un plus petit enfant voulait en embrasser un second plus grandelet. [...]

Les êtres que nous appelons monstres ne le sont pas pour Dieu, qui voit dans l'immensité de Son ouvrage l'infinité des formes qu'il y a englobées ; et il est à croire que cette forme, qui nous frappe d'étonnement, se rapporte et se rattache à quelque autre forme d'un même genre, inconnu de l'homme. De Sa parfaite sagesse il ne vient rien que de bon et d'ordinaire et de régulier ; mais nous n'en voyons pas l'arrangement et les rapports.

« *Quod crebro videt, non miratur, etiam si cur fiat nescit. Quod ante non vidit, id, si evenerit, ostentum esse censet.*[1] »

Nous appelons « contre nature » ce qui arrive contrairement à l'habitude : il n'y a rien, quoi que ce puisse être, qui ne soit pas selon la nature. Que cette raison universelle et naturelle chasse de nous l'erreur et l'étonnement que la nouveauté nous apporte.

Texte 2 : Guy DE MAUPASSANT, *Les Sœurs Rondoli* (1884).

Connaissez-vous rien de plus lamentable que la nuit qui tombe sur une ville étrangère ? On va devant soi au milieu d'un mouvement, d'une agitation qui semblent surprenants comme ceux de songes. On regarde ces figures qu'on n'a jamais vues, qu'on ne reverra jamais, on écoute ces voix parler de choses qui vous sont indifférentes, en une langue qu'on ne comprend même point. On éprouve la sensation atroce de l'être perdu. On a le cœur serré, les jambes molles, l'âme affaissée. On marche comme si on fuyait, on marche pour ne pas rentrer dans l'hôtel où on se trouverait plus perdu encore parce qu'on y est chez soi, dans le chez soi payé de tout le

1. « Ce que l'homme voit fréquemment ne l'étonne pas, même s'il en ignore la cause. Mais si ce qu'il n'a jamais vu arrive, il pense que c'est un prodige. » Cicéron, *De Divinatione*, II, 31

monde, et on finit par tomber sur la chaise d'un café illuminé, dont les dorures et les lumières vous accablent mille fois plus que les ombres de la rue. Alors, devant le bock baveux apporté par un garçon qui court, on se sent si abominablement seul qu'une sorte de folie vous saisit, un besoin de partir, d'aller autre part, n'importe où, pour ne pas rester là, devant cette table de marbre et sous ce lustre éclatant. Et on s'aperçoit soudain qu'on est vraiment et toujours et partout seul au monde, mais que dans les lieux connus, les coudoiements familiers vous donnent seulement l'illusion de la fraternité humaine. C'est en ces heures d'abandon, de noir isolement dans les cités lointaines qu'on pense largement, clairement et profondément. C'est alors qu'on voit bien toute la vie d'un seul coup d'œil en dehors de l'optique d'espérance éternelle, en dehors de la tromperie des habitudes prises et de l'attente du bonheur toujours rêvé.

C'est en allant loin qu'on comprend bien comme tout est proche et court et vide ; c'est en cherchant l'inconnu qu'on s'aperçoit bien comme tout est médiocre et vite fini ; c'est en parcourant la terre qu'on voit bien comme elle est petite et sans cesse à peu près pareille.

Texte 3 : Claude LÉVI-STRAUSS, « L'Ethnocentrisme », *Race et histoire* (1952), chapitre 3.

Et pourtant, il semble que la diversité des cultures soit rarement apparue aux hommes pour ce qu'elle est : un phénomène naturel, résultant des rapports directs ou indirects entre les sociétés ; ils y ont plutôt vu une sorte de monstruosité ou de scandale [...].

L'attitude la plus ancienne, et qui repose sans doute sur des fondements psychologiques solides puisqu'elle tend à réapparaître chez chacun de nous quand nous sommes placés dans une situation inattendue, consiste à répudier purement et simplement les formes culturelles, morales, religieuses, sociales, esthétiques, qui sont les plus éloignées de celles auxquelles nous nous identifions. « Habitudes de sauvages », « cela n'est pas de chez nous », « on ne devrait pas permettre cela », etc., autant de réactions grossières qui traduisent ce même frisson, cette même répulsion, en présence de manières de vivre, de croire ou de penser qui nous sont étrangères. Ainsi l'Antiquité confondait-elle tout ce qui ne participait pas de la culture grecque (puis gréco-romaine) sous le même nom de barbare ; la civilisation occidentale a ensuite utilisé le terme de sauvage dans le même sens. Or derrière ces épithètes se dissimule un même jugement : il est probable que le mot barbare se réfère étymologiquement à la confusion et à l'inarticulation du chant des oiseaux, opposées à la valeur signifiante du langage humain ; et sauvage, qui veut dire « de la forêt », évoque aussi un genre de vie animale par opposition à la culture humaine. Dans les deux cas, on refuse d'admettre la diversité culturelle ; on préfère rejeter hors de la culture, dans la nature, tout ce qui ne se conforme pas à la norme sous laquelle on vit.

[...] Cette attitude de pensée, au nom de laquelle on rejette les « sauvages » (ou tous ceux qu'on choisit de considérer comme tels) hors de l'humanité, est justement l'attitude la plus marquante et la plus instinctive de ces sauvages mêmes. [...] L'humanité cesse aux frontières de la tribu, du groupe linguistique, parfois même du village ; à tel point qu'un grand nombre de populations dites primitives se désignent d'un nom qui signifie les « hommes » (ou parfois – dirons-nous avec plus de discretion – les « bons », les « excellents », les « complets »), impliquant ainsi que les autres tribus, groupes ou villages ne participent pas des vertus – ou même de la nature – humaines, mais qu'ils sont tout au plus composés de « mauvais », de « méchants », de « singes de terre » ou « d'œufs de pou ». On va souvent jusqu'à priver l'étranger de ce dernier degré de réalité en en faisant un « fantôme » ou une « apparition ». Ainsi se réalisent de curieuses situations où deux interlocuteurs se donnent cruellement la réplique. Dans les Grandes Antilles,

14

quelques années après la découverte de l'Amérique, pendant que les Espagnols envoyaient des commissions d'enquête pour rechercher si les indigènes possédaient ou non une âme, ces derniers s'employaient à immerger des blancs prisonniers afin de vérifier par une surveillance prolongée, si leur cadavre était, ou non, sujet à la putréfaction.

[...] En refusant l'humanité à ceux qui apparaissent comme les plus « sauvages » ou « barbares » de ses représentants, on ne fait que leur emprunter une de leurs attitudes typiques. Le barbare, c'est d'abord l'homme qui croit à la barbarie.

Texte 4 : Richard MATHESON, *Je suis une légende* (1954).

Ce roman raconte le destin du dernier homme sur Terre après qu'une pandémie a transformé les survivants en cannibales, sortes de vampires trop sensibles aux UV pour survivre aux rayons du soleil.

Brusquement, après avoir respiré profondément, d'un effort surhumain, il se dressa sur son lit. La douleur explosa dans sa poitrine et il faillit s'évanouir.

Les dents grinçantes, il se mit debout et, s'appuyant au mur, réussit à se traîner jusqu'à la fenêtre. La rue était pleine de gens qui piétinaient dans l'aube grise. Le bruit confus de leurs voix faisait penser au bourdonnement d'un million d'insectes.

Neville regarda, s'accrochant de la main gauche à un barreau, les yeux brillants de fièvre. Alors, de la rue, quelqu'un l'aperçut. Un instant, le murmure des voix s'amplifia, il y eut quelques cris de surprise. Puis un silence soudain se fit, comme si une lourde couverture se fût abattue sur la foule. Tous les visages blêmes étaient levés vers lui. Il fit un pas en arrière et une pensée étrange surgit dans son cerveau : « À présent, *c'est moi, le monstre...* ».

Le concept de « normalité » n'avait jamais de sens qu'aux yeux d'une majorité, après tout... Cette idée, et ce qu'il lisait sur leurs visages – une horreur mêlée de crainte et de dégoût – lui firent prendre conscience *qu'ils avaient peur de lui*. Pour eux, il incarnait une terrible menace, un fléau pire que la maladie avec laquelle ils avaient appris à vivre. Il était un invraisemblable spectre qui laissait comme seule preuve de son existence et de son passage les cadavres exsangues de ceux qu'ils aimaient.

Et il comprit ce qu'ils ressentaient à sa vue, et il ne leur en voulut pas. Sa main se crispa sur le petit sachet qui contenait les pilules. Il pouvait se soustraire à la violence, il pouvait éviter d'être mis en pièces sous leurs yeux...

Robert Neville regarda le nouveau peuple de la Terre. Il savait qu'il n'en faisait pas partie. Il savait que, pour ces gens, comme les vampires, il était une malédiction, un objet de sombre terreur, qui devait être détruit.

Il leur tourna le dos, et s'appuya au mur pour avaler les pilules.

« La boucle est bouclée, pensa-t-il au moment de sombrer dans la nuit définitive. Une nouvelle terreur est née de la mort, une nouvelle superstition s'installe dans le monde... *Je suis une légende...* ».

Deuxième partie : Connaissance de la langue

1. Dans cet extrait du texte de Claude Lévi-Strauss, vous indiquerez la nature et la fonction des mots ou groupes de mots entre crochets.

« L'attitude la plus ancienne, et **[qui]** repose sans doute sur des fondements psychologiques **[solides]** puisqu'elle tend à réapparaître chez chacun de nous quand nous sommes placés dans une situation inattendue, consiste à répudier purement et simplement les formes culturelles, morales, religieuses, sociales, esthétiques, qui sont les plus éloignées de celles auxquelles nous nous identifions. « Habitudes **[de sauvages]** », « cela n'est pas de chez nous », « on ne devrait pas permettre cela », etc., autant de réactions grossières qui traduisent ce même frisson, cette même répulsion en présence de manières de vivre, de croire ou de penser qui **[nous]** sont **[étrangères]**. Ainsi l'Antiquité confondait-elle tout ce qui ne participait pas de la culture grecque (puis gréco-romaine) sous le même nom de barbare ; la civilisation occidentale a ensuite utilisé **[le terme de sauvage]** dans le même sens. Or derrière ces épithètes se dissimule **[un même jugement]** : il est probable que le mot barbare se réfère étymologiquement à la confusion et à l'inarticulation du chant des oiseaux, opposées à la valeur signifiante du langage humain ; et sauvage, qui veut dire « de la forêt », évoque aussi un genre de vie animale par opposition à la culture humaine. »

2. Vous relèverez les propositions subordonnées dans les phrases suivantes, extraites du texte de Lévi-Strauss, et vous donnerez leurs nature et fonction :

« L'attitude la plus ancienne, et qui repose sans doute sur des fondements psychologiques solides puisqu'elle tend à réapparaître chez chacun de nous quand nous sommes placés dans une situation inattendue, consiste à répudier purement et simplement les formes culturelles, morales, religieuses, sociales, esthétiques, qui sont les plus éloignées de celles auxquelles nous nous identifions. »

3. Dans l'extrait suivant du texte de Montaigne, vous identifierez les temps et modes des verbes en caractères gras et justifierez leur emploi. Votre réponse pourra être présentée dans un tableau.

« Nous **appelons** « contre nature » ce qui arrive contrairement à l'habitude : il n'y a rien, quoi que ce **puisse** être, qui ne soit pas selon la nature. Que cette raison universelle et naturelle **chasse** de nous l'erreur et l'étonnement que la nouveauté nous **apporte**. » 14

4. Vous expliquerez la formation du mot « inarticulation », extrait du texte de Claude Lévi-Strauss, et vous donnerez le sens des éléments identifiés.

5. Vous expliquerez le sens de la dernière phrase du texte de Claude Lévi-Strauss et analyserez un procédé stylistique.

« Le barbare, c'est d'abord l'homme qui croit à la barbarie. »

Troisième partie : Analyse de supports d'enseignement

Le corpus comprend trois éléments : la description du contexte pédagogique et les documents 1 et 2.

Document 1 : *Comment enseigner l'orthographe aujourd'hui ?*, Catherine Brissaud, Danièle Cogis, page 55, Hatier, Paris, 2011.

Document 2 : Extraits de productions d'élèves de cycle 3.

À partir de l'analyse du contexte pédagogique et des documents 1 et 2, vous répondrez aux questions suivantes :

1. En vous appuyant sur le programme du cycle 3, vous analyserez le dispositif mis en place.

2. Que pensez-vous du choix des mots retenus par l'enseignant ? Quels objectifs d'apprentissage sont visés ?

3. Vous analyserez les productions individuelles des élèves (document 2).

4. À quoi l'enseignant doit-il être attentif lors d'une phase orale collective ?

5. Quelles activités mettant en œuvre des justifications orthographiques pourrait-on mettre en place après cette activité ?

Contexte pédagogique :

Au mois d'octobre, dans une classe de CM1/CM2 de 28 élèves, l'enseignant met en œuvre l'activité « phrase donnée du jour » dont le déroulement est explicité dans le document 1. L'enseignant a choisi de proposer les deux modalités : individuelle d'abord, collective ensuite.

Phrase donnée :

Un vent glacial souffle dans les rues désertes.

Un	vent	glacial	souffle	dans	les	rues	désertes.
		1	2			3	4

Document 1 : *Comment enseigner l'orthographe aujourd'hui ?*, Catherine Brissaud, Danièle Cogis, page 55, Hatier, Paris, 2011.

Déroulement

L'enseignant sélectionne une phrase d'élève ou une phrase rencontrée lors d'une lecture, et la propose à la classe sous sa forme normée. Il demande aux élèves de dire tout ce qu'ils savent pour expliquer l'écriture des mots. Il peut limiter le travail à certains éléments qu'il souligne. [...]

Ce travail peut se faire selon deux modalités complémentaires :

– de façon collective : l'enseignant inscrit au tableau toutes les remarques des élèves. Il les commente au fur et à mesure, relance ceux qui les ont produites, apporte des compléments, etc.

– individuellement : les élèves notent par écrit leurs propres justifications des graphies observées sur un cahier d'essai gardé toujours ouvert à cet effet.

Document 2 : Extraits de productions d'élèves de cycle 3.

Production 1 (CM1)

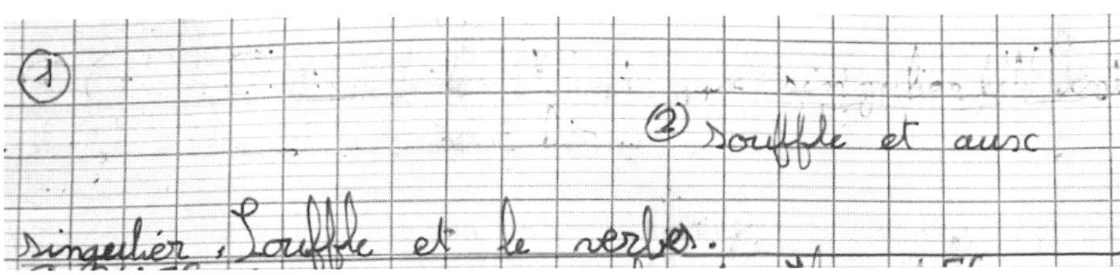

souffle et aux singulier. Souffle et le verbes.

Production 2 (CM1)

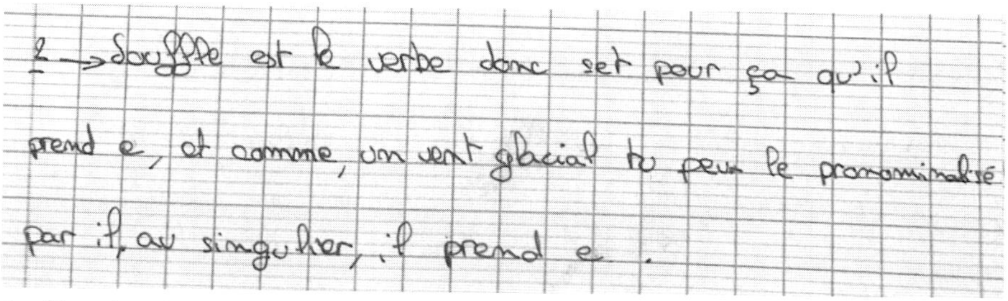

Souffle est le verbe donc set pour ça qu'il prend e, et comme, un vent glacial tu peux le pronominalisé par il, au singulier, il prend e.

Production 3 (CM2)

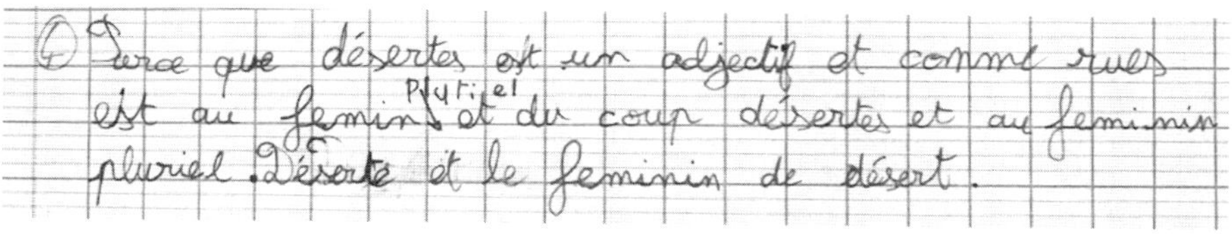

Parce que désertes est un adjectif et comme rues est au feminin pluriel et du coup désertes et au feminin pluriel. Déserte et le feminin de désert.

Production 4 (CM2)

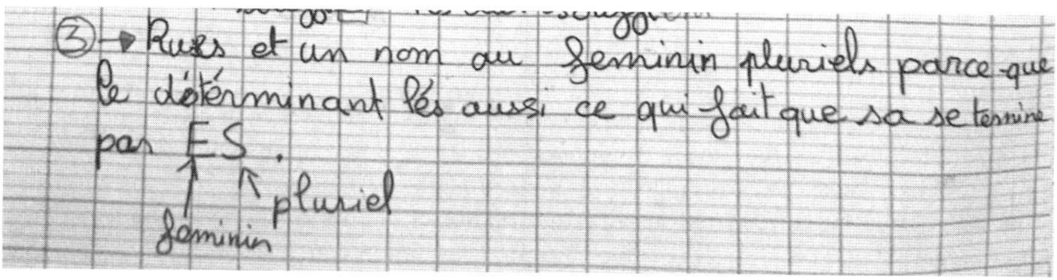

Rues et un nom au feminin pluriels parce que le détérminant lés aussi ce qui fait que sa se termine par ES.
pluriel
feminin

Corrigé

Question relative aux textes proposés (11 pts)

Vous étudierez la question de l'altérité dans les textes du corpus.

Les regards portés sur les différences au sein de l'humanité entrainent, par effet de miroir, bien des interrogations sur l'altérité aussi bien que sur les traits qui font appartenir communément à cette humanité, en dépit de la pluralité des individualités jugées, à tort ou à raison, étranges.

L'étrangeté liée à la différence physique ou à la difformité peut être l'objet de regards étonnés : Montaigne, dans ses *Essais* (1595), en témoigne dans l'anecdote du livre II, chapitre XXX, « D'un enfant monstrueux ». Maupassant, dans *Les Sœurs Rondoli* (1884), met en scène, dans le deuxième extrait, un narrateur dont le regard n'est pas armé à accepter les différences qu'il observe lors de ses voyages chez les personnes qu'il rencontre. Elle est pourtant bien là, la différence de cultures, pour Claude Lévi-Strauss qui pose, dans le troisième extrait, le problème de l'ethnocentrisme et de la barbarie qui en découle dans le chapitre 3 de *Race et histoire* en 1952. Enfin le dernier extrait, tiré de l'ouvrage de Richard Matheson (1954), *Je suis une légende*, met en scène, dans un univers pandémique, un personnage en proie à la voracité d'une humanité mutante devenue anthropophage.

Quelles représentations de l'homme, de ses valeurs, attitudes ou croyances, ces réflexions sur l'altérité conduisent-elles à remettre en question ?

Une réflexion initiale présente, dans l'ensemble de ces textes, l'altérité comme ce qui diffère de soi, ce qui sera l'objet de la première partie. Puis, ce point de vue, qui repose sur l'idée de frontières entre soi et les autres, conduit à l'isolement, à l'exclusion, à la stigmatisation ou au rejet. Dans la troisième partie, la question de l'altérité questionne donc ce qui englobe la notion d'humanité.

L'altérité est ce qui n'est pas soi et qui diffère de soi. Cette différence et cette représentation de la séparation est présente dans l'ensemble des textes à différents niveaux. Dans la contre-utopie de Richard Matheson, sur la Terre, le personnage Robert Neville est le dernier représentant de l'humanité non atteint par un virus qui rend les hommes cannibales. Il faut le déclencheur du regard d'une foule sur lui pour qu'il comprenne, en une prise de conscience subite, que ses valeurs ne sont plus la norme et qu'il est devenu « le monstre » des habitants de la Terre : « Robert Neville regarda le nouveau peuple de la Terre. Il savait qu'il n'en faisait pas partie ». Il est devenu celui qui est différent, l'autre, vu universellement alors comme anormal, incompréhensible et effrayant aux yeux de tous dans sa différence : « ils avaient peur de lui ». La notion de « normalité » peut être totalement remise en cause en fonction des circonstances, de l'équilibre du nombre qui fait poids face à l'individu aux caractéristiques isolées et inhabituelles, comme le voyageur du texte de Maupassant. Le narrateur dans *Les Sœurs Rondoli* ressent une grande solitude qui le coupe de la compréhension de l'autre et de l'univers des villes étrangères dans lequel il voyage. Il « éprouve la sensation atroce d'être perdu » du fait d'être confronté à un ensemble de visages inconnus, de préoccupations qui ne sont pas les siennes qui s'expriment « en une langue qu'on ne comprend même point ». Le déclencheur de la perte des repères face à l'altérité peut donc être le voyage lointain, ou n'importe quelle autre circonstance isolant l'indi-

vidu dans un groupe aux caractéristiques différentes, ou bien encore la nature elle-même, comme dans le chapitre XXX du livre II des *Essais* de Michel de Montaigne.
L'altérité est alors ce qui se distingue physiquement de soi. Une famille exhibe contre rétribution monétaire deux enfants siamois reliés par le haut du corps en un seul corps. L'altérité physique est donnée à voir pour spectacle, littéralement, elle est considérée comme un « monstre » car en effet étymologiquement, en latin, « *monstrum* », le monstre, est « celui qui est donné à voir » pour son étrangeté « contre-nature ». Le philosophe décrit comme objet d'étonnement pour la plupart des hommes l'enfant siamois avec ce corps aux deux bustes reliés au niveau du dos : « Au-dessous de ses tétins, il était attaché et collé à un autre enfant sans tête, et qui avait le canal du dos bouché ». Ce handicap fait de lui un être singulier. Inversement, c'est, dans le texte de Richard Matheson, un virus pandémique qui fait de l'humanité contre-utopique tout entière des mutants aux « visages blêmes » une nouvelle norme et du seul survivant de l'humanité à laquelle le lecteur s'identifie une « malédiction, un objet de sombre terreur ». La nouvelle « humanité » veut sa mort en raison de la différence de l'unique individu terrestre qui a été épargné par la maladie et qui signe la mutation des hommes vers une autre normalité : le cannibalisme et une photosensibilité vampirique aux rayons du soleil.
Le corpus souligne que l'altérité est aussi ce qui diffère culturellement de soi : les cannibales comme norme contre-utopique chez Matheson. De même, de façon plus historique et anthropologique, avec l'essai *Race et histoire,* l'autre est simplement celui qui n'appartient pas à la tribu, au village (ou à la civilisation qui se considère comme dominante). Cet autre, par conséquent, est déprécié par des qualificatifs servant à nommer négativement les peuplades voisines ou lointaines pour le priver de caractères humains. La diversité des cultures devient alors un facteur discriminant. Elle est prétexte à justifier une hiérarchie ou une non-reconnaissance d'humanité ou encore est simplement instrumentalisée pour remettre en cause des caractères humains chez l'autre, faisant ainsi de lui un objet d'expérience ou un monstre. Cette attitude vis-à-vis de l'altérité conduit à rejeter les différences culturelles par focalisation sur ses propres valeurs comme étant les seules valides et opérationnelles.

L'exclusion, l'isolement des individus, leur stigmatisation ou leur rejet est corrélé à ce concept d'altérité vécu comme négativement au sein des groupes humains. En effet, l'altérité provoque la surprise et la curiosité. Au lieu de se focaliser sur ce qui est commun et que Montaigne prend la peine de préciser : « Il était pour tout le reste d'une forme ordinaire » à tel point qu'« il se soutenait sur ses pieds, marchait et gazouillait à peu près comme les autres enfants du même âge », le point de vue humain tend à se focaliser sur ce qui est « inconnu de l'homme », les détails différenciateurs créant l'étrangeté qui « frappe d'étonnement », comme c'est le cas de l'enfant siamois. L'altérité est vécue comme une menace potentielle qui conduit au rejet et au refus de reconnaissance : les éléments culturels marqueurs d'autres possibles sont négligés ou font l'objet d'une incompréhension qui se scandalise que cette différence existe. Elle est rabaissée comme caractérisant des mœurs ou « habitudes de sauvages » ou barbares, explique Claude Lévi-Strauss. Ce qui est hors-norme est vite mis hors culture, ainsi les peuplades locales et les colons espagnols se refusaient mutuellement l'idée que l'autre puisse être aussi pleinement humain, comme cela est arrivé aux Grandes Antilles, peu après la découverte de l'Amérique, rappelle-t-il. Cette négation sert, selon lui, à justifier les actions meurtrières pour expérimenter à quel point on peut admettre ou pas la nature humaine de l'autre quand les indigènes observaient la putréfaction des cadavres des espagnols plongés dans l'eau ou que ces européens enquêtaient pour savoir si les indigènes avaient une âme. L'autre est potentiellement ressenti comme « une terrible menace », sa mort est recherchée à l'instar de ce qui est imaginé dans *Je suis une légende,* où la nouvelle humanité mutante et cannibale désire tellement exterminer l'objet d'horreur et de dégoût qu'est à leur yeux Neville que celui-ci pense se suicider. Le rejet de l'altérité repose sur la négation de l'autre, de son humanité d'après les observations de Claude Lévi-Strauss : « on rejette les "sauvages" (ou tous ceux qu'on choisit de considérer comme tels) hors de l'humanité » pour ne plus les voir tels des fantômes – pour reprendre l'image présente à la fois chez Lévi-Strauss et chez Matheson présentant Neville comme « un invraisemblable spectre » aux yeux du reste du monde. Faute de pouvoir percevoir et saisir les profondeurs des différences culturelles et linguistiques, le constat final de Maupassant est pessimiste en tant qu'il aboutit à l'idée d'une inutile fuite sans fin à la recherche d'un ailleurs et d'une altérité au sein de ce qui est, en dépit des apparences, en fait semblable partout.

Cette notion d'altérité questionne les représentations de l'humanité et notre rapport à la norme. L'ethnocentrisme présenté dans l'essai de Lévi-Strauss montre que l'homme considère que ce qui est le plus proche de lui et le plus fréquemment rencontré est la norme et son modèle de société. Cette attitude le conduit au rejet des rencontres humaines et des sociétés différentes : « l'attitude la plus ancienne [...] consiste à répudier purement et simplement les formes culturelles, morales, religieuses, sociales, esthétiques qui sont les plus éloignées de celles auxquelles nous nous identifions ». La contre-utopie de Matheson met en avant combien les notions de norme et de normalité sont relatives ; *Je suis une légende* montre le renversement des valeurs quand le seul individu humain résistant au virus mutant devient le « monstre » face au « nouveau peuple de la Terre » : « Le concept de "normalité" n'avait jamais de sens qu'aux yeux d'une majorité ». En reprenant la citation de Cicéron, Michel de Montaigne souligne combien l'habitude conditionne et limite la perception de l'altérité chez l'homme : « si ce qu'il n'a jamais vu arrive, il pense que c'est un prodige ». Or Montaigne considère que, le monstre, tout ce qui sort de l'ordinaire et est considéré « autre », fait partie d'un plan divin qui participe à l'harmonie universelle et conforme à la nature qui recèle « l'infinité des formes » et des possibles. Montaigne conclut par une exhortation à chasser l'idée que quoi que ce soit puisse être « contre-nature ». Comme Michel de Montaigne veut accueillir la différence, Claude Lévi-Strauss démontre que l'humain est celui qui accueille l'autre, le barbare étant précisément celui qui rejette la différence : « le barbare, c'est d'abord l'homme qui croit à la barbarie ». La prise de conscience de l'altérité détermine notre rapport au monde et à la société, ce que Guy de Maupassant exprime en montrant le contraste entre les lieux connus qui « donnent l'illusion de la fraternité humaine » tandis que c'est en réalité « en cherchant l'inconnu qu'on s'aperçoit bien que tout est médiocre et vite fini » tant les caractères communs à l'humain refont surface derrière les apparentes différences.

Le corpus enseigne que l'altérité est liée à la notion de différence, physique, culturelle ou autre. Elle est à la fois partout parce que les hommes sont tous uniques et nulle part parce que, derrière les différences, les traits communs à l'humanité finissent par ressortir aux yeux de celui qui a la sagesse d'apprendre à regarder l'infini des possibles au sein de la nature.

Connaissance de la langue (11 pts)

1. Dans cet extrait du texte de Claude Lévi-Strauss, vous indiquerez la nature et la fonction des mots ou groupes de mots entre crochets.

Occurrence	Nature	Fonction
qui	Pronom relatif.	Sujet du verbe « *repose* ».
solides	Adjectif qualificatif.	Épithète liée au nom « *fondements* ».
de sauvages	Groupe nominal prépositionnel.	Complément du nom « *habitudes* ».
nous	Pronom personnel.	Complément de l'adjectif « *étrangères* ».
étrangères	Adjectif qualificatif.	Attribut du sujet « *Qui* ».
le terme de sauvage	Groupe nominal.	Complément d'objet direct du verbe « *a utilisé* ».
un même jugement	Groupe nominal.	Sujet du verbe « *se dissimule* »

2. Vous relèverez les propositions subordonnées dans les phrases suivantes, extraites du texte de Lévi-Strauss, et vous donnerez leurs nature et fonction.

– « *qui repose sans doute sur des fondements psychologiques solides* ». Nature : proposition subordonnée relative. Fonction : complément de l'antécédent « *l'attitude la plus ancienne* » (autre terminologie susceptible d'être acceptée : épithète au nom « *l'attitude la plus ancienne* »).

– « *puisqu'elle tend à réapparaitre chez chacun de nous* ». Nature : proposition subordonnée conjonctive (circonstancielle). Fonction : complément circonstanciel de cause du verbe « *consister* ».

– « *quand nous sommes placés dans une situation inattendue* ». Nature : proposition subordonnée conjonctive (circonstancielle). Fonction : complément circonstanciel de temps du verbe « *consister* ».

– « *qui sont les plus éloignées de celles* ». Nature : proposition subordonnée relative. Fonction : complément de l'antécédent « *les formes* » (on pourrait accepter la terminologie : épithète du nom « *forme* »).

– « *auxquelles nous nous identifions* ». Nature : proposition subordonnée relative. Fonction : complément de l'antécédent « *celles* ».

3. Dans l'extrait suivant du texte de Montaigne, vous identifierez les temps et les modes des verbes en caractères gras et justifierez leur emploi. Votre réponse pourra être présentée dans un tableau.

Occurrence	Temps	Mode	Emploi
nous appelons	présent	indicatif	Présent de vérité générale.
ce puisse	présent	subjonctif	Après la conjonction « *quoi que* », on emploie le subjonctif présent dans les propositions subordonnées de concession.
chasse	présent	subjonctif	Souhait. Valeur injonctive ou optative après la conjonction « *que* ».
apporte	présent	indicatif	Présent itératif, d'habitude (de répétition) ou présent de description (de caractérisation).

14 CORRIGÉ

4. Vous expliquerez la formation du mot « inarticulation », extrait du texte de Claude Lévi-Strauss, et vous donnerez le sens des éléments identifiés.

Le mot « *inarticulation* » est un nom féminin formé par dérivation (affixation) sur la base « *-articul-* » à laquelle le préfixe privatif négatif « *in-* » a été ajouté de même que le suffixe « *-ation* » qui permet une substantivation par rapport à la base issue du verbe« *articuler* ». Comme le mot « *articulation* » existe avec un seul affixe, le suffixe « *-ation* », « *inarticulation* » indique que le langage des oiseaux est dépourvu d'articulation comme le langage humain.

5. Vous expliquerez le sens de la dernière phrase du texte de Claude Lévi-Strauss et analyserez un procédé stylistique.

« *Le barbare, c'est d'abord l'homme qui croit à la barbarie* ». La phrase est sémantiquement une maxime relevant du paradoxe. Le barbare n'est plus défini par des actes, mais par une croyance dans le fait que l'autre est inférieur ou mauvais. La croyance même en l'infériorité barbare de celui qui n'est pas semblable à soi ratifie la barbarie comme créée par celui qui y croit. La phrase est comme un miroir où celui qui accuse l'autre de barbarie sur des critères de différence est lui-même le barbare qui exclut son semblable qu'il ne reconnait pas comme une déclinaison autre de lui-même.

La phrase repose syntaxiquement sur une thématisation, à savoir la mise en avant dans la phrase du thème qui précède le verbe, le nom « barbare » se trouve mis en avant. Cela s'accompagne d'une dislocation syntaxique à gauche qui met en valeur le groupe « *Le barbare* » par la virgule.

Analyse de supports d'enseignement (13 pts)

Document 1 : *Comment enseigner l'orthographe aujourd'hui ?*, Catherine Brissaud, Danièle Cogis, page 55, Hatier, Paris, 2011.

Document 2 : Extraits de productions d'élèves de cycle 3.

À partir de l'analyse du contexte pédagogique et des documents 1 et 2, vous répondrez aux questions suivantes :

1. En vous appuyant sur les programmes du cycle 3, vous analyserez le dispositif mis en place.

L'activité a été proposée par Catherine Brissaud et Danièle Cogis en 2011, à une époque antérieure aux programmes actuels. Néanmoins, cette activité de langue reste dans l'esprit des programmes en vigueur et des repères de progression (note de service du 25 avril 2018, 2018-050 « Enseignement de la grammaire et du vocabulaire : un enjeu majeur pour la maîtrise de la langue française »). En effet, la réflexivité demandée sur ces corpus phrastiques (ou à travers des éléments collectés dans des productions écrites ou orales) vise l'explicitation des savoirs en connaissance de la langue. Les élèves sont amenés à démontrer leur compréhension des liens syntaxiques entre les mots et l'enseignant peut espérer qu'ils y prennent gout par les échanges verbaux entre pairs. L'enseignement de l'orthographe pour comprendre le fonctionnement de la langue passe par des séances spécifiques.

Par ces analyses, les élèves de CM1 et CM2 vont être amenés à montrer comment ils maîtrisent les relations entre l'oral et l'écrit, par exemple, en justifiant la présence de lettres muettes de pluriel au sein de l'accord dans le groupe nominal « *les rues désertes* » (compétence « maîtriser les relations entre l'oral et l'écrit » et « maîtriser la forme des mots en lien avec la syntaxe »).

L'attention des élèves du cycle de consolidation est attirée sur le fonctionnement et l'orthographe du verbe (compétence « observer le fonctionnement du verbe et l'orthographier ») : la production 1 remarque que « *souffle* » est une marque de singulier tandis que la production 2 met en œuvre un test de substitution par la pronominalisation du groupe sujet « *un vent glacial* » par « *il* » afin de démontrer qu'il s'agit bien d'une troisième personne du singulier.

L'étude de la langue prend appui au cycle 3 sur des textes étudiés mais aussi sur des textes produits par les élèves, à l'écrit et/ou à l'oral. Elle permet donc un aller-retour entre des activités intégrées à la lecture et à l'écriture et des activités décrochées plus spécifiques dont l'objectif est de mettre en évidence les régularités de la langue pour s'approprier la construction du système de la langue tel qu'il fonctionne. « *L'acquisition de l'orthographe (orthographe lexicale et grammaticale) est privilégiée et son apprentissage est conduit de manière à mettre d'abord en évidence les régularités du système de la langue. De la même façon, l'étude de la morphologie verbale prend appui sur les régularités des marques de personne et de temps. La découverte progressive du fonctionnement de la phrase (syntaxe et sens) pose les bases d'une analyse plus approfondie qui ne fera l'objet d'une étude explicite qu'au cycle 4* » (programmes cycle 3).

Parmi les attendus de fin de cycle qui sont sollicités à travers ce corpus, nous trouvons la maîtrise des accords dans le groupe nominal (« *un vent glacial* », « *les rues désertes* »), entre le verbe et son sujet dans le cas simple où le sujet est placé avant le verbe et proche de lui et ce groupe nominal comporte au plus un adjectif (« *un vent glacial souffle* »). Les élèves sont invités à observer les variations des marques morphologiques à l'oral et à l'écrit (déterminants, noms, adjectifs, verbe).

L'observation du verbe porte sur une forme de verbe du 1er groupe au présent de l'indicatif, formes fréquentes que les élèves doivent mémoriser en premier.

Les élèves s'expriment à l'oral en participant à des échanges sur la grammaire en adoptant une attitude critique face à des propositions de justification d'énoncés. Ils passent par une première phase préalable d'écriture qui les conduit à mettre en œuvre des compétences sur l'écriture et d'explicitation de leurs connaissances pour comprendre le fonctionnement de la langue. Pour cela, ils doivent clarifier leurs connaissances sur la nature des mots et sur les fonctions, identifier les constituants d'une phrase simple et les hiérarchiser, approfondir la connaissance de la fonction sujet, analyser le groupe nominal à travers la notion d'épithète (« *glacial* », « *désertes* ») et savoir quelles classes de mots subissent des variations : le nom et le verbe, le déterminant, l'adjectif et le pronom. Dans tous les cas, l'enseignant et les élèves échangent en utilisant un métalangage grammatical. Ils sont dans une analyse métalinguistique et ils témoignent d'une capacité ou non à faire usage de manipulations syntaxiques (comme dans la production 2 « *tu peux le pronominalisé par "il"* »). Le remplacement, le déplacement, l'encadrement, la réduction, l'expansion peuvent être mises en œuvre également à travers une telle activité. Les élèves sont amenés à démontrer qu'« *ils maîtrisent un faisceau de propriétés (sémantiques, morphologiques et syntaxiques) pour repérer et distinguer les noms et les verbes, ainsi que les déterminants, les adjectifs et les pronoms (pronoms de reprise – pronoms personnels).* », qu'« *ils identifient le groupe nominal, repèrent le nom noyau et gèrent les accords en genre et en nombre. Ils identifient le sujet (soit un groupe nominal – un pronom – un nom propre) et gèrent l'accord en personne avec le verbe (sujet avant le verbe, plus ou moins éloigné et inversé).* » « *En CM1 et CM2, sur le plan morphologique, les élèvent repèrent le radical, les marques de temps et les marques de personne. Ils identifient les marques du sujet aux temps simples (opposition entre les sujets à la 3e personne du pluriel et à la 3e personne du singulier – les marques avec des pronoms personnels sujets : NOUS, VOUS, TU et JE).* »

2. Que pensez-vous du choix des mots retenus par l'enseignant ? Quels objectifs d'apprentissage sont visés ?

L'enseignant en sélectionnant une phrase opère des choix sur les mots qui font l'objet d'une attention plus soutenue en fonction d'une progression ou des besoins du moment des élèves par exemple, ou encore en fonction de l'intérêt linguistique que présente la phrase afin de faire appréhender des notions essentielles en langue. En cours moyen, la complexité des accords est encore une compétence à travailler, en continuité avec ce qui a été amorcé au cycle 2, en raison de la complexité des processus à mettre en œuvre. Maîtriser la chaine des accords implique de savoir identifier la classe grammaticale des mots ainsi que les relations grammaticales d'interdépendance qui les unissent. Dans notre corpus, l'enseignant a invité les élèves à focaliser leur attention sur un verbe du 1er groupe « *souffle* », un adjectif qualificatif féminin pluriel « *désertes* », un groupe nominal comportant un déterminant, un nom et un adjectif « *un vent glacial* », un nom féminin pluriel « *rues* ».

Dans le cas de « *souffle* », dire que le verbe s'accorde avec le sujet est simple, mais il s'agit d'aller au-delà encore et de pouvoir identifier le 1er groupe, la troisième personne du singulier et d'y associer la terminaison « *e* ». Cela implique donc d'y associer les notions de sujet, de verbe, de groupe, de conjugaison et d'accord en personne et en nombre.

Avec le choix de l'adjectif « *désertes* », cela implique pour les élèves de différencier les relations dans le groupe nominal et de pouvoir s'exprimer sur les marques audibles, le « *e* » du féminin, comme sur les marques non audibles à savoir la marque « *s* » du pluriel et, ailleurs, avec le choix du nom commun « *rues* » avec une occurrence de marque muette : le « *s* » de pluriel de « *rues* ». La même compétence est sollicitée avec le groupe nominal « *un vent glacial* » dont la marque du masculin implique la marque zéro du masculin après le « *l* » en raison de l'accord avec « *un vent* », mot marquant l'accord. Les faits de langue choisis par l'enseignant correspondent au programme : identifier les classes de mots variables, connaitre la notion de groupe nominal et les accords au sein du groupe nominal « *les rues désertes* », maîtriser l'accord du verbe avec son sujet « *un vent glacial souffle* ».

3. Analyse des productions individuelles des élèves.

Dans le dispositif la phrase donnée du jour, issu des travaux de Catherine Brissaud et Danièle Cogis, l'enseignant choisit l'énoncé phrastique « *Un vent glacial souffle dans les rues désertes* », 28 élèves de CM1 et de CM2 ont à commenter quatre mots : « *glacial* », « *souffle* », « *rues* », « *désertes* », d'abord individuellement puis collectivement. Cela passe par un temps d'écriture analytique.

Tous les élèves sont invités à utiliser un métalangage et l'utilisent tous : « *singulier* » (productions 1, 2), « *verbe* » (productions 1, 2), le test syntaxique de pronominalisation par « *il* » (production 2), « *adjectif* » (production 3), « *féminin* » (productions 3, 4), « *pluriel* » (productions 3, 4), « *déterminant* » (production 4). Les élèves, sauf la production 1 qui ne le fait pas explicitement, recherchent le donneur d'accord « *un vent glacial* » pour « *souffle* » (production 2), « *rues* », « *féminin pluriel* », régit l'accord de « *désertes* » comme le souligne la production 3, tandis que la production 4 évoque explicitement la présence du déterminant pluriel « *les* » (*« *lés* ») et l'élève s'appuie dessus pour justifier la marque « *s* » de « *rues* », faisant du déterminant le donneur d'accord alors que le déterminant « *les* » rend audible l'accord en nombre.

Ils identifient donc le verbe dans les productions 1 et 2 et les constituants du groupe nominal dans les productions 3 et 4 (*« désertes est un adjectif »* dans la production 3 et *« Rues et un nom »*

14

CORRIGÉ

dans la production 4). Ces catégories sont analysées selon leur interdépendance syntaxique (productions 2, 3 et 4), seule la production 1 ne le fait pas explicitement.

Différents niveaux d'argumentation sont observables. Certains utilisent en CM1 des phrases simples juxtaposées (production 1 : « *souffle et aux singulier. Souffle et le verbes.* »), ou des conjonctions de coordination marquant la conséquence (production 2, CM1, « *Souffle est le verbe donc set pour ça qu'il prend e* »), d'autres en CM2 utilisent des phrases complexes avec des connecteurs logiques marquant la causalité (production 3 « *parce que désertes est un adjectif et comme rues est au feminin pluriel et du coup désertes et au feminin pluriel* » ou production 4 « *Rues et un nom au féminin pluriels parce que le détérminant lés aussi ce qui fait que sa se termine par ES* »).

Néanmoins, dans les écrits métalinguistiques, les élèves ne mettent pas en application leurs connaissances théoriques qu'ils sollicitent dans l'analyse du corpus. Ainsi, nous observons des confusions entre le verbe *être* à la 3e personne du présent de l'indicatif « *est* » et la conjonction de coordination « *et* » « *Souffle *et aux singulier. Souffle *et le verbes* » (production 1) ou « *désertes *et au feminin pluriel* », « *Déserte *et le feminin de désert* » (production 3), des défauts d'accord en nombre entre le déterminant et le nom dans le groupe nominal : « **aux singulier* » « *le *verbes* » (production 1). Par ailleurs, les élèves ne font pas référence à la fonction sujet dans leur métalangage. Le terme de « *sujet* » n'est jamais cité dans leurs analyses. Certaines des justifications sont approximatives et peuvent cacher des méconnaissances ou des confusions, comme la production 1 « *souffle et aux singulier* ». L'élève justifie l'absence d'un « *s* » en fin de verbe comme le signe d'un singulier, comme si le « *s* » était assimilé à la marque « *s* » du pluriel des noms.

Ce contraste entre leurs connaissances théoriques et leur mise en pratique montre que la justification orthographique relève d'une explication métalinguistique qui est une compétence langagière de haut niveau cognitif. L'activité a eu lieu au mois d'octobre, donc en début d'année, et il est possible que cette activité ait un caractère nouveau pour les CM1 et/ou les CM2, ce qui peut justifier de faire une différenciation.

4. À quoi l'enseignant doit-il être attentif lors d'une phase orale collective ?

La phase orale collective risque de masquer les inégalités entre ceux qui apportent les bonnes réponses, ceux qui raisonnent de façon incomplète ou en faisant des amalgames et surtout ceux qui ne s'expriment pas spontanément. Le défi est de trouver une juste répartition de la parole permettant à chacun de s'exprimer sur ses stratégies d'écriture grammaticale. Les élèves vont nécessairement avoir des niveaux d'explicitation différents, certains étant plus complets que d'autres, plus ou moins en mesure de fournir une explication valide. Il s'agit de ne pas stigmatiser ceux qui sont dans l'erreur ou qui ont une stratégie d'analyse trop approximative ou imparfaite par une attitude bienveillante qui valorise l'erreur comme mode d'apprentissage pour tous. En effet, l'erreur lors d'une phase collective permet de purger les représentations de savoirs parcellaires conduisant à des erreurs orthographiques. Elle concourt au processus d'apprentissage car elle permet de verbaliser les stratégies d'analyse valides et de les comparer aux représentations inexactes des règles d'accord. Les débats métalinguistiques permettent de rendre vivants les cours de grammaire et d'écriture et l'enseignant se doit de réguler les échanges afin que chacun s'écoute, reste dans le propos des échanges, soit en mesure de reformuler les positions des autres, de les rectifier ou de les interroger simplement en cas de doute. La phase orale permet aussi de faire passer dans le vocabulaire actif les termes métalinguistiques liés à la maîtrise de la langue.

Les échanges permettent de s'entrainer à structurer ce métalangage sous la houlette de l'enseignant qui les guide. Pour une meilleure assimilation de celui-ci et dans l'optique de faire accéder les élèves à une plus grande autonomie, la construction d'outils mnémotechniques permettant de trier les faits de langue, les catégoriser, de co-construire les notions est possible en parallèle ou en différé des échanges.

L'enseignant n'a pas pour rôle de s'emparer des bonnes réponses des élèves les plus à l'aise lors de ces phases orales. Cela masquerait le fait que des élèves n'ont pas forcément compris les justifications. L'enseignant au contraire doit permettre à chacun de construire un raisonnement en laissant donc aux élèves les plus fragiles le temps de répondre, en les sollicitant au besoin.

5. Quelles activités mettant en œuvre des justifications orthographiques pourrait-on mettre en place après cette activité ?

Les programmes de cycle 3 préconisent de faire usage de corpus de phrases pour l'étude de la langue. Ces corpus de phrases peuvent servir d'entrainement, faire l'objet d'une recherche exploratoire et d'observations avec des classements dont les critères sont ou pas déterminés par les élèves. Ils permettent d'automatiser et de vérifier l'aptitude des élèves à mettre en œuvre des manipulations syntaxiques, de réinvestir sous forme de rituels des procédures d'analyses jusqu'à ce qu'elles deviennent de plus en plus automatisées.

On peut s'appuyer sur les propositions de situations-problèmes de l'ouvrage coordonné par Claudine Garcia-Debanc et Alain Trouillet, *50 activités ritualisées pour l'étude de la langue française du cycle 2 au collège*. Cet ouvrage propose d'ailleurs cette activité de « phrase du jour » pour le cycle 3. En guise de différenciation ou pour consolider les analyses, une activité comme « qui a pu le dire ou l'écrire ? » se présente comme une activité ludique sur le mode devinette et consiste à prendre en compte les indices orthographiques pour construire du sens, en s'appuyant notamment sur les marques de genre et de nombre.

L'enseignant propose un énoncé et en fonction des marques de genre et de nombre, il propose des énonciateurs possibles. L'élève doit se positionner en écrivant qui a dit l'énoncé (prénom ou nom masculin, féminin, un groupe de personnes).

Un travail de différenciation sur la discrimination des homophones peut être judicieux pour ces élèves qui confondent « *et* » avec « *est* ». Il peut s'agir d'inventorier toutes les écritures possibles pour un mot donné à l'oral et d'intégrer ce mot sous ces différentes graphies dans des phrases de leur composition. Le fait de travailler de façon traditionnelle les homophones avec les élèves qui ne font pas d'erreurs d'homophones est discutable (car cela peut contribuer à créer chez eux de la confusion ou des amalgames qu'ils ne faisaient pas), mais cela devient un entrainement à la discrimination chez ceux qui ne voient pas les différences sémantiques et syntaxiques quand ils écrivent un mot qui a un homophone.

Un autre travail qui semble nécessaire est le rituel visant à distinguer les verbes des noms. Cela consiste à poser la situation problème aux élèves d'employer un mot dans une phrase où il aura la classe grammaticale demandée (« *livre* » peut être un nom commun masculin ou féminin, ou par ailleurs encore le verbe « *livrer* » au présent de l'indicatif, 1re ou 3e personne du singulier).

Au cycle 3, les auteurs de l'ouvrage dirigé par Claudine Garcia-Debanc et Alain Trouvé proposent des parcours de phrases obligeant à observer les accords. Sur deux lignes proposées, des mots sont à choisir pour former une phrase recevable. Les auteurs donnent l'exemple suivant :

Ces	*fleur*	*ont*	*été*	*trouvée*	*cette*	*nuits.*
Cette	*champignons*	*à*	*était*	*ramassés*	*cet*	*semaine.*

Une seule phrase est possible pour aboutit à une phrase cohérente syntaxiquement en choisissant entre les binômes de choix sur l'axe paradigmatique :

« *Ces champignons ont été ramassés cette semaine* ».

Une autre activité grammaticale intéressante est l'activité de la lettre imposée. Elle consiste à construire une phrase en s'imposant l'utilisation d'une même lettre dans chaque mot. Cela peut être particulièrement judicieux pour les lettres « *e* » et « *s* » qui sont aussi parfois des morphèmes de genre et de nombre ou pour obliger les élèves à être plus discriminants sur les homophones « **sa se termine* » (production 4) au lieu de la graphie correcte « *ça se termine* ».

Ils proposent également une activité qu'ils nomment « *un S pourquoi ?* » visant à justifier la présence d'une lettre finale ciblée dans un corpus de mots : « *venons* », « *puis* », « *puits* », « *parles* », « *bois* », « *cadenas* », « *brebis* », etc. Les élèvent proposent un classement de ces termes en fonction des raisons qu'ils trouvent à la présence du « *s* » final.

Les traces de la réflexion des élèves sur leurs écrits sont particulièrement intéressantes : ainsi, on peut leur demander de prendre l'habitude de justifier leur orthographe en matérialisant les chaines d'accord par exemple (indication d'une flèche qui va du donneur d'accord au receveur de l'accord). Puis, dans un souci de réinvestissement et en lien avec les activités d'écriture, les enseignants peuvent faire construire avec les élèves une grille de critères de réussit faisant apparaitre les points de vigilance étudiés (ex : *« j'ai fait attention aux accords à l'intérieur du GN / entre sujet et verbe »*).

SUJET 15

Sujet de la session 2019 du groupement académique 3 : académies de Guadeloupe, Guyane, Martinique

Sujet

Première partie : Question relative aux textes proposés

Vous analyserez comment les textes du corpus interrogent la question de l'orthographe.

Texte 1 : Sidonie-Gabrielle COLETTE, *Claudine à l'école*, 1900, dans *Œuvres I*, Paris, Gallimard, « Bibliothèque de la Pléiade », 1984.

Claudine et cinq camarades ont fait le voyage de Montigny au chef-lieu du département, accompagnées de leur institutrice Mlle Sergent, pour passer l'examen du brevet.

Roubaud circule, distribuant de grandes feuilles timbrées de bleu au coin gauche, et des pains à cacheter. Nous connaissons toutes la manœuvre : il faut écrire au coin notre nom, avec celui de l'école où nous avons fait nos études, puis replier et cacheter ce coin. (Histoire de rassurer tout le monde sur l'impartialité des appréciations.)

Cette petite formalité remplie, nous attendons qu'on veuille bien nous dicter quelque chose. Je regarde autour de moi les petites figures inconnues, dont plusieurs me font pitié, tant elles sont déjà tendues et anxieuses.

On sursaute, Roubaud a parlé dans le silence : « Épreuve d'orthographe, mesdemoiselles, veuillez écrire ; je ne répète qu'une seule fois la phrase que je dicte. » Il commence la dictée en se promenant dans la classe.

Grand silence recueilli. Dame ! les cinq sixièmes de ces petites jouent leur avenir. Et penser que tout ça va devenir des institutrices, qu'elles peineront de sept heures du matin à cinq heures du soir, et trembleront devant une directrice, la plupart du temps malveillante, pour gagner soixante-quinze francs par mois ! Sur ces soixante gamines, quarante-cinq sont filles de paysans ou d'ouvriers ; pour ne pas travailler dans la terre ou dans la toile, elles ont préféré jaunir leur peau, creuser leur poitrine et déformer leur épaule droite : elles s'apprêtent bravement à passer trois ans dans une école normale (lever à cinq heures, coucher à huit heures, deux heures de récréation sur vingt-quatre), et s'y ruiner l'estomac, qui résiste rarement à trois ans de réfectoire. Mais au moins elles porteront un chapeau, ne coudront pas les vêtements des autres, ne garderont pas les bêtes, ne tireront pas les seaux du puits, et mépriseront leurs parents ; elles n'en demandent pas davantage... Et qu'est-ce que je fais ici, moi, Claudine ? Je suis ici parce que je n'ai pas autre chose à faire, parce que papa, pendant que je subis les interrogations de ces professeurs, peut tripoter en paix ses limaces ; j'y suis aussi « pour l'honneur de l'école », pour lui obtenir un brevet de plus, de la gloire de plus, à cette école unique, invraisemblable et délicieuse...

Ils ont fourré des participes, tendu des embûches de pluriels équivoques, dans cette dictée qui arrive à n'avoir plus aucun sens, tant ils en ont tortillé et hérissé toutes les phrases. C'est enfantin !

« Un point, c'est tout. Je relis. »

Je crois bien ne pas avoir de fautes ; je n'ai qu'à veiller aux accents, car ils vous comptent des demi-fautes, des quarts de fautes, pour des velléités d'accents qui traînent mal à propos au-dessus des mots. Pendant que je relis, une petite boule de papier, lancée avec une adresse extrême, tombe sur ma feuille ; je la déroule dans le creux de ma main, c'est la grande Anaïs qui m'écrit : « Faut-il un S à *trouvés* dans la seconde phrase ? » Elle ne doute de rien, cette Anaïs ! Lui mentirai-je ? Non, je dédaigne les moyens dont elle se sert familièrement. Relevant la tête, je lui adresse un imperceptible « oui », et elle corrige, paisiblement.

« Vous avez cinq minutes pour relire, annonce la voix de Roubaud ; l'épreuve d'écriture suivra. »

Seconde boulette de papier, plus grosse. Je regarde autour de moi : elle vient de Luce dont les yeux anxieux épient les miens. Mais, mais, elle demande quatre mots ! Si je renvoie la boulette, je sens qu'on la pincera ; une inspiration me vient, tout bonnement géniale : sur la serviette de cuir noir qui contient les crayons et fusains (les candidates doivent tout fournir elles-mêmes), j'écris, un petit morceau de plâtre détaché du mur me servant de craie, les quatre mots qui inquiètent Luce, puis je lève brusquement la serviette au-dessus de ma tête, le côté vierge tourné vers les examinateurs qui, d'ailleurs, s'occupent assez peu de nous. La figure de Luce s'illumine, elle corrige rapidement ; ma voisine en deuil, qui a suivi la scène, m'adresse la parole :

« Vrai, vous n'avez pas peur, vous !

– Pas trop, comme vous voyez. Faut bien s'entraider un peu.

– Ma foi... oui. Mais je n'oserais pas. Vous vous appelez Claudine, n'est-ce pas ?

– Oui, comment le savez-vous ?

– Oh ! il y a longtemps qu'on nous "cause" de vous. Je suis de l'école de Villeneuve ; nos maîtresses disaient de vous : "C'est une jeune fille intelligente, mais hardie comme un page et dont il ne faut imiter ni les manières de garçon ni la coiffure. Cependant, si elle veut s'en donner la peine, ce sera une concurrente redoutable pour l'examen". »

Texte 2 : Daniel PICOULY, *Le Champ de personne*, chapitre 6, 1995, Paris, Castor Poche Flammarion, Collection « La vie, en vrai ».

La dictée est le meilleur moyen qu'a trouvé le maître pour nous calmer au retour de la gymnastique. Dès que je l'aperçois sur le pas de la porte de la classe, la sueur se glace le long de ma colonne vertébrale. M. Brulé nous attend, la blouse bien sanglée, les mains dans le dos, les lunettes déjà méfiantes sur le nez. On entre un par un. La salle de classe attend dans une pénombre bleutée. On dirait une chapelle. Le maître a tiré les grands rideaux. Il ne faut pas qu'il y ait le moindre morceau de ciel pour nous distraire. [...]

Pour moi, la dictée, c'est le zéro assuré. Pourtant, j'en connais des mots. Des listes entières, recopiées sur mon cahier de collection. Je les rencontre dans les livres, les magazines, les journaux. Il y a les mots compliqués, que je ne retrouve plus jamais ou que je ne reconnais pas au passage. Les familiers, qui tout à coup font le caméléon et se dissimulent au milieu d'une phrase. Certains, même, se faufilent en douce, un peu comme quand je resquille à la distribution de lait dans le préau, ou dans la file de cinéma au Raincy. Sauf que eux ne se font pas prendre. Moi, pour les fautes d'orthographe, je bats tous les records de l'école. Et sans élan ! [...]

– Ouvrez vos cahiers et écrivez « dictée ».

Je regarde les copains autour de moi. On dirait le départ du cross de *L'Humanité*. On s'assouplit le poignet, la nuque, on respire profondément, le dos bien plat, certains ferment les yeux, desserrent leur ceinture de blouse. D'autres s'agitent, s'arrachent la peau des doigts, se trémoussent comme s'ils avaient des fourmis sous le derrière. Ça n'a pas manqué, comme chaque fois, le petit Lucas se prend soudain l'entrejambe et se lève. « Monsieur ! Monsieur ! – Allez, mais dépêche-toi ! » Moi, j'ai le calme de celui qui va avoir zéro. Je flotte dans les airs comme un albatros, plus confiant encore que Delac qui ne fait jamais aucune faute, à aucun mot. Il attend, serein, son porte-plume levé comme une lance de chevalier de la Table ronde avant l'assaut. C'est l'Ivanhoé de l'imparfait du subjonctif. En plus il le parle couramment, même à la récréation. « Il me serait agréable que tu me rendisses mon goûter. » Il peut toujours courir.

Texte 3 : Jean-Jacques ROUSSEAU, *Les Confessions*, livre troisième, 1782, Paris, Garnier Flammarion, 1968.

Âgé de seize ans, le narrateur, Jean-Jacques, occupe la fonction de laquais chez le comte de Gouvon, premier écuyer de la reine de Piémont et chef de la maison de Solar. Charmé par Mlle de Breil, la petite-fille de ce dernier, Jean-Jacques cherche à attirer son attention.

On donnait ce jour-là un grand dîner, où, pour la première fois, je vis avec beaucoup d'étonnement le maître d'hôtel servir l'épée au côté et le chapeau sur la tête. Par hasard on vint à parler de la devise de la maison de Solar, qui était sur la tapisserie avec les armoiries : *Tel fiert qui ne tue pas*. Comme les Piémontais ne sont pas pour l'ordinaire consommés dans la langue française, quelqu'un trouva dans cette devise une faute d'orthographe, et dit qu'au mot *fiert* il ne fallait point de *t*.

Le vieux comte de Gouvon allait répondre ; mais ayant jeté les yeux sur moi, il vit que je souriais sans oser rien dire : il m'ordonna de parler. Alors je dis que je ne croyais pas que le *t* fût de trop, que *fiert* était un vieux mot français qui ne venait pas du nom *ferus*, fier, menaçant, mais du verbe *ferit*, il frappe, il blesse ; qu'ainsi, la devise ne me paraissait pas dire : *Tel menace*, mais *tel frappe qui ne tue pas*.

Tout le monde me regardait et se regardait sans rien dire. On ne vit de la vie un pareil étonnement. Mais ce qui me flatta davantage fut de voir clairement sur le visage de Mlle de Breil un air de satisfaction. Cette personne si dédaigneuse daigna me jeter un second regard qui valait tout au moins le premier ; puis, tournant les yeux vers son grand-papa, elle semblait attendre avec une sorte d'impatience la louange qu'il me devait, et qu'il me donna en effet si pleine et entière et d'un air si content, que toute la table s'empressa de faire chorus. Ce moment fut court, mais délicieux à tous égards. Ce fut un de ces moments trop rares qui replacent les choses dans leur ordre naturel, et vengent le mérite avili des outrages de la fortune.

Texte 4 : Nathalie SARRAUTE, *Enfance*, 1983, dans *Œuvres complètes*, Paris, Gallimard, « Bibliothèque de la Pléiade », 1996.

La maîtresse se promène dans les travées entre les pupitres, sa voix sonne clair, elle articule chaque mot très distinctement, parfois même elle triche un peu en accentuant exprès une liaison, pour nous aider, pour nous faire entendre par quelle lettre tel mot se termine. Les mots de la dictée semblent être des mots choisis pour leur beauté, leur pureté parfaite. Chacun se détache avec netteté, sa forme se dessine comme jamais celle d'aucun mot de mes livres… et puis avec aisance, avec une naturelle élégance il se rattache au mot qui le précède et à celui qui le suit… il faut faire attention de ne pas les abîmer… une légère angoisse m'agite tandis que je cherche… ce mot que j'écris est-il bien identique à celui que j'ai déjà vu, que je connais ? Oui, je crois... mais faut-il le terminer par « ent » ? Attention, c'est un verbe... souviens-toi de la règle... est-il certain que ce mot là-bas est son sujet ? Regarde bien, ne passe rien... il n'y a plus en moi rien d'autre que ce qui maintenant se tend, parcourt, hésite, revient, trouve, dégage, inspecte... oui, c'est lui, c'est bien lui le sujet, il est au pluriel, un « s » comme il se doit le termine, et cela m'oblige à mettre à la fin de ce verbe « ent »...

Mon contentement, mon apaisement sont vite suivis d'une nouvelle inquiétude, de nouveau toutes mes forces se tendent... quel jeu peut être plus excitant ?

La maîtresse nous prend nos copies. Elle va les examiner, indiquer les fautes à l'encre rouge dans les marges, puis les compter et mettre une note. Rien ne peut égaler la justesse de ce signe qu'elle va inscrire sous mon nom. Il est la justice même, il est l'équité. Lui seul fait apparaître cette trace d'approbation sur le visage de la maîtresse quand elle me regarde. [...] Des lois que tous doivent respecter me protègent. Tout ce qui m'arrive ici ne peut dépendre que de moi. C'est moi qui en suis responsable. Et cette sollicitude, ces soins dont je suis entourée n'ont pour but que de me permettre de posséder, d'accomplir ce que moi-même je désire, ce qui me fait, à moi d'abord, un tel plaisir... « Mais Nathalie que t'est-il encore arrivé avec ce verbe "apercevoir" ? Tu lui as de nouveau mis deux p ! – Oh, mais comment est- ce possible ?... c'est parce que j'ai de nouveau pensé à "apparaître"... – Écoute, mon petit, tu sais ce que tu dois faire, tu vas écrire vingt fois : "Je n'aperçois qu'un p à apercevoir." » Et j'admire tant d'ingéniosité.

C'est « pour mon bien », comme tout ce qu'on fait ici, qu'on s'efforce d'introduire dans mon esprit ce qui est exactement à sa mesure, prévu exprès pour lui...

Deuxième partie : Connaissance de la langue

1. « elles sont déjà <u>tendues</u> et <u>anxieuses</u> » (texte 1)

a) Identifiez la nature de « tendues » et « anxieuses ».

b) Identifiez la fonction de « tendues » et « anxieuses » dans cette phrase.

c) Expliquez l'accord de ces deux mots.

2. « <u>Cette petite formalité remplie</u>, nous attendons qu'on veuille bien nous dicter quelque chose. » (texte 1)

a) Identifiez la nature de la proposition soulignée.

b) Identifiez la fonction grammaticale de la proposition soulignée.

c) Transposez la proposition soulignée en une proposition subordonnée conjonctive qui conservera la même fonction grammaticale.

3. « les moyens dont elle se sert <u>familièrement</u> » (texte 1)

a) Expliquez la formation du mot « familièrement ».

b) Trouvez, dans l'extrait de Claudine à l'école (texte 1), un mot formé de la même façon.

4. Dans cet extrait du texte 3, identifiez les formes verbales en caractères gras et justifiez l'emploi des temps et des modes. Classez les occurrences relevées dans un tableau organisé.

« On **donnait** ce jour-là un grand dîner, où, pour la première fois, je **vis** avec beaucoup d'étonnement le maître d'hôtel servir l'épée au côté et le chapeau sur la tête. Par hasard on **vint** à parler de la devise de la maison de Solar, qui **était** sur la tapisserie avec les armoiries : *Tel fiert qui ne tue pas.* Comme les Piémontais ne **sont** pas pour l'ordinaire consommés dans la langue française, quelqu'un trouva dans cette devise une faute d'orthographe, et dit qu'au mot *fiert* il ne fallait point de *t.* Le vieux comte de Gouvon allait répondre ; mais **ayant jeté** les yeux sur moi, il vit que je souriais sans oser rien dire : il m'ordonna de parler. Alors je **dis** que je ne croyais pas que le *t* fût de trop, que *fiert* était un vieux mot français qui ne venait pas du nom *ferus*, fier, menaçant, mais du verbe *ferit*, il **frappe**, il blesse ; qu'ainsi, la devise ne me paraissait pas dire : *Tel menace*, mais *tel frappe qui ne tue pas*. Tout le monde me **regardait** et se regardait sans rien dire. »

5. Relevez dans cet extrait du texte 2 au moins deux procédés d'écriture qui vous semblent particulièrement intéressants. Vous en expliquerez l'effet produit sur le lecteur.

« La dictée est le meilleur moyen qu'a trouvé le maître pour nous calmer au retour de la gymnastique. Dès que je l'aperçois sur le pas de la porte de la classe, la sueur se glace le long de ma colonne vertébrale. M. Brulé nous attend, la blouse bien sanglée, les mains dans le dos, les lunettes déjà méfiantes sur le nez. On entre un par un. La salle de classe attend dans une pénombre bleutée. On dirait une chapelle. Le maître a tiré les grands rideaux. Il ne faut pas qu'il y ait le moindre morceau de ciel pour nous distraire. »

Troisième partie : Analyse de supports d'enseignement

Le corpus comprend :

Document 1 : Trame de séquence pédagogique portant sur l'écriture d'un récit humoristique au cycle 3.

Document 2 : Grille d'autoévaluation coconstruite par l'enseignant et ses élèves.

Document 3 : Fiche de préparation de la séance d'ouverture sur l'étude des adjectifs qualificatifs au cycle 3.

Document 4 : Texte original intitulé « Histoires des bonnes sorcières méchantes », extrait du recueil *Les sorcières sont N.R.V.* de Yak Rivais et Michel Laclos, paru en 1989.

À partir d'une analyse critique des documents ci-après, utilisés pour la préparation de classe en CM1, vous répondrez aux questions posées.

1. Au regard des compétences spécifiques déclinées pour la séquence pédagogique proposée (document 1), vous indiquerez à quelles compétences du programme et quels domaines du socle commun de connaissances, de compétences et de culture elles correspondent.

2. Quelle est la pertinence du document 3 dans la programmation de la séquence pédagogique proposée ? Vous définirez le rôle de l'enseignant qui figure dans la colonne « Tâche du maître » pour les phases d'apprentissage B, E et F (cases 2, 5 et 6).

3. Quel regard portez-vous sur la grille d'autoévaluation proposée (document 2) ?

4. Après avoir analysé le texte support de Yak Rivais (document 4), vous situerez son étude dans la séquence d'apprentissage et vous proposerez une mise en œuvre pédagogique.

Document 1 : Trame de séquence pédagogique portant sur l'écriture d'un récit humoristique au cycle 3.

Le récit humoristique
Compétences principales travaillées ✎ Connaître un genre littéraire (la comédie). ✎ Lire des textes courts et en dégager les principaux éléments. ✎ Exprimer son avis et ses sentiments. ✎ Comprendre les critères du genre (Structure du schema narratif, connaissance des procédés humoristiques, notion de suspense et de surprise…). ✎ Écrire un récit humoristique. ✎ Connaître des auteurs : Yak Rivais et Michel Laclos, Bernard Friot…
Objectif spécifique ✎ Écriture – réécrire à partir de nouvelles consignes ou faire évoluer son texte. Enrichir un texte.
Déroulement général de la séquence **Séances précédentes** ▤ Compréhension de texte (la structure du texte = le schéma narratif). ▤ Imaginer et écrire, c'est s'autoriser (Les surréalistes = production de cadavres exquis). **Séances d'apprentissage :** **Séance 1 :** Découvrir le genre du récit humoristique. **Séance 2 :** Le schéma narratif du récit humoristique. **Séance 3 :** Écriture d'une pastille humoristique. **Séance 4 :** Identifier et employer les procédés humoristiques. **Séance 5 :** Écrire un récit humoristique. **Séances décrochées d'étude de la langue :** **Grammaire :** Les compléments du nom et du verbe. **Orthographe :** Les accords en genre et en nombre dans les groupes nominaux et verbaux. **Vocabulaire :** Synonymie et antonymie. **Conjugaison :** Les temps du récit : imparfait et passé simple.

15

Document 2 : Grille d'autoévaluation coconstruite par l'enseignant et ses élèves.

Mon récit humoristique			
Critères d'évaluation	**Oui**	**Je ne sais pas**	**Non**
J'ai répondu à la consigne.			
J'ai écrit un texte compréhensible.			
J'ai écrit lisiblement, avec soin.			
J'ai écrit une histoire avec une fin.			
J'ai pris soin de relire mon écrit.			
J'ai employé des procédés comiques.			
J'ai su enrichir mon récit avec des compléments.			
J'ai su utiliser mes leçons pour limiter mes erreurs orthographiques.			
J'ai pris plaisir à écrire ce récit.			

Document 3 : Fiche de préparation de la séance d'ouverture sur l'étude des adjectifs qualificatifs au cycle 3.

GRAMMAIRE

CM1	L'adjectif qualificatif	2 séances + éva.
Compétences visées	Rendre l'élève capable de : - Distinguer selon leur nature (...) les adjectifs qualificatifs. - Reconnaître l'adjectif pour lui donner ses marques de genre et de nombre, et l'accorder correctement avec le nom. - Construire des phrases syntaxiquement correctes et bien orthographiées. Les enrichir à l'aide d'adjectifs qualificatifs.	

Séance 1 : Percevoir l'utilité des adjectifs qualificatifs

		Tâche du maître
0H00 10'	**A** **Phase de réinvestissement** (individuel écrit puis collectif oral) → Rituel de grammaire "La nature des mots". "L'élève a des cheveux et des yeux. Il porte un pull et un pantalon. Il a des chaussures" → Seule la préposition "et" n'a pas à être caractérisée. Les autres mots ne posent aucun problème, les natures ont été étudiées. → Les élèves sont rassurés et motivés par cette réussite personnelle et collective.	1
5'	**B** **Phase de problématisation** (collectif oral) → " La phrase que j'ai écrite correspond à la description d'un élève. Lequel ? " → Les élèves cherchent brièvement. La description est trop imprécise pour statuer. → Problématisation : "Pourquoi n'avez-vous pas tous trouvé l'élève que je voulais décrire ? Que peut-on faire pour améliorer la description, pour la rendre plus précise ?"	2
5' Consignes et déroulement	**C** **Phase de découverte** (collectif oral) → L'adjectif permet de caractériser les noms afin d'apporter des compléments d'information. → Les formules "il est..." ou "elle est..." sont définies comme des outils permettant aux élèves de trouver bon nombre d'adjectifs qualificatifs. Elles induisent l'énumération.	3
5'	**D** **Phase de recherche** (Binôme écrit) → "A deux, en utilisant le texte mais en l'améliorant, décrivez un ou une de vos camarades".	4
5'	**E** **Phase de mutualisation** (collectif oral) → Lecture de quelques productions : la classe essaye de deviner qui est l'élève décrit. S'il est facile de deviner qui l'élève décrit, cela prouve que l'utilisation des adjectifs a été efficace.	5
Scission possible 5'	**F** **Phase de formalisation** (individuel écrit) → Trace écrite évolutive : Partie 1 : Le rôle de l'adjectif / Partie 2 : L'emploi de l'adjectif. (S.2)	6
10'	**G** **Phase d'application** (Individuel puis collectif écrit) → Parcours : une série d'exercices de difficulté croissante est proposée aux élèves. - 3 niveaux : Le 2ème, attendu pour tous, sera corrigé collectivement.	7

15

Document 4 : Texte original intitulé « Histoires des bonnes sorcières méchantes », extrait du recueil *Les sorcières sont N.R.V.* de Yak Rivais et Michel Laclos, paru en 1989.

Histoires des bonnes sorcières méchantes

Un jour, c'était la nuit, une vieille sorcière toute jeune qui demeurait rue Bicond préparait une savoureuse mixture dégoûtante dans une grosse marmite minuscule. Elle vivait dans une maison basse de cinquante étages, au milieu d'une forêt sans arbres.

Au loin, à proximité, l'horloge de l'église du village sonna les six coups de dix heures car il était minuit. Au même instant, un terrifiant fantôme débonnaire traversa le mur épais de la maison. Il portait une lourde chaîne légère.

– Bonsoir, bonsoir, dit-il car il était muet.

– Tu vas porter cette amère potion sucrée à notre chère ennemie la sorcière de la rue Ade. Tu la verseras sans rien lui dire dans son verre à dent, pour qu'elle attrape une agréable colique douloureuse. Je t'accompagne et vas-y sans moi.

Le fantôme partit en courant lentement à toute vitesse. En chemin, il rencontra un autre fantôme qui le reconnut tout de suite en le voyant puisqu'il était aveugle.

– Où vas-tu ? demanda le premier au second.

– Je vais verser une potion dans le verre de la sorcière de la rue Bicond, de la part de la douce sorcière cruelle de la rue Ade. Et toi ?

– Moi, je vais verser une potion dans le verre de la sorcière de la rue Ade, de la part de la belle affreuse sorcière de la rue Bicond.

En somme, ils avaient à faire le même travail. Ils étaient embarrassés. Ils s'assirent debout sur un large banc étroit et sans siège pour mieux réfléchir. Au loin, on voyait se coucher le soleil car il allait bientôt faire jour. Les fantômes avaient perdu beaucoup de temps. Ils étaient soucieux :

– Je vais être en retard pour rentrer chez mon père, le petit géant du Mont Teladessu, dit le premier fantôme.

– Et moi pour rentrer chez ma mère, la grande naine, dit le deuxième.

Ils réfléchissaient, ils réfléchissaient. Soudain, le premier eut une excellente mauvaise idée :

– Nous allons gagner du temps sans en perdre ! Tu retourneras auprès de TA sorcière alors que je retournerai auprès de LA MIENNE. Nous verserons dans les deux verres les potions qu'elles ont préparées !

– Ça nous évitera de faire un si long chemin court inutile !

Les fantômes se serrèrent la main et se séparèrent ; le deuxième avait offert au premier des bonbons qu'il avait achetés chez le poissonnier.

Quand ils arrivèrent chez leurs deux patronnes, elles dormaient d'un doux sommeil très agité. À peine avaient-ils versé les potions dans les verres que le coq poussa son triste cri joyeux dans la ferme voisine qui se trouvait à l'autre bout de la terre :

– Meuh ! Meuh ! Meuh !

Les fantômes disparurent alors dans les blanches pierres noires des murailles pendant que les sorcières ouvraient grand leurs petits yeux. Elles allèrent dans les salles de bains et burent les potions sans se méfier. Et elles attrapèrent la colique toutes les deux.

Les fantômes dormaient comme des bienheureux devant la télévision éteinte en faisant de plaisants cauchemars épouvantables.

Corrigé

Question relative aux textes proposés (11 pts)

Vous analyserez comment les textes du corpus interrogent la question de l'orthographe.

L'orthographe est un sujet toujours d'actualité, d'abord à travers le parcours scolaire de chacun, mais aussi à travers ses expériences personnelles.

Le corpus soumis à l'étude est composé de quatre textes autobiographiques qui mettent en scène leur auteur dans un contexte relatif à l'orthographe du français.

Les trois extraits les plus actuels abordent cette question au prisme de la dictée. Un exercice vécu comme amusant par l'héroïne de S.-G. Colette, qui donne en cachette les bonnes réponses à ses amies lors de l'examen du brevet (*Claudine à l'école*, 1900, *Œuvres I*, Paris, Gallimard, « Bibliothèque de la Pléiade », 1984). Pour N. Sarraute enfant, chaque dictée est l'occasion d'un exercice intellectuel stimulant, d'un défi envers elle-même (*Enfance*, 1983, dans *Œuvres complètes*, Paris, Gallimard, « Bibliothèque de la Pléiade », 1996). Ce n'est pas le cas de D. Picouly (*Le Champ de personne*, chapitre 6, 1995, Paris, Castor Poche Flammarion, Collection « La vie, en vrai »), qui voit l'exercice comme tellement traumatisant que, certain d'avoir « zéro », il l'aborde avec fatalisme.

Enfin, le dernier texte, bien antérieur (J.-J. Rousseau, *Les Confessions*, livre troisième, 1782, Paris, Garnier Flammarion, 1968), montre comment la connaissance de la langue et particulièrement de l'orthographe est un facteur de discrimination sociale, puisque le philosophe, alors jeune homme et laquais, peut ainsi attirer l'attention de la fille de son employeur.

La lecture de ces quatre textes permet d'interroger la question de l'orthographe dans le rapport qu'en ont les auteurs.

Nous étudierons d'abord la représentation socialement dominante d'une orthographe mythique, puis sa fonction sémiotique en tant que code difficile à maîtriser.

L'ensemble des textes s'appuie sur l'idée que les représentations dominantes de l'orthographe contribuent à en faire un outil essentiel d'une certaine forme de domination sociale.

Colette et Rousseau développent l'idée selon laquelle la fonction principale de la maîtrise de l'orthographe est de signifier l'importance de celui qui la tient dans le cadre d'un système convenu, et ainsi renforcé. Claudine, le double autobiographique de Colette, qui appartient à la bourgeoisie, dédaigne ces « soixante gamines, (dont) quarante-cinq sont filles de paysans ou d'ouvriers ». Pour elle qui maîtrise la langue, l'exercice de dictée est une formalité dont elle pourrait par ailleurs se passer, « c'est enfantin » écrit-elle. Elle voit dans les candidates des « petites », substantif à connotation péjorative, dont la reprise anaphorique par le pronom démonstratif neutre « ça » (« tout ça va devenir des institutrices ») figure bien le mépris qu'elle leur porte. Elle ne joue pas là son avenir, elle ne devra pas travailler. Rousseau rejoint ce propos mais en donnant le point de vue de celui qui n'est pas du côté des dominants. Lui, cependant, connaît l'orthographe, ce qui lui donne une revanche sur sa naissance et un laisser-passer pour le monde de la noblesse auquel il aspire : l'air de satisfaction du visage de Mlle de Breil le flatte, et il vit les louanges du grand-père, auxquelles « toute la table s'empressa de faire chorus » comme l' « un de ces moments trop rares qui replacent les choses dans leur ordre naturel, et vengent le mérite avili des outrages de la fortune ».

15 CORRIGÉ

Picouly et Sarraute complètent ce point de vue : la maîtrise de l'orthographe est une compétence que l'on livre à l'appréciation des autres et dont la valeur se définit dans sa relation à autrui. Ainsi, chacun analyse ses perceptions enfantines. Picouly constate avec fatalisme que, contrairement à lui, Delac « qui ne fait aucune faute à aucun mot » « parle couramment l'imparfait du subjonctif, même dans la cour de récréation », même si on lui vole son gouter en signe de lutte des classes ! Au contraire, Sarraute vit la dictée avec extase. C'est un exercice intellectuel auquel elle se plie volontiers, c'est « pour son bien », on « s'efforce d'introduire dans mon esprit ce qui est exactement à sa mesure, prévu exprès pour lui... ». Au-delà du regard de la maitresse, de la « trace d'approbation sur son visage » et de la note attribuée – un signe « qui est la justice même, l'équité » –, le fait de se conformer et de se soumettre à la loi des hommes lui est voluptueux et lui donne le sentiment d'accomplir ce qu'elle-même désire.
Malgré des points de vue antagonistes, les deux auteurs sacralisent l'exercice. Si Picouly ressent la dictée comme une punition, il précise que son effectuation se déroule dans la pénombre bleue d'une salle de classe dans laquelle le maitre a tiré les rideaux, « on dirait une chapelle. » Sarraute admire, quant à elle, l'ingéniosité d'un système complexe et régi par des lois que tous doivent respecter et par lesquelles elle se sent protégée. De même, Colette évoque le recueillement des candidates lorsque l'épreuve commence.
Si les textes abordent le terrain du pouvoir symbolique, ils invoquent aussi la fonction sémiotique de l'orthographe, un code difficile que seuls les usagers les plus compétents maîtrisent dans son ensemble.

Tous les auteurs reconnaissent la difficulté de maîtriser correctement le code orthographique.
Claudine-Colette éprouve de la pitié pour les autres candidates, tendues et anxieuses avant de commencer la dictée du brevet. Elle précise qu'un « grand silence recueilli » suit l'annonce que les phrases dictées ne seront répétées qu'une fois. À l'instar de Sarraute et de Picouly, Colette exprime non le rapport commun de chacun à une technique à acquérir, mais celui d'un savoir difficile à une ignorance coupable, qui engendre une peur que l'on ne peut maîtriser. En effet, les candidates sursautent à l'annonce de la dictée dans laquelle « ils ont fourré des participes, tendu des embûches de pluriels équivoques, [...] ils en ont tortillé et hérissé toutes les phrases ». Cette angoisse de la faute pousse certaines à tricher, ce dont la jeune fille tire avantage en présentant la situation : elle se vit comme une héroïne qui, certaine de ne pas avoir fait de fautes, ne craint pas de transgresser l'autorité. Sarraute est pour sa part saisie d'anxiété lorsqu'elle recherche l'orthographe exacte des mots qu'elle écrit. Elle passe par des phases alternées, les unes d'apaisement d'avoir bien fait et les autres de peur de mal faire. Quant à Picouly, la sueur « se glace sur son dos », oxymore renforçant le sentiment de frayeur éprouvé à la vue du maitre de la classe, « blouse bien sanglée, les mains dans le dos, les lunettes déjà méfiantes sur le nez », qui se nomme de surcroit Monsieur Brûlé !
Contrairement à ces trois auteurs qui évoquent les principes d'une acquisition de l'orthographe semblant se réduire à l'exercice de la dictée, Rousseau fait le récit d'une expérience non scolaire : l'orthographe du français est tellement difficile que même celle de la devise de la maison de Solar, brodée sur une tapisserie, est contestée. Sa connaissance du système orthographique lui permet d'en justifier la graphie.
Si les textes évoquent bien la difficulté d'une maîtrise assurée de l'orthographe, ils notent également que cette maîtrise permet un rapport à la langue susceptible d'ouvrir à des plaisirs intellectuels, elle enrichit chacun de nouvelles connaissances.
Par des gloses métalinguistiques, Rousseau et Sarraute décrivent leurs procédures cognitives.

Rousseau s'appuie sur le contexte linguistique du mot « fiert », et explique sa classe grammaticale : le verbe ainsi reconnu, le sens de la phrase se transforme et l'écriture du mot s'en trouvant justifiée, il en éprouve une satisfaction intense. Chacun des mots qu'écrit Sarraute « se détache avec netteté, [...] et puis avec aisance, une naturelle élégance il se rattache au mot qui le précède et à celui qui le suit... il faut faire attention de ne pas les abîmer ». Nature des mots et fonctions dans la phrase, minutieusement décrites, lui permettent de jouer un jeu excitant auquel elle s'adonne avec bonheur. Claudine-Colette donne, elle, immédiatement sens au texte, elle en saisit la cohérence, les phrases ne lui résistent pas, « c'est enfantin ».
Seul le jeune Picouly n'arrive pas à prendre de distance avec les mots qu'il écrit, à les contextualiser. Il rencontre cependant des livres et fait des listes de vocabulaire. Pourtant il a moins de difficulté à lire et à recopier qu'à écrire correctement, et le texte dicté le conduit à l'hésitation et à la faute : les mots sont compliqués, il ne les reconnait pas, ils se dissimulent au milieu des phrases, « c'est le zéro assuré ».

Les auteurs de ces quatre textes montrent donc qu'à travers les âges les représentations de l'orthographe ont finalement peu changé. Instrument de domination sociale, code difficile à maîtriser, l'orthographe n'est-elle pas à repenser ? Les textes invitent implicitement chacun, et en particulier les enseignants, à prolonger la réflexion quant à la mise en œuvre des rectifications orthographiques de 1990, une réforme qui ne menace pas l'identité sociale de la langue et qui, actualisée officiellement par les programmes de 2015 et depuis cette date dans les manuels d'élèves, se doit d'être généralisée.

Connaissance de la langue (11 pts)

1. « elles sont déjà tendues et anxieuses (texte 1)

a) Identifiez la nature de « tendues » et « anxieuses »

« tendues » et « anxieuses » sont des adjectifs qualificatifs (« tendues » est un participe passé employé comme adjectif).

b) Identifiez la fonction de de « tendues » et « anxieuses » dans cette phrase.

Dans cette phrase ces deux adjectifs assument la fonction attribut du sujet « elles ».

c) Expliquez l'accord de ces deux mots.

En tant qu'attributs du sujet, ces deux adjectifs s'accordent en genre et en nombre avec le sujet (« elles » : féminin pluriel).

2. « Cette petite formalité remplie, nous attendons qu'on veuille bien nous dicter quelque chose. » (texte 1)

a) Identifiez la nature de la proposition soulignée.

Il s'agit d'une proposition subordonnée participiale.

b) Identifiez la fonction grammaticale de la proposition soulignée.

Complément de phrase, complément circonstanciel de temps.

c) Transposez la proposition soulignée en une proposition subordonnée conjonctive qui conservera la même fonction grammaticale.

Lorsque cette petite formalité est remplie, nous attendons qu'on veuille bien nous dicter quelque chose.

Ou Après que cette formalité a été remplie, nous attendons qu'on veuille bien nous dicter quelque chose.

3. « les moyens dont elle se sert familièrement » (texte 1)

a) Expliquez la formation du mot « familièrement ».

Le mot « *familièrement* » est formé par dérivation. Il est composé d'une base et de deux suffixes : « *famille* » + « *-ier* » (suffixe adjectival) + » *e* » (euphonique) + « *-ment* » (suffixe adverbial) (l'adverbe de manière se construit sur le féminin de l'adjectif).

b) Trouvez, dans l'extrait de Claudine à l'école (texte 1), un mot formé de la même façon.

Relevant la tête, je lui adresse un imperceptible « oui », et elle corrige, paisiblement.

« *Paisiblement* » est formé d'une base : « *pai(x)* » et d'une double suffixation : adjectivale (« *-ible* ») + adverbiale (« *-ment* »).

4. Dans cet extrait du texte 3, identifiez les formes verbales en caractères gras et justifiez l'emploi des temps et des modes. Classez les occurrences relevées dans un tableau organisé.

Dans cet extrait, le récit est caractérisé par l'alternance passé simple (faits de premier plan) / imparfait (arrière-plan).

Forme verbale	Identification	Valeur des temps et des modes
donnait (l1)	Verbe *donner*, P3, imparfait de l'indicatif	Arrière-plan du récit dans un récit narratif.
était (l3)	Verbe *être*, P3, imparfait de l'indicatif	
regardait (l12)	Verbe *regarder*, P3, imparfait de l'indicatif	
sont (l5)	Verbe *être*, P6, présent de l'indicatif	Présent de vérité générale (« *les Piémontais ne sont pas pour l'ordinaire…* »).
ayant jeté (l7)	Verbe *être*, participe passé	Valeur d'accompli (l'action est achevée, terminée) par rapport au passé simple de la proposition principale (« *ayant jeté les yeux sur moi, il vit que je souriais* »).
vis (l1)	Verbe *voir*, P1, passé simple de l'indicatif	Actions de premier plan dans un récit narrative Le subjonctif est ici contraint par la concordance des temps dans une subordonnée (« *je ne croyais pas que* » + subjonctif).
vint (l3)	Verbe *aller*, P3, passé simple de l'indicatif	
dis (l8)	Verbe *dire*, P1, passé simple de l'indicatif	
fût (l9)	Verbe *être*, P3, imparfait du subjonctif	
frappe (l10)	Verbe *frapper*, P3, présent de l'indicatif	Présent de vérité générale, à la manière des proverbes (« *tel frappe qui ne tue pas* »).

5. Relevez dans cet extrait du texte 2 au moins deux procédés d'écriture qui vous semblent particulièrement intéressants. Vous en expliquerez l'effet produit sur le lecteur.

« La dictée est le meilleur moyen qu'a trouvé le maître pour nous calmer au retour de la gymnastique. Dès que je l'aperçois sur le pas de la porte de la classe, la sueur se glace le long de ma colonne vertébrale. M. Brûlé nous attend, la blouse bien sanglée, les mains dans le dos, les lunettes déjà méfiantes sur le nez. On entre un par un. La salle de classe attend dans une pénombre bleutée. On dirait une chapelle. Le maître a tiré les grands rideaux. Il ne faut pas qu'il y ait le moindre morceau de ciel pour nous distraire. »

« *On dirait une chapelle* » : Il s'agit d'une comparaison.

La comparaison rapproche ici deux objets : la salle de classe et la chapelle. Un rapport d'analogie est établi. Ce procédé d'écriture implique un terme comparant (une chapelle) et un terme comparé : la salle de classe. La comparaison s'opère ici grâce aux termes comparants « *on dirait* ». Cette comparaison sacralise le lieu qu'est la classe, sacralisation renforcée par le groupe nominal « *pénombre bleutée* » dans la phrase qui précède et par le début de la phrase qui suit : « *Il ne faut pas qu'il y ait le moindre morceau de ciel ...* », qui participent au même réseau sémantique caractérisant l'atmosphère des lieux.

« *la sueur se glace le long de ma colonne vertébrale* » : il s'agit d'un oxymore, figure d'opposition qui consiste à réunir deux termes de sens contraires (la sueur que l'on produit lorsqu'on a chaud / se glacer) à l'intérieur d'un même syntagme, c'est-à-dire dans un même groupe de mots.

L'oxymore cherche à produire un effet de surprise et renforce ici le sentiment de frayeur qu'éprouve l'auteur à la vue du maitre de la classe. D'autant que son nom, Monsieur Brûlé, renforce la perception de chaleur qui provoque la sueur.

Remarque :

On aurait pu aussi proposer : « *les lunettes déjà méfiantes sur le nez* » ou « *la salle de classe attend* » :

– « *La salle de classe* (*attend*) » est une personification.

– « *les lunettes déjà méfiantes* » est un hypallage (ou transfert syntaxique). C'est la personne qui porte les lunettes qui est méfiante et non véritablement l'objet lui-même.

L'hypallage concerne surtout les adjectifs qui sont déplacés ou intervertis. L'adjectif « *méfiantes* » s'applique en réalité au personnage M. Brûlé, mais il qualifie et fonctionne syntaxiquement avec « *les lunettes* » que celui-ci porte comme signe de cette méfiance.

Analyse de supports d'enseignement (13 pts)

À partir d'une analyse critique des documents, utilisés pour la préparation de classe en CM1, vous répondrez aux questions posées.

1. Au regard des compétences spécifiques déclinées pour la séquence pédagogique proposée (document 1), vous indiquerez à quelles compétences du programme et quels domaines du socle commun de connaissances, de compétences et de culture elles correspondent.

Le document soumis à l'analyse mentionne six compétences spécifiques principalement travaillées.

1) Connaître un genre littéraire (la comédie).

2) Lire des textes courts et en dégager les principaux éléments.

3) Exprimer son avis et ses sentiments.
4) Comprendre les critères du genre (structure du schéma narratif, connaissances des procédés humoristiques, notion de suspense et de surprise...).
5) Écrire un récit humoristique.
6) Connaître des auteurs : Yak Rivais et Michel Laclos, Bernard Friot...

Les compétences spécifiques déclinées pour la séquence pédagogique proposée relèvent du domaine du socle commun « des langages pour penser et pour communiquer », et plus particulièrement de la partie, « Comprendre, s'exprimer en utilisant la langue française à l'oral et à l'écrit ». Elles sont liées aux domaines d'apprentissage de la lecture et de l'écriture, en lien avec l'étude de la langue puisqu'il s'agit de produire des récits.

Pour la lecture, les compétences du programme du cycle 3 sont :
– lire, comprendre et interpréter un texte littéraire adapté à son âge et réagir à sa lecture (compétences spécifiques 2 et 3) ;
– lire et comprendre des œuvres de plus en plus longues et de plus en plus complexes (compétences spécifiques 1 et 4) ;
– Lier lecture écriture et l'accès à des genres divers (compétences spécifiques 1, 4 et 6).

Pour l'écriture, les compétences du programme du cycle 3 sont :
– connaître les caractéristiques principales des différents genres d'écrits à rédiger (compétences spécifiques 1, 3, 4 et 5) ;
– mettre en œuvre une démarche de rédaction de textes : convoquer un univers de référence, un matériau linguistique, trouver et organiser des idées, élaborer des phrases, les enchainer avec cohérence, élaborer des paragraphes ou d'autres formes d'organisation textuelles (compétences 4 et 5) ;
– mobiliser des outils liés à l'étude de la langue à disposition dans la classe (compétences 4 et 5) ;
– mobiliser ses connaissances sur la langue (compétences 4 et 5) ;
– être initié à la notion d'aspect verbal (valeurs des temps), abordée à travers l'emploi des verbes en rédaction (compétences 4 et 5).

Enfin, pour la révision de texte, les compétences du programme du cycle 3 sont :
– réécrire à partir de nouvelles consignes ou faire évoluer son texte ;
– concevoir l'écriture comme un processus inscrit dans la durée ;
– mettre à distance son texte pour l'évaluer ;
– enrichir par la recherche des formulations plus adéquates.

2. Quelle est la pertinence du document 3 dans la programmation de la séquence pédagogique proposée ? Vous définirez le rôle de l'enseignant qui figure dans la colonne « Tâche du maitre» pour les phases d'apprentissage B, E et F (cases 2, 5 et 6).

• En lien avec la séance d'écriture, le document 3 propose une introduction à l'étude des adjectifs qualificatifs. Intitulée : « Percevoir l'utilité des adjectifs qualificatifs », cette séance d'ouverture sur l'étude des adjectifs qualificatifs au cycle 3 n'est pas mentionnée en tant que « séance décrochée » dans le plan de la séquence, dans lequel on lit :
– Grammaire : Les compléments du nom et du verbe.
– Orthographe : Les accords en genre et en nombre dans les groupes nominaux et verbaux.
– Vocabulaire : Synonymie et antonymie.
– Conjugaison : Les temps du récit : imparfait et passé simple.

Cette séance peut donc avoir plusieurs fonctions selon le moment où elle intervient.

– Séance envisagée en lien avec la phase de lecture ou séance envisagée en lien avec la phase d'écriture. Il est essentiel d'établir un lien entre la rédaction ou la lecture de textes et l'étude de la langue, soit en partant d'un texte pour étudier une notion d'étude de la langue afin d'en permettre une meilleure compréhension, soit en partant d'une production d'écrit pour la réviser et l'enrichir. En ce sens, la séance est tout à fait pertinente.

– Séance autonome. La séance sur les adjectifs pourra, dans ce cas, servir d'approfondissement à un point de grammaire étudié dans la séquence présentée. Cette séance pourrait permettre par exemple la révision de la production d'écrit dans un ou plusieurs de ses aspects. Cette séance enrichit l'ensemble du travail de la séquence. La séance ainsi conçue a donc une utilité certaine, d'autant qu'elle présente une nouvelle notion à aborder qui sera à approfondir.

• Le rôle de l'enseignant :

La colonne « Tâche du maître » numérote les sept étapes de la séance.

La phase d'apprentissage B est intitulée « phase de problématisation » (collectif oral : « Pourquoi n'avez-vous pas tous trouvé l'élève que je voulais décrire ? », problème de la description). La phase E est intitulée « Phase de mutualisation » (collectif oral), lecture de quelques productions, la classe essaie de deviner qui l'élève décrit. La phase F est intitulée « phase de formulation » (individuel écrit) : trace écrite evolutive : (1) le rôle de l'adjectif, (2) l'emploi de l'adjectif.

La tâche de l'enseignant, numérotée, n'est jamais explicitement définie.

La lecture de la fiche de préparation suggère que le rôle de l'enseignant est d'une part de guider l'action, d'autre part d'organiser les échanges de telle sorte que les élèves puissent exprimer leurs idées et expliciter leurs conceptions.

La fiche indique que l'enseignant amène les élèves à problématiser (phase B), à mutualiser (phase E), à formuler le contenu qui sera institutionnalisé (phase F). Il favorise également la mise en œuvre de modalités de travail différentes.

On peut cependant s'interroger sur les contenus didactiques disciplinaires des phases proposées aux élèves et sur les tâches que l'enseignant s'attribue pour chaque étape. Celles-ci ne concernent que peu le savoir à acquérir : « percevoir l'utilité des adjectifs qualificatifs ». Dans sa formulation même, cette notion d'utilité est ambiguë, le terme « rôle » aurait pu avantageusement être envisagé.

La démarche proposée se voudrait inductive, celle d'une situation-problème avec un obstacle à résoudre – « problématisation » ; un travail de recherche et une synthèse – « mutualisation » ; et une phase d'institutionnalisation – « formulation ». Dans les faits, cette séance introductive d'une notion correspond à une démarche déductive dans laquelle la mise en situation est un prétexte à la découverte d'un fait de langue, immédiatement suivie d'un exercice d'application.

3. Quel regard portez-vous sur la grille d'autoévaluation proposée (document 2) ?

Intitulée « grille d'autoévaluation » et construite collectivement, ce qui est très constructif pour les élèves, la grille présente l'intérêt de proposer certains critères de relecture afin que chacun révise individuellement son texte (grille en « je »).

Cependant ceux-ci sont listés sans principe organisateur, chacun concerne des plans différents de la production d'écrit.

Pour construire la grille, il aurait été intéressant de s'appuyer sur une organisation mettant en évidence les regroupements les critères de même plan. Par exemple, l'organisation proposée par la grille E.V.A. présente une forte cohérence : l'enseignant aurait pu partir du plan pragmatique (situation de communication, type d'écrit) ; puis cibler des critères relatifs au plan sémantique (cohérence, cohésion, pertinence du lexique) ; ensuite s'intéresser au plan morphosyntaxique (mode d'organisation du texte, cohérence syntaxique, syntaxe de la phrase) et enfin terminer par les aspects matériels de la production. Certains critères auraient pu ainsi être dégagés.

On peut s'interroger enfin sur le principe d'utilisation de cette grille. Il s'agit de constater des dysfonctionnements textuels mais rien ne guide l'élève dans la révision de ses écrits.

L'activité de révision du texte est à repenser en différenciant les modalités de réécriture.

Il est cependant intéressant de noter en point positif que la grille interroge la notion de plaisir de l'élève dans cette tâche d'écriture, ce qui peut être intéressant au plan didactique.

4. Après avoir analysé le texte support de Yak Rivais (document 4), vous situerez son étude dans la séquence d'apprentissage et vous proposerez une mise en œuvre pédagogique.

Le texte de Yak Rivais, intitulé « Histoires des bonnes sorcières méchantes », est extrait du recueil *Les sorcières sont N.R.V.* de Yak Rivais et Michel Laclos, paru en 1989.

La trame narrative de ce texte est simple, mais sa difficulté vient de l'utilisation systématique d'antonymes dans tous les groupes nominaux, contradiction qui a un effet humoristique.

Sans relever tous les procédés, l'examen de la première phrase permet d'éclairer les difficultés de compréhension que ce texte soulève :

« *Un jour, c'était la nuit, une vieille sorcière toute jeune qui demeurait rue Bicond préparait une savoureuse mixture dégoûtante dans une grosse marmite minuscule. Elle vivait dans une maison basse de cinquante étages, au milieu d'une forêt sans arbres.* »

La construction du référent est possible, mais l'image mentale, le « film dans sa tête » extrêmement difficile. On ne peut caractériser réellement ce dont on parle, les personnages, les lieux, ce qui participe de l'humour.

15

La séquence d'apprentissage proposée, relative au récit humoristique, comporte cinq séances :

Séance 1 : Découvrir le genre du récit humoristique

Séance 2 : Le schéma narratif du récit humoristique.

Séance 3 : Écriture d'une pastille humoristique.

Séance 4 : Identifier et employer les procédés humoristiques.

Séance 5 : Écrire un récit humoristique.

CORRIGÉ

Une mise en œuvre pédagogique à partir de ce texte pourrait intervenir en séance 4 : Identifier et employer les procédés humoristiques.

1) Après la lecture du texte, l'enseignant pourrait dans un premier temps faire verbaliser les acquis des élèves des séances précédentes.

→ Genre humoristique, contenu narratif, après s'être assuré de la compréhension du récit.

2) Pour identifier les procédés humoristiques, une seconde partie, collective et orale, pourrait s'appuyer sur la question : si l'on avait à dessiner (les personnages / les lieux...) serait-ce facile ?

→ Justifier sa réponse.

3) Les ressorts du comique (les procédés humoristiques).

Il s'agit ici d'un comique de mots relevant de l'antonymie, ce qui n'est pas le seul ressort du comique dans les textes (comique de gestes, de situation, de caractère et de mœurs).

Du point de vue de la sémantique lexicale, il pourrait être demandé aux élèves, en groupe, de relever les couples de mots contradictoires : recherche / mise en commun / synthèse.

→ Faire découvrir que cette forme de contradiction au sein des groupes nominaux est un procédé humoristique, relevant du « comique de mots » (terme introduit).

4) Amener les élèves à observer des couples d'antonymes et en déduire que les mots contraires sont des mots de même classe grammaticale.

On pourrait envisager un tri de mots avec pour objectif de faire apparaitre la nuance entre les vrais antonymes et les mots de sens opposé. Mais cette nuance est difficile, et particulièrement pour des CM1. On pourrait étayer en donnant par exemple aux élèves un corpus « oui » et un corpus « non » (« oui » pour les couples de mots qui sont réellement des antonymes : « jour/nuit ; vieille/jeune », « non » pour les couples de mots ou d'expressions qui signifient l'inverse ou le contraire mais qui ne sont pas des antonymes : « maison basse/cinq étages ».

SUJET 16

Sujet de la session 2019 du groupement académique 4 : Polynésie française

Sujet

Première partie : Question relative aux textes proposés

À partir des textes du corpus, vous étudierez comment les expériences des auteurs invitent à une réflexion sur les écarts de conduite des enfants.

Texte 1 : Jean-Jacques ROUSSEAU, *Les Confessions*, Livre II, 1782.

Dans son enfance, Rousseau est employé comme laquais chez Mme de Vercellis. Dans cet extrait, il raconte le vol d'un ruban appartenant à la première femme de chambre.

La seule Mlle Pontal perdit un petit ruban couleur de rose et argent, déjà vieux. Beaucoup d'autres meilleures choses étaient à ma portée ; ce ruban seul me tenta, je le volai, et comme je ne le cachais guère, on me le trouva bientôt. On voulut savoir où je l'avais pris. Je me trouble, je balbutie, et enfin je dis, en rougissant, que c'est Marion qui me l'a donné. Marion était une jeune Mauriennoise dont Mme de Vercellis avait fait sa cuisinière, quand, cessant de donner à manger, elle avait renvoyé la sienne, ayant plus besoin de bons bouillons que de ragoûts fins. Non seulement Marion était jolie, mais elle avait une fraîcheur de coloris qu'on ne trouve que dans les montagnes, et surtout un air de modestie et de douceur qui faisait qu'on ne pouvait la voir sans l'aimer ; d'ailleurs bonne fille, sage et d'une fidélité à toute épreuve. C'est ce qui surprit quand je la nommai. L'on n'avait guère moins de confiance en moi qu'en elle, et l'on jugea qu'il importait de vérifier lequel était le fripon des deux. On la fit venir ; l'assemblée était nombreuse, le comte de la Roque y était. Elle arrive, on lui montre le ruban, je la charge effrontément ; elle reste interdite, se tait, me jette un regard qui aurait désarmé les démons, et auquel mon barbare cœur résiste. Elle nie enfin avec assurance, mais sans emportement, m'apostrophe, m'exhorte à rentrer en moi-même, à ne pas déshonorer une fille innocente qui ne m'a jamais fait de mal ; et moi, avec une impudence infernale, je confirme ma déclaration, et lui soutiens en face qu'elle m'a donné le ruban. La pauvre fille se mit à pleurer, et ne me dit que ces mots : « Ah ! Rousseau, je vous croyais un bon caractère. Vous me rendez bien malheureuse ; mais je ne voudrais pas être à votre place. » Voilà tout. Elle continua de se défendre avec autant de simplicité que de fermeté, mais sans se permettre jamais contre moi la moindre invective. Cette modération, comparée à mon ton décidé, lui fit tort. Il ne semblait pas naturel de supposer d'un côté une audace aussi diabolique, et de l'autre une aussi angélique douceur. On ne parut pas se décider absolument, mais les préjugés étaient pour moi. Dans le tracas où l'on était, on ne se donna pas le temps d'approfondir la chose ; et le comte de la Roque, en nous renvoyant tous deux, se contenta de dire que la conscience du coupable vengerait assez l'innocent. Sa prédiction n'a pas été vaine ; elle ne cesse pas un seul jour de s'accomplir. [...]

Ce poids est donc resté jusqu'à ce jour sans allègement sur ma conscience, et je puis dire que le désir de m'en délivrer en quelque sorte a beaucoup contribué à la résolution que j'ai prise d'écrire mes confessions.

Texte 2 : François René de CHATEAUBRIAND, *Mémoires d'outre-tombe*, 1849-1850.

Chateaubriand raconte un épisode de son enfance au collège de Dol. Un jour de mai 1779, l'abbé Egault, son professeur de latin, conduit les pensionnaires en promenade à la campagne. Après leur avoir interdit de monter aux arbres, il s'éloigne de quelques pas pour réciter son bréviaire.

Des ormes bordaient le chemin ; tout à la cime du plus grand, brillait un nid de pie : nous voilà en admiration, nous montrant mutuellement la mère assise sur ses œufs, et pressés du plus vif désir de saisir cette superbe proie. Mais qui oserait tenter l'aventure ? L'ordre était si sévère, le régent si près, l'arbre si haut ! Toutes les espérances se tournent vers moi ; je grimpais comme un chat. J'hésite, puis la gloire l'emporte : je me dépouille de mon habit, j'embrasse l'orme et je commence à monter. Le tronc était sans branches, excepté aux deux tiers de sa crue, où se formait une fourche dont une des pointes portait le nid.

Mes camarades, assemblés sous l'arbre, applaudissent à mes efforts, me regardant, regardant l'endroit d'où pouvait venir le préfet, trépignant de joie dans l'espoir des œufs, mourant de peur dans l'attente du châtiment. J'aborde au nid ; la pie s'envole ; je ravis les œufs, je les mets dans ma chemise et redescends. Malheureusement, je me laisse glisser entre les tiges jumelles et j'y reste à califourchon. L'arbre étant élagué, je ne pouvais appuyer mes pieds ni à droite ni à gauche pour me soulever et reprendre le limbe extérieur : je demeure suspendu en l'air à cinquante pieds.

Tout à coup un cri : « Voici le préfet ! » et je me vois incontinent abandonné de mes amis, comme c'est l'usage. Un seul, appelé Le Gobbien, essaya de me porter secours, et fut tôt obligé de renoncer à sa généreuse entreprise. Il n'y avait qu'un moyen de sortir de ma fâcheuse position, c'était de me suspendre en dehors par les mains à l'une des deux dents de la fourche, et de tâcher de saisir avec mes pieds le tronc de l'arbre au-dessous de sa bifurcation. J'exécutai cette manœuvre au péril de ma vie. Au milieu de mes tribulations, je n'avais pas lâché mon trésor ; j'aurais pourtant mieux fait de le jeter, comme depuis j'en ai jeté tant d'autres. En dévalant le tronc, je m'écorchai les mains, je m'éraillai les jambes et la poitrine, et j'écrasai les œufs : ce fut ce qui me perdit. Le préfet ne m'avait point vu sur l'orme ; je lui cachai assez bien mon sang, mais il n'y eut pas moyen de lui dérober l'éclatante couleur d'or dont j'étais barbouillé : « Allons, me dit-il, monsieur, vous aurez le fouet. »

Si cet homme m'eût annoncé qu'il commuait cette peine en celle de mort, j'aurais éprouvé un mouvement de joie. L'idée de la honte n'avait point approché de mon éducation sauvage : à tous les âges de ma vie, il n'y a point de supplice que je n'eusse préféré à l'horreur d'avoir à rougir devant une créature vivante. L'indignation s'éleva dans mon cœur ; je répondis à l'abbé Egault, avec l'accent non d'un enfant, mais d'un homme, que jamais ni lui ni personne ne lèverait la main sur moi. Cette réponse l'anima ; il m'appela rebelle et promit de faire un exemple. « Nous verrons », répliquai-je, et je me mis à jouer à la balle avec un sang-froid qui le confondit.

Texte 3 : STENDHAL, *Vie de Henry Brulard*, 1890, chapitre 3.

La Vie de Henry Brulard *est une œuvre autobiographique de Stendhal, pseudonyme d'Henri Beyle. Ce récit inachevé est ponctué de notes personnelles.*

Mon premier souvenir est d'avoir mordu à la joue ou au front madame Pison Du Galland, ma cousine, femme de l'homme d'esprit député à l'assemblée constituante. Je la vois encore, une femme de vingt-cinq ans qui avait de l'embonpoint et beaucoup de rouge. Ce fut apparemment ce rouge qui me piqua. Assise au milieu du pré aumône appelé le glacis de la porte de Bonne, sa joue se trouvait précisément à ma hauteur.

« Embrasse-moi, Henri » me disait-elle. Je ne voulus pas, elle se fâcha, je mordis ferme. Je vois la scène, mais sans doute parce que sur-le-champ on m'en fit un crime et que sans cesse on m'en parlait.

Ce glacis de la porte de Bonne était couvert de marguerites. C'est une jolie petite fleur dont je faisais un bouquet. Ce pré de 1786 se trouve sans doute aujourd'hui au milieu de la ville, au sud de l'église du collège.

Ma tante Séraphie déclara que j'étais un monstre et que j'avais un caractère atroce. Cette tante Séraphie avait toute l'aigreur d'une fille dévote qui n'a pas pu se marier. Que lui était-il arrivé ? Je ne l'ai jamais su, nous ne savons jamais la chronique scandaleuse de nos parents, et j'ai quitté la ville pour toujours à seize ans, après trois ans de la passion la plus vive, qui m'avait relégué dans une solitude complète.

Le second trait de caractère fut bien autrement noir.

J'avais fait une collection de joncs toujours sur le glacis de la porte de Bonne (Bonne de Lesdiguières. Demander le nom botanique du jonc, herbe de forme cylindrique comme une plume de poulet et d'un pied de long).

On m'avait ramené à la maison dont une fenêtre au premier étage donnait sur la Grande rue à l'angle de la place Grenette. Je faisais un jardin en coupant ces joncs en bouts de deux pouces de long que je plaçais dans l'intervalle entre le balcon et le jet d'eau de la croisée. Le couteau de cuisine dont je me servais m'échappa et tomba dans la rue, c'est-à-dire, d'une douzaine de pieds, près d'une madame Chevenaz ou sur cette Madame. C'était la plus méchante femme de toute la ville (mère de Candide Chevenaz qui, dans sa jeunesse, adorait la *Clarisse Harlowe* de Richardson, depuis l'un des trois cents de M. de Villèle et récompensé par la place de premier président de la cour royale de Grenoble ; mort à Lyon non reçu).

Ma tante Séraphie dit que j'avais voulu tuer madame Chevenaz ; je fus déclaré pourvu d'un caractère atroce, grondé par mon excellent grand-père, M. Gagnon, qui avait peur de sa fille Séraphie, la dévote la plus en crédit dans la ville, grondé même par ce caractère élevé et espagnol, mon excellente grand'tante Mlle Elisabeth Gagnon.

Je me révoltai, je pouvais avoir quatre ans.

Texte 4 : Louis NUCERA, *Avenue des diables-Bleus*, 1979.

Dans ce texte, Louis Nucera raconte son enfance à Nice avec sa mère.

Je la revois, un foulard sur la tête, le visage, les avant-bras et les jambes bronzés jusqu'aux genoux. Elle tricotait, ne perdant du temps que pour surveiller où j'étais. Parfois l'angoisse l'étreignait : elle ne me voyait plus. Alors elle posait ses aiguilles, se levait sans trop montrer qu'elle était inquiète, lissait sa jupe, ordonnait le col de son chemisier, s'approchait du rivage et cherchait. Son regard fouillait la plage, les rochers, le radeau et le plongeoir de l'établissement payant qui jouxtait l'endroit où nous allions. Il arrivait que je sois las de ce chaperonnage. [...] Elle cherchait ; je me cachais pour aviver et prolonger son anxiété. Je nageais même vers la tour Rouge et plus loin encore jusqu'au phare, traversant l'entrée du port que de gros navires empruntaient. La distance était longue. Combien de temps restait-elle, debout, accablée, les sandales mouillées car elle oubliait dans son désarroi de faire un pas en arrière quand les vagues montaient ?

Un après-midi, je poussai la méchanceté jusqu'à escalader la digue et à me rendre sur le port afin de plonger du haut des grues. L'aventure dura près d'une heure. Quand je revins sur la plage, il y avait un attroupement là où d'habitude ma mère organisait simultanément son guet et son travail. J'avoue : je n'étais pas fier. J'approchai. Ma mère, si digne et si discrète, était le centre de l'attroupement. Ne me voyant plus elle s'était permis de faire part de ses alarmes à des baigneurs. Les minutes passaient et je ne reparaissais pas. Elle était au supplice tandis que tous, les mains en visière sur le front, en direction de la mer, tentaient d'identifier les têtes qui surnageaient. Quand elle me vit, elle chancela, se ressaisit, vérifia si aucun mal ne m'avait frappé, remercia ceux qui l'avaient assistée et me dit simplement : « Habille-toi et rentrons. » Sur le chemin du retour j'essayai de me justifier, de la faire rire ; je m'accusai aussi des pires noirceurs et revendiquai une punition à coup sûr méritée selon mes propres dires. Je fus servi et au- delà. Ma mère avait la main leste. En l'occurrence elle se surpassa.

Pourquoi me montrer si cruel ?... Oh ! ça n'arrivait pas toujours... le plus souvent j'étais tendre, cherchant les clefs de la quiétude pour celle qui les avait égarées à jamais. Ma grand-mère avait raison : le diable s'en mêlait quelquefois. Il balayait affection, promesses : je faisais ma cure de malignité envers la seule personne qui comptait dans ma vie. Je me trahissais. Je sais bien que ce n'était pas grave : des enfantillages qui faisaient mouche parce qu'ils frappaient une solitude écorchée. Est-ce recruter des chagrins qui ne demandent qu'à s'éteindre que de songer à ces journées de plage ? Est- ce complaisance à souffrir ? Tant d'autres ouragans déferlent sur les hommes ! Peut-être vaudrait-il mieux laisser reposer le passé en paix ; à les regarder souvent les mirages agonisent ; restent les menues blessures. Quarante ans après je m'attendris sur cette femme qui était ma mère et que la sottise inconsciente d'un enfant épouvanta.

Deuxième partie : Connaissance de la langue

16

1. Dans cet extrait du texte 4, classez dans un tableau les mots en caractères gras selon leur nature, puis indiquez la fonction de chacun d'eux.

« Je **la** revois, un foulard sur la tête, le visage, les avant-bras et les jambes bronzés jusqu'aux genoux. **Elle** tricotait, ne perdant du temps que pour surveiller **où** j'étais. Parfois l'angoisse l'étreignait : elle ne me voyait plus. Alors elle posait ses aiguilles, se levait sans trop montrer qu'elle était inquiète, lissait sa jupe, ordonnait le col de son chemisier, s'approchait du rivage et cherchait. Son regard fouillait la plage, les rochers, le radeau et le plongeoir de l'établissement payant **qui** jouxtait l'endroit **où** nous allions. Il arrivait que je sois las de ce chaperonnage. [...] Elle cherchait ; je me cachais pour aviver et prolonger son anxiété. Je nageais même vers la tour Rouge et plus loin encore jusqu'au phare, traversant l'entrée du port **que** de gros navires empruntaient. »

2. Dans cet extrait du texte 1, relevez les expansions des noms et indiquez leur nature.

« Cette modération, comparée à mon ton décidé, lui fit tort. Il ne semblait pas naturel de supposer d'un côté une audace aussi diabolique, et de l'autre une aussi angélique douceur. On ne parut pas se décider absolument, mais les préjugés étaient pour moi. Dans le tracas où l'on était, on ne se donna pas le temps d'approfondir la chose ».

3. Dans cet extrait du texte 1, relevez les verbes au présent de l'indicatif, classez-les selon leurs valeurs d'emploi et expliquez l'effet produit.

« Elle nie enfin avec assurance, mais sans emportement, m'apostrophe, m'exhorte à rentrer en moi-même, à ne pas déshonorer une fille innocente qui ne m'a jamais fait de mal ; et moi, avec une impudence infernale, je confirme ma déclaration, et lui soutiens en face qu'elle m'a donné le ruban. La pauvre fille se mit à pleurer, et ne me dit que ces mots : « Ah ! Rousseau, je vous croyais un bon caractère. Vous me rendez bien malheureuse ; mais je ne voudrais pas être à votre place. » Voilà tout. Elle continua de se défendre avec autant de simplicité que de fermeté, mais sans se permettre jamais contre moi la moindre invective. Cette modération, comparée à mon ton décidé, lui fit tort. Il ne semblait pas naturel de supposer d'un côté une audace aussi diabolique, et de l'autre une aussi angélique douceur. On ne parut pas se décider absolument, mais les préjugés étaient pour moi. Dans le tracas où l'on était, on ne se donna pas le temps d'approfondir la chose ; et le comte de la Roque, en nous renvoyant tous deux, se contenta de dire que la conscience du coupable vengerait assez l'innocent. Sa prédiction n'a pas été vaine ; elle ne cesse pas un seul jour de s'accomplir. »

4. a) Indiquez la formation puis expliquez le sens du mot « effrontément », dans « Elle arrive, on lui montre le ruban, je la charge effrontément » (texte 1).
b) Proposez deux mots de la même famille qu'» effrontément ».

5. Dans le dernier paragraphe du texte de Louis Nucera, quel regard le narrateur porte-t-il sur cet épisode de son enfance ? Quels sont ses sentiments ? Vous développerez votre réponse en vous appuyant sur le relevé de procédés d'écriture significatifs.

Troisième partie : Analyse de supports d'enseignement

***Étincelles CP*, Hatier, 2016 :**

Document 1 : *Livre de lectures*, pages 42-43.

Document 2 : *Fichier d'activités : « J'apprends à lire, comprendre et écrire »*, pages 45-46 : activités en lien avec les pages 42-43 du *Livre de lectures.*

Document 3 : *Fichier d'activités : « J'apprends à décoder »*, page 52.

1. Le document 1 présente une double page travaillée en classe de CP.
a) Appréciez son organisation et la qualité de ses textes au regard des exigences du programme.
b) Quelle exploitation pourriez-vous en faire ?

2. Analysez les objectifs et la pertinence des exercices 1 et 2 de la séance 24 (extrait du fichier d'activités, page 46, document 2) proposés en lien avec la double page du document 1.

3. Quelles compétences le document 3 permet-il de travailler ? Proposez une modalité d'exploitation possible en classe, cohérente avec le programme en vigueur.

4. Proposez et décrivez une activité de production d'écrit en lien avec ces supports d'enseignement.

Document 1 :

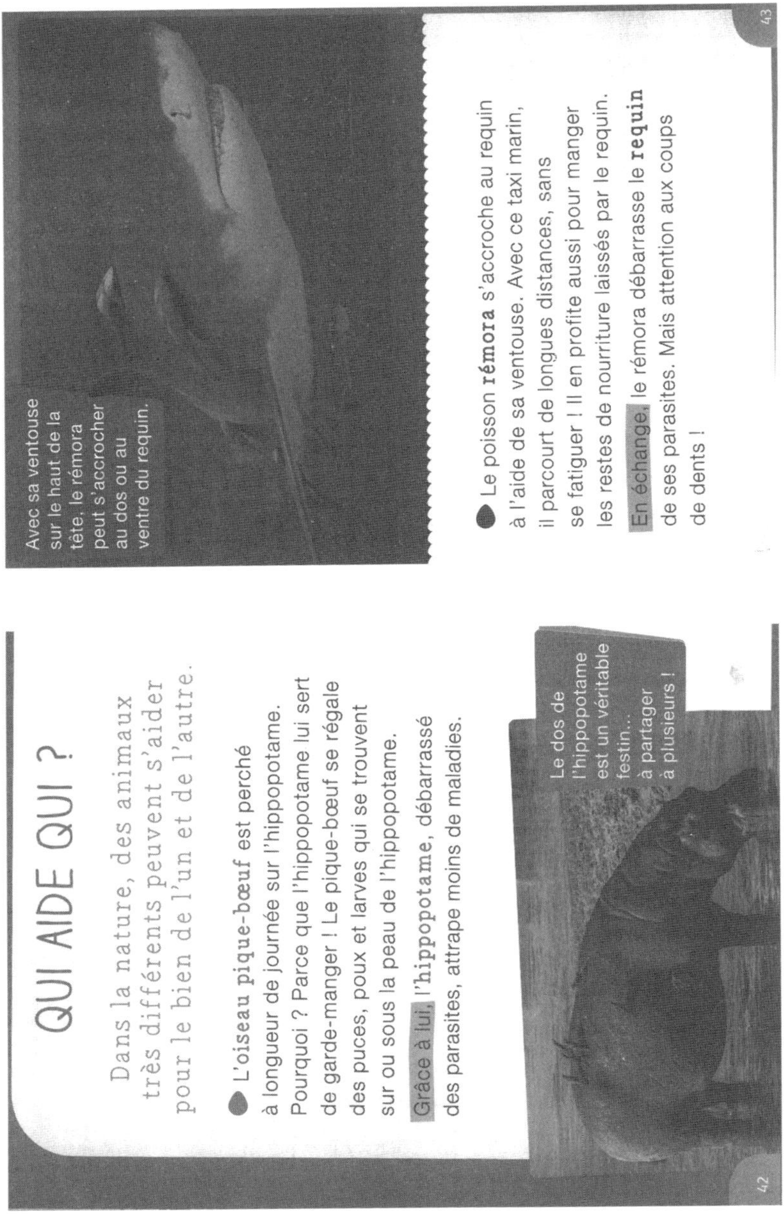

QUI AIDE QUI ?

Dans la nature, des animaux très différents peuvent s'aider pour le bien de l'un et de l'autre.

L'oiseau **pique-bœuf** est perché à longueur de journée sur l'hippopotame. Pourquoi ? Parce que l'hippopotame lui sert de garde-manger ! Le pique-bœuf se régale des puces, poux et larves qui se trouvent sur ou sous la peau de l'hippopotame. Grâce à lui, l'**hippopotame**, débarrassé des parasites, attrape moins de maladies.

Le dos de l'hippopotame est un véritable festin... à partager à plusieurs !

42

Avec sa ventouse sur le haut de la tête, le rémora peut s'accrocher au dos ou au ventre du requin.

Le poisson **rémora** s'accroche au requin à l'aide de sa ventouse. Avec ce taxi marin, il parcourt de longues distances, sans se fatiguer ! Il en profite aussi pour manger les restes de nourriture laissés par le requin. En échange, le rémora débarrasse le **requin** de ses parasites. Mais attention aux coups de dents !

43

Document 2 :

SÉANCE 23 Découverte documentaire | Approche orale, hypothèses — Guide | Compréhension : le mot, la phrase | Compréhension : les phrases, le texte

Qui aide qui ?

Livre p. 42 et 43

date : ____________________

1 **Trouve** le mot demandé. **Écris**-le.

hippopotame | pique-bœuf | requin | rémora

____
Correction ____________________

____
Correction ____________________

____
Correction ____________________

____
Correction ____________________

2 **Relève** le nom des trois parasites que mange le pique-bœuf.

____
____
____

3 Qui suis-je ? **Complète** les phrases.

l'hippopotame | le pique-bœuf | les puces

Je me régale de parasites. → *Je suis* ____________________

Les parasites vivent sur mon dos. → *Je suis* ____________________

Nous vivons sur le dos de l'hippopotame. → *Nous sommes* ____________________

4 Dans le livre p. 42, **trouve** puis **copie** les mots qui signifient :

aime manger : ____________ réserve de nourriture : ____________

• 45

SÉANCE 24 Structuration documentaire | Approche orale — Guide | Compréhension : les phrases, le texte | Compréhension : le mot, la phrase

Qui aide qui ?

Livre p. 42 et 43

date : ____________________

1 **Associe** les mots surlignés aux personnages qu'ils désignent. **Indique** le numéro correspondant.

Le poisson remora s'accroche au requin à l'aide de sa ventouse.
Avec ce taxi marin, il parcourt de longues distances ! Il en profite aussi pour manger les restes de nourriture abandonnés.

1	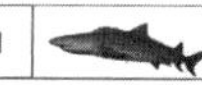
2	

ce taxi marin ☐ il ☐ Il ☐

2 **Légende** le dessin. **Donne** un titre au dessin.

dos | ventre | ventouse | tête | rémora | nageoire
dos | *ventre* | *ventouse* | *tête* | *rémora* | *nageoire*

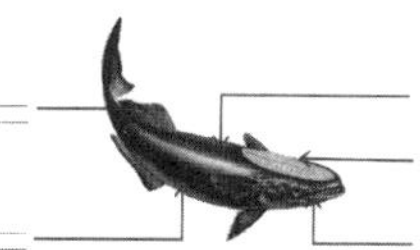

le ____________________

3 **Lis** les phrases. **Écris** *vrai* ou *faux*.

Le pique-bœuf se régale de parasites. ____________

L'hippopotame se régale de parasites. ____________

Le rémora a une ventouse. ____________

Avec sa ventouse, le rémora s'accroche au requin. ____________

46 •

Document 3 :

SÉANCE 40 [z]	Activités préparatoires Guide Coll.	Découverte 1 2	Formalisation 3 Coll.	Structuration 4 5

date :

1 **Entoure** le dessin si tu **entends** le son (z).

trésor

lézard

salade

bisou

valise

onze

tasse

moustache

os

maison

2 **Copie** les 6 mots qui ont le son (z).

Entoure les lettres qui font le son (z).

3 **Complète** et **mémorise.**

Le son (z) peut s'écrire ____.

Il peut aussi s'écrire ____ comme dans onze.

trésor

4 **Écris** les mots avec les syllabes données.

(frai) (ro) (se) (fu) (zé) (sée) (se) (ro)

une ____

____

une ____

une ____

5 **Écris** les mots avec les syllabes données.

(sa) (vi) (ge) (pri) (se) (sur) (lé) (té) (sion) (vi)

le ____ une ____ une ____

16

Corrigé

Question relative aux textes proposés (11 pts)

À partir des textes du corpus, vous étudierez comment les expériences des auteurs invitent à une réflexion sur les écarts de conduite des enfants.

L'auteur d'une autobiographie permet, à travers le récit de sa vie, de livrer ses expériences souvent sous forme de plaidoyer ou de réquisitoire. C'est l'exercice auxquels les auteurs du corpus se sont livrés, nous donnant à lire une aventure personnelle : celle d'un écart de conduite. Le premier texte est tiré des Confessions (Livre II) de J.-J. Rousseau, paru en 1782, dans lequel l'auteur tente d'alléger sa conscience en avouant un vol commis dans sa jeunesse. F.-R. Chateaubriand, dans les *Mémoires d'outre-tombe* (1849-1850) relate également une situation embarrassante qui l'a conduit à transgresser l'interdit. Au même siècle, son contemporain Stendhal, dans ses mémoires nommées *Vie de Henri Brulard*, parues en 1890, raconte deux évènements qui l'ont fortement marqué, âgé à peine de quatre ans. Enfin, le dernier texte de L. Nucera, texte du xxe siècle, nous fait part à travers le récit d'une anecdote dans *Avenue des Diables-Bleus* (1979) des regrets qui l'assaillent encore.
Ces textes suscitent un questionnement : quel souvenir d'écart de conduite la mémoire retient-elle et quel regard porter sur celui-ci ?
Quelle que soit la sottise confessée, les auteurs témoignent de leur ressenti au moment de l'évènement et beaucoup plus tard au moment de l'écriture. Les adultes portent alors un regard sans concession sur l'auteur de la faute.

Les quatre auteurs à travers le récit de leur vie confessent chacun l'agissement qui leur a valu des remontrances plus ou moins importantes.
L'effraction commise relatée par chaque auteur est de nature et gravité différentes. J.-J. Rousseau est sans doute celui dont l'attitude a été la plus grave car elle présente un double délit en quelque sorte : il fait le récit du vol d'un ruban, mais surtout celui d'une accusation injuste, car pour se défendre, il dénonce la cuisinière, bien innocente de ce dont l'auteur l'accuse. Les trois autres forfaits racontés par F.-R. Chateaubriand, Stendhal ou L. Nucera n'engagent qu'eux-mêmes. Le premier est celui d'un interdit transgressé : Chateaubriand, plus agile que ses camarades, grimpe aux arbres pour chaparder les œufs de la pie contre la mise en garde de l'abbé qui les accompagne. Stendhal, très jeune enfant, se souvient d'une morsure infligée à une jeune-femme et d'une maladresse qui a failli blesser une autre. Enfin Nucera, à l'instar de Chateaubriand et Rousseau, se cache de sa mère pour créer une très grande inquiétude chez cette dernière et s'en délecter.
Si tous semblent affectés par leur geste au moment où les faits se passent, ils présentent une assurance face aux réactions adultes.
Rousseau, face aux adultes qui le somment de s'expliquer, tient tête « avec une impudence infernale », « une audace aussi diabolique » aux juges qui tentent de confondre le coupable : la cuisinière Marion ou le laquais Rousseau. Le souvenir est fortement présent, l'auteur, par des procédés d'écriture tels que le présent de narration, permet au lecteur d'assister à la scène : « Elle [Marion] arrive, on lui montre le ruban, je la charge effrontément ; elle reste interdite, se tait, me jette un regard qui aurait désarmé les démons, et auquel mon barbare cœur résiste. » Cette assurance se retrouve dans le récit de Chateaubriand ; alors que son comportement le trahit, « Je

lui cachai assez bien mon sang mais il n'y eut pas moyen de lui dérober l'éclatante couleur d'or dont j'étais barbouillé », il s'affirme devant l'abbé qui lui annonce sa décision de le punir par le fouet, lui tenant tête au point d'être considéré comme un rebelle.
Si l'assurance est moins décrite mais pourtant présente dans les textes de Nucera et Stendhal, c'est qu'elle est définie davantage comme une forme de naïveté, une forme d'innocence qui ne peut saisir les enjeux des délits fomentés. Le jeune Stendhal à peine âgé de quatre ans ne comprend pas la gravité de la situation, tout comme Nucera, plus âgé, qui s'amuse de l'inquiétude dans laquelle il a poussé sa mère.

Ces forfaits ne laissent pas les adultes sans réactions ni jugement, que ce soit les adultes présents au moment des faits ou ceux qui écrivent leur confession. Deux réactions se dégagent : les regrets et l'indignation.
Les adultes attendent une conduite de la part de l'enfant qui se doit d'être conforme à la bienséance. Lorsque l'enfant s'écarte de ces attentes, la réaction peut être plus ou moins mesurée face à la dérive.
La tante Séraphie juge sévèrement son neveu Stendhal lorsque celui-ci mord Madame Pison qui souhaitait être embrassée : « [elle] déclara que j'étais un monstre et que j'avais un caractère atroce », sentiment réitéré lors de la maladresse qui aurait pu blesser Madame Chevenaz : « Ma tante Séraphie dit que j'avais voulu tuer madame Chevenaz ; je fus déclaré pourvu d'un caractère atroce ». De même quand Chateaubriand tente de cacher sa désobéissance, la réaction de l'abbé est sans concession, renforcée par l'audace du jeune François René. Le récit que Rousseau fait du Comte de la Roque pour tenter de connaitre le coupable met en scène non pas une punition ou un jugement sévère, mais au contraire le coupable est face à sa propre conscience : « la conscience du coupable vengera[it] assez l'innocent ». Ceci crée alors la pire des punitions, semble-t-il, celle qui hante encore l'auteur des confessions : « sa prédiction [celle du comte] n'a pas été vaine ; elle ne cesse pas un seul jour de s'accomplir. »
Mais certainement le regard le plus acéré est celui que les auteurs adultes portent sur l'enfant qu'ils étaient. Le temps écoulé entre le forfait et le moment de l'écriture a cristallisé les sentiments : entre regrets et indignation.
Indignation, colère, incompréhension sont les ressentis de Stendhal et Chateaubriand face aux réactions des adultes. Stendhal, trop jeune pour comprendre la portée de ses actes, trop jeune pour se souvenir de ses réelles intentions, se révolte devant ce qu'il considère une injustice : les remontrances des parents à qui il voue un grand amour, « grondé par mon excellent grand-père[...], grondé même par ce caractère élevé et espagnol, mon excellente grand'tante ». Chateaubriand est davantage révolté contre le choix de la sanction que la sanction elle-même. La punition publique, le regard des autres lui sont insupportables, la honte qu'il ressent, à l'instar de celle de Rousseau, est un poison plus fort que la punition elle-même qu'il ne remet pas en cause : « Si cet homme [l'abbé] m'eût annoncé qu'il commuait cette peine en celle de la mort, j'aurais éprouvé un mouvement de joie. »
La honte ressentie par Chateaubriand ne donne pas naissance aux regrets et tourments tels que Rousseau et Nucera le confessent. Tous deux ont mis dans l'embarras une autre personne, sont coupables d'avoir fait souffrir un autre : la cuisinière Marion pour Rousseau, injustement accusée et qui a été renvoyée, la mère de Louis Nucera rendue folle d'inquiétude par l'attitude maligne de son fils.
Les regrets nés de ces actes s'apparentent à des remords : si Rousseau tente d'en alléger le poids par ses confessions, Nucera tente de comprendre son comportement qu'il juge au moment où il écrit « enfantillages ». Tous deux sont touchés, dans ce moment d'introspection qu'offre l'écri-

ture autobiographique, par le poids encore présent de ces actions ; « ce poids est donc resté jusqu'à ce jour sans allégement sur ma conscience », écrit Rousseau tandis que Nucera s'interroge sur la contradiction des sentiments qu'il éprouve pour sa mère et l'envie de la faire souffrir : « je faisais ma cure de malignité envers la seule personne qui comptait dans ma vie. Je me trahissais. [...] Est-ce recruter des chagrins qui ne demandent qu'à s'éteindre que de songer à ces journées de plage ? »

Ainsi les quatre autobiographes, en relatant un souvenir plus ou moins douloureux, réfléchissent à la portée de leurs actions tant sur eux que sur les personnes proches. Le pouvoir de l'écriture s'exerce alors : allégement des regrets, éclairage d'un comportement incompris plus jeune, rachat de ce que l'auteur considère comme faute. En tous les cas, l'écriture est exutoire par la distance qu'elle impose entre le soi enfant et le soi adulte.

Connaissance de la langue (11 pts)

1. Dans cet extrait du texte 4, classez dans un tableau les mots en caractères gras selon leur nature, puis indiquez la fonction de chacun d'eux.

Nature	Fonction
Pronoms personnels	
La	Complément d'Objet Direct du verbe « *revois* »
Elle	Sujet du verbe « *tricotait* »
Pronoms relatifs	
où (*j'étais*), *où* (*nous allions*)	Complément essentiel de « *étais* » (locatif) et « *allions* »
qui	Sujet de « *jouxtait* »
que	Complément d'objet direct de « *empruntaient* »

2. Dans cet extrait du texte 1, relevez les expansions des noms et indiquez leur nature.

Plusieurs natures d'expansions du nom sont présentes :

• Adjectifs :
– « *comparée* » (épithète détachée), expansion du nom « *modération* »
– « *décidé* » (épithète liée), expansion du nom « *ton* »
– « *aussi diabolique* » (épithète liée), expansion du nom « *audace* »
– « *aussi angélique* » (épithète liée), expansion du nom « *douceur* »

• Propositions relatives :
– « *où l'on était* », expansion du nom « *tracas* »

• Groupe prépositionnel :
– « *d'approfondir la chose* », expansion du nom « *temps* »

3. Dans cet extrait du texte 1, relevez les verbes au présent de l'indicatif, classez-les selon leurs valeurs d'emploi et expliquez l'effet produit.

Dans cet extrait, trois emplois du présent sont relevés et commentés dans le tableau ci-dessous :

Occurrences	Valeurs	Commentaires
nie, apostrophe, exhorte, confirme, soutiens	Présent de narration	Le présent de narration dans un texte au passé rend le récit plus dynamique : on a l'impression d'assister à la scène.
rendez	Présent d'énonciation	Valeur présente dans les paroles énoncées par l'interlocutrice (système énonciatif du discours), vraies au moment où elle parle.
cesse	Présent de vérité générale	Exprime une vérité, on le trouve dans les aphorismes, ce présent exprimé est toujours vrai.

4. a) Indiquez la formation puis expliquez le sens du mot « effrontément », dans « Elle arrive, on lui montre le ruban, je la charge effrontément » (texte 1).

« *effrontément* » est formé par dérivation propre du radical « *-front-*» auquel sont adjoints le préfixe « *ef-*» (qui veut dire « *enlever* », de « *ex-*», préfixe latin) et du suffixe « *-ment* » qui permet de construire un adverbe de manière.

« *Effrontément* » est un adverbe qui signifie : de façon effrontée, qui n'a pas peur de rougir (sans front), de façon impudente, hardie, sans honte.

b) Proposez deux mots de la même famille qu'« effrontément ».

Mots de la même famille : *front, effronté, frontal, fronteau, affronter, affrontement, effronterie.*

5. Dans le dernier paragraphe du texte de Louis Nucera, quel regard le narrateur porte-t-il sur cet épisode de son enfance ? Quels sont ses sentiments ? Vous développerez votre réponse en vous appuyant sur le relevé de procédés d'écriture significatifs.

Le narrateur porte un regard sur son propre comportement vis-à-vis de sa mère. La ponctuation expressive retranscrit les convictions qui l'animent. Les phrases exclamatives (« *Oh ! Ça n'arrivait pas toujours* », « *Tant d'autres ouragans déferlent sur les hommes !* ») et les questions rhétoriques (« *Pourquoi me montrer si cruel ?* », « *Est-ce recruter des chagrins qui ne demandent qu'à s'éteindre que de songer à ces journées à la plage ?* ») suscitent la réflexion. Utilisant ces questions rhétoriques (qui n'appellent pas de réponses), il met en avant sa réflexion sur ses actions passées, interrogeant son attitude qu'il juge cruelle. On retrouve également une métaphore, « *les clefs de la quiétude* », et une comparaison avec le diable qui accentuent ainsi l'opposition thématique : la solitude de sa mère et la souffrance, développée par les deux champs lexicaux. Le narrateur exprime son questionnement, ses pensées actuelles en créant une distance entre les deux protagonistes : lui-même, et sa mère représentée par des reprises (*celle, la seule personne, une solitude écorchée, cette femme*) qui la rendent presqu'anonyme. On ressent une certaine amertume, mêlée de regrets, voire de remords que le narrateur tend à amenuiser. La dernière phrase, formant un chiasme, rassemble les deux protagonistes, les nommant : « *Quarante ans après je m'attendris sur cette femme qui était ma mère et que la sottise inconsciente d'un enfant épouvanta.* ». Une phrase qui résume, en définitive, le sentiment duel du narrateur : un enfant/sa mère d'une part et attendrissement/épouvante d'autre part.

16

CORRIGÉ

Analyse de supports d'enseignement (13 pts)

***Étincelles CP*, Hatier, 2016 :**

Document 1 : *Livre de lectures*, pages 42-43.

Document 2 : *Fichier d'activités : « J'apprends à lire, comprendre et écrire »*, pages 45-46 : activités en lien avec les pages 42-43 du *Livre de lectures.*

Document 3 : *Fichier d'activités : « J'apprends à décoder »*, page 52.

Les trois documents proposés à l'analyse appartiennent à la méthode de lecture *Étincelle* qui comprend un livre de lectures et son fichier de lecture-compréhension, écriture, et un fichier d'apprentissage du code indépendant.

1. Le document 1 présente une double page travaillée en classe de CP.

a) Appréciez son organisation et la qualité de ses textes au regard des exigences du programme.

Le texte donné à lire est un texte documentaire portant sur les animaux et la relation d'entre-aide, à la croisée des deux domaines : questionner le monde et la maitrise de la langue française. Deux grandes photos illustrent chaque texte qui décrit un animal : l'oiseau pique-bœuf et le poisson rémora. Ces textes sont complexes par la relation exprimée entre les animaux (pique-bœuf et hippopotame pour le premier, et rémora et requin pour le second), mais les mots en couleur, les illustrations, les encadrés en facilitent la lecture. Ce type de texte permet de développer, tels que les programmes 2018 le préconisent, différentes lectures (texte documentaire), de travailler la compréhension à travers une complexité linguistique (les mots peu fréquents présents dans le texte) et les connaissances nécessaires (relevé d'informations) qui permettront d'identifier un animal grâce à ses caractéristiques : (de quoi il se nourrit, où il vit, etc.). La particularité du texte documentaire est son absence de chronologie, il nécessite un balayage de l'œil selon des secteurs, présente une organisation de la page différente.

b) Quelle exploitation pourriez-vous en faire ?

Ce texte peut être exploité pour apprendre le mode de lecture documentaire d'une part, une lecture qui peut être non linéaire ; d'autre part pour une lecture compréhension (mots, phrases et texte) afin de repérer sa structure pour ensuite demander aux élèves de produire un écrit qui présente un animal.

Après une phase de lecture découverte et compréhension des deux textes, on peut demander à l'élève de restituer oralement les textes pour en vérifier la compréhension et également permettre l'utilisation du vocabulaire découvert en contexte. L'objectif est ici de lire pour apprendre des informations (sur ces deux animaux) et réaliser un texte informatif.

2. Analysez les objectifs et la pertinence des exercices 1 et 2 de la séance 24 (extrait du fichier d'activités, page 46, document 2) proposés en lien avec la double page du document 1.

L'objectif de l'exercice 1 p. 46 est d'identifier les substituts, identifier le référent d'une reprise anaphorique (*ce taxi marin → requin / poisson rémora → il*).

Celui de l'exercice 2 est d'enrichir le vocabulaire, d'acquérir de nouveaux mots (les deux écritures, cursives et scriptes sont associées).

Ces deux exercices semblent pertinents :

– tout d'abord au regard des instructions officielles qui préconisent de travailler l'acquisition du vocabulaire (ex. 2) et la capacité à repérer les personnages et leurs désignations variées (ex. 1) ;

– également, au regard de la lecture des textes : les images désignant le requin et le rémora (mêmes illustrations que dans les textes à lire, document 1) facilitent l'association des éléments. La légende du dessin (pratique utilisée en découverte du monde) synthétise tous les mots appris, présents dans le texte (lecture linéaire), qu'il est nécessaire d'extraire afin de savoir les écrire.

3. Quelles compétences le document 3 permet-il de travailler ? Proposez une modalité d'exploitation possible en classe, cohérente avec le programme en vigueur.

Le document 3 permet de travailler l'identification des mots. Il est plus particulièrement centré sur l'étude du code, Les exercices proposés sont indépendants des documents précédents et ainsi des textes documentaires offerts en lecture.

Les compétences développées sont les suivantes :
– identifier le phonème /z/ (ex. 1), ce qui permet de travailler la phonologie ;
– classer les mots qui contiennent le phonème /z/ (ex. 2), ce qui permet de travailler également la phonologie ;
– établir une correspondance graphophonologique (ex. 2) par un travail de copie ;
– assembler des syllabes pour faire des mots (combiner) (ex. 4, 5).

Les programmes en vigueur incitent à développer plusieurs compétences, dont celles énoncées ci-dessus afin d'identifier les mots de façon aisée. Ils proposent des activités et modalités qui pourraient être celles à suivre :

• L'enseignant s'assure que les élèves discriminent le son étudié (phonème /z/) à travers des mots qui contiennent le phonème ou pas. Il relève au tableau tous les mots qui contiennent ce son. Il pourra également demander aux élèves de proposer d'autres mots contenant le phonème et leur demander de repérer la place du phonème (début/milieu/fin du mot). Les élèves consolident cette compétence en travaillant de façon individuelle l'exercice 1.

• Puis il incite les élèves à identifier le graphème (*s*, *z*) qui retranscrit le phonème. Il propose à quelques élèves de venir noter au tableau les mots retenus en entourant les graphèmes. Il note les deux graphèmes : *s*, *z* en dissociant les mots selon le graphème utilisé (il pourra leur demander de constituer deux colonnes).

• Ensemble (les élèves du groupe classe), ils construisent la règle (ex. 3) qui établit la correspondance phonème-graphème et qu'ils retiendront.

• L'exercice 4 peut être fait en groupe : le mot proposé par les illustrations est prononcé, on lit à voix haute les syllabes présentes (ce qui permettra d'identifier la reconnaissance), puis on écrit le mot (un par un). Il s'agit d'associer les syllabes pour former un mot, qu'il faut sélectionner parmi celles proposées.

• L'exercice 5 ne permet pas de s'appuyer sur les illustrations, l'élève est obligé de déchiffrer chaque syllabe. Cet exercice peut être fait seul, ce qui permettra à l'enseignant de valider la capacité à assembler les syllabes correctement. Ce sera aussi l'occasion de différencier si besoin.

4. Proposez et décrivez une activité de production d'écrit en lien avec ces supports d'enseignement.

Il pourrait être demandé, aux élèves, suite à la lecture des deux textes informatifs, de produire à leur tour un texte documentaire.

Une phase de planification au cours de laquelle les élèves proposent de décrire un animal qu'ils aiment est réalisée par petits groupes. Les qualités physiques ou morales, arguments sont notés au tableau.

Puis, lors de la phase de mise en mots, les élèves par deux gardent la même structure : on peut attendre trois à quatre phrases construites selon la même structure identifiée dans le texte sur l'oiseau pique-bœuf, notée au tableau, ex :

Le ….. est …..

Pourquoi ? Parce que…

Grâce à lui…

Les élèves recherchent les mots présents dans les affichages, dans les deux textes lus ensemble et dans les outils mis à leur disposition, ou le cas échéant s'essaient à leur écriture.

Une phase de révision permettra de revenir sur les erreurs d'écriture de mots (mauvaise graphie de phonème) et d'améliorer les textes également en développant les champs lexicaux par des apports sur le vocabulaire.

Une illustration sera associée au texte écrit (photographie, dessin, recherches documentaires).

SUJET N° 17

Sujet de la session 2020 du groupement académique 1 : Amiens, Caen, Clermont-Ferrand, Créteil, Guadeloupe, Guyane, Lille, Lyon, Montpellier, Nancy-Metz, Paris, Poitiers, Reims, Rennes, Rouen, Versailles.

Sujet

Première partie : Question relative aux textes proposés

17

À partir du corpus proposé, vous analyserez la façon dont les auteurs interrogent notre relation à l'argent.

Texte 1 : Jean de LA FONTAINE, *Fables,* Livre VIII (1678).

LE SAVETIER ET LE FINANCIER

Un Savetier chantait du matin jusqu'au soir :
C'était merveilles de le voir,
Merveilles de l'ouïr ; il faisait des passages[1],
Plus content qu'aucun des Sept Sages.
Son voisin au contraire, étant tout cousu d'or,
Chantait peu, dormait moins encor.
C'était un homme de finance.
Si sur le point du jour, parfois il sommeillait,
Le Savetier alors en chantant l'éveillait,
Et le Financier se plaignait
Que les soins de la Providence
N'eussent pas au marché fait vendre le dormir,
Comme le manger et le boire.
En son hôtel il fait venir
Le Chanteur, et lui dit : Or çà, sire Grégoire,
Que gagnez-vous par an ? Par an ? Ma foi, monsieur,
Dit avec un ton de rieur
Le gaillard Savetier, ce n'est point ma manière
De compter de la sorte ; et je n'entasse guère
Un jour sur l'autre : il suffit qu'à la fin
J'attrape le bout de l'année :
Chaque jour amène son pain.
Et bien, que gagnez-vous, dites-moi, par journée ?
Tantôt plus, tantôt moins, le mal est que toujours
(Et sans cela nos gains seraient assez honnêtes),
Le mal est que dans l'an s'entremêlent des jours
Qu'il faut chômer ; on nous ruine en fêtes.
L'une fait tort à l'autre ; et monsieur le curé

De quelque nouveau saint charge toujours son prône[2].
Le Financier, riant de sa naïveté,
Lui dit : Je vous veux mettre aujourd'hui sur le trône.
Prenez ces cent écus : gardez-les avec soin,
        Pour vous en servir au besoin.
Le Savetier crut voir tout l'argent que la terre
        Avait, depuis plus de cent ans,
        Produit pour l'usage des gens.
Il retourne chez lui ; dans sa cave il enserre
        L'argent et sa joie à la fois.
        Plus de chant ; il perdit la voix
Du moment qu'il gagna ce qui cause nos peines.
        Le sommeil quitta son logis,
        Il eut pour hôtes les soucis,
        Les soupçons, les alarmes vaines.
Tout le jour il avait l'œil au guet ; et la nuit,
        Si quelque chat faisait du bruit,
Le chat prenait l'argent : à la fin le pauvre homme
S'en courut chez celui qu'il ne réveillait plus.
Rendez-moi, lui dit-il, mes chansons et mon somme,
        Et reprenez vos cent écus.

Texte 2 : François-René de CHATEAUBRIAND, *Mémoires d'outre-tombe*, quatrième partie, livre trente-cinquième, chapitre 8 (1849-1850).

Aux Pâquis, près Genève, 15 septembre 1831.

Oh ! argent que j'ai tant méprisé et que je ne puis aimer quoi que je fasse, je suis forcé d'avouer pourtant ton mérite : source de la liberté, tu arranges mille choses dans notre existence, où tout est difficile sans toi. Excepté la gloire, que ne peux-tu pas procurer ? Avec toi on est beau, jeune, adoré ; on a considération, honneurs, qualités, vertus. Vous me direz qu'avec de l'argent on n'a que l'apparence de tout cela : qu'importe, si je crois vrai ce qui est faux ? trompez-moi bien et je vous tiens quitte du reste : la vie est-elle autre chose qu'un mensonge ? Quand on n'a point d'argent, on est dans la dépendance de toutes choses et de tout le monde. Deux créatures qui ne se conviennent pas pourraient aller chacune de son côté ; eh bien ! faute de quelques pistoles, il faut qu'elles restent là en face l'une de l'autre à se bouder, à se maugréer, à s'aigrir l'humeur, à s'avaler la langue d'ennui, à se manger l'âme et le blanc des yeux, à se faire, en enrageant, le sacrifice mutuel de leurs goûts, de leurs penchants de leurs façons naturelles de vivre : la misère les serre l'une contre l'autre, et, dans ces liens de gueux, au lieu de s'embrasser elles se mordent, mais non pas comme Flora mordait Pompée. Sans argent, nul moyen de fuite ; on ne peut aller chercher un autre soleil, et, avec une âme fière, on porte incessamment des chaînes.

2. Prône : discours de piété qu'un prêtre fait à la messe paroissiale du dimanche.

Texte 3 : Émile ZOLA, *L'Argent*, chapitre 8 (1891).

Le roman relate l'ascension financière de Saccard, due à des placements boursiers malhonnêtes. Alors que le Second Empire triomphe avec l'exposition universelle, Saccard est au sommet de sa fortune et entretient plusieurs relations adultères.

C'était sa passion qui élevait ainsi Saccard, et sa passion qui devait le perdre. Dans l'assouvissement de ses appétits, il aurait voulu se découvrir un sixième sens, pour le satisfaire. Madame Caroline, qui en était arrivée à sourire toujours, même quand son cœur saignait, restait une amie, qui l'écoutait avec une sorte de déférence conjugale.

La baronne Sandorff, dont les paupières meurtries et les lèvres rouges mentaient décidément, commençait à ne plus l'amuser, d'une froideur de glace, au milieu de ses curiosités perverses. Et d'ailleurs, lui-même n'avait jamais connu de grandes passions, étant de ce monde de l'argent, trop occupé, dépensant autre part ses nerfs, payant l'amour au mois. Aussi, lorsque l'idée de la femme lui vint, sur le tas de ses nouveaux millions, ne songea-t-il qu'à en acheter une très cher, pour l'avoir devant tout Paris, comme il se serait fait cadeau d'un très gros brillant, simplement vaniteux de le piquer à sa cravate. Puis, n'était-ce pas là une excellente publicité ? un homme capable de mettre beaucoup d'argent à une femme, n'a-t-il pas dès lors une fortune cotée ? Tout de suite son choix tomba sur madame de Jeumont, chez qui il avait dîné deux ou trois fois avec Maxime. Elle était encore fort belle à trente-six ans, d'une beauté régulière et grave de Junon, et sa grande réputation venait de ce que l'empereur lui avait payé une nuit cent mille francs, sans compter la décoration pour son mari, un homme correct qui n'avait d'autre situation que ce rôle d'être le mari de sa femme. Tous deux vivaient largement, allaient partout, dans les ministères, à la cour, alimentés par des marchés rares et choisis, se suffisant de trois ou quatre nuits par an. On savait que cela coûtait horriblement cher, c'était tout ce qu'il y avait de plus distingué. Et Saccard, qu'excitait particulièrement l'envie de mordre à ce morceau d'empereur, alla jusqu'à deux cent mille francs, le mari ayant d'abord fait la moue sur cet ancien financier louche, le trouvant trop mince personnage et d'une immoralité compromettante.

Texte 4 : Eric REINHARDT, *Cendrillon* (2007).

Le narrateur rencontre David Pinkus, un trader de la City à Londres, qui lui explique en quoi consiste la logique de la finance.

Eh bien tu vois, Vincent, trente-deux ans, français, il travaille à Londres dans un hedge fund, il pourrait très bien t'en parler, il fait ça toute la journée. David Pinkus s'essuie les lèvres avec une serviette en papier. *Il cartonne, il est très fort, il a gagné 5 dolls cette année. – 5 dolls ?* j'interroge David Pinkus. *Qu'est-ce que c'est 5 dolls ? – Oui, pardon, 5 millions de dollars. – 5 millions de dollars ? Tu veux dire qu'il a gagné... que sa rémunération personnelle… cette année… – A été de 5 millions de dollars. – Tu veux dire que son activité de trader lui a rapporté, à lui personnellement, 5 millions de dollars ?* Je suffoque. *– tu as l'air étonné ?* Je n'ignorais pas que les traders gagnaient beaucoup d'argent. En revanche je n'avais pas imaginé qu'il s'agissait de sommes aussi faramineuses. À trente-deux ans. Des gens normaux. Je veux dire : pas des industriels. Je veux dire : pas des créateurs. Je veux dire : pas des génies. J'avais toujours imaginé qu'il fallait être exceptionnel pour gagner énormément d'argent : avoir une idée fabuleuse, anticiper une tendance lourde, inventer quelque chose d'incroyable, créer une marque, posséder des usines, des magasins, etc. Mais pas s'asseoir chaque matin, titulaire d'un diplôme prestigieux, devant un écran d'ordinateur.

– C'est la norme dans les hedge funds. Moi aussi j'ai gagné 5 millions de dollars cette année. Et ma femme également. Ça fait quatre ans qu'on gagne en moyenne 5 millions de dollars chacun. J'aurais besoin d'une vodka. Ils ont gagné tous les deux en quatre ans quarante millions de dollars ! Ces jeunes gens charmants, doués mais ordinaires, sans génie particulier, semblables dans leur profil à tant de gens que je connais, ils font fructifier quarante millions de dollars ! David Pinkus : *Nets d'impôts cela va sans dire. – Nets d'impôts ? Pourquoi nets d'impôts ? – Les hedge funds sont off-shorés. Les sommes que les hedge funds font fructifier sont off-shorées. Moi par exemple c'est aux îles Caïmans. Je ne perçois qu'un petit fixe en salaire sur lequel je paie des impôts. L'énorme majorité de ces 5 dolls est nette d'impôts.* Je le regarde abasourdi. Ils ne paient pas d'impôts sur ces sommes monstrueuses ? Les milliardaires ne paient pas d'impôts sur les profits que leur font faire les hedge funds ?
Mais ce n'est rien ce qu'on gagne. Ton copain Steve Still, patron à New York d'un hedge fund de taille moyenne, il gagne en moyenne 60 dolls par an. Les patrons de hedge funds à New-York ils gagnent facilement 150, 200, 350 dolls par an. Nous on n'est que des exécutants. Si on gagne 5 dolls par an, ce qui est négligeable par rapport aux sommes proprement colossales qui sont brassées, c'est que nos patrons et les investisseurs gagnent beaucoup plus ! – Mais pourquoi vous continuez à travailler ? Vous pourriez vous la couler douce ! Et réaliser vos rêves les plus fous ! Je sens à son regard ardoise qui se rétracte que je viens de dire une énorme connerie : un commentaire de loser. Je le soupçonne de regretter les trois heures qu'il vient de consacrer à un individu si angélique qui finalement n'a rien compris. Tout ça pour en arriver là ? À ce commentaire imbécile ? Je rougis. Je me sens un instant comme un loser misérable. *Ben oui… Je sais pas… c'est quand même beaucoup tout cet argent pour un jeune couple…* Il me faudra plus de rencontres avec des financiers pour enregistrer la chose suivante, *qui est la vérité fondamentale de la finance internationale et donc du monde tel qu'il se consolide* : 1/ il existe toujours quelqu'un qui gagne plus d'argent que toi, 2/ les gains des autres relativisent l'ampleur des tiens, 3/ dès lors ton objectif exclusif est de gagner toujours plus.
– C'est comme une drogue. C'est aussi un plaisir. C'est le sens de notre activité. Tu sais que tu peux gagner davantage. Surtout quand tu vis au milieu de gens, amis, collègues, connaissances, surtout à Londres, qui gagnent dix fois plus que toi… En fait, on ne fréquente que des gens de la finance. Et d'une certaine manière on ne peut plus faire autrement…

Deuxième partie : Connaissance de la langue

1. Dans cet extrait du texte 1, vous donnerez la nature des mots soulignés et expliquerez l'emploi de chacun d'entre eux.

« Si quelque chat faisait du bruit, / Le chat prenait l'argent. »

2. Dans cet extrait du texte 1, vous relèverez les verbes conjugués, puis identifierez leur mode et leur temps, dont vous justifierez l'emploi.

« Le Savetier crut voir tout l'argent que la terre
Avait, depuis plus de cent ans,
Produit pour l'usage des gens.
Il retourne chez lui ; dans sa cave il enserre
L'argent et sa joie à la fois. »

3. Dans ces passages extraits des textes 1, 2 et 3, vous analyserez les discours rapportés employés et en identifierez les marques.

a) *Rendez-moi, lui dit-il, mes chansons et mon somme, / Et reprenez vos cent écus* (texte 1).

b) *Vous me direz qu'avec de l'argent on n'a que l'apparence de tout cela* (texte 2).

c) *Puis, n'était-ce pas là une excellente publicité ? un homme capable de mettre beaucoup d'argent à une femme, n'a-t-il pas dès lors une fortune cotée ?* (texte 3).

4. Vous expliquerez le sens et la formation du mot « *incessamment* » (texte 2).

« Sans argent, nul moyen de fuite ; on ne peut aller chercher un autre soleil, et, avec une âme fière, on porte incessamment des chaînes. »

5. Vous relèverez les propositions de la phrase suivante et vous donnerez la nature (classe grammaticale) et la fonction de chacune d'elles.

« Madame Caroline, qui en était arrivée à sourire toujours, même quand son cœur saignait, restait une amie, qui l'écoutait avec une sorte de déférence conjugale. » (texte 3)

6. Dans cet extrait du texte 3, vous identifierez un procédé stylistique et analyserez son effet.

« Et Saccard, qu'excitait particulièrement l'envie de mordre à ce morceau d'empereur, alla jusqu'à deux cent mille francs, le mari ayant d'abord fait la moue sur cet ancien financier louche, le trouvant trop mince personnage et d'une immoralité compromettante. »

Troisième partie : Analyse de supports d'enseignement

Le corpus comprend cinq documents (niveau CP) :

Document 1 : Écrit de travail de l'enseignante : un extrait d'une programmation de situations d'écriture pour des élèves de CP.

17

Documents 2 a et b : Extraits du carnet de mots d'un élève de CP.

Document 3 : Situation « Dictée recherche[3] » ; une consigne d'écriture collée dans le cahier de l'élève de CP en janvier.

Document 4 : Écrit d'un élève.

Document 5 : André OUZOULIAS, *Lecture Écriture, quatre chantiers prioritaires, « Faire écrire les enfants : une urgence pédagogique et sociale »*, RETZ 2014, p.19.

1. En vous appuyant sur vos connaissances du programme du cycle 2, vous indiquerez les compétences relatives aux situations d'écriture proposées dans les documents 1 à 4.

2. Vous vous intéresserez à l'extrait du carnet de mots de l'élève (documents 2 a et b) et à la situation dite « Dictée recherche[3] » (document 3). Quelle analyse faites-vous des activités proposées (intérêts et limites pour l'apprentissage de l'écrit au CP) ?

3. Dictée recherche : les élèves sont amenés à écrire une phrase dictée par l'enseignant à partir des outils mis à leur disposition.

3. Vous commenterez l'intervention de l'enseignante sur la dictée de l'élève (document 4) et vous proposerez une autre modalité d'intervention.

4. Au-delà de la situation dite de « Dictée recherche », vous décrirez, à partir du document 5, des activités complémentaires pour développer des compétences en écriture au CP.

Document 1. Écrit de travail de l'enseignante : un extrait d'une programmation de situations d'écriture pour des élèves de CP.

Des situations d'écriture de 10 à 20 minutes, proposées une fois par jour, en alternance	**Description**	**Programmation**
Écrire la première syllabe du mot dicté par l'enseignante	Cinq mots sont dictés. À chaque mot, l'élève écrit la première syllabe.	Toute l'année, avec différenciation à partir de janvier.
Dictée de syllabes, de mots, d'une locution comme « Il y a » ou d'un début de phrase	Dictée de syllabes sur leur ardoise au début de l'année, de syllabes, de mots et de locutions sur un cahier ou sur l'ardoise pendant le reste de l'année.	Toute l'année.
Copie	Différée ou simultanée	Toute l'année.
Dictée recherche	Une image est distribuée en lien avec le manuel ou le vécu de la classe. Consigne donnée : *Écris la phrase que la maîtresse a choisie en t'aidant de tes outils : carnet de mots, livre, affiches…* La phrase est alors énoncée. L'enseignante demande aux enfants de la répéter. Pour chaque mot ou groupe de mots l'enseignante demande ensuite si certains savent l'écrire directement et, sinon, où on peut le(s) retrouver pour le(s) copier.	

17

Document 2. Extraits du carnet de mots de l'élève de CP. Ce carnet est un outil individuel qui se construit au fur et à mesure des lectures faites en classe et que l'élève peut utiliser quand il écrit.

Document 2 a.

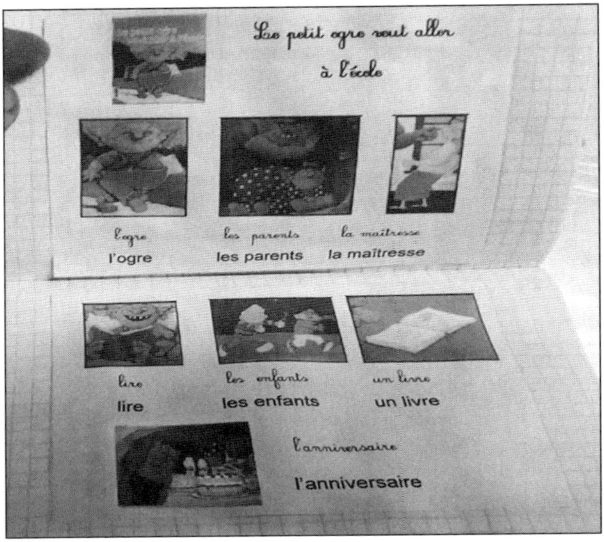

Document 2 b.

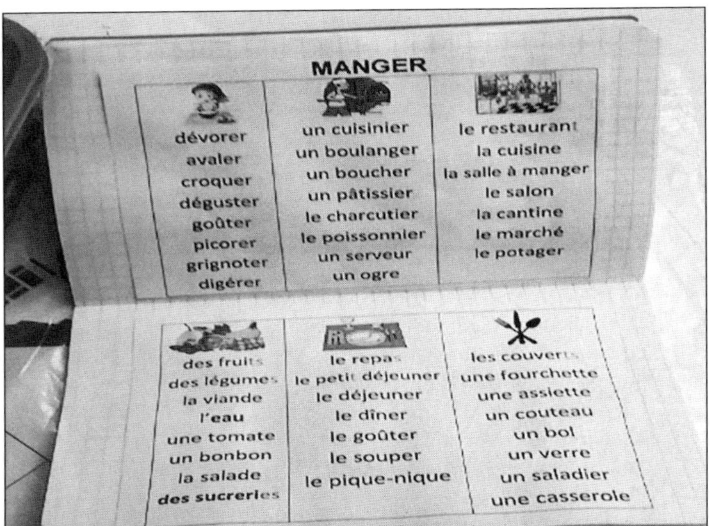

17

Document 3. Situation « dictée recherche » ; consigne d'écriture collée dans le cahier de l'élève de CP en janvier.

Document 4. Écrit d'un élève. Phrase dictée : « Pour le souper un ogre dévore des poissons et des légumes. ».

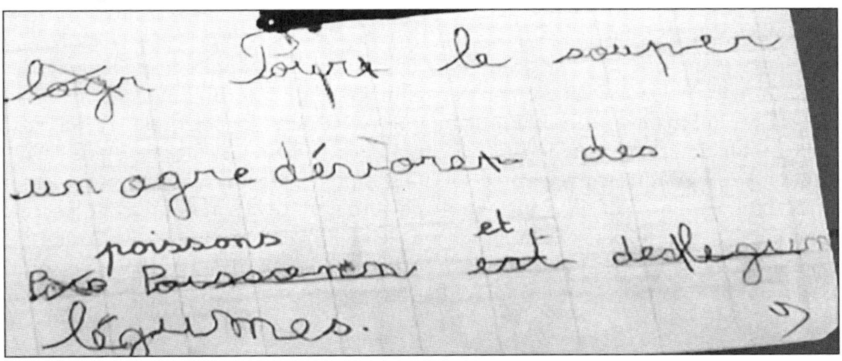

Liste des interventions de l'enseignante :

– pour : « e » barré ;
– ogre : « e » ajouté ;
– dévore : ajout d'un accent aigu ; « r » final barré ;
– poissons : mot barré et réécrit au-dessus ;
– et : « est » barré ; « et » réécrit au-dessus ;
– des légumes : segmentation entre « des » et « légumes » ; ajout d'un « s » au deuxième mot ;
– ajout d'un point final

Document 5. André OUZOULIAS, *Lecture Écriture, quatre chantiers prioritaires, « Faire écrire les enfants : une urgence pédagogique et sociale »*, Retz, 2014, p.19

« Le plus souvent, dans les médias ou au sein de l'éducation nationale, quand on parle d'apprentissage de la lecture, on ignore le rôle actif que l'enfant débutant (dès la GS) peut jouer dans cet apprentissage si on lui permet d'écrire régulièrement des textes courts. Pourtant, pour les enfants les moins expérimentés face à l'écrit, c'est bien l'écriture de textes qui leur permet le mieux de comprendre, de manière active et accélérée, « comment marche » l'écrit. (...). Il n'y a rien d'étonnant dans ce lien entre écriture et lecture. Quand l'enfant est en situation d'émetteur, pour pouvoir exprimer sa pensée par écrit, il est conduit à s'approprier le langage écrit dans toutes ses dimensions : plan des idées, phrases successives énoncées dans un oral lettré (pour être écrites), segmentation de celles-ci en groupes de mots et en mots et de ceux-ci en morphèmes et syllabes, formation des lettres ... Rien de tel pour apprendre à bien lire que d'écrire beaucoup ! »

Corrigé

Question relative aux textes proposés (11 pts)

À partir du corpus proposé, vous analyserez la façon dont les auteurs interrogent notre relation à l'argent.

Dans les sociétés occidentales, l'argent est un thème souvent tabou qui divise. Le corpus proposé reflète cette division.

Le premier texte, une fable de Jean de La Fontaine « Le Savetier et le Financier », issue du Livre VIII paru en 1678, oppose deux personnages : un Savetier savourant la vie malgré sa pauvreté et un Financier, riche, qui mène une vie austère. Le deuxième est un extrait de l'autobiographie de François-René De Chateaubriand, *Mémoires d'outre-tombe* de 1849-1850 dans lequel, l'auteur affirme avec ironie son mépris pour l'argent, tout en lui consentant un intérêt certain. Émile Zola, dans un extrait de l'*Argent* (1891) met en scène Saccard, un homme très riche, malhonnête et immoral sous le second empire. Enfin, le dernier texte du corpus, issu du roman d'Eric Reinhardt, *Cendrillon* (2007) fait dialoguer deux personnages : David Pinkus - le narrateur, et un trader, que tout oppose, particulièrement la relation avec l'argent et le gain.

Quel regard les auteurs portent-ils sur la relation que nous entretenons avec l'argent ?

Si l'argent permet l'accès à des plaisirs plus ou moins grands, il peut, à l'inverse, empêcher une vie heureuse voire pervertir les individus.

Posséder un peu d'argent est une forme de sésame permettant l'accès à différents plaisirs. Le Financier dans la fable de La Fontaine semble pouvoir tout acheter, « le boire, le manger ». Il représente une forme de pouvoir : celui d'amasser de l'or, tout comme Saccard, dans le roman de Zola, dont l'ambition est d' « acheter » une femme comme on pourrait acheter un diamant : « acheter une [femme] très cher, pour l'avoir devant tout Paris, comme il se serait fait cadeau d'un très gros brillant ». Saccard est ainsi comme un possédé dont le rapport à l'argent est une passion jouissive. Ce trophée que représente la femme « achetée » à son bras affirmerait sa puissance jusqu'à concurrencer l'empereur. Ce sentiment est partagé par David Pinkus, le narrateur de *Cendrillon*, pour qui, gagner de plus en plus d'argent, augmenter son capital devient une source de plaisir.

L'argent entraine le pouvoir, certes, mais peut également, tout simplement, offrir la liberté, ce que reconnaît Chateaubriand : « source de la liberté, tu [argent] arranges mille choses dans notre existence, où tout est difficile sans toi. » Il libère ainsi du regard des autres car il permet de se sentir différent, affranchi.

Si l'argent semble ouvrir beaucoup de portes, il apporte néanmoins son lot de malheurs et désagréments. Le Savetier, dépourvu de richesses, jouit paisiblement de la vie, mais cette insouciance le quittera dès qu'il prendra à sa charge les cent écus prêtés par le Financier dont la vie de ce dernier est austère, tout aussi riche soit-il.

La richesse empêche la tranquillité et entraine un enfermement. Les traders ne fréquentent « que des gens de la finance. Et d'une certaine manière on ne peut plus faire autrement... » explique l'interlocuteur du narrateur dans le roman de Reinhardt. Le gain semble synonyme d'asservissement puisque ceux qui en profitent se comparent et sont dans une tourmente obsessionnelle de la perte.

Mais l'argent ne peut tout acheter, constate Chateaubriand, il ne peut garantir le succès, la gloire de l'écrivain et encore moins la passion amoureuse. Ainsi Saccard achète ses conquêtes amoureuses mais sans contrepartie, il n'est pas question de sentiments mais bien d'étalage.

Le risque de perversion n'est alors pas loin. La liberté créatrice dont faisait part le Savetier lorsqu'il chantait, disparait dès lors qu'il s'enrichit, tout comme les traders, qui, en définitive, sont de simples exécutants, impuissants à toute invention, ce que le narrateur de *Cendrillon* découvre : « Je veux dire : pas des créateurs. Je veux dire : pas des génies. J'avais toujours imaginé qu'il fallait être exceptionnel pour gagner énormément d'argent : avoir une idée fabuleuse, anticiper une tendance lourde, inventer quelque chose d'incroyable [...] Mais pas s'asseoir chaque matin, titulaire d'un diplôme prestigieux, devant un écran d'ordinateur ». L'absence de talent s'oppose à celui des auteurs du corpus qui dénoncent, chacun à leur manière, le pouvoir pervers de l'argent.

Car l'argent pervertit les relations entre les individus : Saccard achète les femmes qu'il promène dans tout Paris, s'affichant par son argent et son goût déplacé ; il pervertit le rapport à la réalité en enfermant les traders du texte de Reinhardt dans un monde régi par les lois de la finance duquel ils ne peuvent s'échapper. Et surtout il pervertit les valeurs morales, le mérite est ainsi réduit à celui du montant de sa bourse.

Les quatre auteurs du corpus ne font pas l'éloge de l'argent. S'ils lui reconnaissent un attrait, ils démontrent ses revers qui peuvent aller jusqu'à la perversion d'autrui, de soi et de son âme. L'accomplissement de soi semble être une qualité qui reste à définir en dehors de toute acquisition matérielle, telle la création littéraire ou artistique qui ne peut faire l'objet de négociation car inhérente à l'individu qui en fait sa propre richesse.

Connaissance de la langue (11 pts)

1. Dans cet extrait du texte 1, vous donnerez la nature des mots soulignés et expliquerez l'emploi de chacun d'entre eux.

« Si quelque chat faisait du bruit, / Le chat prenait l'argent. »

- « *quelque* » : déterminant indéfini, il indique que l'on évoque un chat quelconque, « n'importe quel » chat, un individu pris au hasard dans l'espèce, non encore déterminé précisément.
- « *du* » : article partitif, utilisé devant un nom non comptable pour désigner une certaine quantité parmi un tout. On peut le remplacer par « un peu de ».
- « *le* » : article défini, il indique qu'il s'agit du chat évoqué précédemment et participe ici de la reprise anaphorique (*quelque chat* > *le chat*).

2. Dans cet extrait du texte 1, vous relèverez les verbes conjugués, puis identifierez leur mode et leur temps, dont vous justifierez l'emploi.

« Le Savetier **crut** voir tout l'argent que la terre
Avait, depuis plus de cent ans,
Produit pour l'usage des gens.
Il **retourne** chez lui ; dans sa cave il **enserre**
L'argent et sa joie à la fois. ».

Verbes conjugués	Mode	Temps	Valeur
crut	Indicatif	Passé simple	Action de premier plan dans un texte narratif
avait… produit	Indicatif	Plus-que-parfait	Action antérieure et accomplie
retourne	Indicatif	Présent	Présent de narration (utilisation du présent pour rapporter un évènement passé) afin de rendre le récit plus dynamique
enserre			

3. Dans ces passages extraits des textes 1, 2 et 3, vous analyserez les discours rapportés employés et en identifierez les marques.

a. ***Rendez-moi, lui dit-il, mes chansons et mon somme, / Et reprenez vos cent écus.*** **(texte 1)**

Il s'agit ici d'un **discours direct**, qui correspond aux paroles du Savetier (telles qu'elles ont été dites) rapportées par le narrateur.

Ceci se manifeste par la proposition en incise (« *lui dit-il* » avec utilisation d'un verbe de parole), qui permet d'insérer les paroles au style direct dans un récit.

Par ailleurs, le discours direct étant ancré dans la situation de communication, on retrouve les caractéristiques suivantes :

– le locuteur et le destinataire sont identifiés par des marques de 1re personne (pronom « (rendez)-*moi* » et déterminants possessifs « *mes* chansons », « *mon* somme ») et 2e personne (déterminant possessif « *vos* cent écus »). On parle ici de déictiques de personne (unités linguistiques uniquement interprétables dans le cadre de la situation de communication) ;

– la présence de verbe à l'impératif présent (« *rendez-moi* », « *reprenez* »), ce mode étant caractéristique du discours.

Au discours direct, les paroles sont rapportées directement, telles qu'elles ont été prononcées en situation : on ne change rien aux paroles prononcées.

b. *Vous me direz qu'avec de l'argent on n'a que l'apparence de tout cela* (texte 2)

Il s'agit là d'un **discours indirect** : les paroles tenues ne sont pas rapportées directement (voir exemple précédent) mais elles sont transformées pour s'intégrer au récit. Ceci se manifeste ici par les caractéristiques suivantes :

– les propos tenus sont introduits par un verbe de parole (« vous me *direz* »)

– ce verbe de parole introduit les propos tenus par le biais d'une proposition subordonnée (complétive ici) introduite par « *que* » (« *(vous me direz) qu'avec de l'argent...* »)

c. *Puis, n'était-ce pas là une excellente publicité ? un homme capable de mettre beaucoup d'argent à une femme, n'a-t-il pas dès lors une fortune cotée ?* (texte 3)

On a affaire dans ce cas à du **discours indirect libre** : les paroles sont prononcées à la façon du discours indirect mais il n'y a ni verbe de parole ni subordonnant pour introduire les propos tenus. On conserve donc le ton et l'expressivité du discours direct, ce qui se traduit ici par les caractéristiques suivantes :

– les marques d'oralité (« *puis* ») qui reproduisent la manière de parler de Saccard ;

– les tournures interrogatives (avec utilisation de la ponctuation correspondante : « ? »)

Le discours indirect libre est moins « lourd » que le discours indirect, du fait notamment de l'absence de subordonnant. Il permet de créer une continuité dans la narration, de conserver le côté expressif du discours direct et de donner au récit une certaine dynamique.

4. Vous expliquerez le sens et la formation du mot « *incessamment* » (texte 2).

« Sans argent, nul moyen de fuite ; on ne peut aller chercher un autre soleil, et, avec une âme fière, on porte <u>incessamment</u> des chaînes. »

Le mot « incessamment » est un adverbe qui signifie « sans cesse, sans discontinuer, de manière incessante, répétitive ».

Il est formé à partir de l'adjectif « incessant », lui-même dérivé du participe présent « cessant » auquel on a ajouté le préfixe d'opposition (indication d'un sens contraire) « in- », ainsi que le suffixe en « -ment » / « -amment » pour créer une unité appartenant à la classe des adverbes.

La formation de ce mot dérivé peut se schématiser ainsi : préfixe « in- » + « cessant » + suffixe « -ment ».

5. Vous relèverez les propositions de la phrase suivante et vous donnerez la nature (classe grammaticale) et la fonction de chacune d'elles.

« Madame Caroline, qui en était arrivée à sourire toujours, même quand son cœur saignait, restait une amie, qui l'écoutait avec une sorte de déférence conjugale. » (texte 3).

Cette phrase complexe est composée de quatre propositions :

1. La ***proposition principale*** : « Madame Caroline [...] restait une amie » ;
2. Une ***proposition subordonnée relative*** (nature) qui apporte des informations sur le groupe

nominal « Madame Caroline » et assume la fonction d'épithète du nom « qui en était arrivée à sourire toujours, même quand son cœur saignait ». (on peut dire aussi : complément de l'antécédent) ;

3. Une ***proposition subordonnée circonstancielle*** (nature) rattachée à la proposition subordonnée relative précédente (2.) : « même quand son cœur saignait ». Cette proposition subordonnée assume la fonction de complément circonstanciel de concession ;
4. Une ***proposition subordonnée relative*** (nature) qui apporte des informations sur le groupe nominal « une amie » : « qui l'écoutait avec une sorte de déférence conjugale ». Cette proposition subordonnée assume la fonction d'épithète du nom « amie ».

Dans cette phrase, on a donc différentes propositions qui s'organisent selon plusieurs niveaux :

– *Niveau 1* : une proposition principale (1.) ;

– *Niveau 2* : deux propositions subordonnées relatives (2. et 4.), qui dépendent de la proposition principale ;

– *Niveau 3* : une proposition subordonnée circonstancielle (3.) qui se rattache à la proposition subordonnée relative (2.).

6. Dans cet extrait du texte 3, vous identifierez un procédé stylistique et analyserez son effet.

« Et Saccard, qu'excitait particulièrement l'envie de mordre à ce morceau d'empereur, alla jusqu'à deux cent mille francs, le mari ayant d'abord fait la moue sur cet ancien financier louche, le trouvant trop mince personnage et d'une immoralité compromettante. »

On peut identifier dans cette phrase :

- une métaphore : le désir de possession qu'éprouve Saccard pour Madame de Jeumont correspond à un désir de dévoration (« mordre à ce morceau d'empereur »).
- une métonymie (qui prend la forme d'une périphrase) : Madame de Jeumont est qualifiée de « morceau d'empereur », elle n'est pas présentée comme un individu à part entière mais comme un moyen d'atteindre le pouvoir.

L'emploi cumulé de ces deux procédés stylistiques révèle la vulgarité et la trivialité de Saccard.

17

Par ailleurs, on remarque dans ce passage une allitération en « m » : « mordre, morceau, mille, mari, moue, mince, immoralité compromettante ». La répétition de cette consonne dans ce passage tend à souligner la « lourdeur » du personnage.

CORRIGÉ

Analyse de supports d'enseignement (13 pts)

1. En vous appuyant sur vos connaissances du programme du cycle 2, vous indiquerez les compétences relatives aux situations d'écriture proposées dans les documents 1 à 4.

Le programme du cycle 2, Bulletin officiel du 26 juillet 2018 est précis : en relation avec toutes les autres composantes de l'enseignement de français (l'expression orale, la lecture, la grammaire et le vocabulaire), les élèves acquièrent les moyens d'une écriture relativement aisée. trois axes sont développés :

– l'apprentissage du geste d'écriture et le perfectionnent des acquis ;

– la copie ou transcription : copier sans erreur, depuis des supports variés ;

– la rédaction de textes.

Les textes officiels insistent sur l'articulation écriture/lecture/étude de la langue, et sur l'apprentissage des procédés de révision des textes.

Les situations d'écriture proposées dans les documents 1 à 4 s'adressent à des élèves de CP, au mois de janvier. Elles font appel à trois principaux domaines de compétences : Écrire - Lire et Comprendre le fonctionnement de la Langue.

Les élèves doivent convoquer l'écriture et la lecture (l'identification des mots par voie indirecte – le déchiffrage ; et par voie directe) pour l'emploi du carnet de mots et pour la relecture de leur écrit par exemple. Ils doivent encore convoquer l'étude de la langue pour l'orthographe de la dictée recherche, en s'interrogeant sur les liens syntaxiques entre les différents éléments de la phrase dictée.

Nous ne développerons pour chaque compétence du programme que les points qui se rapportent spécifiquement à la classe de CP et à cette séquence.

1. Écrire

- Copier :
  - – maitriser les gestes de l'écriture cursive avec une vitesse et une sûreté croissantes ;
  - – transcrire un texte avec les correspondances entre diverses écritures des lettres ;
  - – utiliser des stratégies de copie pour dépasser la copie lettre à lettre : prise d'indices, mémorisation de mots ou groupes de mots ;
  - – relire pour vérifier la conformité orthographique.
- Réviser et améliorer l'écrit qu'on a produit :
  - – exercer une vigilance orthographique et mobiliser les acquisitions travaillées lors des leçons d'étude de la langue, essentiellement au CP sur des points désignés par le maitre ;
  - – utiliser des outils aidant à la correction, tels que les outils élaborés dans la classe : carnet de mots, livre, affiches.

2. Lire

- Identifier des mots de manière de plus en plus aisée ;
  - – savoir discriminer de manière auditive et savoir analyser les constituants des mots (conscience phonologique) ;
  - – savoir discriminer de manière visuelle et connaitre le nom des lettres ainsi que le son qu'elles produisent ;
  - – établir les correspondances graphophonologiques ; combinatoire (produire des syllabes simples et complexes) ;
  - – mémoriser les composantes du code ;
  - – mémoriser des mots fréquents (notamment en situation scolaire) et irréguliers ;
  - – savoir mobiliser la compétence de décodage.

3. Comprendre le fonctionnement de la langue

- Passer de l'oral à l'écrit :
  - – connaitre les correspondances graphophonologiques.
- Construire le lexique :
  - – connaitre de mieux en mieux le sens des mots et leur forme.
- S'initier à l'orthographe lexicale :
  - – mémoriser l'orthographe du lexique le plus couramment employé, et notamment des mots

du carnet de mots ;

– mémoriser les principaux mots invariables.

• Se repérer dans la phrase simple :

Pour les CP, il s'agit essentiellement

– d'identifier la phrase, de commencer à reconnaitre certains de ses constituants, certaines classes de mots :

– d'être capable de mobiliser les « mots de la grammaire » pour résoudre des problèmes d'orthographe, d'écriture et de lecture.

• Maitriser l'orthographe grammaticale de base :

Les chaines d'accord dans le groupe nominal et l'accord sujet-verbe commencent à être explicitement désignées, ainsi que les désinences de conjugaisons de verbes usuels.

2. Vous vous intéresserez à l'extrait du carnet de mots de l'élève (documents 2a et 2b) et à la situation dite « Dictée recherche » (document 3). Quelle analyse faites-vous des activités proposées (intérêts et limites pour l'apprentissage de l'écrit au CP) ?

Le document 2 propose deux extraits du cahier de mots de l'élève, un outil individuel construit au fur et à mesure du travail en classe que l'élève peut utiliser quand il écrit. Le premier est constitué d'illustrations légendées en écriture cursive et en script (groupes nominaux, verbes à l'infinitif). Le second d'une liste de verbes à l'infinitif et de cinq listes de déterminants + noms communs relevant du champ lexical de la nourriture. La seconde liste des métiers de la bouche, les autres se déclinent en hyponymes d'un hyperonyme (le restaurant – des fruits – le repas – les couverts).

Le document 3 donne le titre de la « dictée recherche », conçue comme une situation d'écriture dans laquelle les élèves sont amenés à écrire une phrase dictée par l'enseignant à partir des outils mis à leur disposition : « le repas de l'ogre ». Le déroulement de cette activité est précisé dans la fiche de préparation de l'enseignant (document 1). La consigne, écrite, « écris la phrase proposée par la maitresse en t'aidant de tes outils : carnet de mots, livre, affiches », est complétée d'une illustration.

Les intérêts de cette situation sont de permettre à l'élève de :

– se mettre en situation d'encodage pour favoriser la maitrise de l'écrit ;

– consolider sa mémoire orthographique des mots déjà connus ;

– renforcer ses capacités de décodage et/ ou sa mémorisation orthographique pour identifier, dans les écrits de référence de la classe, les mots nécessaires à la production demandée ;

– développer sa capacité à trouver dans les supports ou textes référents des mots qu'on doit écrire, pour pouvoir écrire de façon de plus en plus autonome lors d'activités d'écriture ;

– effectuer une recherche dans le carnet, où les mots sont classés par classe grammaticale et de manière sémantique ; il peut ainsi utiliser et renforcer ses compétences liées à la connaissance de la combinatoire ;

– effectuer des manipulations syntaxique et orthographique en transformant les mots du carnet (« dévorer » / « dévore ») ;

– s'exercer à l'encodage autonome : il doit par exemple encoder seul le mot « poissons »

On peut cependant émettre quelques réserves sur les points suivants :

L'exercice est une dictée, qui n'est pas par essence une situation de production d'écrit autonome, ouverte à l'expression personnelle de l'élève. Il est souhaitable de prolonger cet exercice par une situation d'écriture en s'appuyant sur les outils élaborés en classe (carnet de mots de l'élève, affichages, manuels...). Ceci dans l'optique de mettre davantage l'élève dans une réelle situation d'autonomie, afin de lui permettre de réinvestir les principes orthographiques travaillés précédemment lors des dictées recherche : trouver le bon mot, associé à la bonne orthographe parmi les écrits de référence, développer les correspondances graphie-phonie, surtout s'il s'agit d'un écrit libre, avec des mots à écrire jamais rencontrés auparavant, en même temps que d'acquérir les aspects syntaxiques, voire textuels de la phrase.

– Concernant le matériau écrit, l'élève a beaucoup d'outils à disposition : au CP, il peut être désorienté ou voir son attention dispersée par tant de ressources (carnet de mots, livre, affichage) ; leur utilisation suppose un entrainement régulier ainsi qu'un étayage de la part de l'enseignant.

– Le travail fait en amont n'est pas précisé. Il suppose une phase d'observation des marques du pluriel et de transposition du singulier au pluriel, ce qui permettrait lors de la dictée d'attirer l'attention sur les accords du groupe nominal.

– La catégorisation par paradigme lexical est discutable : pourquoi seulement proposer deux classes de mots ? On aurait pu proposer des adjectifs (tels que *affamé, vorace, goulu*...) et/ou des adverbes (*voracement*...). Du point de vue sémantique (relation d'hyponymie, hyperonymie), on peut s'interroger sur la place du mot « ogre » dans la colonne des métiers de bouche, et des mots « marché » et « potager » dans la colonne des lieux de restauration.

– Le fait de dicter la phrase en une fois pourrait induire une surcharge cognitive pour certains élèves, c'est-à-dire des difficultés liées à l'accumulation des compétences travaillées : mémorisation, segmentation, structure de la phrase, ponctuation, orthographe. Aucune mise en œuvre différenciée n'est proposée, comme par exemple une dictée segmentée pour les élèves les plus en difficulté.

3. Vous commenterez l'intervention de l'enseignante sur la dictée de l'élève (document 4) et vous proposerez une autre modalité d'intervention.

– L'intervention de l'enseignante sur la dictée de l'élève est uniquement sommative. Elle repère les erreurs de la copie et les corrige par des ajouts, des suppressions (mots barrés), des barres verticales pour segmenter, des rectifications de ponctuation.

– Pour que les élèves identifient leurs erreurs et en comprennent la nature, elle aurait pu utiliser un codage, ce qui permettrait à chacun de corriger son écrit avec des outils utilisés au préalable. Par exemple, elle aurait pu surligner d'une certaine couleur les mots de la liste mal orthographiés, d'une autre les erreurs de segmentation, et souligner l'accord erroné sujet-verbe.

– De plus, elle ne distingue :

(i) ni les erreurs de sons (erreurs phonogrammiques selon la classification de N. Catach) en faisant le lien avec la lecture et l'orthographe lexicale (carnet de mots) : « devorer » est une erreur de sons avec altération de la valeur phonique, « poure » est un mot outil, mot fréquemment utilisé, « deslégumes » ou « ogr » pourraient être renvoyés au carnet de mots ;

(ii) ni les erreurs de sens (ici morphogrammiques grammaticales selon la classification de N. Catach) : ainsi le « s » muet à l'oral de « poissonn » est simplement rajouté. Le « r » du verbe à l'infinitif (devorer) est barré, a priori sans que le sens de la conjugaison ne soit construit (le verbe change de forme selon la personne et le temps).

Les élèves ne sont pas amenés à construire progressivement les régularités du plurisystème orthographique du français.

Une autre modalité d'intervention serait celle de la phrase donnée du jour (*Comment enseigner l'orthographe aujourd'hui ?*, C. Brissaud, D. Cogis), adaptée pour des CP en début de second trimestre (doc2).

Cette activité consiste à justifier l'orthographe des mots d'une phrase : « Elle a pour principal objectif d'outiller les élèves dans leur réflexion sur la langue avec des procédures métalinguistiques et avec le métalangage. » (p. 55)

1) La maitresse sélectionne une phrase et la propose à la classe sous forme normée. Elle l'écrit au tableau.

2) Les élèves disent tout ce qu'ils savent pour expliquer l'écriture des mots (dans notre cas, par exemple, ils pourraient commenter les correspondances phonographiques, la marque du pluriel, décrire leurs procédures « Je l'ai cherché dans le cahier de mots » ...)

Ce travail se fait de manière collective. L'enseignante reprend toutes les remarques des élèves et les commente au fur et à mesure, elle relance ceux qui les ont produites, demande des justifications, apporte des compléments, fait répéter les justifications.

3) Les élèves de CP institutionnalisent leurs découvertes orthographiques en recopiant la phrase correcte, l'enseignante vérifiant pour chacun si la phrase a bien été recopiée.

4) En conclusion de l'activité, un rappel sur la manipulation des outils pour trouver l'orthographe des mots, dans l'objectif visé de productions d'écrits autonomes, pourrait être fait.

(Remarque : la dictée négociée, « phrase dictée du jour », avec inscription dans des colonnes paradigmatiques des différentes graphies des élèves pour qu'elles soient discutées, nous semble un exercice trop difficile pour le début du CP, alors même que tous les élèves ne maitrisent pas le déchiffrage.)

4. Au-delà de la situation dite de « Dictée recherche », vous décrirez, à partir du document 5, des activités complémentaires pour développer des compétences en écriture au CP.

L'extrait de l'ouvrage d'A. Ouzoulias : *Lecture – Écriture quatre chantiers prioritaires*, « Faire écrire les enfants : une urgence pédagogique et sociale », Retz, 2014, p.19, insiste, dans la lignée des travaux d'E. Ferreiro, sur le lien lecture-écriture et sur l'activité de production d'écrits (écriture inventée, écriture tâtonnée, écriture accompagnée) pour entrer dans l'écrit et apprendre à lire.

Les activités complémentaires pour développer les compétences en écriture au CP concernent la production d'écrit, la lecture et l'étude de la langue.

- du point de vue de la lecture :
  - améliorer la connaissance des correspondances phonographiques pour passer de l'oral à l'écrit (déchiffrage) ;
  - s'initier à des genres textuels différents : rencontrer des textes variés pour mieux les comprendre, pour connaitre leur structure.
- du point de vue de l'écriture :
  - produire des écrits en autonomie ;
  - pratiquer des activités d'écriture plus autonomes avec une consigne d'écriture (ou un inducteur d'écriture) laissant la place au sujet écrivant, à l'initiative de l'élève dans sa production ;
  - utiliser des supports variés : début de texte à poursuivre, photos à légender, écrire à partir de textes référents ;
  - faire varier des formes textuelles : récits, devinettes, définitions, poèmes et jeux poétiques, comptes rendus d'expériences, de visites ;

– apprendre à améliorer son texte, réécrire : par la pratique du « brouillon » ou d'écrits intermédiaires (schéma, tableau, etc.) ; par des activités d'écriture spécifiques en lien avec des albums ou textes découverts en classe (passage du singulier au pluriel en ajoutant un personnage, du masculin au féminin ou inversement en modifiant l'identité des personnages).

• du point de vue de la langue :

– pratiquer la dictée à l'adulte pour mieux passer de l'oral à un oral écrivable (grammaire textuelle notamment) et ainsi structurer la langue ;

– travailler sur des corpus variés en lien avec une problématique lexicale ou grammaticale ;

• du point de vue de la méthodologie :

– savoir varier les modalités de travail (individuel, à deux, en groupe) afin de favoriser la motivation mutuelle, les aides réciproques ;

– saisir toutes les occasions pour expliciter, et pour le maître pour amener les élèves à expliciter ;

– renforcer les compétences en lecture-écriture par des séances d'étude de la langue « décrochées » qui impliquent des manipulations écrites liées au fonctionnement de la langue, concernant certains morphèmes grammaticaux (pluriel régulier avec « s » notamment) en s'appuyant sur la production de l'élève ;

– savoir agir dans une situation de recherche, avec moins de supports d'étayage, pour renforcer la mobilisation et l'acquisition des correspondances graphophonémiques, et de mots fréquents et irréguliers travaillés en classe.

SUJET N° 18

Sujet de la session 2020 du groupement académique 2 : d'Aix-Marseille, Besançon, Bordeaux, Corse, Dijon, Limoges, Martinique, Nantes, Nice, Orléans-Tours, Strasbourg, Toulouse

Sujet

Première partie : Question relative aux textes proposés

Vous analyserez comment les textes du corpus interrogent la notion d'héroïsme.

Texte 1 : Victor HUGO, *La Légende des siècles*, 1859.

Après la bataille

Mon père, ce héros au sourire si doux,
Suivi d'un seul housard[1] qu'il aimait entre tous
Pour sa grande bravoure et pour sa haute taille,
Parcourait à cheval, le soir d'une bataille,
Le champ couvert de morts sur qui tombait la nuit.
Il lui sembla dans l'ombre entendre un faible bruit.
C'était un Espagnol de l'armée en déroute
Qui se traînait sanglant sur le bord de la route,
Râlant, brisé, livide, et mort plus qu'à moitié.
Et qui disait : « À boire ! à boire par pitié ! »
Mon père, ému, tendit à son housard fidèle
Une gourde de rhum qui pendait à sa selle,
Et dit : « Tiens, donne à boire à ce pauvre blessé ».
Tout à coup, au moment où le housard baissé
Se penchait vers lui, l'homme, une espèce de maure,
Saisit un pistolet qu'il étreignait encore,
Et vise au front mon père en criant : « Caramba ! »
Le coup passa si près que le chapeau tomba
Et que le cheval fit un écart en arrière.
« Donne-lui tout de même à boire », dit mon père.

18

Texte 2 : Louis-Ferdinand CÉLINE, *Voyage au bout de la nuit*, 1932.

Dans Voyage au bout de la nuit, *le jeune héros, Ferdinand Bardamu, s'engage lors de la première guerre mondiale, sur un coup de tête. Il découvre les horreurs de la guerre et son euphorie retombe.*

Ces Allemands accroupis sur la route, têtus et tirailleurs, tiraient mal, mais ils semblaient avoir des balles à en revendre, des pleins magasins sans doute. La guerre, décidément, n'était pas terminée ! Notre colonel, il faut dire ce qui est, manifestait une bravoure stupéfiante ! Il se promenait au beau milieu de la chaussée et puis de long en large parmi les trajectoires aussi simplement que s'il avait attendu un ami sur le quai de la gare, un peu impatient seulement.

Moi d'abord la campagne, faut que je le dise tout de suite, j'ai jamais pu la sentir, je l'ai toujours trouvée triste, avec ses bourbiers qui n'en finissent pas, ses maisons où les gens n'y sont jamais et ses chemins qui ne vont nulle part. Mais quand on y ajoute la guerre en plus, c'est à pas y tenir. Le vent s'était levé, brutal, de chaque côté des talus, les peupliers mêlaient leurs rafales de feuilles aux petits bruits secs qui venaient de là-bas sur nous. Ces soldats inconnus nous rataient sans cesse, mais tout en nous entourant de mille morts, on s'en trouvait comme habillés. Je n'osais plus remuer.

Ce colonel, c'était donc un monstre ! À présent, j'en étais assuré, pire qu'un chien, il n'imaginait pas son trépas ! Je conçus en même temps qu'il devait y en avoir beaucoup des comme lui dans notre armée, des braves, et puis tout autant, sans doute dans l'armée d'en face. Qui savait combien ? Un, deux, plusieurs millions peut-être en tout ? Dès lors ma frousse devint panique. Avec des êtres semblables, cette imbécillité infernale pouvait continuer indéfiniment... Pourquoi s'arrêteraient-ils ? Jamais je n'avais senti plus implacable la sentence des hommes et des choses.

Serais-je donc le seul lâche sur la terre ? pensais-je. Et avec quel effroi !... Perdu parmi deux millions de fous héroïques et déchaînés et armés jusqu'aux cheveux ? Avec casques, sans casques, sans chevaux, sur motos, hurlants, en autos, sifflants, tirailleurs, comploteurs, volants, à genoux, creusant, se défilant, caracolant dans les sentiers, pétaradant, enfermés sur la terre comme dans un cabanon, pour y tout détruire, Allemagne, France et Continents, tout ce qui respire, détruire, plus enragés que les chiens, adorant leur rage (ce que les chiens ne font pas), cent, mille fois plus enragés que mille chiens et tellement plus vicieux ! Nous étions jolis ! Décidément, je le concevais, je m'étais embarqué dans une croisade apocalyptique.

On est puceau de l'Horreur comme on l'est de la volupté. Comment aurais-je pu me douter moi de cette horreur en quittant la place Clichy ? Qui aurait pu prévoir, avant d'entrer vraiment dans la guerre, tout ce que contenait la sale âme héroïque et fainéante des hommes ?

Texte 3 : Boris CYRULNIK, *Ivres paradis, bonheurs héroïques*, 2016.

Dans une culture en paix, le champ de bataille n'est plus à Roncevaux, ni à Valmy, ni aux taxis de la Marne, il est sur les écrans où jouent Zorro, James Bond et Superman, il est sur les terrains de sport où combattent le footballeur Zidane ou la navigatrice Florence Arthaud. Vercingétorix n'affronte plus Jules César, Jeanne d'Arc ne boute plus les Anglais hors de France, et de Gaulle ne libère plus le pays.

Dans une culture en paix, les grands récits nous ennuient. Les héros n'ont plus de raisons de mourir pour nous. Le communisme, grand producteur de héros, a fabriqué des ouvriers stakhanovistes, des conquérants de l'espace comme Gagarine ou des coureurs inépuisables comme Zatopek. Le nazisme a engendré des héros masculins dominant le monde afin de lui apporter mille ans de bonheur et des femmes merveilleuses soignant les soldats et mettant au monde des régiments de bébés langés dans des drapeaux nazis. Devant tant de beauté, tout le monde pleurait.

Chaque culture, en fabriquant son type de héros, a révélé, en une seule image, son projet de société. Nos héros ne sont plus militaires ni saints, ils sont incarnés par des femmes, enfin victorieuses, et des handicapés qui ne sont plus des hommes amoindris quand ils triomphent de l'adversité. L'école, le cinéma et les terrains de sports sont aujourd'hui les lieux où combattent les héros. Quand un pays est en difficulté, les noms de héros qui viennent en tête s'appellent Jeanne d'Arc, Napoléon, Charles de Gaulle ou Nelson Mandela. Mais quand la paix est arrivée, les jeunes ont du mal à en citer quelques-uns. Ils trouvent parfois le nom d'un homme politique, étoile filante dont ils ont entendu parler la veille. Quelques acteurs, quelques chanteurs sont un peu plus héroïsés que les sportifs, sauf quand un événement permet la théâtralisation d'une tragédie dérisoire.

Le théâtre de l'héroïsation nécessite une mise en scène avec des oriflammes, des chants, des rythmes et des couleurs. Mais après l'événement, c'est le récit qui fera de l'acteur un héros ou un diable.

À l'origine, le mot « héros » désignait un combattant qui par ses exploits approchait les demi-dieux. Dans le langage sportif, les « dieux du stade » réalisent des exploits physiques, ils nous sauvent de l'ennui, et ils entrent dans l'histoire (qui sera oubliée la semaine suivante). Le langage reste guerrier : « il attaque, il perce la défense, il tire un boulet de canon, il souffre. » C'est pour nous qu'il a gagné le match puisqu'il porte le maillot qui représente notre ville. [...]

Quand une culture propose un projet social, elle a besoin de modèles et non pas de héros : Pasteur, Einstein et les scientifiques sont très peu cités. Les jeunes se passionnent pour le héros persécuté d'un autre peuple. Est-ce que cela signifie qu'il est plus facile de donner un sens à sa vie en luttant contre le malheur qu'en construisant du bonheur ? Les héros les plus cités par les jeunes de pays en paix viennent des conflits armés d'autres pays comme Nelson Mandela, Martin Luther King, Ernesto Che Guevara et Yasser Arafat. C'est dans le malheur que brille l'humanité.

Texte 4 : Pierre JUDET DE LA COMBE, *Être Achille ou Ulysse ?* 2017.

Pierre Judet de la Combe oppose dans une conférence les deux héros homériques : Achille, héros de l'Iliade, réputé pour son caractère colérique et violent ; Ulysse, héros de l'Odyssée, réputé pour son caractère rusé.

Pourquoi vous raconter ce poème où l'on meurt beaucoup ? Ces histoires véhiculent l'idée que l'on peut aller au-delà du pur événement de la violence : il faut l'accepter, le raconter, mais pour le surmonter. La colère d'Achille peut se transformer[2], devenir la reconnaissance de l'autre et se conclure par un moment où des rites funèbres et des chants de chœur donnent une forme complète, parfaite à l'histoire de ces héros. Par-là se produit l'événement de la beauté et quelque chose d'heureux. C'est pourquoi, quand Ulysse entend un poète chanter ces histoires, il est lui-même ému par la beauté de ce qu'il entend. Nous avons la preuve que ces poèmes très complexes peuvent aller au-delà de toutes les souffrances qui sont le lot des humains jour après jour. Un passage d'Homère dit que les hommes sont comme les feuilles des arbres qui tombent. Nous ne sommes pas plus que cela. Comme le dit un autre poète, nous sommes « les rêves d'une ombre », nous ne sommes rien. Pour un Grec, après la mort, il n'y a pas de salut, il n'y a pas de résurrection : nous restons à jamais une ombre dans les Enfers. Les poèmes, à force de raconter la mort et les souffrances, racontent en fait quelque chose qui devient mémorable et qui se termine sur un état de grâce parce que les hommes sont capables de reconnaissance entre eux. L'héroïsme d'Achille, si cruel et dur, peut devenir son opposé et le poème raconte cette transformation. Mais pour cela, il faut d'abord ne pas avoir peur d'affronter la violence avec méthode, non pour s'y complaire, mais pour la comprendre. Peu de récits contemporains y arrivent.

2. L'Iliade raconte le parcours d'Achille au cours de la guerre de Troie De colérique et cruel au départ, il apprend à reconnaître l'autre comme un humain. À la fin de l'épopée, il rend ainsi le cadavre de son ennemi, Hector, au père de ce dernier.

Deuxième partie : Connaissance de la langue

1. Expliquez en contexte le sens des mots suivants en vous fondant sur leur morphologie lexicale : « embarqué » (texte 2) ; « combattent » (texte 3) ; « incarnés » (texte 3) ; « amoindris » (texte 3).

2. Dans le passage suivant, extrait du texte 3, justifiez les terminaisons des mots soulignés.

« Mais quand la paix est arrivée, les jeunes ont du mal à en citer quelques-uns. Ils trouvent parfois le nom d'un homme politique, étoile filante dont ils ont entendu parler la veille. Quelques acteurs, quelques chanteurs sont un peu plus héroïsés que les sportifs, sauf quand un évènement permet la théâtralisation d'une tragédie dérisoire. ».

3. Dans le passage suivant extrait du texte 3, relevez les propositions subordonnées, précisez leur nature (classe grammaticale) et leur fonction.

« L'école, le cinéma et les terrains de sports sont aujourd'hui les lieux où combattent les héros. Quand un pays est en difficulté, les noms de héros qui viennent en tête s'appellent Jeanne d'Arc, Napoléon, Charles de Gaulle ou Nelson Mandela. Mais quand la paix est arrivée, les jeunes ont du mal à en citer quelques-uns. Ils trouvent parfois le nom d'un homme politique, étoile filante dont ils ont entendu parler la veille. »

4. Dans le deuxième paragraphe du texte 2, quelle est la particularité de la syntaxe choisie par l'auteur ? Vous répondrez en vous appuyant sur trois exemples.

« Moi d'abord la campagne, faut que je le dise tout de suite, j'ai jamais pu la sentir, je l'ai toujours trouvée triste, avec ses bourbiers qui n'en finissent pas, ses maisons où les gens n'y sont jamais et ses chemins qui ne vont nulle part. Mais quand on y ajoute la guerre en plus, c'est à pas y tenir. »

5. « C'est dans le malheur que brille l'humanité. » (texte 3) Quel effet produit la construction de cette phrase sur le lecteur ?

« Madame Caroline, qui en était arrivée à sourire toujours, même quand son cœur saignait, restait une amie, qui l'écoutait avec une sorte de déférence conjugale. » (texte 3).

Troisième partie : Analyse de supports d'enseignement

Document 1 : trame de travail de l'enseignant (classe de CM2).

Documents 2 : premier jet de la production d'un élève avec annotations de l'enseignant.

Document 3 : grille de relecture du premier jet, remplie par cet élève.

Document 4 : texte final de l'élève.

1. En vous appuyant sur vos connaissances des programmes, vous identifierez les compétences travaillées dans cette séquence proposée à une classe de CM2.

2. Vous analyserez les items de la grille de relecture et son exploitation par l'élève et par l'enseignant.

3. Vous expliciterez la nature des interventions de l'enseignant sur le premier jet.

4. En confrontant les documents 2 et 4 (productions de l'élève), vous commenterez l'intérêt de cette démarche de production écrite et ses éventuelles limites.

5. Quelles activités d'enrichissement de la langue pourriez-vous envisager pour améliorer les productions des élèves ?

Document 1. trame de travail de l'enseignant (classe de CM2).

Projet d'écriture de lettres de poilus, en lien avec le centenaire du 11 novembre.

Les outils déjà travaillés :

– Travail sur la lettre, la structure de la lettre, personnelle et officielle, la présentation, les éléments qui la constituent.

– Travail en conjugaison sur le passé, le présent et le futur ; reconnaissance des indicateurs de temps.

Travail en amont :

– Travail de documentation de lettres de poilus (recueil de lettres de poilus, côté français et côté allemand).

– Travail d'analyse de la forme et du contenu de plusieurs lettres de poilus (sujets abordés ; date ; lieu ; formule de politesse ; signature).

Travail de recherche (en groupe) :

– Dossier sur le vocabulaire de la guerre.

– Lexique sur la nourriture.

– Exemples de lettres de famille.

– Projection d'une vidéo sur la vie des enfants pendant la guerre.

Les élèves ont complété un tableau vierge (intitulés des cases : la vie à l'école ; les activités des femmes ; la nourriture ; le lexique de la guerre ; les prénoms féminins ; les prénoms masculins ; les habits des soldats ; les objets fabriqués dans les tranchées).

Une synthèse collective a été réalisée suite à ce travail de groupe. Elle a servi de support pour la production de leur lettre.

Avant de rédiger le premier jet, les enfants devaient s'inventer une famille, choisir l'identité du poilu (prénom d'époque ; description…) et prendre connaissance de la grille afin de connaître les attentes de l'exercice à réaliser.

Premier jet : écrire la lettre à un membre de la famille (poilu ou membre de la famille du poilu).

Dans un premier temps, à l'aide d'une grille de relecture, les élèves vérifient si tous les critères demandés se retrouvent dans la lettre (auto-évaluation / co-évaluation).

Dans un second temps, ils prennent connaissance des annotations de l'enseignant qui, en fonction des copies, invitent à corriger les erreurs de langue et/ou à étoffer le contenu.

Deuxième jet : réécriture de la lettre en suivant les annotations et en s'appuyant sur la grille de relecture sur une feuille décorée.

DOC 3

Raphaël — Inventer une famille

Je suis Michel
ma mère : Françoise
mon père : Jean pierre caillou rocher
ma sœur : Joséphine
ma fille : La petite Michele
ma femme : elle m'a quitté

Ma petite Famille chère

Vous me manqués, vivement que la guerre s'arrête ! J'en ai marre de vivre de la sorte !!! les tranchees sa pue !! La nourittuse est supportable, mais bon ! cette nuit il y a eu des bombardements, des tirs j'avais fait la garde, maintenant je me repose derrière. On a tenter une attaque ! Mais... on a perdu des soldats innutilement ! Sinon comment ça se passe, à la maison ? La petite Michele a au moin eu un A ou A+ à l'école, sinon je suis fier de vous ! on vas lancé quelques missiles cette nuit on verra si ça seras bien et qu'on les auras touchées... et je vous ai pas dit mais je me suis blessée au bras en tirant. La cartouche du fusil est sortie a une vitesse et m'a touchea le bras sinon je vais bien !

A bientôt !

Vendredi 13 avril 1916

Transcription des interventions de l'enseignant dans la production de l'élève :

L 1 : manqués
L 2 - 3 : ~~sa pue !~~
L 3 : nourittuse / **C**ette
L 4 : bombardement**s**, / tir**s**
L 5 : ~~On~~
L 6 : tenter / soldat_
L 7 : innutilement
L 8 : ? / Michel_
L 9 : **S**inon / vas
L 10 : ~~ça~~ **ce**
L 11 : seras / ~~qu'on les auras~~ **si on les** / touch~~ées~~**era** / je_vous
L 12 : blessée / tirant .
L 13 : **La** / a une xitesse / ^

Document 3. grille de relecture du premier jet, remplie par l'élève.

Prénom : Raphaël

La lettre

Grille de relecture 1er jet

Date :

DOC 2

	Auto-évaluation		Co-évaluation	
	Oui	Non	Oui	Non
1 – La lettre	/			
➢ La formule d'interpellation est bien choisie	/			
➢ La lettre se termine par une formule de politesse ou d'amitié	/			
➢ La lettre commence par un paragraphe d'introduction qui explique la raison pour laquelle elle est écrite		/		
➢ Le texte du corps de la lettre est clair et compréhensible	/			
➢ J'ai demandé des nouvelles de mon interlocuteur	/			
➢ J'ai donné des nouvelles de moi, j'ai raconté ce que je vis en ce moment	/			
2 – Les phrases				
➢ Les phrases sont courtes et bien construites	/			
➢ Des mots de liaisons sont utilisés pour enchaîner les phrases entre elles	/			
➢ La ponctuation est correcte et des majuscules ont été placées quand il le fallait	/			
➢ Les répétitions ont été évitées		/		
➢ Le même pronom a été utilisé tout au long de la lettre (je/nous, tu/vous)	/			
➢ Les accords ont été respectés (nom-adjectif, sujet-verbe...)	/			
➢ L'orthographe d'usage est correcte	/			
➢ L'utilisation des temps des verbes est cohérente (présent, passé composé/imparfait ou passé simple / imparfait, futur)	/			

Document 4. texte final de l'élève.

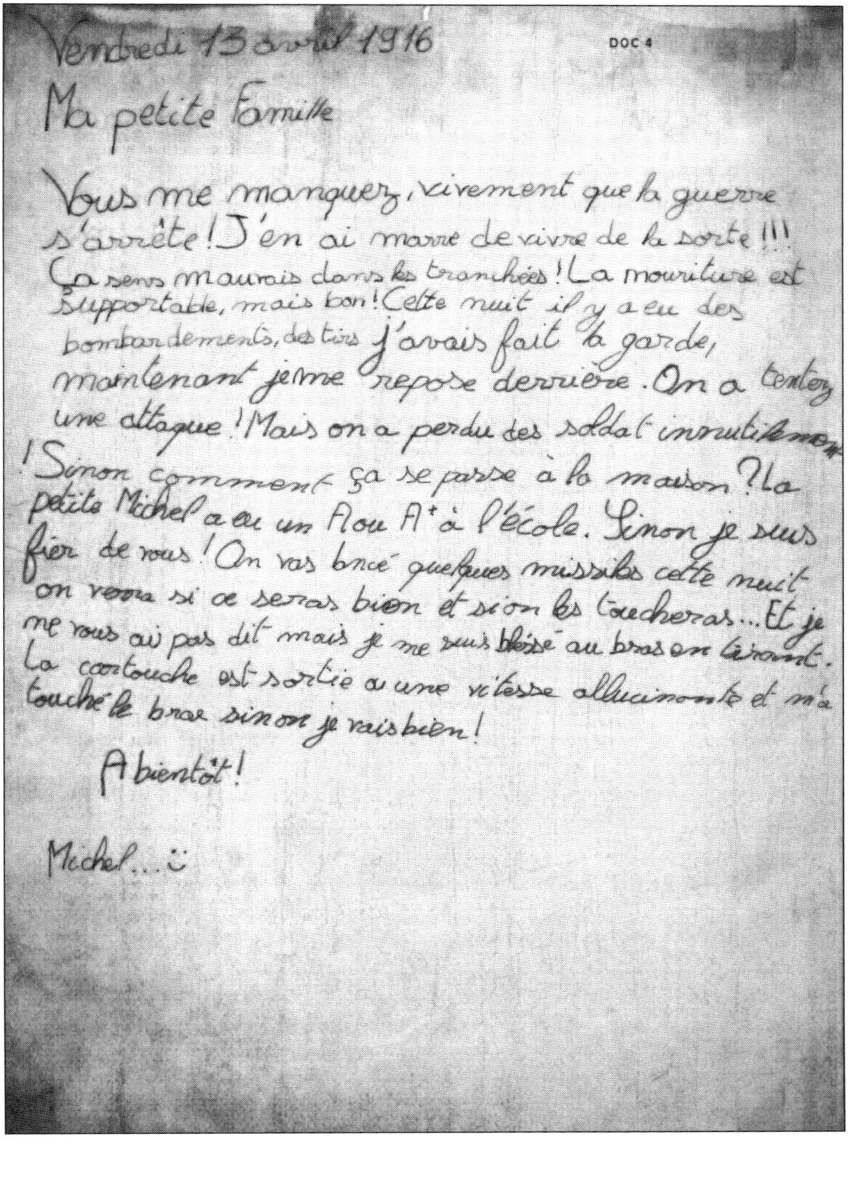

Vendredi 13 avril 1916 DOC 4

Ma petite Famille

Vous me manquez, vivement que la guerre s'arrête ! J'en ai marre de vivre de la sorte !!! Ça sens mauvais dans les tranchées ! La nouriture est supportable, mais bon ! Cette nuit il y a eu des bombardements, des tirs j'avais fait la garde, maintenant je me repose derrière. On a tentez une attaque ! Mais on a perdu des soldat innutilement ! Sinon comment ça se passe à la maison ? La petite Michel a eu un A ou A+ à l'école. Sinon je suis fier de vous ! On vas lancé quelques missiles cette nuit on verra si ce serras bien et si on les toucheras... Et je ne vous ai pas dit mais je me suis blessé au bras en tirant. La cartouche est sortie a une vitesse allucinante et m'a touché le bras sinon je vais bien !

A bientôt !

Michel... :)

18

Corrigé

Question relative aux textes proposés (11 pts)

Vous analyserez comment les textes du corpus interrogent la notion d'héroïsme.

Le héros ou l'héroïne continue depuis l'Antiquité d'être source d'inspiration pour les auteurs, les lecteurs ou spectateurs.

Les quatre textes proposés illustrent la figure du personnage héroïque selon qu'il apparait en temps de paix ou de guerre. Victor Hugo dans le poème « Après la bataille » tiré de la *Légende des siècles* (1859) met en scène son père, officier impérial, le présentant comme profondément humain. Ferdinand Bardamu, le narrateur du roman *Voyage au bout de la nuit*, écrit par Louis-Ferdinand Céline en 1932, fait part de ses pensées sur le champ de bataille pendant la Première guerre mondiale. Boris Cyrulnik, célèbre psychiatre, dans son essai, *Ivres paradis, bonheurs héroïques*, paru en 2016, tente de définir le héros/l'héroïne en temps de paix. Enfin, Pierre Judet de la Combe interroge l'héroïsme de deux grands personnages mythologiques : Achille et Ulysse, dans une conférence donnée en 2017 « Être Achille ou Ulysse ? »

Ces textes nous permettent d'interroger la notion d'héroïsme : quelle définition peut-on en donner ? Si dans un premier temps, elle se définit par un comportement attendu, elle se traduit également par l'expression d'une humanité, et permet une forme de transcendance.

Être héroïque, c'est avoir un comportement de « héros », personnage qui se définit par une constitution physique et morale fortes. Le personnage héroïque, tel que présenté par Hugo, Céline ou Judet de la Combe, se caractérise d'abord par le fait qu'il évolue sur un champ de bataille, qu'il s'agisse de l'Empire, de la Première guerre mondiale ou de l'Antiquité. Cet environnement spécifique ou « théâtre » comme le nomme Cyrulnik, est un lieu d'affrontement où des hommes se tuent et font preuve, pour certains, d'héroïsme. Pour Hugo, c'est son père « ce héros au sourire si doux » qui ne craint pas d'aider un ennemi moribond ; pour Bardamu, c'est le colonel « ce monstre » qui ne semble craindre personne et qui fait preuve de bravoure. Achille, héros de l'Antiquité appartient, quant à lui à ce type d'individus « cruel et dur » réalisant ainsi des exploits physiques nous « sauv[ant] de l'ennui » comme l'exprime Cyrulnik.

Car le héros est brave : Achille, le colonel de Bardamu tout comme le housard qui accompagne le père de Hugo. Faire preuve de courage est ainsi une qualité inhérente au personnage. Il se comporte de façon naturelle, oubliant presque le lieu où il se trouve, c'est-à-dire le champ de bataille. Bardamu présente ainsi le colonel comme se « promen[ant] au beau milieu de la chaussée [...] aussi simplement que s'il avait attendu un ami sur le quai de la gare », ce que le général Hugo et son housard font également « parcour[ant] à cheval [...] le champ couvert de morts sur qui tombait la nuit. » Mais le lieu du combat n'est pas le seul lieu où la bravoure peut s'exprimer : selon Cyrulnik, les lieux d'héroïsme ont évolué, ce sont, aujourd'hui, « les écrans », « les terrains de sport ».

Si les héros se rencontrent sur un champ de bataille, la notion d'héroïsme ne se définit pas seulement dans l'affrontement au combat, mais aussi par un comportement profondément humain, là où on ne l'attend pas.

Triompher de l'adversité n'est pas triompher de son ennemi, en le tuant, mais c'est faire preuve d'humanité. Cyrulnik explique cette évolution : les héros « n'ont plus de raison de mourir » et ils s'incarnent dans des individus « femmes, enfin victorieuses et des handicapés qui ne sont plus des hommes amoindris ». Ce sont des individus qui ont fait preuve de courage face à une situation. Achille et Ulysse, à leur manière, explique Judet de la Combe, reflètent le courage comme une transformation de l'individu donnant en définitive naissance à une forme de « beauté et quelque chose d'heureux ».

Le père de Hugo dépasse, ainsi, cette haine de l'ennemi en aidant le moribond « qui se traînait sanglant sur le bord de la route » réclamant à boire. Malgré la réaction de l'ennemi qui cherche à tuer, Hugo persiste dans son action, prouvant ainsi sa bravoure, certes, mais surtout sa compassion, preuve d'une humanité face à celui qui lui nuit. Humanité que ressent d'une certaine manière Bardamu lorsqu'il réalise qu'il est entouré de soldats de son camp comme du camp adverse, « perdu parmi deux millions de fous héroïques et déchaînés et armés jusqu'aux cheveux ? » car il prend alors conscience de ce qu'il est, se considérant comme lâche mais restant malgré tout au cœur de la « croisade ».

De ces situations désespérées, inattendues, cruelles, la notion d'héroïsme est alors reconsidérée. Le mépris de la mort ne constitue pas une marque d'héroïsme mais de la pure bêtise pour Bardamu ; marque d'inconscience, la bravoure devient pour lui de la folie. Pour Boris Cyrulnik, cette attitude est fondée par la nécessité de résister face aux épreuves, de donner une raison à nos actes, un sens à la vie. « C'est dans le malheur que brille l'humanité » énonce le psychiatre, tel un aphorisme partagé par Bardamu qui exprime ce sentiment avec ses propres mots : « Qui aurait pu prévoir, avant d'entrer vraiment dans la guerre, tout ce que contenait la sale âme héroïque et fainéante des hommes ? »

L'acte héroïque est inscrit dans les récits qui ainsi créent les modèles d'une société : Achille se dépasse en transformant sa colère, en acceptant d'affronter sa propre violence. Les héros d'aujourd'hui, ceux de notre monde en temps de paix, ne sont plus issus de grandes idéologies, créés pour modéliser un comportement, mais sont des êtres humains, capables de prendre conscience de leur fragilité à l'image de Bardamu et de la « lâcheté » qu'il ressent au cœur de la folie meurtrière de la guerre.

La notion d'héroïsme oscille entre tradition et modernité, de l'Antiquité à aujourd'hui. Si le courage ou l'adversité en sont les fondements, c'est sans doute la notion « d'ennemi » qui a changé : les épreuves permettent l'élévation de soi-même et ainsi de l'humanité tout entière.

Connaissance de la langue (11 pts)

1. Expliquez en contexte le sens des mots suivants en vous fondant sur leur morphologie lexicale : « embarqué » (texte 2) ; « combattent » (texte 3) ; « incarnés » (texte 3) ; « amoindris » (texte 3).

– **embarqués** (texte2) : *Décidément, je m'étais embarqué dans une croisière apocalyptique.*

Le terme *embarqué,* comme sa formation morphologique l'indique, est formé :

- du préfixe *em* (*en*) = « à l'intérieur de » ;
- de la base = *barque ;*
- de la terminaison *é,* adjectivale

Le terme est employé au sens figuré. Il indique que tous les soldats de la grande guerre sont « à l'intérieur de la même barque », « dans le même bateau » comme le signifie cette autre expression synonyme, au sens figuré également. Le futur commun, et auquel tous seront confrontés, métaphoriquement nommé « voyage » pour renforcer le terme « bateau » est incertain, voire « apocalyptique », c'est le temps de la fin du monde, de la mort. Le narrateur s'est engagé dans l'armée sans issue possible

Remarque : Rappelons que l'apocalypse – du grec *révélation* – désigne un genre littéraire caractéristique du peuple juif. Il s'agissait de récits grandioses destinés à soutenir la foi d'Israël mise à l'épreuve par l'occupation étrangère. L'Apocalypse est aussi le titre du dernier livre du Nouveau Testament attribué à Jean, qui raconte le retour du Christ à la fin des temps.

– **combattent** (texte 3) *le champ de bataille (...) est sur les terrains du monde ou combattent le footballeur Zidane ou la navigatrice Florence Arthaud.*

Le terme *combattent* est la forme conjuguée à la 3e personne du pluriel du verbe *combattre.*

com / batt/ ent = > préfixe / base/ désinence de conjugaison

Du latin populaire *combattere* « combattre », le terme est constitué, au plan de la morphologie, du préfixe : *com* (> *cum* = « avec »), et du verbe *battre,* au sens *se battre avec,* celui de soutenir l'attaque.

Dans notre contexte du XXIe siècle, « dans une culture en paix » comme l'écrit B. Cyrulnic, le verbe *combattre,* associé au groupe nominal *champ de bataille,* a pour effet d'indiquer un changement de perspective. Désormais, l'adversaire n'est plus l'ennemi : le sport permet certes de vaincre l'équipe adverse, (Zidane), les éléments (Florence Arthaud) mais surtout le sport permet de se vaincre soi -même. Il s'agit de lutter, tant au plan physique que moral.

– **incarnés** (texte 3) : le participe passé adjectivé du verbe *incarner,* ici au masculin pluriel, est formé par le préfixe : *in* = « dans » (latin) / radical : *carn-* > *carnis* = « chair » (latin) */é* : suffixe adjectival. Initialement le terme est religieux : il s'agit d' « entrer dans un corps » et pour le Christ de « revêtir la forme humaine ». Par extension, le terme signifie le fait de représenter quelque chose d'abstrait sous une forme matérielle : dans la phrase proposée, les femmes, les handicapés deviennent les symboles de l'héroïsme, ils sont des héros.

– **amoindris** (texte 3) est formé à partir de la base adjectivale moindre.

Préfixe : *a* (*ad* latin = « vers ») / base comparative adjectivale : *moindre* / i : suffixe adjectival

L'adjectif est formé par le participe passé du verbe *amoindrir.* Amoindrir, c'est diminuer la force, l'importance ou la valeur de quelque chose. Le terme est porté par la négation (-... des femmes et des handicapés qui ne sont plus des hommes diminués, amoindris).

De fait, la phrase présente une double négation (adverbiale : *ne...plus,* et sémantique : *amoindri* est un terme de sens négatif) qui fait écho au verbe *incarner* : la valeur des hommes et des femmes est ainsi sublimée : ils sont des héros.

2. Dans le passage suivant, extrait du texte 3, justifiez les terminaisons des mots soulignés.

« Mais quand la paix est arrivée, les jeunes ont du mal à en <u>citer</u> quelques-uns. Ils trouvent parfois le nom d'un homme politique, étoile <u>filante</u> dont ils ont <u>entendu</u> <u>parler</u> la veille. <u>Quelques</u> acteurs, quelques chanteurs sont un peu plus <u>héroïsés</u> que les sportifs, sauf quand un évènement permet la théâtralisation d'une tragédie dérisoire. ».

– **citer** : le verbe, du 1er groupe, est à l'infinitif. C'est le noyau d'un groupe verbal « à en citer quelques-uns », COI de la locution verbale « avoir du mal ». (On peut le remplacer par un verbe du 3e groupe comme « dire ».)

– (étoile) **filante** : cet adjectif qualificatif, construit à partir du participe présent, au féminin singulier, s'accorde en genre et en nombre avec le nom auquel il se rapporte « étoile ».

– (ils ont) **entendu parler** : du point de vue de la construction syntaxique, le verbe *entendre*, au passé composé, est construit avec l'auxiliaire *avoir* et le participe passé ***entendu***, à la 3e personne du pluriel. Avec l'auxiliaire *avoir*, le participe passé ne s'accorde pas avec le sujet mais avec le COD, si celui-ci est placé avant, ce qui n'est pas le cas ici.

Le COD ***parler*** est un verbe du 1er groupe à l'infinitif (on peut le remplacer par un verbe du 3e groupe comme « prendre »).

– **quelques** (acteurs) : *quelques* est un déterminant, adjectif indéfini, qui s'accorde avec le nom qu'il détermine, masculin, pluriel.

– (Quelques acteurs, quelques chanteurs sont un peu plus) **héroïsés** : cet adjectif, attribut du sujet « quelques acteurs, quelques chanteurs », s'accorde avec celui-ci en genre et en nombre : masculin pluriel. Le verbe *être*, 3e pers. du pluriel, est au présent.

3. Dans le passage suivant extrait du texte 3, relevez les propositions subordonnées, précisez leur nature (classe grammaticale) et leur fonction

– *L'école, le cinéma et les terrains de sports sont aujourd'hui les lieux où combattent les héros.*
où combattent les héros : proposition subordonnée relative, introduite par le pronom relatif *où*, ayant pour antécédent le nom *les lieux*, épithète du nom *lieux*.

– *Quand un pays est en difficulté, les noms des héros qui viennent en tête s'appellent Jeanne d'Arc, Napoléon, Charles de Gaulle ou Nelson Mandela.*

– *Quand un pays est en difficulté* : proposition subordonnée circonstancielle, introduite par la conjonction de subordination *quand*, complément circonstanciel de temps. (On peut aussi parler dans ce cas de complément de phrase comme le faisaient les programmes de 2015).

– *qui viennent en tête* : proposition subordonnée relative, introduite par le pronom relatif *qui*, ayant pour antécédent le nom héros (GN *le nom des héros*), épithète du nom *héros*.

– *Mais quand la paix est arrivée, les jeunes ont du mal à en citer quelques-uns. Ils trouvent parfois le nom d'un homme politique, étoile filante dont ils ont entendu parler la veille.»*

– *quand la paix est arrivée* : proposition subordonnée circonstancielle, introduite par la conjonction de subordination *quand*, complément circonstanciel de temps.

– *dont ils ont entendu parler la veille* : proposition subordonnée relative, introduite par le pronom relatif *dont*, ayant pour antécédent le nom *étoile*, épithète de *étoile*.

4. Dans le deuxième paragraphe du texte 2, quelle est la particularité de la syntaxe choisie par l'auteur ? Vous répondrez en vous appuyant sur trois exemples.

« Moi d'abord la campagne, faut que je le dise tout de suite. j'ai jamais pu la sentir, je l'ai toujours trouvée triste, avec ses bourbiers qui n'en finissent pas, ses maisons où les gens n'y sont jamais et ses chemins qui ne vont nulle part. Mais quand on y ajoute la guerre en plus, c'est à pas y tenir. »

La particularité syntaxique choisie par l'auteur est la construction paratactique.

La parataxe est un mode de construction par juxtaposition de phrases ou de mots, dans lequel aucun mot de liaison n'explicite les rapports syntaxiques de subordination ou de coordination entre ces phrases ou ces mots.

Au XXe siècle, la parataxe est une figure de style qui se répand, notamment avec l'emploi croissant de la langue parlée dans la littérature, ce qui permet de rendre l'idée de l'instantanéité, de l'immédiateté, ou de l'excès pour exprimer actions et réactions violentes, comme l'illustre le texte de L.F. Céline.

Cet effet est amplifié par les procédés de l'oral :

- absence d'un adverbe de négation (« j'ai jamais pu » ; « c'est à pas ») ;
- lexique familier (« sentir » au sens de « supporter ») ;
- absence de sujet impersonnel (« faut que ») ;
- répétition du pronom (forme disjointe en position détachée par dislocation : « moi (...), je ») ;
- pléonasme entre les deux pronoms « où » et « y » ;
- dislocation de la chaine syntaxique (antéposition du COD « la campagne », insertion de la proposition « faut que je le dise tout de suite »).

5. « C'est dans le malheur que brille l'humanité. » (texte 3) Quel effet produit la construction de cette phrase sur le lecteur ?

Deux procédés stylistiques permettent de surprendre le lecteur et d'accentuer la portée symbolique des propos de l'auteur.

L'utilisation de *c'est ...que* crée un clivage de la phrase avec une mise en relief thématique du terme *malheur*. Ensuite, les termes *malheur* et *briller* sont antithétiques. Le fait que le sujet soit inversé rapproche ces deux termes antithétiques et renforce le parallèle entre *l'humanité qui brille* et *dans le malheur* en accentuant l'opposition entre « malheur » et « brille » :

18 CORRIGÉ

Remarque : Attention, on n'a pas, ici, d'oxymore. Pour former un oxymore, les mots de sens contraire sont toujours accolés, par exemple « *cette obscure clarté* », tandis que l'antithèse unit ces mots de sens contraire au sein d'une même proposition (Exemple : L'humanité brille dans le malheur).

Analyse de supports d'enseignement (13 pts)

1. En vous appuyant sur vos connaissances des programmes, vous identifierez les compétences travaillées dans cette séquence proposée à une classe de CM2.

Dans le cadre de cette séquence proposée à des élèves de CM2, les compétences travaillées en français sont en lien avec la discipline Histoire puisque le projet proposé consiste en l'écriture d'une lettre de poilu. Ce projet d'écriture est en conformité avec les programmes pour le cycle 3 (BO du 26/07/2018), qui précisent que « le cycle 3 doit consolider ces acquisitions [lecture et écriture] afin de les mettre au service des autres apprentissages dans une utilisation large et diversifiée de la lecture et de l'écriture ». Les programmes indiquent par ailleurs que « les situations d'écriture [doivent être] variées, en lien avec les lectures, la conduite des projets et les besoins des disciplines ».

Les compétences relevant plus spécifiquement de la discipline français, travaillées dans cette séquence, sont les suivantes :

Dans **le domaine de la lecture** :

- « comprendre des textes, des documents et des images et les interpréter » (en amont, travail de documentation de lettres de poilus et visionnage d'une vidéo sur la vie des enfants pendant la guerre).

Dans **le domaine de l'écriture** :

- « recourir à l'écriture pour réfléchir et pour apprendre » (lien ici avec l'Histoire) ;
- « rédiger des écrits variés » (en l'occurrence une lettre) ;
- « réécrire à partir de nouvelles consignes ou faire évoluer son texte » (réviser son écrit en utilisant une grille de relecture et en tenant compte des annotations de l'enseignant) ;
- « prendre en compte les normes de l'écrit pour formuler, transcrire et réviser » (voir les items de la grille de relecture concernant « les phrases »).

La séquence est par ailleurs conforme aux attendus de fin de cycle 3 : « écrire un texte d'une à deux pages adapté à son destinataire » et « après révision, obtenir un texte organisé et cohérent, à la graphie lisible et respectant les régularités orthographiques étudiées au cours du cycle ».

Dans **le domaine de l'étude de la langue** :

- « acquérir l'orthographe grammaticale » (en amont, travail sur la conjugaison, voir aussi dans la grille de relecture l'item « les accords ont été respectés ») ;
- « enrichir le lexique » (travail spécifique sur le vocabulaire de la guerre, à réinvestir dans l'écrit attendu) ;
- « acquérir l'orthographe lexicale » (voir dans la grille de relecture l'item « l'orthographe d'usage est correcte »).

Cette séquence mêle donc des compétences liées à la lecture-écriture et à l'étude de la langue, dans le cadre d'un projet d'écriture pensé en articulation avec l'Histoire. En effet, comme il est précisé dans la trame de travail de l'enseignant (document 1), les élèves, après avoir fait un travail spécifique de documentation sur la guerre (conditions de vie, vocabulaire, exemples de lettres de poilus, etc.) et avoir travaillé sur la lettre (présentation, structure...), sont amenés ici à rédiger une lettre de poilu. Il s'agit là d'un projet qui se met en place en plusieurs étapes et qui comprend, outre le travail de préparation réalisé en amont (avec échanges et synthèse collective), un premier jet d'écriture puis une version révisée de l'écrit en s'aidant notamment d'une grille de relecture (voir question suivante).

2. Vous analyserez les items de la grille de relecture et son exploitation par l'élève et par l'enseignant.

La grille de relecture proposée (document 3) a pour objectif d'aider les élèves à améliorer leur premier jet d'écriture puisqu'il s'agit de vérifier par le biais de cet outil (auto-évaluation et co-évaluation) que les critères de réussite mis en avant sont présents dans la production de l'élève.

Les items mentionnés se répartissent en deux axes, « la lettre » et « les phrases » :

– Les items regroupés sous l'axe « la lettre » permettent d'évaluer le respect du genre d'écrit attendu, en l'occurrence ici la maitrise de la structure de la lettre : présence d'une formule d'interpellation et d'une formule de politesse finale, prise en compte de la situation de communication particulière entre un locuteur et un interlocuteur (donner de ses nouvelles, prendre des nouvelles de son interlocuteur) et cohérence d'ensemble de l'écrit (présence d'un paragraphe introductif qui pose le sujet de la lettre et texte « clair et compréhensible »).

– Les items relevant de l'axe « les phrases » mettent l'accent sur la maitrise de la langue : construction des phrases (syntaxe correcte, respect de l'orthographe lexicale et grammaticale) et cohésion (ponctuation appropriée, recours aux connecteurs, utilisation correcte des temps verbaux et des pronoms personnels renvoyant au locuteur et au destinataire).

Cette grille de relecture renvoie donc essentiellement à des critères de réussite formels (respect de la structure de la lettre et maitrise de la langue) mais fait peu intervenir des éléments de contenu. On peut regretter ce choix dans la mesure où ce projet d'écriture a été préparé en amont comme il est précisé dans le document 1, notamment par un travail de recherche et de documentation sur la guerre (« la vie à l'école, les activités des femmes, la nourriture, le lexique de la guerre, les prénoms féminins, les prénoms masculins, les habits des soldats, les objets fabriqués dans les tranchées »). Ainsi, il aurait été pertinent que la grille de relecture fasse également intervenir ces différents aspects afin d'inciter les élèves à réinvestir ces différentes connaissances dans leurs écrits.

Il est par ailleurs précisé que les élèves étaient invités à prendre connaissance de cette grille avant de rédiger le premier jet. Ce choix est intéressant et il est en effet pertinent que les élèves aient en tête la grille de relecture avant même d'entrer dans la rédaction. Ceci leur permet d'être vigilants lors de l'écriture et de se projeter davantage en tenant compte des critères de réussite mis au jour. En revanche, pour engager davantage les élèves dans cette activité d'écriture et les amener progressivement vers une auto-évaluation de leurs écrits, il aurait sans doute été plus judicieux que la grille soit réalisée avec les élèves et non par l'enseignant seul, ce qui semble le cas ici. Ceci aurait permis de mettre en place non seulement une évaluation formative, mais aussi une évaluation formatrice en construisant les outils d'évaluation avec les élèves.

Enfin, cette grille est conçue pour être utilisée conjointement par l'élève lui-même (auto-évaluation) et par l'enseignant ou un autre élève (co-évaluation). En observant la grille de relecture complétée par Raphaël, on se rend compte que seuls deux items sont considérés comme non validés (« présence d'un paragraphe d'introduction » et « répétitions évitées »). Tous les autres items sont considérés comme acquis, ce qui peut se discuter pour certains aspects (notamment la syntaxe de certaines phrases ou la maitrise de l'orthographe). Ceci fait apparaître la difficulté pour un élève de mettre à distance son propre écrit afin de l'évaluer. Même si l'auto-évaluation est l'objectif à atteindre dans le cadre du développement de l'autonomie de l'élève, cette compétence se construit progressivement. Dans cette optique, il pourrait être intéressant que chaque élève évalue dans un premier temps un camarade, ou encore que l'auto-évaluation n'intervienne pas directement après l'écriture pour permettre à l'élève de mieux se distancier de son texte. Par ailleurs, certaines compétences (« les accords ont été respectés », « l'orthographe d'usage est correcte », « les phrases sont courtes et bien construites »), difficiles à évaluer, en particulier par les élèves en difficultés, gagneraient à être formulées en termes de procédure (« j'ai cherché le sujet de chaque verbe pour réaliser correctement les accords », « j'ai vérifié dans les outils de la classe et/ou le dictionnaire l'orthographe de certains mots », « j'ai relu mes phrases à haute voix pour vérifier qu'elles étaient compréhensibles »).

Enfin, sur cette grille, n'apparait pas l'évaluation de l'enseignant, qui semble-t-il intervient uniquement ici sous la forme d'annotations sur la copie (voir question suivante). Le principe d'une évaluation conjointe par l'élève lui-même et l'enseignant est pourtant intéressant puisqu'il permet de confronter et de discuter les deux points de vue.

3. Vous expliciterez la nature des interventions de l'enseignant sur le premier jet.

Les interventions de l'enseignant sur le premier jet de l'élève (document 2) relèvent uniquement de la maitrise de la langue et concernent les aspects suivants :

– Orthographe grammaticale : terminaison verbale (*manqués, on a tenter, on vas, ça seras, je me suis bléssée*), accords à l'intérieur des groupes nominaux (*des bombardement, des tir, des soldat*), confusion entre homophones (*a une vitesse*) ;

– Orthographe lexicale : *la nourrituse, la xitesse* (on peut d'ailleurs penser qu'il s'agit dans ces cas-là de lettres mal formées plutôt que d'erreurs orthographiques), *innutilement, Michel* ;

– Syntaxe : construction de la phrase (*c'est cette nuit..., et qu'on les auras touchées*), négation (*je vous ai pas dit*) ;

– Lexique/ registre de langue : correction portant sur le style (*ça pue, on a*) ;

– Ponctuation : oubli de majuscules en début de phrase (*la cartouche*) ;

– Segmentation : *entirant* (ici on peut aussi se demander s'il ne s'agit pas davantage d'un problème de gestion de la page qui a amené l'élève à coller ces deux unités plutôt que d'un véritable problème de segmentation).

On remarque par ailleurs que certaines erreurs n'ont pas été relevées par l'enseignant : oubli de majuscules en début de phrase (*les tranchées, on vas lancé, et je vous ai pas dit*), orthographe lexicale (*bléssée*) et terminaison verbale (*on vas lancé*). D'autre part, certaines compétences pourtant mentionnées dans la grille de relecture ne font pas l'objet de commentaires dans les annotations de l'enseignant. C'est le cas par exemple de la ponctuation (dans la grille de relecture : « la ponctuation est correcte (...) ») : même si les points d'exclamation permettent de rendre compte du ton et de l'expressivité du locuteur, leur utilisation est peut-être un peu abusive, d'autant que l'élève utilise parfois plusieurs points d'exclamation à la suite (*!!!*). L'enseignant aurait également pu attirer l'attention de l'élève sur le choix des connecteurs (plusieurs fois « sinon ») pour les faire varier davantage (voir dans la grille : « des mots de liaison sont utilisés pour enchainer les phrases entre elles »). De même, sur la copie de l'élève, aucune remarque n'est faite, permettant d'amener l'élève à l'écriture d'un « paragraphe d'introduction qui explique la raison pour laquelle [la lettre] est écrite » (voir grille de relecture).

Par ailleurs, les remarques faites sur les annotations de l'enseignant rejoignent de façon générale celles faites sur les items mentionnés dans la grille de relecture (voir question 2) :

l'aspect maitrise de la langue (syntaxe, lexique, orthographe) est mis en avant au détriment du contenu de la lettre, ne permettant pas un enrichissement ou un « épaississement » du texte (pour reprendre l'expression de Dominique Bucheton) mais essentiellement des ajustements de surface.

4. En confrontant les documents 2 et 4 (productions de l'élève), vous commenterez l'intérêt de cette démarche de production écrite et ses éventuelles limites.

La comparaison des documents 2 et 4 (premier jet et texte final) nous permet d'apprécier les modifications que l'élève a apportées à son texte entre ces deux versions.

On remarque ici que les corrections faites portent uniquement sur la langue : l'élève propose de rares reformulations (« *les tranchées, ça pue* » > « *ça sent mauvais dans les tranchées* » ; « *et qu'on les auras touchées* » > « *et si on les toucheras* »), mais il fait essentiellement des corrections orthographiques en lien avec les interventions de l'enseignant (quelques erreurs ne sont pourtant pas corrigées et d'autres viennent s'ajouter dans la version finale). En termes de contenu, il n'y a pas de différence, pas d'enrichissement entre le premier jet et la version finale. Ceci peut s'expliquer à la lumière des interventions de l'enseignant (voir question 3) et du choix des items de la grille de relecture (voir question 2).

Cette démarche de production écrite, qui « conçoit l'écriture comme un processus inscrit dans la durée » (BO cycle 3, 26 juillet 2018) avec la possibilité pour l'élève de revenir sur ses brouillons pour améliorer son écrit (dans les programmes « mettre à distance son texte pour l'évaluer » et « enrichir par la recherche des formulations plus adéquates ») est tout à fait pertinente. Elle permet d'engager l'élève dans le processus d'écriture, en le rendant davantage conscient de ses textes. Pour autant, pour que ce processus soit entièrement bénéfique, il convient que le retour réflexif ne porte pas uniquement sur les aspects orthographiques mais permette également d'interroger le texte dans sa globalité : construction, cohérence, recherche d'idées pour enrichir/ « épaissir » son écrit, etc. La phase de révision ne doit pas consister en un simple « toilettage orthographique » (au risque d'en faire pour l'élève une activité rébarbative et dénuée de sens) mais permettre à l'élève d'améliorer et d'enrichir son texte dans ses différents aspects.

5. Quelles activités d'enrichissement de la langue pourriez-vous envisager pour améliorer les productions des élèves ?

Pour améliorer les productions des élèves et leur permettre d'enrichir leurs écrits, on peut leur proposer différentes activités en prenant appui sur les caractéristiques de leurs textes et les éventuelles lacunes observées dans le premier jet.

Ainsi, pour donner plus de consistance au texte, un travail sur la description pourrait être envisagé : en lien avec la lecture (en retournant par exemple aux lettres de poilus et à la lecture de témoignages de l'époque), on pourrait faire travailler les élèves sur le vocabulaire des émotions et des sentiments (notamment ici la peur, la fatigue, la lassitude…), sur les synonymes ou encore sur les expansions du nom pour apporter davantage de précisions à leurs écrits et conférer au texte une ambiance particulière. Ces activités pourraient donner lieu à la création d'outils et constituer ensuite une « banque de données » pour l'écriture.

On peut par ailleurs privilégier un travail en petits groupes pour permettre aux élèves d'échanger et de confronter leurs points de vue et imaginer également l'écriture d'une lettre à plusieurs plutôt que comme une activité individuelle.

Dans le cadre de ce travail et au terme de ce processus de révision, les questions liées à la maitrise de la langue pourront bien entendu faire l'objet d'activités spécifiques également : accords, orthographe lexicale, syntaxe, ponctuation… Ce dernier temps de travail pourra d'ailleurs prendre tout son sens en cas de diffusion de l'écrit (parution dans le journal de l'école, affichage, diffusion aux parents…), phase particulièrement motivante dans le cadre d'un projet d'écriture.

Achevé d'imprimer en Août 2020 en France par la Nouvelle Imprimerie Laballery
Dépôt légal : Septembre 2020 - Édition n° 01 - N° d'impression : 007566 - 18/5548/1